collection tempus

CATHERINE BRICE

HISTOIRE DE L'ITALIE

Perrin
www.editions-perrin.fr

Ce livre a vu le jour grâce à l'École française
de Rome qui ouvre généreusement sa bibliothèque
aux chercheurs, leur permettant de travailler
le soir, les week-ends et durant le mois d'août.

Cartographie : Krystyna Mazoyer

ISBN : 978-2-262-01996-9
tempus est une collection des éditions Perrin.

Introduction

Est-il vraiment utile de présenter l'Italie ? La fameuse « botte » se prolongeant par la grande île sicilienne est familière à la plupart des Européens. Ce pays contrasté, compartimenté, baigné par la Méditerranée et l'Adriatique, barré au nord par les Alpes, est structuré par la chaîne des Apennins. En écrire une courte histoire représente une gageure. Car rares sont les pays d'Europe qui, tout au long de leur existence, ont connu une telle épaisseur, une telle densité. L'Italie – ou plutôt les États italiens – ont constitué un élément clé de l'histoire européenne du Xe siècle avant J.-C. jusqu'au XVIIe siècle, que ce soit sur le plan politique, juridique, religieux ou culturel. L'Empire romain a imposé son modèle de l'Écosse à l'Afrique, de l'Espagne à l'Europe centrale, laissant sur le continent des traces pérennes. La chrétienté a rayonné sur le monde entier depuis son épicentre romain où réside son chef spirituel et temporel. La culture italienne a produit, sans interruption ou presque, des chefs-d'œuvre depuis les Étrusques jusqu'à aujourd'hui.

Ce rôle de premier plan dans le concert des nations s'est estompé avec la fin du XVIIIe siècle, les guerres napoléoniennes puis le Risorgimento. Pourtant la CEE, dont la création doit beaucoup à l'impulsion d'un Italien, De Gasperi, peut redonner à l'Italie un rôle européen de premier plan. A condition de régler deux problèmes, qui sont aussi des héritages : les relations entre le Nord et le Mezzogiorno, le Sud du pays, et la place de l'État dans le système politique italien, dont découlent d'innombrables questions allant de la lutte anti-Mafia à l'efficacité économique.

Mais même s'il est possible de trouver dans cette aventure millénaire des fils rouges, des éléments de continuité, ne nous leurrons pas. L'histoire de l'Italie, c'est bien davantage les histoires des Italies. Car les « temps » de l'Italie ne fonctionnèrent pas toujours à l'unisson. Le temps du politique, celui de l'économique ou du culturel marquèrent parfois des ruptures notables. Ainsi, des périodes politiques troublées virent-elles des éclosions culturelles majeures, des périodes économiques fortes ne se traduisirent-elles pas par une stabilité politique accrue. De la même façon, la différenciation s'effectue au niveau géographique. Car le rythme d'évolution du Nord n'est pas celui du Sud, les périodes de splendeur des villes ne concordent pas, plaines et montagnes se modernisent différemment. Et ce, malgré le grand laminage culturel que représente la culture de masse qui, depuis les années 50, a touché l'Italie de plein fouet. Pays des particularismes locaux, du campanilisme le plus acharné, l'Italie est aussi le pays d'une culture commune forte, d'une religion dominante encore omniprésente. Autant d'éléments d'unification qui ont précédé l'unité politique récente, même si la Grande Guerre, puis le fascisme, ont contribué à renforcer dans la douleur le sentiment national italien.

Des Italies plurielles, donc, marquées par des puissances étrangères aussi différentes que la France ou Byzance, l'Autriche ou l'Islam. Mais aussi des histoires dont le touriste ne retient que quelques bribes : l'Empire romain, la Renaissance, la période baroque... Mais des zones d'ombre demeurent, dès lors qu'elles ne sont pas servies par des vestiges éclatants. C'est à cela que cet ouvrage aimerait modestement servir : mieux faire connaître l'histoire complexe d'un pays souvent aimé, mais parfois mal connu.

Les débuts de l'Italie, de la fin de l'âge du bronze aux Étrusques

Aux XIIe siècle av. J.-C., lorsque s'achève l'âge du bronze, l'Italie centrale est dominée depuis deux siècles par la civilisation dite apenninique car elle s'étendait tout le long de la chaîne montagneuse des Apennins. Cette culture de pasteurs semi-nomades alliait l'élevage à la razzia sur les cultivateurs et les éleveurs des plaines. Habitant dans des cabanes ou des cavernes, ils inhumaient leurs morts dans des tombes en forme de dolmens, travaillaient le bronze et fabriquaient à la main une poterie à fond noir décorée de motifs en dents de scie. On a retrouvé des vestiges de cette civilisation de l'Émilie aux Pouilles.

De 1200 au Xe siècle av. J.-C., alors que la Méditerranée orientale est l'objet de bouleversements considérables, se déroule une période de transition entre l'âge du bronze et l'âge du fer appelée subapenninique ou protovillanovienne. On trouve alors dans toute la Péninsule des nécropoles où sont enterrés, dans des urnes de terre cuite, les restes des défunts incinérés (c'est la « civilisation des champs d'urnes »). Cette transformation du mode d'inhumation s'explique vraisemblablement par des migrations internes à l'Italie ou bien externe, en provenance du Nord et de l'Est. A la même époque des groupes humains arrivent de l'Égée ; des contacts sont établis avec Mycènes en Italie méridionale, dans le Latium et en Étrurie.

L’âge du fer : les peuples italiques

A partir du xᵉ siècle et jusqu’à des dates qui diffèrent selon les régions, l’Italie péninsulaire peut être divisée en deux grandes zones séparées *grosso modo* par le cours du Tibre.

Au sud et à l’est, on rencontre plusieurs cultures régionales ou locales comme celles connues dans le Picenum ou en Apulie. La plus importante occupe le versant tyrrhénien de l’Italie du Sud, en Calabre, en Campanie et notamment à Cumes et dans l’île d’Ischia. C’est la culture dite « des tombes à fosses » (*Fossakultur*), ainsi nommée parce que les morts y sont inhumés dans des fosses rectangulaires surmontées d’une petite pyramide de pierre ; le mobilier funéraire est riche (armes, bijoux en bronze) et les reliefs de repas funéraires attestent d’une croyance dans l’au-delà.

Ailleurs, on peut citer la civilisation de Golasecca : implantée en Piémont et en Lombardie autour du lac de Côme et du lac Majeur, elle fut peu à peu balayée par les Celtes. Les Vénètes et les Atestins, autour d’Este et en Vénétie, étaient probablement originaires d’Illyrie ; les Picéniens, demeurés culturellement indépendants pendant longtemps, étaient implantés dans les Marches où ils pratiquaient le commerce maritime à partir d’Ancône. Leur civilisation a été mise en lumière par les fouilles de Campovallano, de Numana et de Capestrano où une très belle statue de guerrier du VIᵉ siècle a été exhumée. Les collections les plus intéressantes sont rassemblées au musée national des Marches à Ancône. Les Ombriens, entre Gubbio et Todi, échappèrent longtemps à l’influence étrusque, jusqu’à l’unification de la Péninsule par les Romains. Au nord et à l’ouest du Tibre – le Latium constituait alors une zone à part influencée par les deux régions voisines –, dominait la civilisation villanovienne.

La civilisation villanovienne

La découverte de la civilisation villanovienne : Gozzadini et la naissance de la paléoethnologie

Les premières traces de cette civilisation furent découvertes en 1853 à Villanova, près de Bologne, par le comte Giovanni Gozzadini, alors propriétaire des terres. Il publia dès 1854 les premiers résultats de ces fouilles. Gozzadini faisait alors œuvre de précurseur. Il fouilla 179 tombes à crémation et 14 à inhumation et tenta d'en donner une description raisonnée, indiquant la situation topographique, la typologie et la composition des objets retrouvés en essayant de les classer. Il faut donc saluer, avec la publication de ces fouilles, la naissance en Italie de la paléoethnologie. Cette discipline était jusqu'alors dans les limbes, aussi bien dans le domaine de la recherche sur le terrain que dans celui de l'interprétation des faits. Le début du XIXe siècle avait toutefois vu se dessiner un intérêt croissant pour la conservation d'objets qui jusqu'alors étaient détruits, et pour leur description systématique.

Dans ses travaux, Gozzadini rapprocha les sépultures qu'il avait découvertes d'une phase archaïque de l'histoire étrusque, se fondant sur des ressemblances stylistiques qu'il avait pu observer dans son matériel de fouilles ; sa thèse allait être à l'origine de discussions importantes entre archéologues et historiens sur la question des origines étrusques. Que cette première approche ait été par la suite approfondie, il n'en demeure pas moins que Gozzadini utilisait pour la première fois les données archéologiques comme l'élément fondamental d'un débat historique et non plus comme un élément annexe, objet d'un simple débat esthétique. Il ouvrait ainsi la voie aux Pigorini, Helbig ou Brizio.

La civilisation villanovienne : un « patchwork » cohérent

Ce qu'on appelle culture villanovienne regroupe en réalité deux groupes de populations assez proches mais culturellement différents. Un groupe du Nord, implanté autour de Bologne et dont l'influence s'étendait à l'est vers Vemerucchio et San Marino, ainsi que vers Rimini et Fermo, en direction des Marches.

Un second groupe était localisé en Toscane et dans les environs de Rome ; on trouve même ses traces dans le Sud, jusqu'à Salerne. Depuis 1956, les découvertes dans cette dernière région se multiplient : à Sala Consilina – à une cinquantaine de kilomètres de Paestum dans les terres –, ou sur le site de l'antique Capoue. Au Villanovien, établi au VIIIe siècle en Campanie, succédera la *Fossakultur* avant l'établissement, au VIe siècle, d'une présence et d'une culture étrusques.

Les tombes qui ont été découvertes offrent plusieurs points communs qui permettent d'émettre l'hypothèse d'une culture commune se manifestant dans des zones géographiques différentes. La civilisation villanovienne se caractérise par des traits communs dont le principal est l'incinération des morts. Nous y reviendrons.

On connaît peu de choses de l'habitat et du mode de vie de ces populations que nous n'appréhendons que par-delà la mort, dans leur forme la plus ritualisée et donc la plus figée. Ils vivaient dans des villages de huttes ovales, et parfois quadrangulaires, utilisaient des armes de fer et produisaient des casques de bronze de qualité ainsi que des armures et des objets domestiques. En 1877, 15 000 objets de bronze ont été découverts à Bologne, près de l'église San Francesco. Ils sont aujourd'hui rassemblés au Musée civique de Bologne.

L'art ne semble pas avoir généré de grandes réalisations architecturales, sculpturales ou picturales. Généralement non figuratif, il reprend surtout des motifs géométriques, mais la figure humaine, extrêmement stylisée, fait une timide apparition. Les vases, d'abord fabriqués à la main, puis au tour, avaient des formes originales qui se développeront sous l'influence de la Grèce ; les fibules villanoviennes s'inspiraient des fibules mycéniennes. Les Villanoviens apparaissent comme des sédentaires, agriculteurs, éleveurs et guerriers, ainsi qu'en témoigne le matériel – lances, épées, boucliers et poignards exhumés des tombes les plus riches. Si la distinction des sexes se retrouve par-delà la mort, elle ne semblait pas pour autant exclure les femmes de positions sociales enviées ou de la richesse.

Le dénominateur commun de la civilisation villanovienne, qui constitue également une de ses caractéristiques essentielles, réside dans son type de sépulture. La sépulture avec incinération et l'usage des urnes « biconiques » constituent son principal élément d'identification, même si cette règle souffre de nombreuses variantes régionales. Ainsi, les urnes biconiques étaient généralement recouvertes de poteries dans le Nord alors que dans le Sud elles coexistaient avec des urnes en forme de hutte, en bronze ou en terre. Les urnes féminines étaient recouvertes d'une coupe renversée, les urnes masculines d'un casque. Ces urnes étaient généralement accompagnées d'offrandes et enterrées dans des trous circulaires recouverts de pierres (tombe *a pozzo*). Là encore, nombreuses sont les variantes régionales.

En effet, comme on l'a vu, le phénomène villanovien déborde largement les limites de l'Étrurie historique. C'est dans la région de Bologne qu'il est le plus anciennement attesté et qu'il dure le plus longtemps. On le divise en cinq phases : San Vitale depuis 950 jusqu'en 750 ; Benacci I au milieu du VIIIe siècle ; Benacci II de 750 à 625-600 ; Arnoaldi jusqu'en 550-500 ; enfin, la Certosa à l'époque de la domination étrusque sur la région.

Dans la zone de ce qui sera l'Étrurie méridionale et maritime, on distingue trois phases. De 900 à 740 environ, le Villanovien I caractérisé par les tombes à puits dans lesquelles les cendres étaient déposées à l'intérieur d'urnes biconiques ou d'« urnes-cabanes » en argile ; la céramique était en *impasto* (argile grossière) et seuls les rasoirs, les armes et les fibules étaient en bronze. Le fer, qui était utilisé, a le plus souvent disparu sous l'effet de l'oxydation. On ne note pas d'influence extérieure sur le matériel de cette civilisation qui apparaît repliée sur elle-même. En moins d'un demi-siècle (740-700) cependant, d'importants changements apparaissent. Les tombes à puits évoluent : on assiste à l'apparition et au développement de véritables tombes à fosses dans lesquelles on inhumait le défunt entre des dalles de pierre formant un sarcophage rudimentaire. Des urnes-cabanes en bronze laminé s'ajoutèrent aux urnes d'argile. Les formes des objets en bronze se diversifièrent et la céramique d'*impasto*, de plus en plus souvent faite au tour, adopta des formes grecques. La décoration des armes et des boucles de ceinture s'enrichit de motifs géométriques plus raffinés, où dominait la ligne courbe. On peut parler d'une phase orientalisante de la civilisation villanovienne, qui correspond à une ouverture vers le monde extérieur. A Véies, la maison de pierre commença à remplacer la cabane de bois, de branchage et de terre. En Étrurie intérieure, enfin, l'évolution se fera de façon moins nette, surtout durant la phase du Villanovien I, considérée comme atypique dans la mesure où l'ossuaire biconique et l'urne-cabane en sont absents. On les retrouve toutefois aux cours du Villanovien II mais sous des formes de toute évidence moins perméables aux influences étrangères – ou moins en contact avec elles.

Les influences extérieures

En effet, par sa situation géographique, l'Italie a été depuis toujours une zone de contacts, que ce soit par les côtes ou par les passages faciles des Alpes ou des Dolomites. Rappelons que les premières migrations importantes eurent lieu vers 1400 av. J.-C. et furent le fait des Mycéniens, en Sicile et dans les îles Lipari. Ils créèrent également une colonie à Tarente d'où ils commercèrent en Adriatique et jusqu'à Luni, en Étrurie.

Les Phéniciens eurent un rôle important dans la diffusion d'objets de luxe produits en Syrie ou en Phénicie, et dans la reproduction sur place de motifs et de formes, souvent assurée par des artistes orientaux établis durablement en Étrurie.

Mais l'influence la plus décisive fut sans doute celle exercée par les Grecs de 800 à 600 av. J.-C. Suivant l'exemple précurseur des Eubéens, Mégariens, Corinthiens, Achéens, Lacédémoniens, Rhodiens, Crétois et Ioniens débarquèrent en Grande Grèce et y fondèrent des colonies. On leur doit notamment l'introduction de la culture de la vigne et de l'olivier. Ils contribuèrent au développement de la langue écrite et de formes d'alphabets qui furent souvent copiés par les peuples italiques (alphabet étrusque). Ainsi, le plus ancien abécédaire connu est-il inscrit sur le rebord d'une tablette d'ivoire trouvée à Marsiliana d'Albegna, au VIIe siècle ; il a vingt-six lettres, les inscriptions étrusques archaïques n'en comptent que vingt-deux.

L'influence grecque fut encore plus sensible dans la vie culturelle et artistique. En effet, nombre d'artistes grecs se déplacèrent en Italie et y firent école. Ainsi, le noble Demarate, chassé de Corinthe, s'installa-t-il à Tarquinia, en Étrurie, au milieu du VIIe siècle, avec ses potiers et ses peintres. Il se maria avec la fille d'un noble local, et la légende veut que son fils soit allé à Rome où il sera connu sous le nom de... Tarquin l'Ancien. Parmi les philosophes, rappelons la présence de Pythagore à Crotone. Enfin, l'influence grecque fut également vive dans le domaine de la tactique militaire et dans l'art de la fortification, ce qui constitua d'ailleurs un facteur de résistance à l'unification étrusque de la Péninsule.

Pourtant, c'est de la conjonction de cette civilisation villanovienne, de l'influence grecque et des apports orientaux, magnifiques, illustrés par la période dite précisément orientalisante (VIIe siècle avant J.-C.), que naquit la civilisation étrusque.

Les Étrusques

La culture pré-romaine qui a laissé les traces les plus visibles en Italie centrale fut indéniablement, entre Florence et Rome, la culture étrusque. Autour du VIe siècle avant J.-C., une bonne part de l'Italie, et tout particulièrement de l'Italie centrale, était dominée par les Étrusques. Les Romains les connaissaient sous le nom d'*Etrusci* ou *Tusci*, les Grecs sous le nom de *Tyrsenoi ou Tyrrhenoi. Ils* se nommaient eux-mêmes *Rasenna.* La forme grecque de leur nom survécut chez les Grecs sous la forme de mer Tyrrhénienne, tandis que l'appellation romaine a donné naissance au nom moderne de l'Étrurie, la Toscane.

Le difficile problème des origines étrusques

Le problème lié à l'origine des Étrusques qui a longtemps divisé le monde des savants apparaît aujourd'hui comme un faux problème. Le mystère qui entoure leur « naissance » résulte tout autant de la difficulté à comprendre leur langue que de l'action de Rome qui ne pouvait permettre la permanence d'une civilisation différente, originale, avancée et irréductible dans sa propre aire d'expansion géographique.

Déjà, dans l'Antiquité, nombre d'hypothèses avaient été avancées avec plus ou moins de bonheur. Hérodote (Ve siècle av. J.-C.) transmit – avec toutefois un certain scepticisme – le mythe des Lydiens qui, après dix-huit années de famine, durant lesquelles ils auraient cherché à tromper la faim en inventant toutes sortes de jeux dont les dés et les osselets, se seraient résignés à quitter leur patrie pour chercher une nouvelle terre d'accueil, l'Italie. Leur nom grec, *Tyrrhenoi,* viendrait alors de Tyrrhenos, fils du roi lydien et arrière-petit-fils de Zeus. Denys d'Halicarnasse (Ier siècle av. J.-C.) penchait plutôt pour une origine italienne par le biais des Pélasges, peuple légendaire d'origine hellénique arrivé en Italie centrale à la fin du IIe millénaire. Tite-Live, quant à lui, leur attribue une parenté avec les Rhètes des Alpes.

Aujourd'hui encore, ce problème des origines fait couler beaucoup d'encre et on retrouve le même clivage que celui qui existait chez les historiens de l'Antiquité. Ceux qui privilégient la thèse des Étrusques « indigènes » insistent sur la permanence des sites occupés entre le Villanovien et la période étrusque – ainsi Véies, près de Rome ; leurs pratiques funéraires semblent s'inscrire en continuité et en évolution par rapport aux pratiques villanoviennes, et les aspects orientalisants de la culture étrusque peuvent s'expliquer par les influences grecques. Face à cela, les tenants de « l'immigration » font valoir que le passage des villages villanoviens aux villes étrusques impliquait un niveau de réflexion théorique et de connaissances techniques inimaginables à l'époque, et donc nécessairement importés de l'extérieur. Ils insistent également sur de nombreux parallèles existant entre cultures orientales et culture étrusque, ainsi que sur des ressemblances linguistiques.

La langue étrusque, objet d'études depuis le XVIe siècle, est désormais – contrairement à ce que l'on croit souvent – assez bien connue. Ce n'est pas une langue indo-européenne, et elle présente des similarités remarquables avec la langue utilisée dans l'île égéenne de Lemnos à la période prégrecque. Langue qui a elle-même des points communs avec des langues d'Asie Mineure. On pourrait donc considérer que Lemnos constitue un « relais » entre Asie Mineure et Italie. Mais un des problèmes essentiels réside dans le très petit nombre de documents importants écrits en langue étrusque que l'on possède, en comparaison des milliers d'inscriptions très brèves, funéraires ou de propriété. Les trois principaux témoignages connus sont la momie conservée à Zagreb, enveloppée dans une longue bandelette de lin sur laquelle sont inscrites les cérémonies à accomplir en l'honneur des différentes divinités ; la tuile trouvée sur le site de l'ancienne Capoue où est gravé un rituel funéraire ; enfin le cippe de Pérouse qui porte un texte de nature juridique, d'achat ou de cession de terrain.

En réalité, pour reprendre les arguments de Massimo Pallottino (*l'Origine des Étrusques,* 1947), il faut substituer à la notion d'origine celle de formation du peuple étrusque. Pour ce fondateur de l'étruscologie, il existe une continuité de culture entre le dernier âge de bronze et les débuts de l'âge du fer – ce qui prouve l'absence d'invasion massive ; mais il existe bien une parenté « orientale » indéniable dont il faut rendre compte, comme la parenté linguistique avec le dialecte de Lemnos. Si le débat entre historiens partisans de la « continuité » et ceux qui penchent pour « l'invasion » semble donc peu à peu s'apaiser, les incertitudes demeurent dès qu'on entre plus avant dans les détails de la question. Retenons donc ici que la civilisation étrusque découle à la fois de l'héritage villanovien et d'influences grecques.

Cités des dieux, cités des vivants

L'historiographie antique attribue aux Étrusques la connaissance des techniques et des rites de fondation des cités ; ainsi Plutarque raconte-t-il que lors de la fondation de

Rome, « Romulus avait fait venir de Tyrrhénie des hommes pour le guider et lui enseigner en détail les rites et les formules à observer ». La fondation des villes obéissait à des règles telles que le respect des confins juridiques et sacrés (*pomeria*) le long desquels les enceintes étaient construites pour protéger les populations de dangers extérieurs ; l'emplacement des temples et des bâtiments publics faisait également l'objet d'un rituel très précis.

De fait, les Étrusques furent les fondateurs des premières villes italiennes : d'abord Populonia, Tarquinia, Vèmetulonia, Vulci, Caere et Véies sur des points stratégiques le long de la côte occidentale. Ils se déplacèrent ensuite vers l'intérieur des terres occupant les sites villanoviens, Volsinii (Orvieto), Volaterrae (Volterra), Cortone, Arretium (Arezzo), Clusium (Chiusi), Perusia (Pérouse), et bien d'autres.

Dès le début du VIIe siècle, on observe donc les premières constitutions de villes et la transformation du semis de villages villanoviens en un réseau de quelques grandes agglomérations bientôt dominantes.

Si les premières cités ne présentaient pas de plan caractéristique, en revanche les villes plus tardives furent aménagées selon un urbanisme méticuleux, héritage de traditions grecques théorisées au milieu du Ve siècle par l'architecte Hippodamos de Milet. Les rues étaient disposées selon un plan orthogonal, dessinant des îlots affectés par le planificateur à des fonctions diverses : espace public, espace sacré, habitations. Ces principes seront repris plus tard par l'urbanisme romain.

Les maisons étrusques étaient généralement faites de bois et de briques crues ou plus tard de moellons de tuf. A l'époque archaïque, les structures en bois des habitations privées les plus riches étaient protégées de l'humidité par des plaques de terre cuite peintes de couleurs vives. Les demeures étaient rectangulaires et les plus grandes pouvaient avoir deux étages. Dans un premier temps, l'aristocratie vivait dans des maisons de trois pièces, parfois précédées d'un portique ouvrant sur une cour ; plus tard dans de vastes demeures (*domus*) bâties autour d'une cour, sur le mode grec, sans doute l'élément architectural précurseur de *l'atrium* romain.

Les temples étrusques étaient de grands bâtiments presque carrés érigés sur un podium de pierre. Ils présentaient cette particularité d'être destinés à n'être vus que de face : les côtés et l'arrière étaient donc constitués soit de murs aveugles qui contrastaient avec la magnificence de la façade, soit d'un vaste portique à colonnes entourant une *cella* – ou chambre intérieure. La *cella* était souvent divisée en trois espaces rappelant les croyances étrusques en une triade de dieux ; parfois, on trouve une *cella* centrale flanquée de deux chambres latérales (*alae*). Le fronton et le toit de ces édifices étaient richement décorés de terres cuites de couleur. Dans plusieurs cas, enfin, de grandes statues en rondebosse étaient placées sur le faîte du toit – pratique apparemment inconnue en dehors de l'Étrurie.

La religion constitue aujourd'hui un élément relativement bien connu de la culture étrusque. Les Anciens s'accordaient à reconnaître dans les Étrusques un des peuples les plus religieux du monde ; Tite-Live n'écrivit-il pas que « ce peuple était d'autant plus attaché aux rites religieux qu'il excellait à les mettre en pratique » ? La religion étrusque est une religion révélée. Tite-Live raconte qu'un paysan de Tarquinia vit un jour apparaître dans le sillon de sa charrue un enfant dont la sagesse était celle d'un vieillard. Cet enfant, Tagès, révéla à la foule qui était accourue à la nouvelle du prodige les secrets et les pratiques de l'haruspicine. La nymphe Végoia, pour sa part, leur aurait enseigné les préceptes relatifs à l'interprétation des foudres et aux rituels de limitation des propriétés.

La religion se fondait sur des livres dont nous n'avons que des bribes par ailleurs souvent adaptées par les Romains. Il existait des livres divinatoires (*libri haruspicini* et *libri fulgurales*), des rituels (*libri rituales*), des guides de l'au-delà (*libri acherontici*) et, enfin, des livres dits du destin (*libri fatales*). La religion étrusque était une religion extrêmement codifiée et ritualisée. L'effort des Étrusques tendait surtout à connaître la volonté des dieux pour les satisfaire ou les apaiser puisque, pour eux, l'histoire avait déjà été écrite par ces derniers. L'interprétation de la volonté divine était délivrée par la science divinatoire des haruspices (hépatoscopie, vol des oiseaux, observation de la foudre).

Il est extrêmement difficile, faute de documentation claire, de suivre chronologiquement le développement de la religion étrusque. Les Étrusques croyaient à plusieurs dieux ainsi qu'aux esprits malins. Mais leur religion a évolué au cours des siècles sans qu'on sache avec certitude s'il s'agit d'un développement continu ou d'intégration d'influences externes. Probablement les deux, mais quand et comment ? On peut toutefois suggérer trois principaux stades : un stade « ancien » ou archaïque de type agraire et méditerranéen où l'on note la prédominance d'une ou plusieurs déesses mères, un stade « moyen » ou intermédiaire où la théologie marque la prédominance d'un grand dieu masculin ; un dernier stade, enfin, durant lequel la religion s'hellénise et où s'établit une sorte d'assimilation entre dieux étrusques, romains et grecs. Mais cette évolution n'est rien moins que linéaire : elle se déroule différemment selon les villes et les régions, et procède davantage par « sédimentation » que par remplacement.

L'organisation, la personnalité, la hiérarchie des dieux demeurent complexes et difficiles à saisir. Les textes tardifs assurent que le gouvernement du monde appartenait à des divinités dont le nom et le nombre étaient inconnus : il s'agissait des dieux supérieurs dits « *involuti* » (enveloppés de ténèbres) qui conseillaient *Tin* (ou *Tinia*), l'homologue de Zeus ou de Jupiter, dans le lancement de son foudre. Sont également évoqués les douze *dii consentes* ou *complices,* anonymes, tout comme neuf autres dieux qui pouvaient chacun lancer un foudre. On a bien là des « collèges » divins qui impliquent moins une représentation anthropomorphique des dieux qu'une perception de forces collectives, anonymes et donc impossibles à individualiser.

Il n'en demeure pas moins que des noms de divinités sont parvenus jusqu'à nous. De certaines, nous ne savons rien. D'autres, en revanche, apparaissent comme les équivalents étrusques de dieux ou de déesses grecs. Une source particulièrement originale mérite que l'on s'y arrête : il s'agit de la reproduction tardive (IIe siècle avant notre ère), en bronze, d'un foie de mouton. Le foie de mouton était considéré comme la projection du ciel divisé en « maisons ». Cette pièce, retrouvée à Plaisance, servait à guider l'haruspice dans l'observation du foie des animaux sacrifiés (hépatoscopie) et tenait lieu d'aide-mémoire puisque le foie est divisé en zones auxquelles correspondent des noms de divinités. Mais tous les dieux ne sont pas nommés sur cet objet.

Parmi ceux qui y figurent, le plus important est *Tin, Tinia* ou *Tina.* Dans la Rome étrusque, il était l'élément majeur de la triade capitoline Jupiter-Junon-Minerve. Il était représenté comme le Zeus grec, mais parfois aussi comme un être jeune et imberbe. *Uni* porte un nom italique (en latin, *Juno*) ; honorée à Véies et à Faléries, elle faisait partie de la triade capitoline. Déesse de la fécondité, elle sera assimilée à la phénicienne Astarté, à l'Héra grecque et à la Junon romaine. *Ani* est un dieu ancien qui possédait sans doute un nom étrusque (*Culsans*) qui apparaît plus tardivement. On ne sait rien de lui, ni de *Tecum* que certains rapprochent de Minerve. *Nethuns* (en latin *Neptunus)* apparaît tardivement assimilé au Poséidon grec. Quant à *Mar* ou *Maris,* on a voulu le rapprocher de Mars – mais de manière peu probante dans la mesure où ce dieu n'est ni guerrier, ni agraire. Sur le foie de Plaisance, il est le dernier des dieux favorables. Certains étaient, selon les circonstances, parfois favorables, parfois défavorables. Le plus connu est *Futluns,* forme étrusque de Dionysos et de Bacchus, dont le culte se développa en Grèce avant d'être largement adopté en Italie centrale.

Les dieux défavorables étaient tous des dieux chtoniens, c'est-à-dire liés au domaine souterrain. Ils avaient pour noms *Vèmetisl, Selvans* (en latin *Silvanus), Vèmel* (peut-être Vèmelchanos, à rapprocher du latin Vulcain) et *Satres* (Saturnus). L'Héraklès grec a également été étrusquisé sous le nom *d'Hercle* et fit partie du panthéon étrusque, jouissant d'une grande popularité.

Il existait bien sûr d'autres divinités qui, bien que non représentées sur le foie de Plaisance, sont largement attestées. Nous n'évoquerons ici que les principales. *Voltumna* était, si l'on en croit Varron, le premier dieu d'Étrurie qui prit peut-être à Rome la forme et le nom de *Vortumnus* ; il était d'ailleurs le dieu du quartier étrusque.

Turan, assimilée à Aphrodite à partir des Vᵉ-IVᵉ siècles, fut pendant longtemps une déesse de la fécondité et de la fertilité. Quant à *Sethlans,* adoré à Populonia, ville du métal, il était probablement un dieu du feu souterrain, voué aux arts de la fonderie et de la métallurgie. Il prendra les traits de l'Héphaïstos grec, auquel sera assimilé le Vulcain romain.

Ce n'est là qu'un tour d'horizon fort rapide du panthéon toscan qui, si l'on y inclut les divinités poliades ou gentilices, les génies et les héros, s'avérait donc extrêmement peuplé.

Le culte consistait essentiellement à interroger la volonté des dieux pour rétablir l'ordre du monde et obtenir aide et pardon. Les prêtres officiaient donc par une série de rites souvent spécifiques à chaque cité et à chaque sanctuaire, voire à chaque famille. Banquets et danses faisaient également partie de la religion.

Les rites funéraires étrusques ont considérablement varié dans l'espace et dans le temps. Les Étrusques ont pratiqué soit la crémation, soit l'inhumation, qui ont pu dans certains cas coexister dans le temps. La vision relativement sereine de la mort devient, au IVᵉ siècle – c'est-à-dire au début de la conquête romaine – beaucoup plus dramatique et tourmentée. On reconstituait autour du cadavre au moment des funérailles, puis dans la tombe, son milieu domestique – sans qu'on puisse pour autant conclure à une véritable croyance dans l'au-delà. On exposait d'abord le mort, puis celui-ci prenait part en effigie à un banquet funéraire suivi de jeux, de concours et de spectacles. Le mort était censé être accompagné lors du trépas par des divinités dont certaines étaient féminines, *Athrpa, Culsu* et *Vanth.* Cette dernière, tenant en main le Livre du destin, assistait impassible à l'agonie des mourants et les accueillait aux Enfers. Quant aux démons masculins, ils étaient particulièrement terrifiants ; *Charun,* d'abord, que seul son nom rapproche du Charon des Grecs, était un être blafard, au nez crochu et aux oreilles pointues qui, armé d'un maillet, assistait à la mort ou même assommait les victimes et les accompagnait dans leur voyage vers les Enfers. Quant à *Tuchulca,* nous ne savons pas grand-chose de son rôle, mais son image est repoussante : ailes d'oiseau de proie, serpents dressés sur la tête, oreilles de cheval et bec d'aigle...

C'est par les tombes des Étrusques que nous connaissons leur civilisation et leurs productions artistiques. Les plus pauvres étaient enterrés dans des fosses, mais les représentants des couches supérieures de la population étaient généralement ensevelis dans des chambres funéraires recouvertes de terre (*tumuli*), ou encore dans des tombes creusées dans la roche. Ces sépultures étaient généralement rassemblées et organisées en véritable « villes des morts » (*necropoles*), parfois encore très suggestives, comme celles de Caere et d'Orvieto. Certaines d'entre elles offraient des salles souterraines décorées de fresques représentant des scènes de la vie quotidienne ; conçues comme de véritable maisons, elles étaient luxueusement décorées et contenaient un important matériel de qualité (poteries, bijoux, objets métalliques...). Les tombes de Tarquinia (V^e^-IIIe) montrent notamment d'extraordinaires peintures murales figurant des danses, des banquets, des scènes de chasse, de pêche et des courses de chevaux, ainsi que des représentations des Enfers ; celles de Caere, de magnifiques élément d'architecture sculptés dans le tuf : portes, fenêtres, lits, trônes...

Les Étrusques nous ont laissé de nombreux témoignages de leur production artistique. Outre les fresques des tombes, de très belles peinture figurent également sur les vases. Une masse considérable de poteries étaient importées de Grèce mais ils excellaient dans la production d'un type particulier d'argile noir, aux parois brillantes, imitant le métal, le *bucchero*, typique des VIIe et VIe siècles. Les imitations locales de vases grecs, géométriques, à figures noires ou à figures rouges, ne manquent pas non plus, jusqu'à la fin du IVe siècle av. J.-C. Les Étrusques travaillaient fort habilement le métal, produisant des objets ciselés (trépieds, candélabres, miroirs, strigiles...). Leurs bijoux d'or et d'argent étaient largement exportés. On se fera une idée de leur type de production artistique avec trois chefs-d'œuvre produits au Ve siècle : la

Louve capitoline de Rome, la Chimère d'Arezzo et le superbe candélabre de bronze qui se trouve aujourd'hui au Musée étrusque de Cortone. D'autres pièces étrusques de toute beauté sont exposées au musée de Villa Giulia à Rome, aux musées du Vatican et au Musée archéologique de Florence, ainsi qu'à Volterra et à Chiusi. Le musée du Louvre conserve aussi depuis Napoléon III des pièces exceptionnelles provenant du rachat par la France d'une grande partie de la collection Campana, constituée à partir de fouilles menées en Étrurie méridionale.

Si leurs meilleures œuvres en matière de sculpture sur pierre trahissent de fortes influences grecques, c'est dans le domaine de la coroplastique qu'ils ont réalisé leurs productions les plus originales et les plus belles ; au début du ve siècle, l'atelier de Véies produisit d'extraordinaires statues en rondebosse, dont celle d'Apollon exposée aujourd'hui au musée de Villa Giulia.

Commerce et économie

Les Étrusques furent de grands voyageurs et de bons commerçants. En Étrurie, la base de l'économie était constituée par l'agriculture, la pêche et la chasse. Il existait une différence importante entre les villes, relativement prospères, et certaines campagnes où les populations se maintenaient à peine à un niveau de subsistance. Ils exploitaient par ailleurs le cuivre et le fer ainsi que la pierre de construction (le tuf volcanique de la région était facile à travailler et résistant), ce qui suscita le développement du commerce et de la civilisation étrusque. La métallurgie est en effet probablement la clef principale de l'expansion économique étrusque au VIIe siècle. L'Étrurie était riche en minerais déjà exploités à l'époque villanovienne. Les régions de Populonia et de Vèmetulonia, le Monte Amiata et les massifs de la Tolfa produisaient du cuivre, du fer, destinés à l'exportation, ainsi que de l'étain et du plomb argentifère.

Les Étrusques excellaient également dans la fabrication d'objets en bronze (trompettes, rostres) dont l'aire d'exportation s'étendait de l'Espagne à Athènes, de Carthage à l'Angleterre, au Danemark, à la Suède et, par la Gaule, à l'Allemagne du Sud et à la Bohême.

Si le commerce terrestre exercé par les Étrusques était important, il demeurait sans comparaison avec ce qui constituait l'élément essentiel de la puissance étrusque : la puissance maritime, tant militaire qu'économique.

Les Toscans ont commercé par des échanges avec les Phéniciens et les Carthaginois et, au VIIe siècle, ils avaient établi des liens étroits avec la Grèce, trafiquant directement avec Athènes au moyen de leurs propres navires. Les peintures d'une tombe de Tarquinia représentent, dans tous ses détails, la source de la prospérité de son propriétaire : un navire de commerce. Ils importaient massivement des produits venus de Grèce en échange de leur minerai, de leur production métallurgique, du bétail, de produits manufacturés...

Aux VIIIe et VIIe siècles, en pratiquant la « piraterie », ils eurent raison militairement des villes de Rhegion et de Zancle placées de part et d'autre du détroit de Messine, qui les gênaient dans le développement de leurs échanges avec les pays de la Méditerranée orientale. Ils développèrent également des liens économiques remarquablement organisés avec la Gaule du Sud, important des peaux, des fourrures, de l'étain et exportant du vin et des métaux. Si l'on ne peut véritablement parler de thalassocratie étrusque, il n'en demeure pas moins qu'il y avait bien une mer « étrusque » (la mer Tyrrhénienne) et que toutes les grandes villes – même celles de l'intérieur – s'intéressèrent à ce commerce maritime. Aux VIe-Ve siècles, l'Adriatique commença à jouer un rôle plus important.

Il est intéressant d'imaginer, comme réseau de communications commerciales, un négoce tri-, voire quadrangulaire : ainsi le vin étrusque était-il échangé contre de l'étain gaulois qui servait ensuite à acheter des céréales de Grande Grèce, elles-mêmes revendues à Athènes et permettant alors d'acheter de la céramique attique, commercialisée ensuite en Étrurie.

Mais il est frappant de constater que les Étrusques n'ont que peu battu monnaie, et tardivement (fin VIe siècle-premier quart du Vᵉ siècle), malgré l'exemple grec. Les séries monétaires les mieux connues proviennent de Populonia.

Le sourire des Étrusques

L'absence de documents directs ne permet pas d'appréhender parfaitement les structures politiques et sociales de l'Étrurie. On peut en revanche tirer quelques enseignements des données archéologiques.

Une chose est sûre : l'Étrurie était constituée de cités indépendantes liées entre elles par la conscience d'une parenté de langue et de religion, ainsi que par une mémoire commune. Mais elles ne parvinrent jamais à former une véritable communauté politique.

A l'époque archaïque, on note l'existence d'abord en Étrurie méridionale, puis dans le reste de l'Étrurie, de grands centres comme Véies, Caere, Tarquinia, Vulci... dotés d'une souveraineté et d'éléments caractéristiques de ce que les Latins appelaient *civitates* ou *populi* et les Grecs *poleis*.

Aux VIIᵉ et VIᵉ siècles, ces cités connurent un régime monarchique. Certains monarques paraissent légendaires, tels Mézence de Caere (peut-être attesté par une inscription récemment découverte sur un vase du musée du Louvre), Properce de Véies ou Thybris ; d'autres sont connus par les textes et par l'archéologie, ainsi les Tarquins, Servius Tullius-Mastarna de Rome, Porsenna de Clusium.

Les monarchies étrusques n'étaient au fond que des aristocraties déguisées qui institutionnalisaient la domination d'un clan : on est donc proche du système grec de la cité-État dont le chef était presque toujours un roi. Celui-ci, à la tête de la famille locale la plus puissante, était appelé « lucumon ». Vivant dans un palais (*Lauchumna*), il possédait les insignes du pouvoir qui ne sont pas sans rapport avec ceux qu'arboreront les magistrats romains : il avait un sceptre, une tunique à bordure pourpre, une chaise curule, des porteurs de faisceaux et il était annoncé par des trompettes...

Les prérogatives du roi ne sont pas très claires, mais ce que nous savons du contexte social et de la pérennité des instances politiques permet de penser que son pouvoir était absolu – bien que surveillé par une oligarchie princière –, et s'exerçait dans les domaines politique, religieux et militaire. D'abord élective, la royauté devint assez vite héréditaire par les femmes. On n'a aucune trace de l'existence d'un *populus* ou d'une assemblée comparable au Sénat romain qui aurait pu faire contrepoids à son autorité.

Mais ces monarchies furent remplacées entre la fin du VIe siècle et le milieu du Ve siècle par des républiques oligarchiques. On assista au même mouvement dans l'ensemble de la Méditerranée, provoqué par la transformation de la royauté en tyrannie, qui suscita la révolte des groupes sociaux susceptibles de s'emparer du pouvoir, essentiellement l'aristocratie traditionnelle ou la bourgeoisie marchande enrichie par le commerce. A partir du IVe siècle, il n'y eut plus que des républiques oligarchiques avec magistratures électives, collégiales et temporaires.

Dans ce contexte, le pouvoir était aux mains des *principes*, c'est-à-dire des oligarques qui l'exerçaient par des magistratures. Si le *cursus bonorum* des magistrats est souvent connu par les inscriptions funéraires, la teneur de leur charge et la répartition du pouvoir est extrêmement difficile à reconstituer. Ainsi le titre de *zilath*, de *purth* ou encore de *macstrevc* que l'on hésite à rapprocher de *praetor*, de *dictator* ou de *magister*.

On trouve dans l'exercice de ces charges une très grande continuité familiale. En réalité, ce furent les mêmes familles – rivales entre elles, mais attachées à la survivance du système – qui perpétuèrent leur pouvoir. Certaines nous sont assez bien connues par leurs tombes, leur nom, les textes et les représentations figurées. Elles constituaient véritablement des lignages ou, pour reprendre le terme latin, une *gens*. Les femmes de ces familles occupaient une place très importante et parfois prééminente par rapport à celle de l'homme. Maîtresses de leurs biens, elles jouissaient d'une grande liberté, eurent un rôle artistique et culturel non négligeable, et ne restèrent pas en dehors du jeu politique : en témoigne cette Tanaquil, « excellente fileuse », mais qui, femme de Tarquin l'Ancien, sut aussi jouer, à la mort de ce dernier, un rôle déterminant dans l'avènement de Servius Tullius.

La société étrusque était clairement divisée entre maîtres et serviteurs, sans groupe intermédiaire. Si l'on connaît un peu les classes dirigeantes, il n'est pas surprenant de constater qu'on ne sait rien des esclaves, ni même des hommes libres les plus pauvres.

La zone d'influence étrusque

Il n'y eut donc jamais de nation étrusque au sens moderne – et anachronique – du terme. Pourtant, les Étrusques se considéraient et étaient perçus comme une entité distincte, attachée à un territoire donné. Il semble bien qu'il y ait eu une ligue étrusque regroupant douze cités ou peuples étrusques qui se rassemblaient au *Fanum Voltumnae,* grand sanctuaire situé près de Volsinii (Orvieto). Après des fêtes et des jeux pariétrusques, les représentants de cette « dodécapole » élisaient un magistrat fédéral appelé tantôt *sacerdos,* tantôt *rex* par les auteurs latins. Ce magistrat remplissait surtout un rôle religieux, probablement aussi économique, mais très peu politique, chaque cité restant jalouse de sa souveraineté. A la fin du VIIe siècle et au début du VIe, les Étrusques avaient conquis l'essentiel du Latium, dont des villes comme Tusculum (Frascati), et ils occupèrent Rome. Ils poussèrent même suffisamment loin en Campanie pour occuper Capoue, Nola et Pompéi. Ils avaient fondé dans cette région (comme en Italie du Nord) une « dodécapole », confédération de douze cités calquée sur le modèle de leur propre organisation fédérale.

Rome est un bon exemple du fonctionnement et de l'influence de la civilisation étrusque. Trois rois successifs y régnèrent : Tarquin l'Ancien (616-579), Servius Tullius (578-535) et Tarquin le Superbe (534-509). En 509, des nobles romains le chassèrent et proclamèrent la République. Il tenta alors de reprendre Rome avec l'aide de Lars Porsenna de Clusium mais, d'après Tite-Live, échoua, battu par Horatius Coclès. Tacite, en revanche, indique que Lars Porsenna reprit Rome, tenta de remplacer Tarquin et fut défait par les Latins à Aricie en 506.

On attribue à Tarquin l'Ancien l'introduction du drainage (la *cloaca maxima*) et des jeux, surtout des courses de chevaux, qui se déroulaient au *circus maximus*, entre le Palatin et l'Aventin. Servius fut surtout connu pour la réorganisation de l'État et de l'armée qui donna un poids accru aux « classes moyennes » romaines. Il présida à la fondation d'un sanctuaire consacré à Diane sur l'Aventin et on lui attribue la construction de la première muraille de la ville (aujourd'hui appelée muraille servienne) ; ces vestiges archéologiques paraissent en réalité plus tardifs, du IVe siècle av. J.-C. Quant à Tarquin le Superbe, il fit construire sur le Capitole un temple à Jupiter décoré de terres cuites fabriquées par des artistes de Véies.

Sous les rois étrusques, Rome se développa considérablement, devenant une véritable ville, culturellement avancée. Industrie et commerce commencèrent à jouer un rôle important dans ce qui était jusqu'alors une agglomération rurale, et la religion traditionnelle romaine fut largement étrusquisée.

Mais s'il est indéniable que Rome subit alors la domination politique des Étrusques, elle a toutefois conservé son caractère latin, comme le prouvent les inscriptions, le maintien des institutions religieuses et surtout la latinité, intacte après le départ des occupants.

Pourtant, de nombreux éléments de la civilisation romaine ne s'expliquent que par les Étrusques et même après leur départ, on continua d'utiliser les services des haruspices et d'envoyer auprès d'eux les jeunes nobles romains étudier la *disciplina etrusca,* notamment à Caere.

Le déclin des Étrusques

La défaite des Étrusques face aux Latins, que ce soit en 509 ou en 506, représente un élément important du déclin étrusque en coupant leurs villes de Campanie du territoire toscan. Déjà, leur contrôle de la mer Tyrrhénienne avait été sapé par leur victoire « à la Pyrrhus » – sans vainqueur ni vaincu – de la grande bataille de la mer de Sardaigne en 535. Étrusques et Carthaginois y auraient affronté les Phocéens installés en Corse, qui durent alors abandonner leur colonie d'Aléria.

Aristodème – le présumé vainqueur à Aricie en 506 – avait également bloqué l'expansion des Étrusques dans le Sud de l'Italie en les empêchant de prendre la cité grecque de Cumes en 524. En 474, ils subirent devant Cumes une défaite navale infligée par les Syracusains. Désormais, le Latium n'était plus sûr et la route maritime s'avérait également aléatoire : les liaisons entre Étrurie du Sud et Étrurie du Nord se faisaient plus difficiles. Enfin, en 420, les Samnites mirent fin à la présence étrusque en Campanie en prenant Capoue puis Cumes.

Pendant ce temps, dans le Nord de l'Italie, les Étrusques traversèrent les Apennins à la fin du VIe siècle, pénétrèrent dans la plaine du Pô et s'emparèrent de nombre de villes de l'Adriatique aux Alpes : ainsi Felsina, (Bologne), mais aussi Spina (au nord de Ravenne) ainsi que Marzabotto (qui n'a pas été reconstruite depuis, et qui offre un impressionnant témoignage de l'urbanisme d'une ville étrusque).

Mais la domination étrusque dans le Nord de l'Italie fut relativement courte : ils furent progressivement chassés par des tribus celtiques dès la fin du Ve av. J.-C. En 350 av. J.-C., Felsina (Bologne) tomba. A cette époque, l'Étrurie elle-même était sur le point d'être conquise par les Romains.

Cette conquête romaine s'organisa autour de trois étapes cruciales : 396, la prise de Véies, 308 la chute de Tarquinia et enfin 264, lorsque Volsinii, dernière cité étrusque, succomba à un siège. Le territoire des cités étrusques fut confisqué, en partie ou en totalité, et des colonies latines et romaines furent fondées au cœur du pays conquis : certaines cités, certaines agglomérations conservèrent cependant, jusqu'à Auguste, une population en majorité étrusque, ainsi que les sacerdoces et les magistratures de leurs ancêtres. Rome sut ainsi s'assurer, en laissant leurs privilèges aux élites locales (dont certaines firent leur entrée au Sénat romain), le contrôle des populations soumises qui préludait à la disparition de la langue et à la fusion du peuple étrusque dans la communauté romaine.

Les Étrusques ont été très proches de réussir la première « unification » de l'Italie. Ils ont contribué à une notable évolution du pays, menant à bien le processus d'urbanisation, accélérant les progrès économiques, répandant l'alphabet grec et influençant l'art, l'architecture, la construction et l'organisation politique de leurs voisins.

Mais ils furent victimes, si l'on peut proposer cette très rapide analyse, de l'absence de cohésion entre les différentes cités, de leur mode de domination plus enclin à mettre sous le joug des populations qu'à les absorber, et peut-être aussi d'une certaine cruauté envers les peuples conquis qui n'incitait pas ces derniers à la soumission ou à la loyauté. Tout au contraire, des révoltes des couches les plus pauvres sont attestées et ont fragilisé le pouvoir étrusque.

La place était libre pour les Romains.

Rome jusqu'à Auguste

Les siècles de l'hégémonie romaine constituent indéniablement une des périodes essentielles de l'histoire italienne. Pour la première fois, la Péninsule fut unifiée et domina l'essentiel du monde connu. Outre les très riches vestiges archéologiques de cette période, il est clair que le modèle culturel, politique et juridique mis en place par les Romains est demeuré vivace à travers les siècles, de la Renaissance au système républicain en passant par le siècle des Lumières.

La longue histoire de Rome a de tous temps, depuis l'Antiquité jusqu'à Gibbon et même jusqu'à nos jours, induit la question de la décadence. Comment meurent les civilisations ? Meurent-elles détruites et rongées de l'intérieur ou sous les coups de peuples plus agressifs ? Disparaissent-elles véritablement ou bien ne faut-il pas plutôt insister sur ce qui reste d'elles, sur leur pérennité ? Est-il plus légitime de parler de Bas Empire ou d'Antiquité tardive ? Ce n'est pas ici le lieu de traiter ce problème mais il importe de garder ces interrogations présentes à l'esprit. Période considérable donc, à laquelle correspondent logiquement une bibliographie surabondante et une multitude de controverses historiques et de débats encore ouverts.

Pour le voyageur, la ville de Rome représente bien entendu la démonstration la plus complète de cette civilisation, de la fondation à la fin de l'Empire. Mais l'ensemble de l'Italie, l'ensemble du monde méditerranéen porte encore l'empreinte romaine. De Pompéi à Ravenne, de Piazza Armerina à Herculanum – pour ne citer que l'Italie – la romanité constitue le fil directeur d'un très riche voyage.

Pour évoquer cette histoire si longue et complexe, nous la diviserons classiquement en trois phases : de la fondation à 510 av. J.-C., soit la période des rois, de 509 à 31 av. J.-C., la République, et enfin de 31 av. J.-C. à 476 ap. J.-C. le principat puis l'Empire.

La fondation de Rome et la monarchie

La légende veut que la ville de Rome ait été fondée par deux frères, Romulus et Remus, qui étaient les enfants de Rhea Silva, fille du roi d'Albe la Longue, et du dieu Mars. Pour échapper à la mort que leur réservait leur oncle Amulius, usurpateur du trône, des personnes bien intentionnées les confièrent aux flots du Tibre, sur une petite nacelle. Échoués sur le site de la future Rome, ils furent allaités par une louve puis recueillis par un berger d'Albe, Faustulus. C'est de là qu'ils partirent pour fonder une ville. Toutefois, Remus la voulait sur l'Aventin et Romulus tenait pour le Palatin. Ils consultèrent les dieux et il leur fut indiqué qu'ils devaient rester chacun sur leur site de prédilection et attendre un signe. Remus vit le premier passer six vautours blancs, mais Romulus en repéra douze immédiatement après. D'où l'origine du différend qui allait séparer tragiquement les deux frères. En effet, Romulus fonda donc la Ville, creusant autour du Palatin un sillon avec sa charrue, pour symboliser l'enceinte de Rome. Ce faisant il déterminait l'espace consacré, le *pomerium*. Mais Romulus tua son frère qui, contestant l'interprétation des signes divins, avait raillé l'aspect dérisoire des limites romaines en les franchissant. Il souillait ainsi d'un fratricide la fondation de Rome.

Cette histoire fait partie du « folklore » romain et remonte aux premiers jours de Rome. Pourtant, il est clair qu'il s'agit d'un mythe fondateur. Parmi les autres « histoires » rendant compte de la fondation de Rome, mentionnons celle développée par les historiens grecs qui relatent l'aventure d'Énée qui, fuyant le sac de Troie, débarqua dans le Latium où il fonda la ville. Dans l'*Énéide* de Virgile, on trouve ce récit enrichi du mariage d'Énée avec une princesse appelée Lavinia, dont le nom donna naissance à la ville de Lavinium. Bien que le sac de Troie ait eu lieu quelque 400 ans avant la date probable de la naissance de Rome, ce récit fut repris et diffusé dans l'ensemble du monde méditerranéen.

Des historiens romains plus tardifs, tels que Fabius Pictor et Tite-Live, mélangèrent les deux récits pour formuler la synthèse qui allait devenir l'histoire officielle de la fondation de Rome. Pour celle-ci, Romulus et Remus étaient les petits-fils d'Énée qui descendait lui-même de Vénus. Énée avait fondé Lavinium et c'est Ascanius, son fils, qui créa Albe la Longue. Romulus, après avoir tué son frère, fonda Rome le 21 avril 753 av. J.-C. et fut le premier d'une lignée de sept rois qui régnèrent pendant 243 ans, jusqu'aux débuts de la République. Selon cette version, les Romains descendraient des dieux ce qui donna à ce mythe une grande popularité.

La variété de ces récits incite à se tourner vers les données archéologiques que peuvent fournir les fouilles menées dans l'*Urbs*. Si Cicéron louait dans la *République* la sagacité du choix de Romulus, il ne faut pas oublier que la première Rome était un endroit extrêmement insalubre, régulièrement inondé tant par le Tibre que par les ruisseaux descendus des collines et qui croupissaient sur le Champ de Mars. A l'exception des collines, Rome était un marécage... où l'eau potable manquait – problème qui ne fut véritablement résolu que fort tard, au IIIe siècle av. J.-C., avec la construction des aqueducs. En réalité, le choix de Rome fut sans doute un choix stratégique, militaire : un site naturellement protégé et défensif auquel s'ajoutait la présence du premier gué depuis l'embouchure du Tibre, l'île Tibérine.

Selon la tradition, après avoir fondé Rome, Romulus se heurta à un problème crucial : l'absence de femmes en mesure de donner une descendance aux premiers Romains. On sait qu'il enleva les Sabines, femmes des cités voisines, ce qui entraîna Rome dans une guerre fort longue avec les pères des jeunes femmes. Celles-ci mirent fin au conflit en s'interposant entre les combattants, manifestant ainsi leur acceptation d'une union qu'elles n'avaient pas choisie... Après cette issue heureuse, les Sabins vinrent en nombre s'installer à Rome et un roi sabin, Titus Tatius, régna avec Romulus. La Ville s'étendit à l'Aventin et au Capitole et Romulus organisa le fonctionnement de la Cité en créant un conseil, le Sénat, formé des *patres,* une assemblée du peuple, et en instaurant l'armée. Puis il disparut un jour d'orage devant le peuple rassemblé au Champ de Mars. La légende voulut qu'il soit devenu un dieu et un culte lui fut rendu sous le nom de Quirinus. Il réapparut pour annoncer que le désir des dieux était que Rome devienne capitale du monde.

Si les débuts de cette période sont parcourus d'épisodes merveilleux, on peut toutefois attester la présence d'un gouvernement monarchique. Se succédèrent à la tête de Rome Numa Pompilius (715-713), Tullus Hostilius (673-641), Ancus Marcius (641-616) puis les trois rois étrusques qui ont déjà été mentionnés Tarquin l'Ancien, Servius Tullius et Tarquin le Superbe. Numa fut un Sabin au règne duquel on associe une période de stabilité et de réorganisation religieuse. Parmi les réformes de Numa, la fondation du temple de Janus, situé à la limite nord du Forum. Janus était le dieu de la guerre ; dans son temple, la porte était fermée en temps de paix, ouverte en temps de guerre. Numa s'attacha également à diviser les fonctions sacerdotales entre plusieurs collèges et à leur conférer une plus grande autonomie par rapport au pouvoir royal. Il créa les flamines de Mars et les flammes de Jupiter, chargés du culte de chacun de ces dieux. A côté des flamines, Numa organisa le collège des Saliens eux aussi consacrés au dieu Mars. Enfin, Numa désigna un chef religieux chargé de veiller à l'accomplissement des rites et au maintien d'une certaine « orthodoxie » religieuse : le grand pontife – ou *pontifex maximus.* C'est sous Numa que la tradition de la piété romaine s'instaura et que fut établi le calendrier.

Tullus Hostilius fut quant à lui davantage tourné vers l'extérieur : il combattit les Sabins, conquit Albe la Longue et, établissant le contrôle de Rome sur les monts Albains, il mit la ville à la tête de la Ligue latine. La population de

Rome s'accrut à la suite de l'installation forcée des habitants d'Albe la Longue. Son successeur Ancus continua la lutte avec les Latins. Quant aux trois rois étrusques, leur œuvre a déjà été évoquée.

A ses débuts, la ville – ou plutôt le village de Rome – semblait sans commune mesure avec l'importance qui lui fut attribuée par la légende. Dès la seconde partie du VIIIe siècle, il y a en fait plusieurs villages : le Palatin avec ses deux sommets encore séparés sur lesquels on a retrouvé des trous de poteaux de cabanes attestant la présence d'un habitat rustique, le Capitole, le Quirinal et les pentes de l'Esquilin. La vallée du forum, débarrassée de ses marécages, formait le centre de la vie sociale et religieuse. Sous la monarchie étrusque, le forum servait de lieu pour incinérer ou enterrer les morts. Cette zone était en effet insalubre et située en dehors des endroits habités. C'est là que se situent les plus anciens et les plus importants sanctuaires : le temple de Vesta, la Regia. La Voie Sacrée, menant au Capitole où trônait Jupiter, passait par le forum.

Sous la monarchie, une organisation politique sophistiquée fut établie. Le roi *(rex)* était doté d'un pouvoir absolu (l'*imperium*) provenant d'une sorte de droit divin. Le pouvoir ne se transmettait pas par descendance ; les rois étaient choisis en fonction de critères surnaturels, de signes dispensés par les dieux et interprétés par les autorités religieuses. Dans les périodes de vacance du pouvoir, la Ville était dirigée par des *interreges* choisis parmi les sénateurs. Le Sénat, qui représentait l'aristocratie, était formé de patriciens censés descendre des cent « sages » que Romulus avait choisis comme conseillers. Ces Anciens représentaient les *gentes*, c'est-à-dire des groupes de personnes partageant les mêmes intérêts et contrôlant des *clientes*. Le rôle du Sénat était principalement celui de conseil du roi, mais il jouissait également d'une certaine *auctoritas* – ou influence – qui lui permettait de jouer un rôle non négligeable lors de l'élection de ce dernier.

Un rôle également important était assumé par les *curiae* qui représentaient le peuple. Avant Servius, le peuple était divisé en trois tribus portant les noms de Ramnes, Tities et

Luceres. Chacune des tribus formait dix curies et les trente curies constituaient l'assemblée du peuple, les comices curiates. Comme leur rôle essentiel avait été primitivement d'investir le roi choisi par le Sénat et de lui conférer l'*imperium*, ils continuèrent, après la République à conférer l'*imperium* aux magistrats élus par les comices centuriates. Les tribus fournirent l'organisation de base de l'armée, chacune contribuant pour l'infanterie, la cavalerie et les tribuns. Jusqu'à la réorganisation servienne, les comices curiates constituèrent la seule assemblée du peuple.

A ce système de classification des citoyens vint se superposer une nouvelle organisation dont la paternité est attribuée par la tradition au roi étrusque Servius Tullius. Sa réforme comporte des aspects militaires, politiques et administratifs. Désormais, les citoyens, répartis tous les cinq ans par les censeurs dans différentes classes en fonction de leur fortune *(census)*, participent à la vie politique dans le cadre des comices centuriates. Cette assemblée tire son nom de la subdivision des cinq classes censitaires en 193 ou 195 centuries. Cette organisation servait aussi de base au recrutement de l'armée. Parallèlement, Servius Tullius est à l'origine d'une répartition des citoyens en fonction de leur lieu d'habitation : l'organisation en quatre nouvelles tribus (qui atteindront le chiffre de 35 sous la République) donna naissance à une troisième assemblée populaire, les comices tributes. Ce n'est qu'à la période républicaine qu'on connaît bien le fonctionnement et les compétences de ces trois assemblées : curiates, centuriates et tributes.

Cette superposition de fonctions, sans qu'il n'y ait jamais eu de suppression de l'organisation précédente, contribua à la complexité de la vie politique romaine.

A la fin du VIe siècle av. J.-C., il existait déjà un État romain qui affirmait sa domination sur les autres cités du Latium : Albe n'existait plus, ses habitants avaient été transférés à Rome, les autres cités étaient regroupées sous la férule romaine au sein d'une confédération latine. Les cadres de la vie politique étaient formés et la religion fondée. Mais le joug du dernier roi étrusque, Tarquin le Superbe, cristallisa le mécontentement des Romains et, en

509, Rome abolit la royauté. Cette « révolution » établissait la République pour cinq siècles.

La République romaine

A cette époque Rome perdit une partie de son rayonnement sur le Latium et vit sa puissance s'amenuiser. La Ligue latine échappa à l'influence de Rome et certaines cités étrusques tentèrent de reprendre leur pouvoir. Ce à quoi les Romains répondirent en liquidant les factieux et en consolidant leurs rapports avec certaines villes étrusques telle Caere. Au milieu du ve siècle, Rome conclut une paix « forcée » avec les cités latines : la menace des peuples des montagnes descendant vers les plaines côtières devenait préoccupante. En Campanie, les Samnites s'emparèrent de Capoue et de la colonie grecque de Cumes, fondant un État campanien. Les Lucaniens occupèrent la région de Paestum. Dans le Latium, la ville de Faléries fut prise par les Sabins. Rome répliqua en envahissant la ville étrusque de Véies après un siège long et difficile, afin de barrer la route aux Sabins, signant ainsi le déclin de la puissance étrusque.

Le ve siècle vit se dérouler à Rome des luttes difficiles opposant patriciens et plébéiens, les deux « classes » constitutives de la société romaine. Cette opposition menaça même l'État romain. Leur antagonisme découlait classiquement d'un déséquilibre trop fort entre les avantages politiques acquis par l'oligarchie et ceux concédés à la plèbe.

A ses débuts, la République romaine fut dirigée par l'aristocratie, les *gentes* patriciennes supportées par leurs clientèles. Les rois furent remplacés par deux magistrats, préteurs puis consuls, élus annuellement par le peuple réuni en comices centuriates. Leur mandat d'un an n'était pas renouvelable. Ils jouissaient d'un *imperium* analogue à celui des ex-rois.

En fait, le pouvoir resta largement aux mains du Sénat, lui-même contrôlé par le patriciat. Parfois, en cas d'urgence, le Sénat pouvait abdiquer ses pouvoirs au profit d'un dictateur qui, durant six mois, avait un pouvoir illimité. Au point de vue religieux, les patriciens possédaient un privilège important : celui de pouvoir prendre les auspices. Fait essentiel si l'on songe que la vie publique était suspendue à l'agrément des dieux. Logiquement, les patriciens réclamèrent l'exclusivité des magistratures qui incluaient la prise d'auspices, c'est-à-dire le consulat et les magistratures majeures. Cet enjeu religieux contribua à durcir les positions de chacune des deux parties.

La révolution de 509, dirigée par l'oligarchie romaine, qui avait mis fin à la royauté, frustra en définitive la plèbe qui se voyait exclue de la magistrature consulaire, celle qui avait remplacé la fonction royale. Or la plèbe avait évolué et, s'il s'agissait toujours d'une majorité dénuée de privilèges, elle comportait de plus en plus de représentants de ce qu'on appellerait aujourd'hui les classes moyennes, c'est-à-dire des artisans, des commerçants et même de riches propriétaires terriens. Ils affrontèrent l'aristocratie d'une part à cause du fardeau de plus en plus pesant d'un endettement qui pouvait entraîner l'esclavage (le *nexus*), d'autre part car l'inégale répartition des richesses et en particulier des richesses foncières leur apparaissait insupportable. La plèbe s'organisa donc afin de remédier à ces deux problèmes et pour réclamer un système politique et juridique qui conférerait l'égalité des droits.

En 494 av. J.-C., la plèbe menaça de faire sécession et se retira sur l'Aventin où elle déclara vouloir fonder une autre ville que Rome, une sorte de contre-État. L'Aventin, situé en dehors du *pomerium*, était l'emplacement du temple de la déesse Cérès, déesse par excellence des plébéiens. Ils établirent une assemblée séparée, le *concilium plebis*, et élirent des tribuns. Les patriciens acceptèrent de reconnaître ces magistrats chargés de protéger la plèbe contre tout abus de pouvoir. Le collège des tribuns de la plèbe rassembla d'abord deux, puis jusqu'à dix magistrats aux pouvoirs extrêmement étendus. Ils avaient le droit de veto sur les autres magistrats, étaient inviolables dans leurs personnes et dans leurs biens, jouissaient d'une *potestas* comparable à celle des consuls, et pouvaient exercer un droit de sanction (*coercitio*) se traduisant par des amendes ou des peines d'emprisonnement. Sacrosaints, ils auront jusqu'à l'Empire un statut tout à fait particulier. La création des tribuns de la plèbe eut plusieurs conséquences. Pour élire les tribuns et les édiles plébéiens, il fallut légaliser le conseil de la plèbe, le *concilium plebis*, qui s'organisait autour du système des quatre tribus serviennes qui étaient alors devenues dix-sept. Le *concilium plebis*, très vite, ne se contenta pas d'élire ses magistrats mais prit des motions de portée générale qui concurrençaient *de facto* les décisions des comices centuriates où les patriciens étaient prépondérants.

Le pouvoir de la plèbe, ainsi institutionnalisé, allait logiquement s'affirmer.

Ce contexte de normalisation politique fut menacé un moment après le terrible sac de Rome par les Gaulois en 390 av. J.-C. Mais bientôt, la représentation au Sénat et l'accès de la plèbe au consulat furent entérinés par les lois liciniennes de 367 av. J.-C., établissant ce qu'on pourrait appeler un équilibre des pouvoirs entre patriciens et plébéiens puisque l'un des deux consuls pouvait, puis dut être plébéien. Il faut d'ailleurs noter que, dès cette période, la division patriciens-plébéiens n'est plus une division pertinente pour comprendre la vie politique romaine ; c'est au contraire une nouvelle *nobilitas*, mêlant patriciens et plébéiens et exerçant les plus hautes fonctions politiques, qui va jouer un rôle prépondérant.

La paix sociale intérieure héritée des lois liciniennes permit à Rome de surmonter les dangers extérieurs. Ces lois allaient également permettre d'élargir les cadres de la vieille cité en rendant possible l'accueil, en toute plénitude de leurs droits, des cités qui voulaicnt s'allier.

La première phase d'unification de l'Italie se déroula donc au cours du IVe siècle. Rome réduisit d'abord les Étrusques de Tarquinia et de Caere, puis les Latins et enfin la Campanie, les Pouilles et la Lucanie de 340 à 290. Après la victoire sur Pyrrhus, roi d'Épire, qui avait tenté d'envahir l'Italie en 282-275, et la prise de Tarente en 272, le contrôle romain sur le Sud était devenu complet et, si les États grecs bénéficièrent d'un traitement d'allié – leurs ports étaient cruciaux pour établir une puissance navale romaine –, une colonisation extensive fut mise en place dans le reste de la région. Mais la guerre avec Pyrrhus ne faisait que préfigurer les conflits d'une dimension jusqu'alors inégalée qui allaient se dérouler : les guerres puniques.

Les guerres puniques : naissance d'une nouvelle Rome

Trois guerres opposèrent Rome à Carthage entre 264 av. J.-C. et 146 av. J.-C., mais elles touchèrent en réalité l'ensemble du monde méditerranéen par le jeu combiné des alliances et de la recherche de puissance.

Carthage avait été fondée par les Tyriens à la fin du IXe siècle et avait constitué une véritable thalassocratie dominant la partie occidentale du bassin méditerranéen. Ses relations avec Rome furent bonnes tant que celle-ci demeurait une puissance terrienne mais Carthage se trouvait en conflit permanent avec les marchands et les colons grecs. La Sicile constituait un des points sensibles de cet affrontement. L'intervention de Rome en Grande Grèce après sa victoire sur Pyrrhus la rendait, *de facto*, partie prenante dans le conflit. Les Mamertins réfugiés à Messine firent appel en même temps à Rome et à Carthage pour les défendre contre Syracuse. Carthage intervenant la première, en 264, obligea les Romains à réagir ; ils ne pouvaient laisser cette place stratégique pour la maîtrise de la Méditerranée occidentale, si proche de leurs propres conquêtes, aux mains de leurs concurrents. Cette première guerre, dont l'issue fut longtemps incertaine, fut marquée après vingt-trois ans de conflits par la victoire navale des Romains aux îles Égates, en 241. La Sicile devint la première province romaine à l'issue du traité de 241. Mais Rome, en violation de ce traité, profitant du repli carthaginois, poussa son avantage en Corse et en Sardaigne, s'y implantant en 239. Cette guerre mit pour la première fois aux prises des armées et des flottes considérables regroupant jusqu'à 70 000 hommes. Rome s'affirma alors comme une puissance maritime grâce à l'appui de ses alliés de Grande Grèce et à son propre effort de construction d'une marine de guerre. Les nouvelles provinces, une fois regroupées, furent dirigées par des gouverneurs envoyés chaque année depuis Rome. Seules les principales cités grecques, dont Syracuse, gardèrent une certaine indépendance.

Mais, même défaits, les Carthaginois ne restèrent pas inactifs et entreprirent de se constituer une zone d'influence en Espagne. Hamilcar commença la conquête de l'arrière-pays espagnol, entreprise poursuivie après sa mort par son gendre Hasdrubal qui fonda la nouvelle Carthage : Carthagène.

Ce fut Hannibal, le héros carthaginois de la seconde guerre punique (218-202 av. J.-C.), qui allait mener la revanche contre Rome. Cette guerre fut fondamentale dans l'histoire de Rome car celle-ci fut pour la première fois menacée dans son intégrité territoriale et politique. Mais surtout, c'est le rapport de Rome à l'hellénisme qui allait sortir à la fois renforcé et contesté de ce conflit. En effet, alors que l'enrichissement et l'ouverture des élites romaines entraînaient la diffusion de l'hellénisme (ainsi les Scipion, vainqueurs de Carthage, s'en firent-ils les hérauts), Caton l'Ancien se fit le champion d'un retour aux valeurs latines traditionnelles. Cette ambivalence de Rome, partagée entre ses racines et l'ouverture à l'Orient, demeura une constante de la vie politique et culturelle jusque sous l'Empire.

La seconde guerre punique est surtout connue pour ses épisodes les plus spectaculaires, comme la traversée des Alpes par Hannibal et ses éléphants ou les fabuleuses machines de guerre conçues par Archimède lorsque Syracuse résistait aux assauts de la flotte romaine : grues géantes pour envoyer des projectiles sur les navires, miroirs réfléchissant le soleil afin d'incendier à distance les bateaux de guerre croisant au large...

Sans entrer dans les détails de ce conflit complexe, rappelons qu'Hannibal, général de talent formé par les tacticiens grecs, défit les Romains au cours de quatre grandes batailles : au Tessin et à la Trébie en 218, au lac Trasimène en 217 où il anéantit les légions du consul C. Flaminius et enfin à Cannes, en Apulie, en 216. Cette dernière bataille entraîna, pour certaines villes de l'Italie du Sud, le signal du renversement des alliances : abandonnant Rome, elles se rangèrent derrière les Carthaginois. Capoue, qui avait « trahi » son allié romain, fut reprise par les légions en 211, l'aristocratie fut massacrée, la plèbe réduite en esclavage.

Mais Hannibal n'avait pas encore poussé son avantage : ni après sa victoire du lac Trasimène où il chercha à s'assurer d'abord des appuis au sud de Rome, ni après la bataille de Cannes, alors que Rome semblait à sa merci. Lorsque Capoue retomba aux mains des Romains, Hannibal pensa élargir le conflit et s'allia à Philippe V de Macédoine. Cette trahison du monde hellénistique dont Rome allait être informée contribua à renforcer sa défiance. Mais le sort de la guerre se jouait déjà depuis 218 en Espagne où P. Cornelius Scipion, le père de Scipion l'Africain, occupa Carthagène. Le frère d'Hannibal, Hasdrubal, passa les Pyrénées mais fut battu et tué sur les rives du Métaure. Les Romains reprirent alors l'offensive : Scipion l'Africain obtint du Sénat l'autorisation de passer en Afrique et Hannibal dut quitter la Sicile pour retourner se battre dans son propre pays. Scipion battit les Carthaginois à Utique et à Zama, en 204 et en 202. Le traité de 202, particulièrement sévère, anéantit la puissance militaire de Carthage.

Après sa victoire, Rome allait être amenée à intervenir dans les affaires d'Orient. D'abord contre Philippe V de Macédoine qui fut défait en 197 à Cynoscéphales, entraînant l'indépendance des villes grecques dès 196. Puis contre l'expansionniste roi de Syrie, Antiochos III : il fut défait en 189 à Magnésie.

Mais surtout, elle allait renforcer son emprise en Italie du Sud et en Sicile ainsi que sur le pourtour méditerranéen. L'Espagne devint romaine et les provinces d'Espagne citérieure et d'Espagne ultérieure furent créées en 197. L'essentiel des Balkans passa sous domination romaine après les victoires sur la Macédoine. Mais Carthage continuait d'être perçue comme une source de danger potentiel. Ainsi, les harangues réitérées de Caton au Sénat, soutenu par une partie de l'opinion publique, le mot d'ordre « *Delenda est Carthago* » finirent par inciter Rome à lancer la troisième guerre punique : sous le commandement de Scipion Émilien, petit-fils adoptif de Scipion l'Africain, les armées romaines débarquèrent en Afrique et Carthage fut dévastée, brûlée, recouverte de sel et maudite pour que, jamais plus, elle ne puisse menacer Rome.

Dans le même temps, la République s'attachait également à la conquête du Nord de l'Italie. Les Gaulois qui s'y étaient installés furent battus aux batailles de Talamone (225 av. J.-C.) et de Mediolanum – Milan – en 222. En 160, leurs territoires situés au sud du Pô étaient tous occupés ainsi que ceux des tribus ligures des Apennins. Les peuples installés autour de Gênes furent réduits difficilement de 220 à 118. A partir de là, la romanisation de la Gaule cisalpine ne cessera de s'affirmer.

On peut alors commencer à parler d'« Italie », au sens moderne du terme, puisque l'unification de la Péninsule sous la tutelle romaine avait permis aux populations de développer très graduellement un sentiment d'identité nationale. Intégration du mode de vie romain, pratique du latin, autant d'éléments qui ont permis de parler de « romanisation ». Processus complexe qui transita largement par les nouvelles voies de communication ouvertes par les Romains. Les fameuses voies romaines, initialement destinées à un usage militaire, servirent aussi à l'expansion du modèle romain. La plus ancienne d'entre elle, la via Latina (334 av. J.-C.), joignait Rome à la Campanie, la via Aurelia (108 av. J.-C.) se dirigeait vers Pise et Gênes.

La République : la Ville et les arts

Arrêtons-nous un instant sur la période des guerres puniques qui représente un tournant dans l'histoire de la République romaine, tant d'un point de vue socio-politique – nous le verrons plus loin – que d'un point de vue artistique ou urbanistique.

Rome était devenue une ville puissante et riche. On était loin, en ce début de IIe siècle av. J.-C., des petits villages de cabanes des origines. Avec environ 150 000 habitants, c'était également une ville enrichie par les conquêtes qui pouvait mener à bien une politique urbanistique et une politique d'« embellissement » de grande ampleur.

Rome était organisée autour des trois « ensembles monumentaux » constitutifs de la cité : le Capitole, le forum et le *comitium* (lieu de réunion des comices). Leur importance politique était telle que toute fondation d'une colonie comportait d'abord l'établissement de ces trois lieux et donc de ces trois fonctions. Il n'est pas possible de décrire ici l'ensemble des réalisations urbanistiques ou monumentales de la République : mentionnons seulement la construction de quelques temples (Largo Argentina en particulier) ou encore d'aqueducs à la fin du IVe siècle av. J.-C. et au début du IIIe. Il faudrait toutefois évoquer la transformation de la culture artistique romaine entre le IIIe et le IIe siècle, tant elle marque clairement le passage d'une société péninsulaire à une société ouverte sur des responsabilités mondiales. Mais il ne s'agit pas pour autant d'une évolution linéaire.

Déjà, au IVe siècle av. J.-C., Rome avait contribué à la mise en place d'une nouvelle culture adaptée aux transformations de la société. Cette culture, qui se nourrissait des conquêtes du monde grec classique, par le relais des grandes métropoles colonisées de Tarente ou de Syracuse, implantée entre Étrurie et Campanie, a été définie comme « koiné ». On assiste à une reprise des grandes réalisations urbanistiques, à la construction d'édifices sacrés ou publics, et d'infrastructures urbaines. C'est également à cette époque que le changement d'idéologie apparaît : les monuments commémoratifs *individuels* des grands généraux ou des membres de la classe dirigeante comme Furius Camillus ou Q. Marcius Tremulus se multiplient. De plus en plus, les peintures représentent les narrations des *Res Gestae* et les figures symboliques du statut de magistrat : peinture triomphante ou bas-relief historique à la gloire des magistratures et donc des classes sociales dominantes.

Cette culture de « koiné » qui s'est élaborée tout au long du IVe siècle entra en crise au IIIe siècle sous la poussée de l'expansion territoriale et économique. Mais cette crise fut en partie compensée par l'exportation du modèle de « koiné » sur les traces de la colonisation romaine. On le retrouve en effet dans les villes ou les édifices monumentaux de régions éloignées comme la Sabine, le Samnium ou le Picenum, ou encore dans la production des vases à reliefs de Cales et des *pocula* de Rimini. Parallèlement, les zones traditionnelles de production artistique de type « koiné » s'appauvrirent, tant sur le plan qualitatif que quantitatif – à l'exception toutefois de Capoue –, alors qu'à Rome même et autour de Rome des réalisations se développaient, plus ouvertes à l'innovation (ainsi les céramiques à vernis noir). La crise de cette culture fut finalement longue et elle disparut alors qu'émergeait l'art impérial.

Face à l'art de « koiné », les influences hellénistiques ou orientalisantes se firent sentir dans la Rome tardo-républicaine. Déjà, la phase d'expansion à travers la Péninsule et en Sicile avait apporté à Rome les exemples d'œuvres d'art d'une richesse et d'une importance exceptionnelles. Ainsi la chute de Tarente en 272, celle de Rhegion (270), de Volsinii (265) ou de Syracuse (212) avaient confronté les Romains à des pièces d'une remarquable beauté. Ce qui se renforça avec la conquête des villes hellénistiques de l'aire grecque et asiatique. Ainsi, pour Tite-Live, la prise de Syracuse avait entraîné « le début de l'admiration pour les œuvres d'art grecques » (*Annales*, XXV, 15, 1-3) et la victoire des Scipions sur Antiochos III de Syrie marqua, de l'avis même des Anciens, la naissance de la *luxuria*, c'est-à-dire de la consommation privée du luxe.

Jusque-là, les sources indiquent en effet que statues et objets précieux étaient exclusivement conservés dans les temples et que la notion de valeur, pour les œuvres d'art des IVe et IIIe siècles, dépendait essentiellement de leur contenu en métal précieux. Mais avec la fulgurante série de triomphes sur la Macédoine et la Syrie, ce fut, en une décennie, non seulement une quantité énorme d'œuvres d'art mais aussi d'artistes, de rhéteurs, de peintres et de philosophes grecs qui déferlèrent sur Rome, chargés tout à la fois de former les jeunes nobles romains et de produire des objets destinés à la consommation privée. Et c'est sans doute de ce moment-là qu'on peut dater l'introduction de la *luxuria*. Parmi leurs travaux artistiques, on remarque également des œuvres à connotation politique puisqu'il leur incombait de concevoir les commémorations des triomphes. Ainsi, Quintius Flaminius fut le premier Romain à être représenté sur une monnaie à l'imitation des princes hellénistiques.

Durant ces années, à Rome, les édifices furent petit à petit hellénisés grâce à l'énorme afflux d'argent provenant des conquêtes, ainsi qu'avec les fonds du *vectigal*, c'est-à-dire des rentes publiques. Triomphateurs et censeurs rivalisèrent pour embellir la capitale d'édifices grandioses au goût hellénistique. En 184, déjà, la censure de Caton avait donné à Rome un édifice totalement nouveau : la basilique (de *basilika stoè*, désignant par abréviation un portique royal). Imitée des grands portiques couverts qui, dans les villes de Syrie, d'Asie Mineure et de Macédoine, étaient dus à la munificence royale, la basilique accueillit dans un premier temps tous ceux qui, ayant des activités sur le forum, voulaient se protéger du soleil ou de la pluie. Ensuite, les tribunaux y siégèrent. La première basilique de Rome fut la basilique Porcia – dont il ne reste rien aujourd'hui – ; mais la basilique Æmilia, presque contemporaine, borde encore de nos jours le côté nord du forum. Enfin, dix ans plus tard, T. Sempronius Gracchus, censeur en 170 av. J.-C., fit édifier la basilique Sempronia.

On le voit, l'urbanisme, la construction d'édifices publics, de ports, de routes, de portiques, devenait, avec la surenchère pratiquée par les magistrats, un enjeu politique. La réaction catonienne chercha à mettre fin à ces pratiques. En 158 av. J.-C. furent enlevées du forum les statues érigées sans vote spécifique du Sénat et du peuple. En 154, la première scène théâtrale fixe mise en place par les censeurs de l'année fut abattue car jugée dangereuse pour l'ordre public. Enfin, des lois contre le luxe et la corruption politique furent prises. Parallèlement, on vit s'affirmer au milieu du IIe siècle des tendances classiques et néo-attiques, en phase avec les conceptions conservatrices de l'aristocratie romaine qui adopta, à la fin du IIe siècle, des éléments de luxe privé. C'est ainsi qu'apparurent les premières colonnes en marbre dans la maison de Lutatius Catulus en 101 av. J.-C., et que se développa à Rome le deuxième style pompéien dans la maison des Griffons, sur le Palatin, en 110 av. J.-C. La décoration des murs avec des perspectives architecturales réalistes était destinée à rappeler les palais royaux hellénistiques. Les sépulcres gentilices furent petit à petit remplacés par les sépulcres individuels héroïsés, comme celui de S. Sulpicius Galba en 102 av. J.-C. Parallèlement se développe l'usage du portrait réaliste sur le modèle du portrait hellénistique. On assiste donc alors dans la noblesse romaine à un mouvement de mécénat public et privé où se mélangent les traditions et les formes provenant des cours de Pergame, d'Antioche ou d'Alexandrie et les pratiques culturelles, politiques ainsi que les exigences représentatives d'une société très différente des sociétés hellénistiques. Ce modèle hellénistique dépasse les limites de la seule noblesse : le temple dit de Vesta au Forum Boarium a été dédié à Hercule par un marchand, M. Ottavius Herrenus. Premier temple en marbre de Rome, il est privé de podium et fut décoré par des artistes connus, dont Scopas le Jeune.

Sylla tenta de réagir contre ce mouvement en rétablissant le *jus imaginum*, c'est-à-dire en limitant aux ex-magistrats le droit d'exposer leurs images en public. Tentative qui se solda par un échec ; la fin de la République vit se développer nombre de programmes urbanistiques largement personnalisés à des fins ouvertes de propagande : l'ensemble dit « du théâtre de Pompée » qui comportait en fait des portiques, un temple à Vénus, une curie, tout comme le forum Julium ou les projets de César en 45-44.

La révolution romaine et la marche vers l'Empire

Politiquement et socialement les guerres puniques allaient marquer un changement considérable. Malgré les victoires, le mécontentement se développait. En effet, les guerres avaient coûté cher, non seulement directement, mais indirectement. L'agriculture avait été ruinée par la longue invasion d'Hannibal et de ses troupes ; des familles entières de paysans avaient été soit massacrées, soit déplacées. Les fermes étaient abandonnées ou mal exploitées. L'obligation de maintenir en permanence une importante armée – probablement 130 000 hommes – privait l'économie de main-d'œuvre masculine. A Rome même, l'accroissement de l'Empire avait attiré des émigrants, des Italiens chassés par la guerre, des Grecs et des affranchis, formant une masse misérable et sans travail. Or, au même moment, les aristocrates exploitaient les bénéfices des conquêtes, acquérant des domaines immenses sur lesquels ils faisaient travailler de nombreux esclaves, produisant le blé et la nourriture pour les villes. Souvent ils évinçaient les paysans qui étaient déjà sur place. De leur côté, chevaliers et publicains s'enrichissaient grâce au commerce ou aux travaux publics.

Ce déséquilibre social généra des problèmes importants de maintien de l'ordre public. Cette masse misérable trouva en fait ses défenseurs au sein de l'aristocratie, chez des hommes imprégnés de l'idéal grec de justice et d'humanité. Deux camps se formèrent au sein de la classe politique républicaine : les *optimates*, soit une partie de la classe sénatoriale, enrichie et clairement attachée au maintien du statu quo, et les *populares* qui cherchaient à réformer le système.

Ce siècle troublé de la révolution romaine débuta par le tribunat de Tiberius Gracchus qui, en 133, tenta de proposer une réforme agraire. Nous avons en effet évoqué le problème des paysans après les conquêtes. En résumé, la question agraire comportait quatre aspects indissociables : juridique, économique, démographique et militaire. Dans l'*ager romanus*, l'appropriation privée du sol (*proprietas*) était possible, situation différente de celle de l'*ager publicus* où la terre était assignée (*possessio*). Les plus riches, on l'a vu, augmentaient leurs biens fonciers, y compris par la violence en chassant les paysans pauvres des terres voisines. D'autre part, ils donnaient la préférence à une main-d'œuvre servile moins coûteuse. Par conséquent, les paysans libres étaient de moins en moins nombreux, ce qui posait un problème de recrutement à l'armée civique dont ils formaient le gros des troupes. Tiberius Gracchus proposa donc en 133 une loi agraire visant à limiter le droit d'occupation de l'*ager publicus* par les grands propriétaires et attribuant aux citoyens démunis des lots de terre inaliénable. Cette loi rencontra une opposition farouche de la part des conservateurs mais un appui considérable des masses populaires. Toutefois, T. Gracchus fit preuve d'une certaine maladresse en instaurant, pour surveiller l'application de la loi et trancher les litiges, un triumvirat composé de lui-même, de son frère et de son beau-père et surtout en briguant – ce qui était interdit – un second mandat pour le tribunat. Accusé de despotisme, il fut assassiné avec un certain nombre de ses partisans. Pour la première fois, l'inviolabilité des tribuns de la plèbe avait été transgressée. L'expérience fut tentée une seconde fois par le frère de Tiberius, Caius Gracchus, élu tribun en 124. Comprenant que des résultats probants ne pourraient être obtenus que par une réforme profonde de l'État, il tenta de limiter les pouvoirs du Sénat et d'appeler au droit de cité les masses italiennes. Il proposa l'extension de la colonisation pour diffuser le droit de propriété, voulut diminuer la corruption au sein du Sénat, chercha à attribuer la citoyenneté romaine aux Latins et aux alliés italiens ; il s'attacha aussi à améliorer les conditions militaires et le ravitaillement en blé de Rome. En 121 av. J.-C., après avoir été deux fois tribun, Caius et ses partisans furent tués sur l'Aventin par le consul Opimius investi de pouvoirs exceptionnels : c'était en effet la première fois qu'apparaissait à Rome le *senatus-consulte ultime* qui donne au consul droit de vie et de mort sur les citoyens, supprimant le droit d'appel au peuple. Caius préféra se faire poignarder par un de ses serviteurs pour éviter d'être capturé. Si les résultats concrets de l'œuvre des Gracques restent assez maigres, ils ouvrirent la voie à la constitution d'un parti populaire puissant qui harcela le parti sénatorial jusqu'à la fin de la République. Mais une crise couvait, qui allait ébranler les fondements mêmes de la puissance romaine.

Un premier conflit déchira l'Italie de 91 à 88 av. J.-C., provoqué par les alliés italiens de Rome. Ceux-ci, mécontents d'être exclus de la citoyenneté romaine et inquiets des conséquences possibles des lois agraires (occupation de leur territoire par des colons), se soulevèrent en 91. Les plus farouches adversaires de Rome dans ce conflit furent les Samnites qui fondèrent une capitale au nom symbolique : Italica. Ils tentèrent d'entraîner avec eux Campaniens et Étrusques. La noblesse romaine dut plier et accepter les revendications italiennes. Les conséquences de cette guerre sociale furent importantes. Elle permit à des citoyens non-romains très actifs d'entrer dans la classe dirigeante, entraînant la mutation du vieil État-cité en une nation : la nation italienne. Dans tous les municipes organisés sur le modèle de la métropole, les habitants jouissaient désormais des droits reconnus aux citoyens de Rome même. Comme l'écrit Cicéron, tous les Italiens avaient désormais deux patries, leur petite patrie, c'est-à-dire leur municipe d'origine, et une grande patrie, celle des citoyens romains. Mais ces changements structurels révélèrent l'inadaptation des institutions romaines, conçues à l'échelle d'une cité, à ce qui était désormais un État-nation et qui deviendra un empire.

Les guerres civiles, qui ne s'achèveront qu'avec le principat d'Auguste, constitueront la matrice de cette lente et douloureuse gestation.

Il s'agit d'une véritable crise de croissance dont l'enjeu perdurera tout au long des troubles : à quel groupe, à quel homme profitera l'immense domaine de la cité ? Le paysage politique et social avait changé, des groupes nouveaux étaient apparus – classe moyenne enrichie, affranchis, pérégrins et, on l'a vu, nouveaux citoyens –, les méthodes politiques se radicalisèrent.

Les guerres civiles débutèrent par l'affrontement entre Marius, de tendance populaire, et Sylla, vainqueur de Mithridate du Pont, soutenu par les aristocrates. Marius avait brillamment débuté sa carrière militaire en écrasant Jugurtha puis en sauvant Rome de l'invasion des Cimbres et des Teutons en 102-101 av. J.-C., après avoir levé une armée parmi les catégories sociales les plus défavorisées, les *proletarii*. C'était là le début d'une transformation qui allait largement contribuer aux troubles des guerres civiles, l'armée étant désormais constituée pour partie de volontaires pauvres, professionnels qui attendaient tout de leur chef et qui pouvaient donc être utilisés comme arme politique. Ainsi, lorsque Sylla apprit en 88 que l'assemblée populaire avait voté la loi abrogeant son commandement au profit de Marius, c'est avec ses 35 000 soldats qu'il marcha sur Rome. Pour la première fois, des légionnaires s'opposaient par la force aux lois de la République et un général romain en armes pénétrait dans l'*Urbs*. Les marianistes furent alors obligés de fuir mais, en 87, Marius effectua un retour victorieux dont il ne tira pas parti puisqu'il mourut en 86. Cinna prit la succession de Marius mais fut battu par Sylla en 83, après des combats acharnés qui provoquèrent la mort de 50 000 à 70 000 soldats. Avec l'aide de Marcus Crassus, de Metellus Pius et de Pompée, Sylla écrasa ses opposants et se livra à des purges sanglantes (les proscriptions) dans les milieux dirigeants romains : sénateurs et chevaliers furent assassinés sans procès. Pompée se vit alors récompensé par un triomphe et le titre de *Magnus,* le Grand, lui fut octroyé. Dans cette lutte entre Marius et Sylla, Sylla l'emporta donc. Mais le sang coula et, plus grave encore, il fallut pour ramener la paix suspendre le fonctionnement des institutions républicaines. Outre les guerres civiles et les proscriptions, Sylla obtint des pouvoirs extraordinaires, la fonction de dictateur-constituant en 82, et il s'employa à restaurer la puissance du Sénat. Il rendit les tribunaux aux sénateurs, à l'exclusion des chevaliers, les pouvoirs des tribuns furent réduits et la plèbe se retrouva dans une situation de dépendance insupportable face aux privilèges de l'oligarchie sénatoriale. Sylla abdiqua la dictature en 79 mais l'œuvre qu'il avait accomplie était davantage une « réaction » permettant à l'oligarchie sénatoriale conservatrice de se maintenir en place face à la montée de forces sociales extrêmement puissantes qui allaient, très vite, submerger l'œuvre syllanienne. Pour l'instant, Rome semblait être un bateau ivre d'intrigues, de complots et de violence.

Les problèmes ne tardèrent pas à se poser de nouveau : en Espagne, l'ancien gouverneur d'Espagne, Sertorius, se souleva contre la « tyrannie » romaine en 77. Pompée fut envoyé pour le réduire, ce qui lui prit cinq ans. Il revint en Italie pour mettre fin à une autre révolte qui avait menacé le Sud de l'Italie, celle des esclaves, menée par le Thrace Spartacus. Dix légions avaient été envoyées pour briser ce soulèvement. Les esclaves vaincus furent crucifiés par centaines le long de la voie Appienne, de Rome à Capoue. Enfin, le ravitaillement en blé de Rome posait problème car l'acheminement se faisait par la mer. Or la Méditerranée était infestée de pirates.

L'ensemble de ces difficultés, auxquelles s'ajouta la reprise des hostilités menées par le roi Mithridate, révéla clairement la faillite du gouvernement sénatorial. Sous la pression de la plèbe, des chevaliers et, d'une manière générale, des possédants, le Sénat dut donc se résoudre à faire des concessions de plus en plus vitales. Les tribuns recouvrèrent leurs prérogatives, les tribunaux furent de nouveau ouverts aux chevaliers et surtout on confia à un seul homme des pouvoirs dépassant largement les attributions d'un magistrat. Pompée était un ancien lieutenant de Sylla mais il jouissait de la confiance des chevaliers. De plus, il débarrassa la Méditerranée des pirates, écrasa Mithridate après une campagne de quatre ans, apportant à Rome la Syrie et l'Anatolie. Il revint dans l'*Urbs* en 62 et trouva la ville à peine remise des séquelles d'une conjuration, celle de Catilina, qui avait été déjouée par le consul Cicéron. En 60, Pompée forma une alliance avec Crassus – personnage fabuleusement riche – et avec Jules César, sénateur encore jeune et candidat au consulat. Ce premier triumvirat fut conclu en dehors de toute légalité, dans le seul but de pouvoir mener les affaires de l'État et d'en tirer le plus grand nombre d'avantages personnels. Fort de cette alliance, César obtint le consulat pour l'année 59.

Jules César est sans doute un des personnages les mieux connus de cette période : orateur et écrivain, il prétendait descendre directement d'Énée et était lié par des liens familiaux à Marius et à Cinna. Dès qu'il obtint le consulat, César reprit à son compte les vieux thèmes populaires, fit voter deux lois agraires, limita les privilèges des gouverneurs de province puis demanda le gouvernement des deux Gaules afin de restaurer sa fortune personnelle. Toutefois, il laissait à Rome un de ses partisans, Clodius, qui devait poursuivre la politique césarienne. Ce qu'il fit en exilant Cicéron et en édictant des lois qui accordaient la prééminence aux assemblées populaires.

Le commandement de César en Gaule lui permit d'acquérir un immense prestige militaire. Dès 55 av. J.-C., la Gaule chevelue était conquise ; en 54 les armées romaines débarquaient pour la première fois en Bretagne (l'actuelle Angleterre). La révolte des cités gauloises menées par le chef arverne Vercingétorix, vite matée à Alésia en 52, rehaussa encore son aura. Cependant, ses campagnes l'avaient éloigné du centre du pouvoir. Si le triumvirat fut reconduit en 56, Pompée y prit progressivement une place prépondérante, d'autant que Crassus, le troisième triumvir, avait été tué en 53 lors d'une expédition contre les Parthes. La rivalité entre les deux hommes ne cessant de croître, les aristocrates choisirent de supporter Pompée comme garant de la légalité républicaine contre César. Début 49, César apprit qu'il était démis de son commandement en Gaule. C'est alors que, choisissant la rébellion – jusque-là, César avait agi en toute légalité –, il franchit avec son armée le Rubicon, entre Ravenne et Rimini, pour marcher vers le sud. César pouvait alors compter sur le soutien inconditionnel des légions qui avaient effectué sous son commandement la conquête des Gaules.

Pompée préféra s'enfuir dans les Balkans et laisser César s'installer comme dictateur dans Rome. César, vainqueur des pompéiens à Pharsale, en Thelssalie, ne parvint pas à s'emparer de Pompée, assassiné en Égypte juste avant son arrivée. Il installa Cléopâtre, la dernière des Ptolémées, sur le trône d'Égypte et vint à bout des derniers partisans de Pompée à Thapsus, en Afrique, puis à Munda en Espagne (45 av. J.-C.). A Rome même, les partisans de Pompée et les républicains ralliés – tel Cicéron – bénéficièrent de la clémence du dictateur.

César tenta alors de réorganiser l'État. Il avait en effet analysé les troubles terribles qui venaient de secouer Rome et avait peut-être conclu que les hommes en étaient sans doute moins responsables que les institutions de l'*Urbs*, inadaptées à ses dimensions impériales. S'il devint dictateur à vie, portant la toge pourpre, les lauriers, s'il fit frapper des monnaies à son effigie portant la couronne d'or des rois étrusques, s'il prit le titre de *parens patriae*, il refusa cependant toujours celui de *rex* qu'Antoine lui proposa en 44.

Il mit en place toute une série de réformes correspondant au programme des *populares* mais adaptées aux nouveaux problèmes de Rome. Ainsi, il fit venir au Sénat des hommes nouveaux, originaires d'Italie ; il accorda le droit de cité romain à des peuples entiers comme les Gaulois cisalpins ; il fonda des colonies hors d'Italie pour accueillir une partie de la plèbe romaine ainsi que pour romaniser l'Empire ; il restaura l'autonomie municipale des villes de province. Enfin, il s'employa à protéger les provinciaux contre les excès des gouverneurs et des publicains. Ces derniers agissaient un peu comme les fermiers généraux de l'Ancien Régime, c'est-à-dire qu'ils avançaient à l'État le montant de l'impôt qu'ils se chargeaient ensuite de lever, avec les bénéfices que l'on peut imaginer...

Malgré cette action, César fut assassiné aux ides de mars en 44. La trop grande accumulation sur sa personne de pouvoirs et d'honneurs exceptionnels en avait fait l'homme à abattre. De surcroît les conjurés, une poignée d'aristocrates, pensaient qu'en abattant le « tyran » ils pourraient revenir à la situation antérieure. C'était là une vision un peu courte et la mort de César ne changea pas grand-chose à l'évolution politique romaine. Elle la retarda seulement de treize ans, treize ans de guerres civiles et d'anarchie.

Après la mort de César, Antoine, un de ses lieutenants qui était alors consul, parvint à continuer son œuvre et à faire en sorte que le césarisme survive à son fondateur. Mais les cartes furent brouillées avec l'entrée en scène du neveu de César, Octave – le futur Auguste –, qui avait été adopté par le dictateur assassiné et en était donc l'héritier légal. Mû par une redoutable ambition, ce jeune homme de 19 ans n'hésita pas, dans un premier temps appuyé par les nostalgiques du régime républicain, à s'opposer à Antoine et, après l'avoir battu militairement, à s'entendre avec lui pour réduire les conjurés de mars. Octave, Antoine et Lépide (l'ancien maître de cavalerie de César) formèrent – de manière officielle cette fois – le second triumvirat en 43. Les républicains furent vaincus à Philippes la même année : Cassius et Brutus, les assassins de César, se donnèrent la mort plutôt que de se constituer prisonniers.

En 36, Octave eut raison de Sextus Pompée, le fils du Grand Pompée qui tenait encore la Sicile.

Après la victoire de Philippes, les triumvirs procédèrent à un partage du monde : Antoine obtint l'Orient, Lépide l'Afrique et Octave le reste de l'Occident. Alors que Lépide s'éloignait de plus en plus des réalités politiques, il devenait inévitable qu'Octave et Antoine soient condamnés à s'affronter. Octave tira parti des erreurs d'Antoine, trop absorbé par son rêve de royauté orientale. Il se présenta comme le défenseur de la romanité face aux excès de l'Orient. Le 2 septembre 31, l'affrontement décisif eut lieu à Actium entre Antoine aux côtés de Cléopâtre et les troupes d'Octave et d'Agrippa (l'amiral de la flotte). Antoine et Cléopâtre furent battus sur terre et sur mer : Octave resta seul, en position de devenir le premier empereur de Rome.

Octave s'employa alors à établir, par une série de mesures habiles et progressives, ce qu'on appelle le principat. C'est-à-dire un système de gouvernement qui, sans éliminer en apparence les formes républicaines, dépendait en réalité totalement de lui en tant que *princeps* – premier homme de l'État – et lui laissait le contrôle absolu sur toutes les affaires essentielles. A la différence de César, Octave sut attendre et, pragmatiquement, mettre les choses en place. Le Sénat, qui partageait en théorie le pouvoir avec le *princeps*, conserva quelques prérogatives dans le gouvernement des provinces, dans la fiscalité et les dépenses publiques. Mais le *princeps* prenait le contrôle absolu de l'armée dont il assurait personnellement le financement et était protégé en permanence par la garde prétorienne stationnée à Rome. Il s'agissait d'une innovation dans la mesure où, jusque-là, aucune troupe n'avait résidé dans l'*Urbs*. Il constitua une nouvelle administration recrutée parmi les chevaliers. Les membres les plus importants furent entre autres certains gouverneurs de province comme le préfet d'Égypte et les *procuratores fisci* qui remplacèrent les anciens publicains corrompus, et qui administraient tant les biens privés du princeps (*patrimonium*) que le Trésor (*fiscus*).

Auguste créa un *consilium* composé de sénateurs, sorte de conseil des sages chargé de le seconder et d'agir comme intermédiaire avec le Sénat. Les assemblées populaires qui avaient joué un rôle prééminent durant les années précédentes se virent petit à petit privées de leurs fonctions bien que les magistrats continuent d'être élus. Enfin, le développement du culte impérial fut encouragé, ce qui fut facilité par l'adoption du titre d'Auguste en 27 av. J.-C., juste après ces grandes réformes politiques. Ce titre ajoutait une connotation religieuse (de *augere* et *augurium*) à celui de César, et le mettait au-dessus du commun des mortels. Il devint également *pontifex maximus* (chef de la religion romaine) en 12 av. J.-C. Il faut noter que cette nomenclature évitait toute référence à la royauté ou à la dictature.

Dans l'Empire ainsi rénové où tous les pouvoirs émanaient, en définitive, d'Auguste, la paix fut rapidement rétablie. Toutefois, la personnalisation du pouvoir qui était une force dans les mains d'Auguste allait se révéler une des faiblesses structurelles de l'Empire : chaque changement de règne allait impliquer une remise en cause de la légitimité impériale. En effet, les règles de succession n'étaient pas dynastiques. Les empereurs étaient généralement associés au pouvoir par l'empereur précédent, de son vivant, puis à sa mort le nouvel empereur devait être investi par le peuple (*lex de imperio*), avec l'approbation du Sénat, puis acclamé par l'armée.

Durant la période qui s'étend de la guerre sociale au principat d'Auguste, les changements sociaux furent considérables. La composition de la classe dirigeante avait été modifiée en profondeur ; d'abord, l'ancienne classe politique qui s'identifiait surtout avec l'aristocratie romaine s'était progressivement vue remplacée par une nouvelle classe politique venue des colonies et des municipes d'Italie et issue du milieu des notabilités municipales locales. Une force nouvelle avait fait son entrée sur la scène : l'ordre équestre. Les chevaliers avaient en effet pris de l'importance sous Pompée, et même dès l'époque gracchienne, et la réflexion que consacre Cicéron à la *concordia ordinum* montre assez que, désormais, il fallait compter avec eux. En effet, pour ce dernier, les malheurs de la République depuis les Gracques provenaient des conflits engagés entre la *nobilitas* sénatoriale et l'ordre équestre : pour sauver la *res publica*, il fallait rétablir leur alliance. Ce qui se traduirait, selon Cicéron, par l'accord des chevaliers pour soutenir le Sénat contre les excès des *populares,* en échange de quoi les sénateurs accepteraient d'accueillir en leur sein des nouveaux sénateurs issus de l'ordre équestre et respecteraient les engagements pris à l'égard des sociétés de publicains qui tenaient les finances de l'État. Cette « union des centres » échoua et Cicéron perdit l'appui des uns et des autres.

Mais si César n'avait pas accordé aux publicains une situation privilégiée dans l'État, les chevaliers retrouvèrent avec les sénateurs leur part de responsabilité dans les jurys des tribunaux. Et, surtout, César les utilisa au service de l'État.

Après les ides de mars, l'importance de l'ordre équestre ne cessa de croître. Les fleurons de l'état-major d'Octave étaient issus de l'ordre équestre, ainsi Mécène ou C. Proculeius. Si les chevaliers n'étaient pas très éloignés des sénateurs par leur fortune et leur mode de vie, ils s'en singularisaient radicalement par leur attitude vis-à-vis des honneurs : ce qui les différencie, c'est un certain mépris pour le prestige et un réel intérêt pour la réalité du pouvoir. Ils s'étaient révélés de bons militaires et des financiers efficaces à la fin de la République. Auguste aura l'habileté de les laisser devenir d'excellents fonctionnaires au service de l'Empire.

Mais de la même façon que l'ordre équestre sut tirer parti des derniers soubresauts de la République, les notables italiens et les élites provinciales se hissèrent à un niveau de responsabilités fort élevé. Même si la proportion de provinciaux dans un Sénat de 900 membres resta très faible, ils furent souvent les plus actifs et cette remarque s'applique tant aux Italiens qu'aux Gaulois cisalpins et transalpins. Des hommes tels que Salluste ou Agrippa sont des exemples de ces parcours fulgurants qui, en une ou deux générations, les menèrent aux honneurs. Il est vrai qu'ils avaient su choisir leur camp, mais ils bénéficièrent aussi d'un contexte économique et commercial extrêmement dynamique. L'Italie du Nord, en particulier, passa d'une économie de subsistance à une économie d'échanges : la vie municipale se renforça, les villes s'embellirent et les élites italiennes s'affirmèrent. Dès 43, la classe dirigeante était presque entièrement renouvelée au profit de ces familles italiennes venues d'Ombrie, de Lucanie, du Picenum. C'est bien avec l'appui des élites du pays tout entier qu'Auguste était parvenu au pouvoir, ce qu'il rappelle dans les *Res Gestae* en mentionnant le serment de toute l'Italie à Octave, en 36 av. J.-C.

Enfin, et c'est logique à une époque où les armées font l'histoire, soldats et centurions ont gravi rapidement l'échelle sociale. Des centurions, de simples soldats même devinrent chevaliers. L'empereur Vespasien n'était-il pas petit-fils d'officier subalterne ? Les affranchis se révélèrent également très actifs dans la vie politique : Horace était fils d'affranchi et avait pourtant reçu l'éducation d'un fils de grande famille.

A cette période de transformations sociales, de renouvellement de la classe politique, correspondent de nouvelles formes d'expression littéraire ou artistique ainsi qu'un élément fondamental : le développement d'un « nationalisme » italien et romain. Après la guerre civile, César avait voulu donner une réalité à ce « *consensus Italiae* » évoqué par Cicéron. Sa politique s'appuya largement sur les municipes italiens et les colonies. Peu à peu se développa donc l'idée déjà mentionnée de la coexistence d'une petite patrie (*patria loci*, le lieu de naissance) et d'une *patria communis,* civique et politique : Rome. Cette vision se renforça sous Octave avec le danger que constituaient les ennemis de l'Italie, c'est-à-dire Antoine et sa femme égyptienne. Il incombera à Auguste de faire en sorte qu'après Actium, l'Orient « barbare » adhère à son tour au monde romain. La propagande impériale et le culte du souverain s'y emploieront.

Un art littéraire nouveau se développa avec l'émergence de nouvelles formes politiques et sociales. L'art oratoire dépérit après la mort d'Hortensius et de Cicéron. Mais la disparition des hommes n'en fut pas la seule cause ; c'est bien davantage la transformation des coutumes politiques qui entraîna cette évolution : celles-ci étaient devenues moins rhétoriques, plus directes, comme le montre Asinius Pollion.

En revanche, les sciences, l'histoire ou l'érudition constituèrent des valeurs de remplacement pour ceux qui voulaient échapper au siècle. Ainsi Salluste, ou Cornelius Nepos qui a écrit *les Vies des grands capitaines*, ou encore Varron qui, à 80 ans, se lança dans son traité d'*Économie rurale.*

La poésie connut dans les années 70-65 av. J.-C. un renouveau marqué sous l'influence de nouveaux auteurs venus de toute l'Italie que l'on regroupe sous le nom d'Alexandrins.

Auteurs de pièces courtes, d'épigrammes souvent érotiques, ils subissaient l'influence de l'Alexandrie hellénistique. De ce mouvement poétique, il ne nous reste que les œuvres de Catulle et de Lucrèce. Nous connaissons mieux la génération suivante, celle qui a écrit après la mort de César et qui a dominé ensuite la littérature augustéenne. D'origine italienne et provinciale, elle compte Virgile – originaire de Mantoue –, Horace qui vient d'Apulie, Cornelius Gallus, originaire de Fréjus. Ovide vient du Samnium, Tibulle de Tivoli et Properce d'Ombrie. Quant à Tite-Live, il est originaire de Padoue, en Vénétie. Arrivant à Rome, la plupart recherchèrent des protecteurs, dont le plus actif fut sans aucun doute Mécène. De tous, c'est Virgile qui traduira le mieux les inquiétudes et les espoirs de cette génération menacée par les troubles intérieurs puis ralliée à Auguste. Les *Bucoliques* et les *Géorgiques* reflètent partiellement l'Italie rurale, tout en manifestant le désir de s'éloigner de la ville trop agitée et dangereuse. L'*Énéide*, elle, servira largement la cause du principe. Cette mise au service de la gloire d'Auguste des plus belles plumes de la période (Ovide, Tibulle, Horace...) contribuera au rayonnement augustéen, tout comme la sculpture, l'architecture et les constructions publiques. L'art augustéen est un exemple d'habileté politique. En effet, plutôt que de fonder son message impérial et dynastique – comme l'avaient fait les grands hommes de la fin de la République – sur une image royale et hellénistique, Auguste préféra s'ancrer dans la tradition gentilicienne nationale consacrée par le *mos maiorum* (coutume des ancêtres) et les formes néoclassiques, tout en intégrant les faits urbanistiques innovants ainsi que le langage baroque et pathétique. Avec le programme augustéen, on assiste à la fin de l'opposition politique manifestée à l'encontre de la *luxuria* grecque. La nouvelle culture du siècle d'or inclut désormais l'héritage grec sous une forme « purifiée ». Dans ce processus, la tension entre espace privé et espace public qui avait marqué la fin de la République se trouvait dissipée. Désormais, la sculpture, la peinture et l'architecture grecques étaient intégrées au domaine public et privé. L'engagement esthétique des philhellènes soutenait, consciemment ou non, le nouveau pouvoir politique.

Ainsi, après la bataille d'Actium et la prise d'Alexandrie l'année suivante, l'intégralité du pouvoir était pour la première fois rassemblée entre les mains d'un seul homme. La glorification d'Octave allait donner lieu à de nouvelles formes de représentation. Toutefois, stylistiquement, il faut attendre deux décennies pour voir ces choix évoluer. Les premières réalisations après Actium s'inscrivent encore dans la logique des modèles orientaux : ainsi les programmes édilitaires comme le mausolée d'Auguste, le temple d'Apollon palatin (28 av. J.-C.) ou le Panthéon d'Agrippa (25 av. J.-C.) s'inspirent clairement du modèle alexandrin.

Mais l'ascension politique d'Auguste et la récupération qu'il avait faite du pouvoir l'amena à une classicisation des formes et à une réutilisation pieuse du passé. Ainsi, l'*ara pacis* (13 av. J.-C. – 9 av. J.-C.) et le théâtre de Marcellus sont des monuments consacrant l'idéologie augustéenne et le principe de la succession dynastique. Urbanistiquement – et non plus stylistiquement –, la transformation du forum romain est un bon exemple de la manière dont Octave prit en fait possession de la ville après sa victoire : il en fit une représentation à la gloire de la *gens* Iulia, de la famille de César.

En août 29, il célébra un triple triomphe (sur l'Illyrie, l'Égypte et Actium). Au cours de cette cérémonie, il inaugura le temple du Divin Jules sur le forum ainsi que la nouvelle curie qui fut baptisée Curia Iulia. Les deux bâtiments furent décorés de trophées égyptiens, comme les monuments consacrés aux victoires. A l'intérieur de la Curie, Octave fit placer une Victoire hellénistique provenant de Tarente et qui fut désormais considérée comme sa déesse protectrice. Placée derrière les sièges des consuls, elle témoignait de la présence symbolique d'Octave à toutes les réunions du Sénat. Des trophées pris à l'ennemi décoraient également le temple de César. Ainsi, dans la *cella,* les dépouilles furent placées à côté d'une fameuse peinture d'Apelles, la Vénus Anadyomene, en référence à l'origine vénusienne de la gens Iulia, Les rostres des navires égyptiens étaient situés en face du temple, sur la tribune des orateurs. Quatre colonnes décorées de rostres flanquèrent le temple. Ces monuments transformèrent l'apparence du forum. Il était désormais lié aux victoires augustéennes. Ce qui avait été le centre politique de la République voyait sa signification détournée au profit de la *gens* Iulia, et les anciens monuments avaient perdu toute cohérence, toute signification face à la force et à l'efficacité du programme d'Octave.

Le forum d'Auguste constitue pour sa part un véritable programme iconographique destiné à la population romaine. Il se présente comme une place comportant un temple, le temple de Mars *Ultor*, Mars Vengeur. Certes, ce nouveau forum correspondait d'abord à une nécessité : accueillir une population romaine en pleine explosion démographique. Mais au-delà de la fonctionnalité, il y a là un véritable programme visant à exalter la « dynastie » d'Auguste ainsi que la grandeur de Rome, maîtresse de l'Univers. Exaltation dynastique d'abord : y étaient présentes d'un côté de la colonnade les statues de tous les grands personnages qui avaient fait la puissance de Rome, dont Romulus ; de l'autre Énée. C'était un rappel fort clair de la double filiation d'Auguste : par Énée et Vénus, il était d'ascendance divine, par Romulus, il s'inscrivait dans la lignée républicaine de Rome. Exaltation de l'*Urbs*, ensuite, avec le dépôt des enseignes des légions de Crassus défaites par les Parthes, lorsque celles-ci furent récupérées sur l'ennemi ; représentation sous forme de caryatides des provinces vaincues : l'ensemble du monde dominé par Rome était donc présent dans le forum d'Auguste.

Si art et architecture sont donc bien les miroirs d'une société, c'est l'image d'une société apaisée et sûre d'elle-même que nous transmettent les réalisations du *saeculum augustum.*

Rome, des Julio-Claudiens au ve siècle

A sa mort, en 14 ap. J.-C., Auguste ouvrait la voie à la dynastie des Julio-Claudiens (27 av. J.-C. – 68 ap. J.-C.). Il avait établi les bases du pouvoir impérial autour de trois éléments. D'abord un *imperium* qui s'exerce sur toutes les provinces et qui se traduit par un commandement sur l'ensemble de l'armée. Ensuite la base civile du pouvoir qui est la seule à être mentionnée dans les *Res Gestae,* la puissance tribunicienne. Elle lui permet de convoquer les Assemblées et le Sénat. Enfin, la dignité de *pontifex maximus* constitue le troisième volet du pouvoir impérial : il peut ainsi assurer aux Romains la *pax deorum* et administrer à son gré la religion d'État. Ce sont là les trois pouvoirs correspondant à la titulature officielle. En outre, Auguste a cumulé des pouvoirs temporaires et a porté des titres qui n'ont aucune portée constitutionnelle : ainsi César, Auguste, *princeps* ou *pater patriae*. Toutefois, si le pouvoir impérial semblait établi, se posa le problème de la succession impériale. Il est vrai que le *princeps*, héritier des magistrats républicains dont il cumule les pouvoirs, n'a aucune possibilité juridique de choisir, ni d'imposer son successeur. Pourtant, sur seize empereurs qui se sont succédé d'Auguste à Commode, neuf parvinrent régulièrement au pouvoir (Tibère, Caligula, Néron, Titus, Domitien, Trajan, Antonin, Marc Aurèle et Commode), parmi lesquels trois sont les fils de l'Empereur (Titus, Domitien, Commode) et cinq des fils officiellement

Les conquêtes romaines

- Rome et ses possessions au IIème siècle avant J.-C.
- Territoires conquis aux IIème et Ier siècles avant J.-C.
- Limites de Rome avant le consulat de César 59 avant J.-C.
- Conquêtes de César
- ★ Principales batailles
- Limes

adoptés (Tibère, Néron, Trajan, Antonin, Marc Aurèle). Quant à Caligula, Tibère l'avait placé sur le même plan que son petit-fils, Tiberius Gemellus. Claude et Hadrien étaient des parents proches. Seuls parvinrent irrégulièrement au pouvoir à la suite de troubles Galba, Othon, Vitellius, Vespasien et Nerva. Mais les règnes « illégitimes » ne recouvrent que quatorze ans sur les cent soixante-dix-huit années de la période qui va de 14 à 192 ap. J.-C.

L'incertitude impériale

Tibère, fils adoptif d'Auguste, lui succéda de 14 à 37. Son règne fut complexe et le personnage offre plusieurs facettes. Lorsqu'il résidait à Rome, Tibère, issu de l'aristocratie républicaine (il avait été adopté par un Domitius Ahenobarbus), fut soucieux de respecter le Sénat et de gouverner avec lui. Il refusa les titres qui lui semblaient peu républicains comme celui de Père de la patrie. Mais après la conspiration de Sejan, le commandant de la garde prétorienne, il se retira à Capri, dans une luxueuse villa, où il manifesta une paranoïa démesurée, multipliant les procès de lèse-majesté et menant une vie débauchée et cruelle. Pourtant, Tibère était un homme courageux, et sa carrière militaire fut des plus brillantes. Mais son âge avancé et surtout sa position d'empereur « par défaut » – il ne fut empereur que parce que les deux petits-fils d'Auguste étaient morts prématurément – le privèrent du charisme d'Auguste.

Durant les premières années de son règne, il fut soutenu par des généraux tels que son neveu Germanicus – qu'il avait adopté à la demande d'Auguste – et son propre fils Drusus le Jeune. Ils furent l'un et l'autre rapidement envoyés respectivement en Germanie et en Pannonie (le Nord de la Yougoslavie) pour réduire des soulèvements qui avaient éclaté au début de son règne. Ensuite, Germanicus mena trois imposantes mais inutiles campagnes contre les Germains, au-delà du Rhin, leur reprenant pour quelques années (14-16) des territoires s'étendant jusqu'à l'Elbe. Il fut ensuite envoyé en Orient où il trouva la mort en 19. Ce funeste épisode fut suivi par la disparition de Drusus le Jeune en 23 : Tibère se retrouvait alors sans héritier. Durant ce temps, Sejan, préfet du prétoire, renforçait ses positions : en 23, il concentra la garde prétorienne dans une unique caserne à Rome – alors qu'elle était auparavant dispersée entre Rome et quelques cités italiennes. Le gouvernement craignait en permanence toutes sortes de conspirations réelles ou imaginaires, et les contrecarrait par des lois de lèse-majesté particulièrement vagues qui laissaient la porte ouverte à toutes les craintes de tyrannie. Sejan prit le parti des opposants et son rôle se renforça encore lorsque Tibère se retira dans sa villa de Capri. Mais Sejan commit l'erreur de comploter contre le probable successeur de Tibère, le jeune Gaius César, dit Caligula. Tibère donna secrètement le commandement de la garde prétorienne à son confident Macron, lequel organisa l'arrestation de Sejan.

L'épisode de Sejan est instructif quant au fonctionnement du régime impérial : si les empereurs avaient absolument besoin d'hommes fidèles auxquels déléguer en partie leur pouvoir, l'équilibre était difficile à trouver pour éviter que ce transfert de responsabilité ne menace en définitive l'empereur lui-même.

Lorsque Tibère mourut en 37, à l'âge de 79 ans, les officiers de la garde prétorienne assurèrent la succession de Caligula, entamant ainsi leur carrière de « faiseurs d'empereurs ».

Malgré les espoirs suscités par Caligula au sein de la population romaine (il était jeune, fils du regretté Germanicus et la foule l'appelait son « poupon », son « astre »...), il fut le premier empereur à montrer un total désintérêt pour les affaires du pouvoir, préférant les déléguer à d'anciens esclaves grecs ou hellénisés qui avaient le titre de secrétaires. Un tournant de son règne survint en 39 lorsqu'il s'avéra qu'un des membres du Sénat complotait contre l'empereur. La répression qui s'ensuivit fut sanglante. Mais apeuré, Caligula renonça aux expéditions qu'il avait prévues contre les Germains et les Teutons et se fixa à Rome en 40. Il contribua alors à transformer le principat augustéen en autocratie sur le modèle hellénistique. Il distribua les honneurs avec prodigalité, se prit pour un dieu et ordonna qu'on remplace toutes les têtes des statues grecques par la sienne. Enfin, il nomma son cheval sénateur... Ces excentricités, mais plus encore le caractère despotique que prenait son règne, incitèrent les officiers de la garde prétorienne à s'en débarrasser.

Son oncle Claude lui succéda de 41 à 54 et il fut proclamé empereur par les prétoriens. Ce personnage peu sûr de lui et sans doute diminué physiquement sut gérer les affaires du pouvoir malgré une noria insensée de conspirations et de complots menés par le Sénat, déjoués, puis réprimés. Il manifesta une grande activité tant sur le plan intérieur qu'extérieur. Il occupa le Sud de l'Angleterre ; une fois conquis, ces territoires furent immédiatement annexés à l'Empire et devinrent la province de Bretagne. La Mauritanie et la Thrace furent également transformées en provinces et de nouvelles colonies furent fondées sur les confins septentrionaux. A l'intérieur, Claude mena une politique d'ouverture vis-à-vis des affranchis, laissant également entrer au Sénat et dans les charges publiques certains provinciaux, tout particulièrement des Gaulois. L'empereur sut également mener à bien des projets de grande envergure comme l'approvisionnement en blé de Rome pour lequel le port d'Ostie fut reconstruit.

Claude se consacra à ses devoirs de législateur, aidé et conseillé par des affranchis grecs, comme l'avait fait Caligula. Deux d'entre eux, Narcisse et Pallas, acquirent un pouvoir important ; mais Claude, dans un premier temps, les garda sous son contrôle et conserva comme principal conseiller le sénateur Lucius Vitellius. Quant à sa jeune épouse, Messaline, après avoir donné naissance à Octavie et à Britannicus, elle se préoccupa surtout de ses propres plaisirs et relativement peu de politique.

Mais en 48, elle fut accusée – peut-être avec raison – d'avoir fomenté un complot avec un de ses amants pour renverser Claude et le faire remplacer par son fils Britannicus. Messaline et son amant furent alors exécutés.

Claude épousa en secondes noces Agrippine la Jeune, recommandée par son conseiller Pallas, et la fin du règne de l'empereur vieillissant et terrorisé par les complots fut dominée par ces deux personnages. Éliminant ses adversaires, Agrippine fit en sorte qu'en 50, son fils d'un premier lit fût adopté par Claude sous le nom de Néron. Dès lors, Britannicus, de quatre ans plus jeune, n'était plus en mesure de succéder à son père. Britannicus mourut subitement en 54, sans doute empoisonné par Agrippine.

Soutenu par son précepteur Sénèque et par le préfet du prétoire Burrus, Néron prit le pouvoir pacifiquement mais, en réalité, c'était Agrippine qui durant les premières années du règne, tenait les rênes. Néron, désireux de gouverner, tenta toutefois de mettre en pratique quelques idées libérales touchant à une réforme de l'impôt et à l'interdiction des jeux de gladiateurs. Mais devant l'opposition soulevée, il se désintéressa des problèmes de gouvernement et se consacra aux courses de char, à la musique, au théâtre et au sexe. L'Empire fut donc tenu par Sénèque et Burrus, avec des appuis sénatoriaux. Des opérations militaires importantes eurent lieu contre les Parthes et en 60 la révolte de la reine Bouddica (Boadicea) en Anglia orientale fut écrasée.

En 59, Néron commença à s'enfoncer petit à petit dans la folie : il fit d'abord assassiner sa mère Agrippine. Sénèque, isolé par la mort de Burrus en 62, préféra se retirer. Tigellin devint alors le conseiller de Néron. Personnage peu recommandable, il utilisa de manière abusive les lois de lèse-majesté afin de se débarrasser de nobles les plus en vue. Néron fit exécuter son épouse Octavie pour épouser Poppée. En 64, Rome fut dévastée par un terrible incendie imputé à la petite communauté chrétienne qui devint le bouc émissaire du gouvernement. Si la responsabilité de Néron dans le sinistre n'est absolument pas prouvée, elle apparut probable dès lors que commencèrent les travaux de construction de la *domus aurea* sur l'emplacement même des habitations incendiées. Mais en réalité, il est peu plausible que Néron ait eu une responsabilité dans l'incendie qui détruisit également la *domus transitoria* qu'il avait lui-même fait construire entre Palatin et Oppius. Cette légende a été largement colportée par les milieux sénatoriaux qui lui étaient fort hostiles et reprise par Tacite qui ne l'aimait pas non plus...

La réputation de Néron devint exécrable à partir de 65. Après une représentation théâtrale dans laquelle il apparaissait, et qui choqua considérablement le monde sénatorial, il engagea une série de répressions touchant Sénèque, Tigellin (le second préfet du prétoire), des sénateurs philo-républicains ainsi que certains des plus grands généraux romains dont Néron se méfiait. C'est pourquoi lorsqu'une révolte éclata en Judée, Néron y envoya un homme peu ambitieux, Vespasien.

Pendant ce temps, l'empereur s'était lancé dans une tournée en Grèce, tout entière consacrée à l'art et au théâtre. Reprenant une tradition de libéralité hellénistique, il accorda aux Grecs une exemption d'impôts. Pendant cette longue absence de la capitale, la position de Néron commença à être menacée. Une première révolte partit de la Gaule centrale et fut écrasée mais le gouverneur de l'Espagne citérieure, Galba, se rebella et fut acclamé empereur par la légion qu'il commandait, décision confirmée par le Sénat romain. Néron fut alors abandonné par sa propre garde prétorienne et il se suicida en juin 68 sans laisser de descendance. On se saura jamais quel était réellement le degré de folie de Néron. Malgré tout, il est intéressant de noter que ce dernier eut un programme politique cohérent qui tirait le principat vers une monarchie orientalisante, caractérisée par la libéralité et le luxe (*domus aurea,* jeux du cirque...). L'ensemble de l'opinion publique ne lui fut pas résolument hostile, comme en témoignent les Augustiani, ces jeunes sénateurs et chevaliers qui, renonçant aux honneurs, acceptaient de constituer l'escorte de l'empereur et sa « claque ». De même, il eut de nombreux soutiens au sein de la petite plèbe romaine qui, plusieurs années après sa mort, refusait de croire à sa disparition et s'enflammait à la nouvelle de l'apparition d'un pseudo-Néron en Italie. Pourtant, en décrétant la *damnatio memoriae,* le Sénat tenta d'effacer à jamais sa mémoire en faisant détruire ou marteler les effigies et inscriptions portant son nom.

Les événements de 68-69 ou l'année des quatre empereurs

Après la mort de Néron qui marque la fin de la dynastie julio-claudienne, quatre empereurs se succédèrent en moins d'un an : Galba, Othon, Vitellius puis Vespasien.

Galba, gouverneur d'Espagne citérieure, fut d'abord acclamé par ses troupes du vivant de Néron avant d'entrer victorieusement dans Rome. Othon, qui lui avait prêté main forte dans un premier temps, complota contre lui et le fit assassiner. Mais, au même moment, les armées de Germanie avaient déjà choisi un nouvel empereur en la personne de leur propre général, Vitellius. Or, à peine ce dernier arrivait-il dans Rome, qu'il apprenait que les légions d'Orient, bientôt suivies par celles du Danube, avaient fait allégeance à Vespasien, le gouverneur de Judée. Cette dernière phase de la guerre civile se solda par la reconnaissance de Vespasien comme empereur.

Cette année de confusion fut la première crise grave que traversait le système du principat. De nouveau, comme à la fin de la République, l'Empire romain connaissait la guerre civile, des armées de soldats romains s'affrontaient sur le territoire italien (le principal champ de bataille étant l'Italie du Nord), Rome était ensanglantée par les règlements de comptes de coteries politiques rivales. Il est difficile, étant donné la faible durée de leurs règnes, de dire quels programmes ces empereurs éphémères voulaient appliquer. Galba est en général présenté comme le champion des milieux de la noblesse sénatoriale à laquelle il appartenait alors que la politique d'Othon se voulait d'inspiration néronienne. Mais le plus important dans cette succession d'intrigues reste le rôle primordial joué par les légions stationnées dans les provinces. Pour la première fois, « le secret de l'Empire romain est révélé » comme l'écrira Tacite peu après : les empereurs peuvent être faits hors de Rome, et d'abord par l'armée. Le Sénat et le peuple se contentant d'entériner la décision. Vespasien alla plus loin : il fut le premier à dater son avènement du jour de son acclamation par les armées d'Orient et non du jour de sa reconnaissance officielle par le Sénat et le peuple romains.

A peine le nouvel empereur installé qu'une révolte éclatait sur le Rhin, menée par les Gaulois et les Germains, révolte matée par un parent de Vespasien. Au même moment, Titus, fils aîné de l'empereur prenait Jérusalem et mettait fin à la première révolte des juifs, en 70. En 71, Vespasien et Titus célébrèrent ensemble un magnifique triomphe.

Vespasien s'attacha ensuite à la reconstruction de l'Empire et au renforcement de ses défenses qui avaient grandement souffert de la guerre civile. Après trois règnes extrêmement courts clos par des morts violentes, le règne de Vespasien dura dix ans et il disparut de mort naturelle. Ce furent dix années de bon gouvernement dont Rome avait fort besoin après les soubresauts qu'elle avait connus. Pour relever l'Empire, Vespasien augmenta les taxes et trouva de nouvelles rentrées d'argent. Il romanisa l'Espagne en y menant une politique assez libérale. Il redonna vie à l'ancienne fonction de la censure en 73-74, s'en servant non seulement pour purger le Sénat des opposants, mais aussi pour l'ouvrir à de nouveaux membres, provinciaux ou italiques. Enfin, il déclara ouvertement qu'il voulait voir son fils Titus lui succéder et fonder ainsi une nouvelle dynastie. Vespasien mourut en 79 et Titus lui succéda pour une très courte période (de 79 à 81). Afin de ne pas déplaire au Sénat, il éloigna sa maîtresse, la princesse juive Bérénice ; il couvrit Rome de largesses et dut affronter, au début de son règne, la terrible éruption du Vésuve qui détruisit entièrement Pompéi, Herculanum et Stabies. En Bretagne, Agricola qui était le gouverneur de cette province depuis 77, continua sa progression dans le pays.

Titus mourut à 42 ans et son frère Domitien prit sa succession. Domitien ne chercha pas à respecter les anciennes formes de la légitimité républicaine, préférant suivre une politique ouvertement absolutiste. Il prit en 84-85 le titre – jusque-là inconnu – de censeur perpétuel, à la grande consternation du Sénat. Domitien tenta d'asseoir son pouvoir par des conquêtes extérieures, en particulier sur la Dacie (la Roumanie) qui avait recouvré son ancienne puissance. Après quelques défaites, la situation militaire fut rétablie. Mais des séditions reprirent en Germanie, brutalement réprimées par Domitien. Devant l'orientation que prenait le règne, la terreur s'empara d'une partie de la classe politique romaine et, bien que l'armée fût restée fidèle à l'empereur, la garde prétorienne mit sur pied une conspiration qui abattit l'empereur en 96.

Nerva, âgé de 70 ans, membre respecté du Sénat, succéda à Domitien, fondant la dynastie des Antonins. Mais il dut s'incliner devant le mécontentement de l'armée et condamner à mort les assassins de Domitien. Immédiatement après, pour épargner le trône et sa vie, il se choisit un successeur en dehors de sa famille. Si le choix de Galba dans des circonstances similaires avait été désastreux, celui de Nerva fut exceptionnellement réussi : il se porta sur Trajan. Agé alors de 44 ans, Trajan était gouverneur de la Germanie supérieure et son adoption inaugura une période de soixante ans au cours de laquelle l'accession au trône se fit par adoption plus que par naissance. Trajan fut le premier empereur à être né dans une province, en l'occurrence l'Espagne, même si sa famille était originaire d'Italie.

Trajan possédait la qualité – rarissime – d'être populaire à la fois dans l'armée et au Sénat. En Italie, il institua les *alimenta,* donations en faveur des enfants pauvres, et il manifesta un intérêt marqué pour les villes de province. Un vaste programme de constructions publiques fut alors lancé – dont la fameuse colonne, sur le forum de Trajan, le dernier et le plus vaste des forums impériaux – et les fonds nécessaires à cette œuvre édilitaire provinrent de la Dacie récemment conquise en 101 et en 106.

L'armée fut renforcée, des unités nationales issues de tribus non romanisées y furent intégrées, combattant avec leurs propres armes. Avec la prise de la Dacie, c'était une nouvelle et longue frontière, le *limes*, qu'il fallait protéger. Dès lors, numériquement, les troupes du Danube et de la Dacie surpassèrent les garnisons du Rhin.

Mais les marges orientales de l'Empire posaient également problème et Trajan décida de repartir en guerre contre les Parthes. Après avoir pris l'Arménie en 114, il continua vers la Mésopotamie et atteignit l'année suivante le golfe Persique. Jamais un général romain ne s'était avancé aussi loin. Mais les arrières de l'armée romaine étaient harcelés par les révoltes des juifs de la diaspora. Il proclama donc unilatéralement la transformation du royaume des Parthes en État-client de Rome et il s'en retourna. Aveu d'impuissance ? Confiance immodérée en un système de contrôle militaire et administratif ? Faiblesse de santé ? Toujours est-il qu'il mourut en 117 au sud-est de l'Asie Mineure, laissant son œuvre inachevée. A Trajan succéda Hadrien, dont le règne correspond à l'apogée de l'Empire romain. Il était lui aussi originaire d'Espagne ; on dit que Trajan l'avait choisi comme successeur sur son lit de mort. En tous cas, Hadrien assuma les pouvoirs impériaux. Il décida – sans doute en accord avec son prédécesseur – que les territoires orientaux ne pouvaient raisonnablement être occupés et il abandonna toutes les récentes conquêtes de Trajan, reportant les frontières de l'Empire sur l'Euphrate. Ses rapports avec le Sénat se trouvèrent envenimés par cette décision ainsi que par l'exécution, en 118, de quatre éminents sénateurs, tous ex-consuls, accusés de comploter contre lui.

Hadrien fut un très grand voyageur et il passa plus de la moitié de ses vingt et un ans de règne hors d'Italie. Cette connaissance complète de l'Empire l'amena à donner aux territoires impériaux une nouvelle signification, un nouveau sens : plus qu'un ensemble de provinces conquises, il s'agissait d'une vaste communauté au sein de laquelle chaque province et chaque nation avait son identité. Probablement voyagea-t-il beaucoup par curiosité, mais aussi par désir de rester en contact avec l'armée. Il améliora d'ailleurs les conditions de vie des soldats.

Militairement, il fit construire et défendre le mur d'Hadrien, en Bretagne, aux confins de l'Écosse encore mal connue et insoumise. Les luttes au sein de l'Empire furent assez rares, sauf la guerre des juifs menée en Palestine par Bar Kosiba et qui fut réprimée en 135. Malgré de réelles qualités de dirigeant, des idées novatrices et un intérêt marqué pour l'administration, la justice et le droit, ses relations avec le Sénat ne s'améliorèrent pas et, en 136, une nouvelle conspiration fut démasquée. Inquiet, Hadrien qui se sentait affaibli, choisit d'adopter rapidement un héritier. Le premier, Elius, mourut et il fut remplacé par Antonin, âgé de 51 ans, qui lui succéda en 138. Antonin mérita, par les qualités de son règne, le qualificatif de Pieux qui lui est désormais accordé. Il sut ménager le Sénat et néanmoins continuer le processus de centralisation de l'appareil administratif. Il s'attacha à réduire les dépenses publiques. Il étendit les conquêtes en Angleterre et, malgré quelque agitation dans les provinces méridionales, les vingt-trois années de son règne furent marquées par une paix retrouvée.

Lorsque Antonin le Pieux mourut, il laissa le pouvoir à son fils adoptif, Marc Aurèle, lequel était également son gendre. Dès sa nomination, en 161, Marc Aurèle appela auprès de lui Lucius Verus, second fils adoptif d'Antonin.

Jusqu'à la mort de Lucius Verus en 169, cette paire d'empereurs constitua une originalité qui se répétera dans les siècles suivants. Toutefois, la stature intellectuelle et politique de Marc Aurèle, telle qu'elle nous apparaît dans ses *Méditations,* est sans aucune mesure avec celle de Lucius Verus, plus vite oublié.

Vers 167, un événement majeur eut lieu, qui annonçait les bouleversements mondiaux : les Germains, et d'autres tribus « barbares » comme les appelaient les Romains, subissant une contrainte démographique de plus en plus forte, tendaient à se déplacer vers de plus riches territoires aux confins du monde romain, le long du cours du Danube. Les troubles qui s'ensuivirent furent sans aucune mesure avec ce que l'Empire avait pu redouter jusque-là. Marc Aurèle s'attacha durant la plupart des années de son règne à repousser ces Barbares. Ils firent irruption dans les provinces d'Europe centrale et orientale, traversèrent les Alpes et pénétrèrent en Italie où ils détruisirent de nombreuses villes et firent le siège du port d'Aquileia. Au même moment, une autre tribu de Germains dévastait les Balkans et saccageait le sanctuaire d'Eleusis, près d'Athènes.

Les armées romaines, bien que décimées par une épidémie – sans doute la variole –, réussirent péniblement à repousser les Barbares. Mais la situation financière devint pratiquement désespérée et Marc Aurèle dut envisager la mise en place d'une stratégie pour résister aux Barbares et tenir les frontières de l'Empire. Pour ce faire, deux solutions coexistaient : politique et militaire. La solution politique, déjà pratiquée par Auguste et Néron, consistait à admettre dans l'Empire un grand nombre de Barbares, en leur distribuant des lopins de terre afin d'en faire de potentiels soldats auxiliaires. Si les empereurs romains qui appliquèrent ces méthodes furent parfois accusés d'avoir « barbarisé » l'Empire, ils eurent toutefois le mérite de donner au monde romain les colons et les cultivateurs dont celui-ci avait cruellement besoin.

La seconde approche adoptée par Marc Aurèle fut une

approche militaire : il s'agissait d'annexer la Bohême afin que l'Empire ait une frontière plus courte, correspondant à une zone montagneuse et non plus au cours du Danube. Comme Auguste avant lui, Marc Aurèle échoua dans cette entreprise. Après sa mort, cette idée fut abandonnée.

Marc Aurèle avait pris comme héritier son propre fils Commode – rompant avec la tradition héritée de ses quatre prédécesseurs qui avaient choisi leur successeur hors de leur propre famille. Cette décision lui fut d'ailleurs reprochée car Commode s'avéra un des plus bizarres parmi les empereurs romains. Il entretint des relations extrêmement mauvaises avec le Sénat, se préoccupa davantage de son propre culte que des affaires de l'État et, laissant les préfets du prétoire gouverner à sa place, fut finalement assassiné par l'un d'entre eux. Avec cette disparition, s'achevait la dynastie des Antonins.

La Paix romaine

Alors que, sous la République, l'administration était pratiquement inexistante, elle se développa sous l'Empire jusqu'à devenir en quelque sorte un modèle. Toutefois, les recherches les plus récentes tendent à montrer que le personnel dirigeant (sénateurs et chevaliers) restait en nombre très modeste. Si le Sénat conserva en principe l'administration de Rome et de l'Italie, les empereurs créèrent progressivement une administration parallèle confiée aux chevaliers. La politique personnelle de chaque souverain, ses convictions, sa marge de manœuvre sont autant d'éléments expliquant l'irrégularité avec laquelle s'est mise en place cette organisation. Auguste agit de manière radicale, bien que touchant peu à l'Italie ; il créa les grandes préfectures de Rome. Alors que l'organisation républicaine était maintenue, elle fut complétée par deux grandes séries de créations administratives. D'abord, et surtout sous Auguste, la création d'un certain nombre de grands services qui doublaient les magistratures républicaines. Ainsi, la préfecture de l'annone, aux mains d'un chevalier qui court-circuitait l'édilité, magistrature traditionnelle.

Parallèlement, se créait une administration du palais de l'empereur, avec des charges comme le secrétaire préposé au trésor de l'empereur (*a rationibus*), ou les secrétaires aux lettres grecques et latines. C'est dans cette catégorie qui se développa très vite que l'on trouve, à partir de Tibère, et surtout sous le règne de Claude, un grand nombre d'affranchis. Sous les Flaviens, les affranchis seront progressivement remplacés par des chevaliers.

L'empereur était entouré de conseillers mais il faut attendre Hadrien pour que ce « conseil » se fonctionnarise. Auparavant il s'agissait, selon les empereurs, de parents, d'amis (les *philoi* de la tradition hellénistique) et aussi de sénateurs, conseillers traditionnels des magistrats. Hadrien, le premier, fera appel à des juristes pour les consulter.

Pour ce qui concerne l'administration centrale, le premier personnage après l'empereur était le préfet du prétoire. Il commandait la garde personnelle du souverain. Au départ, son rôle se cantonnait à des responsabilités militaires : il était en charge de la sécurité du prince ainsi que du maintien de l'ordre public. Il pouvait nommer et juger les prétoriens. Mais la proximité de l'empereur et l'importance de son rôle vont très vite en faire un personnage clé de l'État.

A partir de Néron, le préfet fut chargé du ravitaillement des troupes et il dirigea à ce titre l'annone militaire, impôt en nature. Enfin, ses fonctions judiciaires s'étaient étendues : il exerçait en Italie la juridiction criminelle de première instance au-delà d'une limite de cent milles autour de Rome. Pour toutes les provinces impériales, il exercait une juridiction d'appel en même temps que l'empereur. Ce que nous appelons les ministères correspondaient alors à l'administration du palais évoquée plus haut, d'abord dirigée par de grands affranchis puis, après les Flaviens, par des chevaliers. Le bureau des finances de l'empereur (*a rationibus*) prit de l'importance dès lors que les revenus des *fisci* provinciaux furent administrés par le *fiscus* de Rome. Un bureau des correspondances remontant sans doute à Auguste classait les courriers administratifs. Le bureau *a cognitionibus* créé par Claude traitait les causes évoquées en appel auprès de l'empereur et l'*a studiis* fournissait les éléments nécessaires à la rédaction des documents officiels. Hadrien le doubla par un bureau *a memoria*, un service de documentation.

L'administration palatine se développa encore par la création de postes de *procuratores* chargés des jeux, des bibliothèques, des régions et surtout des dossiers financiers.

L'administration locale, à Rome tout particulièrement, montre clairement la mainmise progressive des empereurs sur des domaines traditionnellement réservés au Sénat et aux magistrats. Tous les postes (préfecture de la ville, préfecture de l'annone, préfecture des vigiles – chargée des incendies et des sinistres –), s'ils étaient encore tenus par des sénateurs ou des chevaliers, dépendaient en réalité directement de l'empereur.

L'entretien des routes, autrefois confié aux censeurs, fut désormais du ressort des *curatores viarum*, sénateurs ou chevaliers ; à partir de Nerva, les finances des cités furent surveillées par des *curatores civitatis*.

Les provinces étaient divisées entre les provinces sénatoriales désarmées et pacifiées, soit l'Afrique, l'Asie, la Bétique, la Narbonnaise, la Sicile, la Crète-Cyrénaïque et les provinces impériales. Les provinces sénatoriales étaient gouvernées par des proconsuls tirés au sort pour un an. En principe les revenus de leurs impôts alimentaient l'*aerarium Saturni* (le trésor public de l'État romain depuis la période républicaine). Mais l'empereur avait quand même la possibilité d'y intervenir soit par édit, soit par nomination *extra ordinem*, soit en prolongeant exceptionnellement des proconsuls ; mais ce furent surtout des procurateurs équestres, chargés de l'administration des revenus impériaux, qui le représentèrent dans les provinces sénatoriales.

Cette création administrative *ex nihilo* qui juxtaposait deux hiérarchies distinctes, les magistrats de rang sénatorial et les préfets et procurateurs équestres, fut en fait relativement efficace : les anciens gouverneurs ne jouissaient plus d'une totale impunité, les modalités de perception de l'impôt étaient devenues moins onéreuses et souvent moins iniques pour les provinciaux que par le passé, et l'attribution des recettes se faisait désormais un peu plus clairement entre l'*aerarium Saturni*, le *fiscus* – trésor particulier des empereurs – et l'*aerarium militare* – caisse de l'armée, alimentée seulement par les taxes indirectes pesant sur les citoyens romains.

Pourtant, malgré les richesses de l'Empire, malgré le soin apporté à sa gestion, Rome a toujours souffert de difficultés financières. En effet, les citoyens romains ne payaient que des taxes indirectes et nombre de communautés provinciales obtenaient des exemptions. De plus, les libéralités, les dépenses publiques, la politique d'urbanisme contribuèrent à ruiner le trésor impérial.

Société et économie impériales

L'économie évolue sur un rythme plus lent que la politique : les conditions climatiques, agricoles, techniques ne changent que dans un temps long ; les rapports sociaux, eux, évoluent plus rapidement.

Les conditions du travail agricole et artisanal, les méthodes commerciales, les courants d'échanges étaient, pour la plupart, déjà en place à la fin de la République et ils changèrent peu au Ier siècle. Ce fut avec les guerres de Trajan et le danger barbare sous Marc Aurèle que la situation évolua. Quant aux rapports économiques entre l'Italie et le monde provincial, ils furent modifiés par l'Empire mais les conséquences n'apparaîtront qu'à partir des Flaviens. Vers 70 ap. J.-C., les écrits de Columelle témoignent de la détérioration de l'Italie : Columelle tentait de donner aux propriétaires les moyens pour combattre la crise en introduisant des améliorations techniques et en utilisant judicieusement la main-d'œuvre des esclaves et des colons.

Pour certains auteurs comme Pline l'Ancien, l'Italie aurait été perdue par la grande société latifundiaire qui développa l'élevage extensif et favorisa la dépopulation. En réalité, les provinces avaient peu à peu concurrencé la Péninsule ; ainsi la vigne et l'olivier étaient-ils cultivés en Gaule et en Espagne ; la céramique d'Arezzo (céramique arétine) était menacée par celle de Gaufresenque puis de Lezoux. Toutefois, en Italie même, les constructions impériales entraînèrent le développement de briqueteries dans le Latium et en

Campanie. Vespasien s'attacha à réglementer les rapports entre employeurs et travailleurs dans les domaines impériaux d'Afrique et d'Asie (*lex Manciana*). Mais ce furent les Antonins qui donnèrent aux provinces une réelle prééminence sur l'Italie.

La grande propriété pouvait appartenir soit à des propriétaires, sénateurs, chevaliers, hommes d'affaires, soit à l'empereur (Auguste et Néron ont significativement étendu ce domaine qui atteindra son extension maximale avec les énormes confiscations des Sévères). Mais si la propriété demeurait de grande dimension, l'exploitation, elle, tendait à diminuer. L'économie domaniale classique décrite par Varron ou Columelle (70 ap. J.-C.), consistant en un grand domaine cultivé par des esclaves, était entrée en décadence car toute surveillance efficace s'avérait impossible sur des étendues trop dispersées. La productivité devenait faible et les cultures exigeant des soins constants étaient délaissées au profit de l'élevage extensif. Pour toutes ces raisons, les domaines furent de plus en plus souvent divisés en petites unités confiées à des fermiers appelés colons. Ce terme, qui désignait auparavant le paysan propriétaire s'appliqua désormais au fermier du grand propriétaire.

L'administration des domaines impériaux, répartis dans l'ensemble du monde romain, fut définitivement fixée par les Flaviens et par Hadrien. Vespasien aurait, le premier, mis de l'ordre dans cette organisation grâce à la *lex Manciana* (le fermage représente un tiers de la récolte, la corvée six jours par an et un droit de transmission héréditaire est accordé à condition de ne pas abandonner la culture plus de deux ans). Cette loi s'appliqua également aux latifundia privés. L'empereur désirait créer une classe de quasi-propriétaires, mais il est difficile d'apprécier le succès de cette entreprise.

Économiquement, les succès militaires de Trajan eurent de graves conséquences. Car si l'or des Daces a constitué un ballon d'oxygène pour la trésorerie impériale, ses expéditions contre les Parthes coûtèrent très cher en or et en hommes sans être d'aucun intérêt économique. Mais Trajan se préoccupa de l'Italie ainsi que de la propriété foncière et il mena une politique cohérente, bien que passéiste, destinée à restaurer l'ancienne suprématie économique de la Péninsule.

Dans l'Empire, il s'efforça de développer l'urbanisation – processus socialement et économiquement positif – et de surveiller les finances des municipalités, mais on estime que la situation financière à la fin de son règne restait peu brillante.

Hadrien, lui, comprit ce que Trajan avait pressenti en abandonnant son dessein parthe : l'Empire n'était plus en mesure de soutenir économiquement des entreprises de cette envergure. Il commença son règne par des allégements d'impôts, supprimant totalement les dettes fiscales en Italie, partiellement dans les provinces. Il remplaça la ferme de certains impôts par une régie directe confiée à des *procuratores* qui, bien surveillés, commettaient moins d'exactions. Il comprit que l'Empire reposait désormais sur les provinces et non plus sur l'Italie.

Afin d'améliorer le niveau de vie, il reprit la politique d'urbanisation commencée par Auguste et fonda un nombre considérable de cités dans les régions les plus exposées aux menaces des Barbares : les provinces danubiennes, la Thrace, l'Asie Mineure, la Cyrénaïque. En Égypte, en Asie intérieure, en Afrique, il ne fonda pas de villes pour éviter que les paysans abandonnent leurs terres, mais au contraire il essaya de créer une classe moyenne d'exploitants stables, susceptibles d'être des soldats, des contribuables et de ravitailler les villes. Pour cela, il concéda, dans la lignée de la politique de Vespasien, des facilités de paiement, il accorda des avantages importants tels que des exemptions temporaires et un statut de quasi-propriétaires à ceux qui défricheraient des terres incultes ou laissées à l'abandon. Enfin, il fut un des premiers à se préoccuper de la défense des « petits » contre les « riches » ou les spéculateurs. Mais il ne fut pas suivi en cela par ses successeurs. Marc Aurèle hérita malgré tout d'une situation assez mauvaise car la mise en application de mesures, aussi bonnes soient-elles, prenait un temps incomparable avec ce que l'on connaît dans les États modernes. Outre les menaces des Barbares et les épidémies, il tenta de ne pas accroître les charges de ses sujets mais il ne se pencha pas sur le sort des plus pauvres – comme le feront Commode puis les Sévères.

Mais le règne de Commode correspondit aussi aux premières marques visibles de l'épuisement de l'Empire. Il favorisa la plèbe et l'armée et dépensa des sommes considérables en donations et en distributions frumentaires. Il veilla au ravitaillement de Rome en instituant un édit du maximum pour stabiliser les prix, après avoir laissé massacrer les responsables de l'annone par la foule ; il chercha également à augmenter l'afflux de blé africain en remplacement du blé égyptien qui venait à manquer.

L'industrie et le commerce profitèrent à l'ensemble de l'Empire : si le Ier siècle avait surtout vu de grosses fortunes italiennes (Mécène, Agrippa ou Trimalcion), le IIe siècle vit se répartir ces grandes fortunes à Athènes (Hérode Atticus) ou à Sparte et en Lycie. Exploitation des mines, grands ateliers de textile, de verrerie et de poterie, commerce « international », interprovincial et local furent souvent à la source de ces fortunes considérables.

Les membres de ces très riches classes sociales, qu'ils soient décurions, chevaliers ou affranchis, ont tous contribué à l'éclat de la civilisation urbaine de l'Empire. Tous ont supporté en effet les finances de la cité à plusieurs titres, dont celui de l'évergétisme qui s'épanouit pleinement au IIe siècle. Cette générosité ostentatoire des classes supérieures pouvait atteindre des sommes considérables ; ainsi Pline qui n'était pourtant pas un magnat, dépensa environ l'équivalent de 800 000 F pour la ville de Côme dont il était originaire. L'Athénien Hérode Atticus, ami d'Hadrien et tuteur de Marc Aurèle, étendit sa générosité à des villes d'Italie et de Grèce – il gratifia Athènes du célèbre Odéon au pied de l'Acropole. Quant à Philostrate, il érigea l'évergétisme en philosophie.

Cette attitude se traduisit par la construction de monuments, mais aussi par une politique de ravitaillement et de jeux. Toutefois les classes inférieures ne vivaient pas seulement de la générosité des plus grands. Ils travaillaient de plus en plus dans l'artisanat qui s'était développé depuis la fin de la République. Ces artisans tentèrent de se regrouper et formèrent des *collegia, qui* prenaient toujours l'aspect

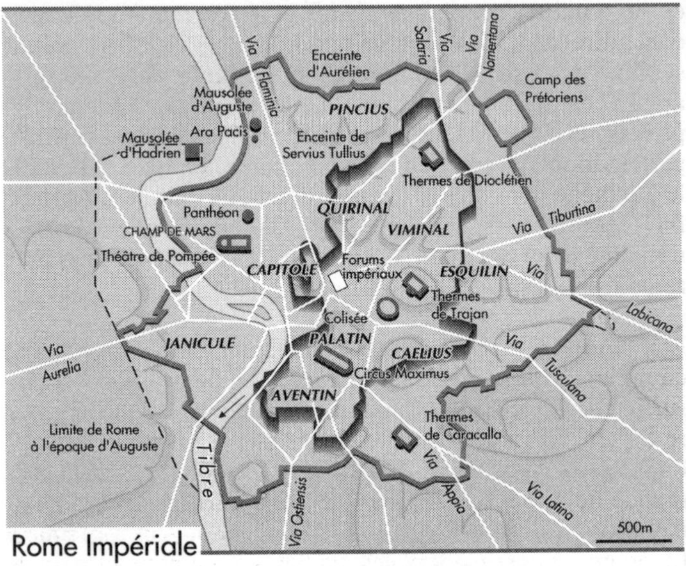

Rome Impériale

d'associations funéraires pour obtenir l'autorisation de l'empereur. Les plus pauvres de ces collèges se contentaient d'assurer des funérailles décentes à leurs membres.

Pendant ces deux siècles, Rome connut un éclat extraordinaire, et elle servit de modèle au développement de la vie urbaine dans le reste de l'Empire.

Le grand incendie de Rome en 64 ap. J.-C. avait donc laissé l'espace nécessaire à la construction de la *domus aurea*, nouveau palais impérial voulu par Néron. A l'image des palais grecs, la *domus aurea* était constituée non pas d'un seul édifice mais de plusieurs pavillons disséminés dans des jardins. L'édifice central était pourvu de portiques et d'un *atrium* octogonal que l'on peut encore voir aujourd'hui. Mais cet incendie avait également permis à Néron de prendre des mesures destinées à la construction d'une « nouvelle Rome » : rues élargies, maisons alignées comportant des portiques en rez-de-chaussée afin de lutter contre la propagation du feu...

Les successeurs de Néron abandonnèrent la *domus aurea*

et la rendirent en bonne partie au public. Domitien fit construire un nouveau palais sur le Palatin, ainsi qu'une sublime villa face au lac d'Albano comprenant théâtre et amphithéâtre. S'il ne reste rien de cette villa domitienne, on peut en revanche visiter la splendide villa Adriana construite par Hadrien à Tivoli. Au même Hadrien, on doit également le Panthéon dans son état actuel. L'ancien temple d'Agrippa fut reconstruit et c'est aujourd'hui, de tous les édifices romains, le plus proche de ce que devait être un bâtiment romain antique.

A Rome, on peut encore voir les colonnes de Trajan et de Marc Aurèle, grandes colonnes commémoratives sculptées de reliefs historiques en spirale. La colonne trajane se situait sur le forum de Trajan dont on voit encore aujourd'hui les restes de la basilique ainsi qu'un des hémicycles, avec à l'arrière les marchés de Trajan. Cette basilique était la plus grande de Rome, ses dimensions avoisinant celles de Saint-Paul-hors-les-Murs. La colonne était aussi son monument funéraire – l'urne étant placée en bas – et on pouvait y lire le récit des campagnes militaires de l'empereur depuis les terrasses des bibliothèques situées sur le forum. L'ensemble de ce forum constituait un programme d'exaltation de la gloire de Trajan.

Outre les temples et les forums, une bonne part de la politique édilitaire romaine fut également consacrée à la population de l'*Urbs* et à ses divertissements ; théâtres et amphithéâtres dont le plus imposant reste bien sûr l'amphithéâtre flavien, construit par Vespasien, puis repris par Titus. Il était destiné aux combats de gladiateurs et de bêtes féroces et pouvait être utilisé pour des naumachies. Il prit plus tard le nom de Colisée, une statue colossale en décorant l'entrée. Il pouvait contenir jusqu'à 45 000 personnes assises et 5 000 debout.

Le modèle de Rome influença presque toutes les décorations urbaines durant la *pax romana*. Forums, basiliques, curies, bibliothèques empruntèrent leur fonction et leurs formes à la Rome de Trajan et d'Hadrien. Le principal monument religieux des cités de l'Empire était la réplique du temple capitolin consacré à la triade Jupiter-Junon-Minerve sur une tribune en hauteur symbolisant la colline romaine. Dès le Ier siècle, certains capitoles ont été transformés en temples consacrés au culte des empereurs et de leurs familles, ainsi à Nîmes ou Leptis Magna. Au IIe siècle apparaît souvent, en face du Capitole, à l'autre extrémité du forum, le temple de Rome et d'Auguste ou, à l'imitation du temple construit par Hadrien à Rome, un temple de Vénus et de Rome (Ostie ou Djemila). Les villes demeuraient néanmoins fidèles à leurs cultes locaux ou nationaux : ainsi l'Artemision d'Éphèse ou l'Asclepeion de Pergame furent-ils encore embellis.

Des bâtiments utilitaires comme des marchés (ceux de Trajan à Rome sont célèbres), des greniers (*horrea*) ou des thermes (Timgad ou Ostie) furent également érigés. Quant aux théâtres ou amphithéâtres, ils décorent aujourd'hui encore nombre de villes d'Europe et d'Afrique du Nord.

Les Sévères, les Barbares et Dioclétien

Les Antonins furent suivis par les Sévères (193-235) qui régnèrent jusqu'au meurtre de Sévère Alexandre. Cette période vit l'octroi par Caracalla en 212 de la citoyenneté romaine à tous les hommes libres vivant dans les provinces. Toutefois, il ne faudrait pas surestimer l'importance de l'édit de Caracalla ; les Anciens n'y prêtèrent pas énormément d'attention. Ainsi, Dion Cassius le mentionne rapidement, surtout pour souligner la rapacité de Caracalla. Selon lui, l'empereur a accordé la citoyenneté à l'ensemble des pérégrins (tout en leur conservant leur ancien statut devant l'impôt) afin de leur faire payer, à eux aussi, les taxes indirectes qui ne reposaient alors que sur les citoyens romains. De toute façon, au moment où Caracalla donnait la citoyenneté à l'ensemble de l'Empire, celle-ci était déjà largement répandue.

Malgré la croissance de Rome, capitale incontestée de l'Empire, les premiers signes d'un irrémédiable déclin annonçaient le crépuscule du monde romain.

La dynastie des Sévères débuta par une série de troubles bien plus difficiles à surmonter que ceux de 68-69. La lutte entre Septime Sévère, proclamé empereur par les légions de

Pannonie, Pescennius et Niger, acclamé par les troupes syriennes, dura de 193 à 197, provoquant, outre des pertes humaines considérables, la mort de vingt-neuf sénateurs. Septime Sévère tint d'ailleurs le Sénat à l'écart des affaires politiques, préférant s'appuyer sur des chevaliers plus fidèles. A peine devenu empereur, Septime Sévère se retourna vers les Parthes qui avaient appuyé Niger, les défit et réaffirma les droits de Rome sur la Mésopotamie.

Septime Sévère remplaça la garde prétorienne par ses soldats du Danube, renforça la police urbaine et fit stationner une légion aux portes de l'*Urbs*. C'était la première fois qu'un empereur établissait ses propres légions en Italie. Signe assez clair d'un déclin définitif de l'Italie face aux provinces, entériné par un empereur originaire d'Afrique du Nord.

Septime Sévère réalisa que la défense des frontières était devenu un problème crucial et il augmenta le nombre des légions. Mais c'était aussi pour lui un moyen de limiter les risques de sédition. Il démocratisa l'armée et la paya mieux. Cette mesure – inévitable tant les problèmes militaires étaient prégnants – allait avoir des conséquences désastreuses sur les contribuables des classes moyennes de l'Empire.

Sévère mourut au cours d'une expédition de reconquête de l'Écosse en 211. Il aurait dit à ses fils, sur son lit de mort : « Mettez-vous d'accord, soyez généreux avec les soldats et ne vous inquiétez de rien d'autre... » Il laissa l'Empire conjointement à ses deux fils, Caracalla et Geta, qui loin de s'entendre, se haïssaient. Caracalla fit assassiner Geta, puis en 212, par le fameux édit cité plus haut, accorda la citoyenneté à l'ensemble des habitants de l'Empire. Il partit en 213 pour la Germanie où ses victoires lui acquirent une grande popularité au sein de l'armée. Se tournant vers l'Orient, il caressa le rêve d'être un nouvel Alexandre le Grand mais il mourut assassiné en 217 par Macrin, le préfet du prétoire, qui craignait pour sa propre vie.

Macrin fut le premier empereur romain à n'avoir jamais été sénateur, mais seulement chevalier. Son règne fut bref et insignifiant. Il fut tué par Héliogabale, originaire d'Oms, manipulé par sa tante Giulia Mesa, une Syrienne de la famille de Septime Sévère. De retour à Rome, le jeune monarque se consacra exclusivement au culte du dieu solaire dont il était grand-prêtre en Orient. Il s'aliéna profondément la classe sénatoriale et Giulia Mesa le fit assassiner pour appuyer Alexandre Sévère, son petit-fils de quatorze ans. La mère d'Alexandre Sévère, Giulia Mamea, gouverna à sa place et l'accompagna en 231 pour combattre les Perses en Mésopotamie, puis les Germains sur le Rhin. Ils furent assassinés par des officiers de l'armée en 235.

Dès lors, le système romain fut en proie à des troubles graves, entraînant instabilité et anarchie. Les cinquante années suivantes virent un continuel affrontement durant lesquelles vingt et un empereurs se succédèrent... Cette situation contribua à fragiliser l'Empire, en proie à la menace des tribus barbares qui se pressaient à ses frontières. Au nord, les Pictes, les Écossais, les Angles, les Saxons, les Francs, les Alamans et les Lombards ; à l'est, le danger venait des Vandales, des Wisigoths, des Ostrogoths et des Huns. Et en Afrique, les Maures étaient de plus en plus irréductibles.

La première agression barbare eut lieu en 166, lorsque les Lombards envahirent la Pannonie, mais ils furent rapidement réduits par une armée romaine encore assez forte. Après 235, la situation intérieure de l'Empire ne permettait plus une riposte suffisamment efficace et la menace devint plus lourde. Vers 250, les Francs pénétrèrent en Gaule jusqu'aux Pyrénées et les Alamans arrivèrent en Italie, jusqu'à Milan où ils furent difficilement battus par l'empereur Gallien. Ensuite, les Ostrogoths envahirent la Thrace et la Mésopotamie et massacrèrent 100 000 personnes à Philippopolis en actuelle Bulgarie.

L'Empire était aux abois, et même Rome était à la portée d'envahisseurs venus des confins. Valérien (253-260) tenta de résister ; il fut le premier à concevoir que l'Empire était désormais devenu trop vaste pour être gouverné par une seule personne. Il se rendit donc en Orient afin de combattre en Perse, où il fut capturé et tué, alors que son fils Gallien restait à Rome comme corégnant. Celui-ci mena à bien une réorganisation fondamentale de l'armée. Il renforça la fonction militaire et surtout établit une nouvelle force mobile s'appuyant sur la cavalerie. Cette arme devint, pour la première fois, le pivot de l'armée romaine. Le quartier général de l'armée fut établi à Milan qui devint la capitale avancée de l'Empire. Malgré des avantages stratégiques indéniables, cette concentration de troupes sur le sol italien allait se révéler à terme porteuse de séditions : ainsi le commandant de ces troupes, le futur empereur Aurélien, complota-t-il avec succès contre Gallien en 268, alors que ce dernier venait de remporter de brillantes victoires contre les Goths.

Ces succès furent confirmés par Aurélien qui reconquit l'Asie Mineure et l'Égypte en écrasant la reine Zénobie de Palmyre. Il combattit les Gaulois qui, regroupés autour de Postumus, avaient tenté de faire sécession et de créer un royaume. Ils furent battus aux champs Catalauniques en 271. Enfin, Aurélien renforça la défense de Rome en faisant construire la muraille qui porte son nom.

Ainsi, les qualités militaires extraordinaires de quelques généraux de l'armée du Danube avaient permis de sauver Rome du péril barbare. Mais ce sauvetage s'effectua au prix de sacrifices considérables consentis par les populations. Les civils devaient en effet payer pour le maintien et la loyauté de l'armée, c'est-à-dire sa solde. Ceci à un moment où une grave crise monétaire entraînait une inflation vertigineuse pouvant atteindre 1 000 % dans certaines régions de l'Empire. Il fallut donc multiplier les dons en nature et les impôts, ce qui entraîna une pression insupportable sur les populations civiles. C'était le prix à payer pour sauver, une fois cncorc, Romc.

Dioclétien

Avec Dioclétien, la fin de la crise de l'Empire romain donna naissance à la période dite du Bas Empire, non pas au sens péjoratif du terme, mais parce que se met en place un système nouveau qui n'a que peu de points communs avec ce qui a été décrit jusqu'ici.

Dioclétien apparut comme l'organisateur de ce sauvetage. Dalmate, d'origine modeste, il fut porté au pouvoir en 284 par la garde prétorienne. Il régna pendant vingt ans et mena à terme une série de réformes fondamentales dans le domaine politique, économique et militaire.

En 286, il divisa d'abord l'Empire en deux, élevant Maximien au rang d'Auguste. Il compléta cette organisation en adjoignant à chacun des Augustes un César : Galère et Constance-Chlore. Ainsi, il réalisa une tétrarchie fondée sur quatre gouvernants qui avaient chacun la responsabilité d'une aire géographique : Galère dans les Balkans, Maximien dans les régions occidentales (Italie, Espagne et Afrique), Constance-Chlore en Gaule et en Bretagne et Dioclétien en Thrace, en Asie et en Égypte. Chacun des tétrarques choisit une capitale différente. Dioclétien choisit Nicomédie, sur la mer de Marmara, confirmant l'importance croissante que prenait le détroit du Bosphore, Galère s'établit à Thessalonique, en Macédoine. En Occident, le Sénat continua de siéger à Rome, la cour de Maximien s'établit à Milan et celle de Constance-Chlore à Trèves, aux confins de la Gaule septentrionale et de la Rhénanie. Mais, si la tétrarchie avait divisé l'Empire administrativement, ce dernier constituait encore une entité indivisible : la loi était la même partout et les deux Césars devaient obéir aux deux Augustes.

Dioclétien combattit victorieusement les Bretons, les Égyptiens ainsi que les Perses. Il rétablit également la situation au-delà du Rhin et du Danube. Mais en 305, sentant sa santé faiblir, il se retira et invita Maximien à le suivre, laissant Constance-Chlore et Galère prendre le titre d'Auguste.

Dioclétien avait donc mené à bien une œuvre considérable de réformateur. Il augmenta le nombre des provinces de 50 à 100, espérant que la taille plus réduite de ces territoires interdirait aux gouverneurs de se rebeller, faute de moyens, d'autant que leurs charges étaient désormais totalement séparées des fonctions militaires. Une autre innovation consista à regrouper les provinces en treize grandes unités, ou diocèses. Chaque diocèse était dirigé par un gouverneur général qui dépendait d'un des quatre préfets du prétoire (un par tétrarque). Là encore, fonctions administrative et militaire étaient séparées.

Dioclétien se pencha également sur une réforme de l'armée. Renforçant l'influence qui avait été donnée par ses prédécesseurs aux unités mobiles, il créa une garde à cheval entièrement composée de Germains. Cette garde prit le nom de *scholae palatinae* et fut intégrée dans une des deux principales branches de l'armée. La première branche fut composée des *comitatenses*, intégrant l'infanterie mais dont la force principales était la cavalerie. L'autre branche de l'armée dioclétienne était l'armée des frontières dont les soldats prirent le nom de *limitanei* (hommes des frontières) et qui était recrutée exclusivement parmi les citoyens romains. Les talents guerriers des Germains et des habitants d'Asie Mineure furent largement exploités et la flotte renforcée. Cette armée de 500 000 hommes coûtait très cher et Dioclétien ne put pas diminuer la pression fiscale. Mais il promulgua en 301 un édit qui fixait le prix maximum de tous les biens, des coûts de transport ainsi que des salaires dans l'ensemble de l'Empire. Cet édit est extrêmement important car il s'agit sans doute de la première mesure économique d'une telle ampleur prise pendant l'Antiquité. Mais il n'eut pas la portée espérée car aucun des tétrarques n'avait véritablement les moyens de la faire appliquer.

Dioclétien tenta également de résoudre le problème de la monnaie et, sinon d'alléger, du moins de planifier à l'avance les demandes fiscales et les réquisitions pour laisser aux villes et aux particuliers le temps de s'organiser.

Dioclétien, même une fois retiré dans son palais de Salonae (Split), continua à recevoir un culte personnel digne d'un dieu vivant. A ce culte impérial s'ajoutait celui de la déesse Rome, présente dans la majorité des villes, ainsi que d'Hercule et de Jupiter choisis comme protecteurs personnels pour chacun des deux empereurs. Ce paganisme vivace, renaissant sur des bases nationales fortes, fut accompagné de violentes persécutions à l'encontre des autres religions et en particulier du christianisme, considéré comme « antipatriotique ».

L'essor du christianisme

La communauté chrétienne, bien que très minoritaire, avait crû continuellement depuis la rédaction des Évangiles, deux siècles plus tôt. Elle avait acquis en 200 ap. J.-C. une identité forte, fondée sur la version définitive du Nouveau Testament. Des tentatives continuaient d'être menées pour harmoniser la doctrine chrétienne avec la philosophie classique païenne autour de Clément d'Alexandrie (150-215) puis d'Origène mais certains chrétiens comme Tertullien (160-228) refusaient tout compromis. Malgré ces querelles théologiques, le nombre des adeptes croissait et les structures se mettaient en place. Origène considérait que l'Église était une institution parallèle à l'Empire et, effectivement, elle tendait à constituer comme un État dans l'État. Institution essentiellement urbaine, s'appuyant sur les classes moyennes et inférieures de la société, l'Église se développa rapidement dans les cités-États d'Asie Mineure avant de s'étendre à l'Occident. Ainsi, attestés depuis 59 à Rome (dans le quartier du Trastevere), les chrétiens étaient environ 10 000 en 200 et leur nombre tripla en un siècle. Les communautés locales passèrent sous le contrôle des évêques – dont l'évêque de Rome – et une réelle solidarité unissait la chrétienté, incluant des œuvres de bienfaisance et de charité parfaitement organisées.

Généralement tolérés par l'Empire au même titre que les diverses sectes religieuses, les chrétiens furent victimes de persécutions causées par leur refus d'adorer le panthéon romain. Ainsi Néron les accusa d'avoir provoqué le grand incendie de Rome et en massacra certains, les transformant en torches pour illuminer ses jardins, les faisant dévorer par des chiens ou des lions. Au cours des siècles suivants, la politique des empereurs fut plutôt portée à la modération, sauf dans les périodes difficiles où les chrétiens constituèrent les boucs émissaires désignés pour apaiser les dieux et surtout les populations. Ainsi, Valérien, embourbé dans une situation militaire et financière inextricable, confisqua-t-il les biens de l'Église. Mais son fils Gallien mit fin à ces abus durant une quarantaine d'années.

En 303-305, Dioclétien les persécuta sauvagement afin d'apaiser les dieux et obtenir leur intercession pour la protection de l'Empire. La femme et la fille mêmes de Dioclétien furent, dit-on, assassinées ou durent se sacrifier. Malgré cela, la secte survécut et trouva même un allié considérable en la personne du successeur de Dioclétien, Constantin le Grand.

Après l'abdication de Dioclétien en 305, la succession à la tétrarchie engendra une extrême confusion, mettant en évidence le fait que le système reposait sur la personnalité exceptionnelle de l'empereur. Ce fut finalement Constantin, fils de Constance, vainqueur de Maxence en 312 au combat de Ponte Milvio – aux portes de Rome – qui devint l'unique empereur d'Occident. La tradition chrétienne a très tôt relié cette bataille à la conversion de Constantin, puisque ce dernier aurait eu une vision, la veille du combat, lui indiquant qu'il remporterait la victoire s'il peignait les emblèmes du Christ sur les boucliers de ses soldats. Licinius, de son côté, prit le pouvoir en Orient. Dans un premier temps Constantin et Licinius, unis par des liens familiaux – la sœur de Constantin était l'épouse de Licinius – furent alliés, menant une politique commune de tolérance.

Mais des dissensions apparurent entre les deux Augustes et, à la suite d'un complot dont Licinius fut l'instigateur, il fut battu en 323-324 par Constantin qui resta souverain de l'ensemble du monde romain jusqu'à sa mort en 337. La conversion de Constantin au christianisme en 313 s'explique par toute une série de facteurs. D'une part, une inclination personnelle de l'empereur, d'autre part des considérations politiques plus opportunistes lui permettant d'éliminer les prétendants à l'Empire après l'échec de la succession prévue par Dioclétien. La sympathie de Constantin pour la doctrine d'Arius (prêtre d'Alexandrie qui niait l'essence divine du Christ, à l'origine de l'hérésie arienne qui divisa la chrétienté plusieurs siècles durant) s'expliquerait par la possibilité de rapprocher la fonction de l'empereur, vicaire de Dieu sur terre, du modèle du Christ.

Avec Constantin, le christianisme redevint licite, au même titre que les autres cultes païens. Les chrétiens obtinrent le droit de se constituer en associations, et donc d'être propriétaires de biens qui à terme constitueront la richesse de l'Église. Mais si l'empereur manifesta à la fin de sa vie une réelle piété, on n'est même pas sûr qu'il ait été baptisé. Rappelons toutefois que le baptême était alors tardif car les péchés commis avant ce sacrement apparaissaient plus véniels que ceux commis après : on attendait donc le plus longtemps possible pour se faire baptiser...

Il faut noter que, si la révolution constantinienne marque un bouleversement fondamental dans le statut du christianisme en tant que religion, elle s'inscrit idéologiquement dans la plus pure tradition romaine : c'est toujours l'homme incarnant le pouvoir politique absolu qui décide de l'orientation religieuse de l'État. Eusèbe de Césarée, au début du IVe siècle, élabora une théologie chrétienne de l'histoire. Dans l'Empire chrétien le culte impérial persista, et il fut même renforcé. Pendant plus d'un siècle, l'*adoratio* resta une obligation, consistant à se prosterner devant la Majesté Impériale, à baiser le pan de sa pourpre, *vestia regis,* et à s'agenouiller devant le trône. Partout, les images impériales reçoivent un culte et les foules s'agenouillent au passage de l'empereur. Même lorsque, à l'extrême fin du IVe siècle, Théodose proclama le christianisme seule religion de l'Empire, le culte impérial fut maintenu.

Outre cette transformation fondamentale, Constantin continua l'œuvre réformatrice de Dioclétien. En particulier, il réorganisa l'armée et y augmenta encore le nombre de Germains. Il abolit la garde prétorienne après 350 années d'existence et lui substitua la garde montée (*scholae palatinae*) instituée par Dioclétien. Deux nouvelles fonctions furent créées, celles de maître de cavalerie et de maître d'infanterie, destinés à diriger les réservistes. Les garnisons de frontières furent réorganisées et renforcées. Enfin, pour des raisons stratégiques, Constantin fonda Constantinople (324-330), sur le détroit du Bosphore. Comme Constantinople devait être la seconde Rome, elle reçut également une architecture prestigieuse, un forum et un sénat – ce fut la première fois dans l'histoire de l'Empire romain qu'il y eut deux sénats.

De Constantin, on peut aujourd'hui admirer la colossale tête de marbre qui se trouve dans la cour du palais des Conservateurs à Rome. Conçue pour orner la basilique de Maxence, elle mesure 2,75 m de haut et pèse 9 tonnes... Le règne de Constantin vit également le développement des basiliques à usage cultuel, les basiliques chrétiennes. Ainsi, la première basilique de Saint-Pierre (333-337), située auprès de la sépulture présumée de Pierre et de Paul ; ou bien, à côté du palais du Latran qui était la résidence des papes (les évêques de Rome), la basilique constantinienne qui prit le nom de Saint-Jean-de-Latran et qui devint la cathédrale de Rome. Le baptistère octogonal qui flanque la basilique date également du règne de Constantin.

La portée de l'œuvre de Constantin est immense : il a fondé un empire, l'Empire byzantin ; il a accéléré la mise en place du christianisme, sans pour autant qu'il soit encore religion d'État ; mais il a peut-être « trahi Rome » (A. Piganiol) en instaurant une société autoritaire, bureaucratique et pour certains, totalitaire. Il a en tout cas trahi l'Occident au profit de l'Orient en morcelant l'Occident et en rassemblant l'Orient.

Le déclin et la chute de l'Empire

Malgré l'œuvre de Dioclétien et de Constantin, le déclin de l'Empire romain d'Occident était désormais inscrit. Le système politique et économique vacillait et la menace barbare se faisait de plus en plus forte. Après la mort de Théodose en 395, à Milan, aucune forte personnalité n'émergea de la litanie des empereurs qui se succédèrent. L'Empire fut finalement divisé, l'Empire d'Occident disparut en 476 ; l'Empire d'Orient lui survécut mais, de romain, il s'hellénisa complètement. Toutefois, Byzance conserva de Rome son droit (rédaction du Digeste, code théodosien...) et en permit la survivance.

En Occident, la cour impériale s'était transférée à Milan en 305 puis en 402 à Ravenne. A Rome, la classe dirigeante resta inchangée et immuable jusqu'au désastre final. Bien que la Ville soit devenue un des centres de la chrétienté, l'absence de pouvoir impérial laissa la porte ouverte à la corruption, la débauche et à des excès comparables à ceux de la période tardo-républicaine.

Cependant les Vandales déferlaient sur l'Afrique, les Wisigoths prenaient les provinces danubiennes et la Gaule méridionale, les Saxons occupaient la Bretagne, les Suèbes

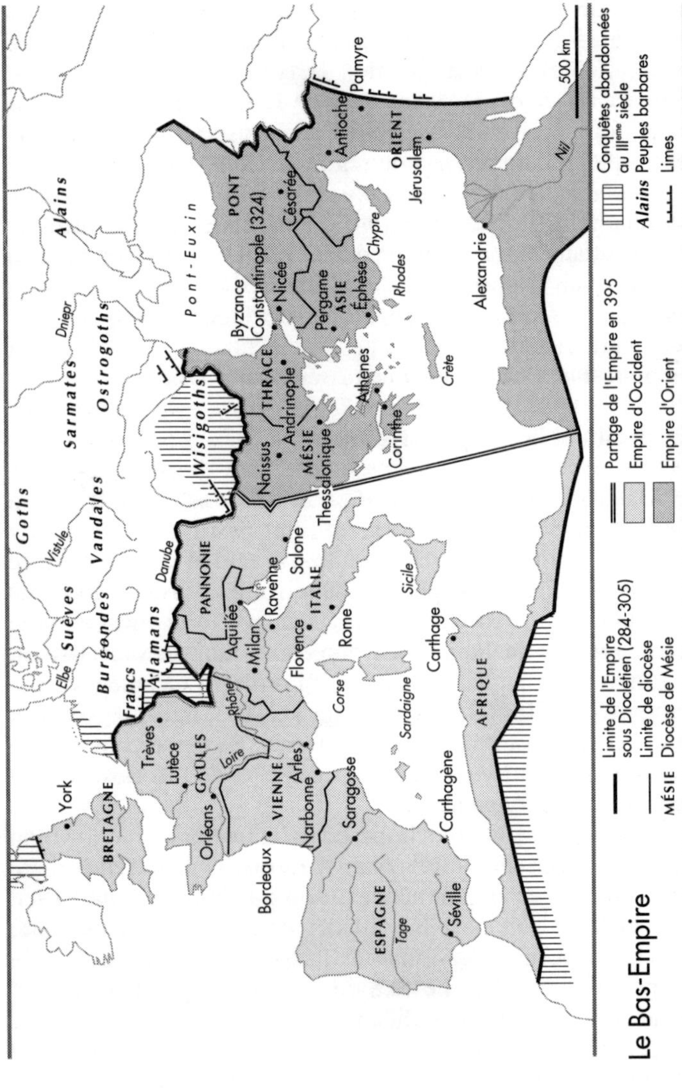

Le Bas-Empire

s'emparaient de l'Espagne. Quant aux Francs, aux Alamans et aux Burgondes, ils s'installèrent sur le territoire de Rome. En 401-402, Alaric le Wisigoth envahit l'Italie et en 410 se livra au sac de Rome. En 455, ce fut au tour de Genseric le Vandale de dévaster l'*Urbs*. L'année 476 est généralement considérée comme la date de la fin de l'Empire romain d'Occident : le dernier empereur, Romulus Augustule fut renversé par le Germain Odoacre. Les rois germains gouvernèrent l'Italie depuis leur cour de Ravenne. Mais en 493, Odoacre fut évincé par Théodoric, un Ostrogoth qui utilisa le Sénat et les personnalités romaines pour assurer son pouvoir jusqu'en 526, année de sa mort. La domination des Ostrogoths se prolongea jusqu'en 540, date de la reconquête byzantine de l'Italie par Justinien, empereur d'Orient, qui intégra l'Italie dans l'Empire byzantin. Et si la classe sénatoriale romaine avait survécu aux sacs de Rome, si elle avait prospéré sous les Germains, elle disparut définitivement avec la reconquête justinienne. C'était la fin de la période romaine de l'histoire italienne.

Le Moyen Age italien : des Lombards aux communes

La fin de l'Empire romain marqua la fin de l'unité politique italienne, unité que l'Italie ne retrouvera qu'avec le Risorgimento. La période médiévale, du Ve au XIVe siècle, a souvent suscité moins d'intérêt que l'Antiquité, et particulièrement la période précédant le Xe siècle, assimilée aux « Ages obscurs ». Ce manque d'attention pour le Moyen Age dans son ensemble, considéré comme une période « barbare », correspond à une incompréhension profonde des hommes de la Renaissance et de leurs successeurs pour une époque intermédiaire, coincée entre deux périodes perçues comme culturellement dominantes : l'Antiquité et la Renaissance. Ce mépris traversera le XVIIIe siècle, et une partie du XIXe : les récits des voyageurs d'alors en témoignent à l'envi.

Mais cette vision tend à considérablement réduire la place effectivement occupée par le Moyen Age dans l'histoire italienne. En effet, le Moyen Age mit en place un certain nombre des traits constitutifs de la société et de l'État italiens jusqu'à aujourd'hui. D'abord la prégnance de l'Église catholique et de la papauté comme acteurs de la vie spirituelle et politique. Parallèlement se développèrent des cultures communales ou régionales encore vivaces. Enfin, le Moyen Age vit l'Italie exposée à nombre d'influences extérieures, conquêtes et mouvements migratoires encore perceptibles de nos jours.

Économiquement, cette période se caractérisa par le développement du modèle féodal et par l'émergence remarquable d'un capitalisme marchand dans des villes comme Venise ou Florence.

Quant aux mouvements artistiques, ils furent marqués à la fin de cette période par une quantité d'œuvres extraordinaires.

Les débuts du Moyen Age : les Lombards, les Francs, Byzance et la papauté

L'héritage de l'Empire était encore présent dans l'Italie de 476, lorsque Odoacre devint roi après l'éviction de Romulus Augustule. Le paysage, l'histoire politique et administrative en constituaient des traces visibles. Ainsi, la déforestation résultant de l'érosion des collines du Sud, les marques des centuriations romaines, la culture associant céréales, vigne et olivier, tout cela dérivait directement des siècles passés. Comme le réseau des routes, le maillage des villes ou les réseaux hydrauliques.

Les cités, ou municipes, dirigées par leur propre curie constituaient un héritage romain qui perdure encore aujourd'hui.

La chute de l'Empire en 476 n'avait pas été perçue par les contemporains comme un événement majeur, et seule une différence de titulature apparut : on parla désormais de roi et non plus d'empereur.

Il est vrai qu'Odoacre, qui certes était arien, respecta les traditions romaines, maintint la vie politique dans le cadre des coutumes italiennes et rechercha l'appui de l'ancienne classe dirigeante, la classe sénatoriale. Après que Romulus Augustule eut été relégué en Campanie, Odoacre fit renvoyer à Constantinople les enseignes impériales, signifiant ainsi qu'il ne cherchait pas à devenir empereur d'Orient. Il conserva de bonnes relations avec le clergé catholique et tenta aussi de se faire reconnaître comme vice-roi par Zénon, empereur d'Orient. Mais Zénon préféra jouer la carte de Théodoric, roi des Ostrogoths, qui avait passé sa jeunesse à Constantinople comme otage.

Les Ostrogoths, peuple chrétien et largement « romanisé », se mirent en marche vers l'Italie en 488 et eurent raison d'Odoacre en 490. Suivirent soixante années de domination des Goths sur la Péninsule. A cette époque, un grand nombre d'entre eux s'établirent autour de Vérone, à Pavie, dans les Apennins, les Marches et les Abruzzes, ainsi qu'à Rome ou à Ravenne. Théodoric s'avéra être un grand roi, peut-être le plus grand des rois germains. Il voulut se poser en médiateur entre Byzance et le monde barbare. Par conséquent, il commença par établir une coexistence pacifique entre les Goths et les populations d'Italie. Mais, hostile à toute fusion entre les deux groupes, il laissa à son peuple le droit de porter les armes et de respecter ses coutumes, tout en maintenant pour tous le même cadre administratif, financier et juridique.

Le régime de Théodoric assura à l'Italie trente années de relative tranquillité et de bien-être économique. On nota alors une reprise de l'agriculture, un contrôle de la monnaie, un développement des échanges commerciaux. Milan devint le siège d'un mouvement culturel qui attira Italiens et Gallo-Romains ; Ravenne, siège du gouvernement, devint le centre d'une intense activité édilitaire (*Palatium*, Saint-Apollinaire-le-Neuf, mosaïques...).

Mais les Ostrogoths étaient ariens et, depuis sa capitale, Constantinople, l'empereur Zénon pouvait agir avec le pape Jean Ier contre Théodoric, minant par des décisions théologiques la paix publique qui avait fini par être instaurée. Conscient de cette menace, Théodoric fit exécuter trois sénateurs romains, emprisonner le pape et prépara une expédition contre Byzance. Mais celle-ci n'eut lieu que bien après la mort de Théodoric, survenue en 526. Cette expédition se déroula effectivement mais, contrairement à ce qui était prévu, elle partit de Byzance vers l'Italie, menée par Justinien pour mettre fin aux royaumes barbares. Si la fragilité politique de l'héritage de Théodoric est frappante, son règne aura toutefois donné à l'Italie Boèce, traducteur en latin des écrits logiques d'Aristote, et Benoît, dont la règle allait gouverner le monachisme médiéval. Avec Théodoric la transition culturelle entre l'extrême fin de l'Antiquité et le Moyen Age était assurée.

La reconquête de l'Italie par Byzance frappa bien plus

durement le pays et les esprits. En 535, l'armée byzantine débarqua en Sicile sous les ordres de Bélisaire et remporta une série de victoires sur les chefs goths, Warigis et Totila. Si Bélisaire prit Rome en 535, puis Ravenne en 540, Totila mena une remarquable contre-attaque à travers toute la Péninsule, ne laissant que Ravenne et quelques villes côtières aux mains des Byzantins. Mais Narses, général byzantin, eut raison de ce fragile sursaut. En 553, il tuait Téia, mettant ainsi fin aux rois ostrogoths. En 561, Narses refoula également les Francs qui s'étaient installés au nord du Pô. Dans ce contexte, les structures sociales et politiques furent encore plus fragilisées.

La guerre avait fait rage pendant vingt ans dans le pays et laissait exsangues l'Émilie, le Picenum, l'Ombrie et la Campanie. La famine menaçait et les pertes humaines étaient considérables. Aux contemporains, l'Italie apparaissait totalement dépeuplée et ruinée.

Justinien entreprit, dès la fin des hostilités, de restaurer l'ordre social. Les ruraux de condition servile, à qui Totila avait concédé la liberté, furent contraints de retourner chez leurs anciens patrons. Tous les actes et donations de Totila furent annulés. Les évêques se virent concéder un droit d'ingérence dans le choix des administrateurs locaux.

Mais surtout, à la demande du pape Vigile, Justinien établit en 554 la Pragmatique Sanction. Il proclamait l'extension immédiate à l'Italie du nouveau Code publié en 534 à Constantinople, du *Digeste* (recueil des textes de la jurisprudence antique) et des *Novellae* (nouvelles constitutions impériales). La Sicile et la Dalmatie furent séparées de l'Italie, la Corse et la Sardaigne rattachées désormais au gouvernement d'Afrique.

A plusieurs siècles de distance, l'Italie subissait une seconde romanisation effectuée par la nouvelle Rome orientale. Même si cette expérience s'interrompit avec l'arrivée des Lombards, les traces laissées par Byzance ont perduré tout au long du Moyen Age. La renaissance du droit romain aux XIIe et XIIIe siècles plonge ses racines dans l'histoire de l'Italie byzantine. Justinien, quant à lui, laissa un souvenir marquant dans l'histoire italienne. Dante l'évoque dans *le*

Paradis, Raphaël le peint au Vatican. Lui-même se fit représenter dans les magnifiques mosaïques de l'église Saint-Vital à Ravenne.

Les Lombards

De 569 à 600, les Lombards envahirent l'Italie et s'y installèrent jusqu'à l'arrivée des Francs à la fin du VIIIe siècle.

Originaires de Pannonie (l'actuelle Hongrie), ils quittèrent leur territoire pour l'Italie en 568. Ils voyagèrent lentement, encombrés par la présence des familles et des bagages. Ce n'était pas seulement une invasion de guerriers ; un peuple entier se déplaçait. Le roi Alboïn, qui dirigeait la migration, avait de surcroît emmené avec lui des tribus étrangères (Bulgares, Saxons, etc.). Maîs le nombre total des envahisseurs ne dépassait sans doute pas 200 à 300 000 personnes – peut-être même moins. Ils parcoururent l'habituelle route des invasions et s'installèrent d'abord à Cividale, dans le Frioul. Ils ne livrèrent pratiquement pas combat face aux Byzantins, se souciant peu de laisser des enclaves byzantines intactes sur leurs arrières. Si Padoue, Milan et Vérone furent occupées sans difficultés, Pavie ne tomba qu'après trois ans de résistance. D'une certaine façon, on peut dire que cette invasion ne fut pas vraiment combattue par les Byzantins. Non que Byzance ait renoncé à l'Italie, mais il est vrai que de plus graves dangers menaçaient l'empire d'Orient : les Avares, les Slaves et les Perses. Byzance se contenta donc de faire tenir par ses troupes ce qui pouvait l'être : les places fortes. Du reste, les Byzantins ne désespéraient pas de pouvoir acheter les Lombards afin de les faire renoncer à leur entreprise, ou encore que, tels les Wisigoths, ils s'en retournent après avoir pillé le pays.

Mais la prise de Pavie, ancienne capitale, donna à la conquête lombarde une légitimité et un poids nouveaux. Avant d'être assassiné, Alboïn s'installa à Pavie dans le palais de Théodoric. Pouvant se targuer d'avoir avec ce dernier des ancêtres communs, les Amales, il apparaissait comme l'héritier naturel des Goths.

Derrière l'assassinat d'Alboïn et celui de son successeur Clèfe, on peut sans trop d'hésitation voir la main des

Byzantins. Ceux-ci avaient en effet tout intérêt à priver les Lombards d'un chef capable de les maintenir unis pour mener à bien la conquête italienne. La vacance du pouvoir qui dura dix ans et pendant laquelle aucun roi ne fut élu est également attribuable indirectement à Byzance. A la tête des envahisseurs, sans que personne ne les contrôle, on trouvait les ducs, c'est-à-dire les chefs militaires de rang princier. Certains d'entre eux, d'ailleurs, reconnurent l'autorité de Byzance au cours de ces années, ce qui est caractéristique de la politique byzantine, alternant guerres et alliances, affrontements et assimilation. Trop faibles pour reconquérir l'Italie, les Byzantins empêchèrent les Lombards de l'occuper entièrement. L'établissement de ces derniers se réalisa par poches et l'Italie se divisa donc en différentes zones de pouvoir qui ne se réunirent que treize siècles plus tard. De là date l'opposition traditionnelle entre la Lombardie, pays des Lombards, dominé par Pavie et Milan, et la Romagne, pays des Romains, dont la principale ville est Ravenne.

Ce ne fut que vers 600 que l'Italie, occupée par les Lombards et encore tenue çà et là par les Byzantins, organisés autour de l'exarque de Ravenne, prit une physionomie politique individualisable. Le roi lombard, Agilulf, fit alors la paix avec Byzance, grâce à la médiation du pape Grégoire le Grand.

Il faut évoquer ici la question religieuse car elle est centrale dans les rapports entre Lombards et Romains. Au moment de la conquête, Alboïn et les siens étaient encore largement païens. On connaît mal le processus de diffusion de l'arianisme dans les rangs lombards, ainsi que leur organisation ecclésiastique. En 590, le roi Authari publia un édit interdisant de baptiser les fils de Lombards dans une autre religion que l'arianisme, ce qui atteste que cette pratique commençait à se répandre. La papauté constitua une véritable force de résistance aux Lombards. Si les papes de cette époque ne furent pas toujours les parangons de vertu et de sainteté auxquels on aurait pu s'attendre, ce furent en revanche de très fortes personnalités. Ainsi, Grégoire le Grand, noble romain qui devint pape en 590, négocia avec Agilulf la fin du siège de Rome en 594, prélude à une série de trêves entre

Lombards et Byzantins qui laissèrent à l'Italie quelque cent trente années de répit.

La conquête lombarde avait été particulièrement chaotique et désorganisée, s'appuyant sur quelques places fortes telles Spolète, en Ombrie, ou Bénévent d'où étaient lancés les raids sur la Campanie, les Pouilles ou la Calabre. L'Italie était donc divisée entre des îlots lombards dans les Apennins, des zones byzantines (Gênes, Calabre, Pouilles) et le reste du pays, peuplé de « vieux Romains ».

Ces années de conquête et d'installation furent d'une très grande violence, comme en témoignent les lettres du pape Grégoire qui décrit une Rome désespérée, affamée, attendant le grain en provenance de la Sicile ou encore accueillant des populations fuyant devant les Lombards. Les évêques abandonnèrent leurs diocèses pour se réfugier dans des lieux fortifiés, les monastères furent dévastés – ainsi Montecassino qui resta abandonné plus d'un siècle. Pavie fut choisie comme capitale du royaume lombard. Des constructions nouvelles y furent édifiées, dont le palais royal, de fort belles églises et des thermes.

La condition juridique et sociale des Romains vaincus, c'est-à-dire des Italiens qui, n'ayant pu fuir, subissaient la domination lombarde, reste un problème des plus controversés. On sait que les Lombards avaient massacré les « Romains puissants » ; la classe sénatoriale qui avait réussi à tirer son épingle du jeu sous Odoacre, les Goths puis les Byzantins fut définitivement laminée. Il n'existait plus de contrepoids au pouvoir lombard. On ne peut pas dire avec certitude quel fut le sort juridique des Romains d'Italie, s'ils furent réduits en esclavage ou s'ils conservèrent leur liberté personnelle. En réalité, la situation varia beaucoup en fonction des conditions d'arrivée des Lombards. De toute façon, cette liberté personnelle, si elle était maintenue, ne correspondait plus à aucun droit politique. Seuls les guerriers conquérants et leurs familles avaient le pouvoir. Les terres d'État (le *fisc*), ainsi que les terres des dirigeants romains furent confisquées. Les petits propriétaires durent verser des droits correspondant à un tiers des produits de la terre. Peu à peu, ils s'appauvrirent et devinrent en quelque sorte les colons des Lombards.

L'Italie durant cette fin du VIe siècle connut un sort difficile. La guerre, les inondations, la peste (au début du VIe siècle) contribuèrent à dépeupler les plus petites bourgades, à repousser les habitations rurales de la plaine vers les collines ou les montagnes. Les champs ne furent plus cultivés, les systèmes d'irrigation laissés à l'abandon. Toutefois, on ne peut imputer aux seuls Lombards les conséquences de plusieurs siècles de déclin, tant économique que démographique.

Nous connaissons l'organisation du royaume lombard au VIIe siècle grâce à une source précieuse : l'édit de Rotari de 643. Ce document fameux contient plus de 400 lois. Édicté par le roi, il avait été approuvé à Pavie par l'assemblée des guerriers qui avaient donné leur assentiment selon l'ancienne coutume, en frappant leur lance sur leur bouclier. Les lois de Rotari protégeaient essentiellement ceux qui faisaient la force des Lombards : les guerriers. Tuer, battre, désarçonner un guerrier, ou même lui tirer la barbe constituaient des délits punis avec sévérité. Entre les guerriers et le roi s'interposait l'aristocratie, dominée par les ducs et les *gastalds*, sorte de comtes. Son rôle s'accrut et, au VIIIe siècle, c'est elle qui réglait la succession au trône. L'édit de Rotari montre une fonction nouvelle assignée au roi : la protection des faibles, dont les femmes, qui étaient fortement subordonnées moralement et économiquement aux hommes. Mais il faut sans doute utiliser ce texte avec précaution : il nous donne en effet une image de l'Italie du VIIe siècle qui correspond davantage à ce qu'était l'organisation lombarde d'avant la conquête : pauvre et exclusivement rurale. De surcroît, il est probable que cet édit devait donner aux traditions lombardes une crédibilité et une force accrue face au droit romain, encore en vigueur. Ce qui ouvrait la voie à une possible assimilation.

De fait, Lombards et Romains étaient destinés à se fondre. Et c'est là le fait essentiel de ce VIIe siècle et des débuts du VIIIe, bien plus important que la série de guerres lombardo-byzantines qui ne firent pas vraiment évoluer la situation. Un des éléments de cette fusion résida dans la religion. Pourtant, on l'a vu, ce facteur constituait au départ une pomme de discorde sanctionnée par l'édit de 590. Mais sous Agilulf, successeur d'Authari, la conversion au catholicisme progressa. Une des figures de cette conversion fut la reine Téodolinde qui entretint avec le pape Grégoire des relations épistolaires suivies. Il ne faut toutefois pas trop personnaliser cette évolution, le phénomène ayant sans doute été une mutation de société, lente et silencieuse. Dans ce processus, outre le rôle des papes, il faut noter l'action de Byzance qui espérait, en fondant un royaume catholique, avoir davantage de moyens d'action. Des missions de moines d'Orient furent actives en Lombardie et ont sans doute contribué à la conversion des Lombards. Ils furent également les auteurs d'œuvres d'art extraordinaires comme le cycle des fresques de Santa Maria *foris Portas* à Castelseprio, près de Varese.

En 653, le roi Aripert Ier embrassa officiellement le christianisme, l'année 698 marqua la fin de l'hérésie dite des Trois Chapitres, présente dans la population romaine et qui avait influé sur les relations entre l'Empire et Rome, l'Empire voulant imposer au pape Vigile, puis à Pélage, la condamnation de chapitres d'un texte considérés comme hérétiques.

Les débuts du VIIIe siècle nous montrent une société entièrement chrétienne, organisée autour des évêchés ou des paroisses. Ces centres étaient véritablement au cœur de la vie spirituelle, mais aussi de la vie sociale, et ils constituaient un des éléments forts de patriotisme local. On y retrouve les racines antiques de l'Italie des « petites patries ». Les noms devinrent indifféremment romains ou lombards, les mariages mixtes furent autorisés, les Lombards prirent peu à peu la langue et les coutumes vestimentaires romaines : c'est la fin du dualisme ethnique entre Barbares et Romains.

L'Italie du VIIIe siècle était devenue une société médiévale. L'économie agricole reposait sur la grande propriété terrienne en voie de développement, aux mains de l'aristocratie et des monastères ou des églises épiscopales. Les villes conservaient un rôle économique, commercial, de tout premier plan, qui infirme toute hypothèse d'une autarcie des grands domaines.

Socialement, les grandes familles aristocratiques dominaient, solidement implantées sur des bases régionales ou municipales. Dotées de terres et du monopole des charges publiques dans l'ensemble des régions, elles constituaient souvent des contrepoids dangereux pour l'action royale. Ces familles fournissaient également les évêques du royaume. Les grands monastères comme Farfà, Montecassino, San Salvatore al Monte Amiata furent refondés ou fondés par des aristocrates lombards qui en assurèrent également la direction. Les campagnes se couvrirent de petites églises, d'oratoires et de chapelles, autant de marques de la conversion des paysans d'origine romaine.

La foule des hommes libres conservait un rôle politique, dans la mesure où ils exerçaient deux fonctions fondamentales : ils servaient dans l'armée et ils assistaient le souverain dans ses fonctions judiciaires et administratives. Des assemblées se tenaient à Pavie, au printemps, marquant la reprise de l'année politique – et guerrière – après les rigueurs de l'hiver. Le service militaire concernait tout le monde, sans distinction ethnique. Le seul critère discriminant était celui de la richesse : les plus fortunés devaient servir à cheval avec un équipement complet, les plus pauvres se contentant d'un arc et allant à pied. Ceux qui ne pouvaient pas s'équiper effectuaient en remplacement des corvées. Mais, bien que libres au départ, ces derniers pouvaient tomber dans un état de dépendance quasi servile, annonçant la société féodale.

La royauté lombarde s'affirma de plus en plus ouvertement catholique, comme en attestent les premières lois de Liutprand en 713 : ce roi se proclame alors « roi chrétien des Lombards ».

Les Francs représentaient la principale force militaire de l'époque et ils avaient toujours constitué une menace pour le royaume lombard. Leur tentative d'invasion durant le règne d'Authari avait presque abouti. Les Lombards essayèrent de garder de bons rapports avec eux et le roi Liutprand les aida à repousser les Arabes en France. En définitive, l'élément déstabilisant résida dans l'ambition lombarde de réduire la présence byzantine et pontificale en Italie. En effet, la division du royaume lombard, coupé par une étroite bande de terre de Rome à Ravenne, constituait une aberration géopolitique à laquelle les rois lombards voulurent remédier. Or, au même moment, la papauté établissait de nouvelles relations avec la dynastie carolingienne en France.

Il faut revenir un instant sur cet aspect qui fut décisif pour l'histoire italienne. En effet, alors qu'on aurait pu s'attendre à trouver, après la conversion des Lombards au début du règne de Liutprand, un royaume lombard à la tête de toute l'Italie et en bons termes avec la papauté, on le découvre réduit aux duchés de Spolète et de Bénévent – les Byzantins étant en possession de l'Italie méridionale, de l'exarchat de Ravenne, des Pentopoles et du duché de Rome – , courtisé à la fois par les Francs et par le trône de saint Pierre. C'est de cette période que date la constitution du Patrimoine de Saint-Pierre, première esquisse de l'État pontifical qui n'apparaîtra qu'au XIIIe siècle.

La puissance militaire des Lombards s'était renforcée pendant tout le règne de Liutprand. Celui-ci avait conquis une partie de l'exarchat et avait placé des alliés aux commandes des duchés de Bénévent et de Spolète. En 752, Aistolf ayant intégré les deux duchés au royaume lombard, s'empara de Ravenne et menaça Rome. Le pape Étienne II fit alors appel aux Francs pour obtenir de l'aide.

Déjà sous Charles Martel, en 741, le pape avait recherché l'aide des Carolingiens afin de mieux résister aux Lombards, à un moment où la « querelle des Images » avec Byzance rendait l'empire d'Orient moins bien disposé à l'égard de la papauté. En 751, saint Boniface avait couronné Pépin roi à Soissons, cérémonie qui fut solennellement réitérée en 754 lorsque le pape Étienne II en personne proclama Pépin roi « *patricius romanorum* », dans la basilique Saint-Denis. Pépin pouvait transmettre ce titre à ses successeurs. En échange, le roi franc s'engageait à obtenir des Lombards la restitution en faveur de la papauté des anciens territoires byzantins d'Italie. Les Francs saisirent donc cette occasion. Pépin III envahit le pays en 755, eut raison d'Aistolf puis il remit l'exarchat reconquis au pape avant de retourner en France. Cependant lorsque le roi lombard

Desiderius ou Didier (757-774) menaça de nouveau Rome en 772, le roi franc Charlemagne répondit à l'appel du pape Adrien Ier : mais à la différence de Pépin, il entreprit de conquérir l'Italie. Il confirma la remise de l'exarchat à la papauté et ajouta à cette donation des concessions en Tuscie et dans les duchés de Spolète et de Bénévent. Charlemagne s'octroya la couronne lombarde, instaurant ainsi le royaume carolingien.

Politiquement, le siècle de domination franque en Italie du Nord et en Italie centrale est important pour deux raisons : la re-création d'un empire occidental sous la forme du Saint Empire romain et la consolidation des États pontificaux. On a vu que le contrôle de l'Église sur ces États avait été établi par Pépin et par Charlemagne, mais il fut confirmé par la découverte d'un texte connu sous le nom de Donation de Constantin qui constitua la base des revendications théocratiques de la papauté. Par ce texte, qui est d'ailleurs un faux, Constantin, empereur d'Orient, aurait fait don au pape Sylvestre de l'ensemble de l'Italie. L'Empire romain d'Occident fut reconstitué en 800, le jour de Noël, lorsque le pape Léon III conféra solennellement à Charlemagne le titre d'empereur. On peut alors considérer l'Empire comme l'union de l'Europe occidentale chrétienne, l'Empereur détenant le pouvoir politique et le pape le pouvoir spirituel. Cet empire allait durer presque mille ans et lier les destinées italiennes à l'Europe du Nord.

Toutefois, la présence franque en Italie fut suivie de très peu d'effets, tant dans la vie quotidienne que dans l'organisation géopolitique du pays. Pour les Carolingiens, l'Italie ne représentait qu'une terre d'importance secondaire et ils ne cherchèrent pas à la gouverner très strictement. Charlemagne ne vint que quatre fois en Italie, ce qui est en fait beaucoup comparé à ses successeurs. De temps à autres, des otages étaient envoyés en France, dont les évêques de Lucques, de Pise et de Reggio-Emilia, mais la plupart furent de retour vers 780.

Le royaume lombard était devenu une région de l'Empire franc qui y étendit ses institutions. Vers 814, des comtes francs administraient la plupart des anciens duchés lombards. Les *missi dominici*, c'est-à-dire les représentants de l'Empereur, présidaient les tribunaux locaux. Mais les politiques et les cours locales ne changeaient pas beaucoup, pas plus que les structures sociales ou les règles dirigeant la vie politique. Ceci peut s'expliquer par la ressemblance existant entre les règles lombardes et franques. La politique carolingienne, comme la politique lombarde, reposait d'abord et avant tout, sur la terre.

Les conquêtes franques modifièrent peu la carte de la Péninsule. Charlemagne avait bien sûr conquis le Nord et le Centre de l'Italie, soit le royaume lombard et le duché de Spolète. Les papes gardaient les terres de l'Église, l'exarchat de Ravenne et le duché de Rome. *De facto,* seul l'*hinterland* romain échappait à la domination carolingienne. Dans le Sud, Bénévent garda son indépendance ainsi que ses coutumes lombardes pendant trois siècles, jusqu'à la conquête normande de la fin du XIe siècle. Cette histoire distincte est également celle des petits territoires byzantins dans le Sud de l'Italie, Naples, Amalfi, et les zones grecques d'Otrante et de Calabre.

L'histoire politique des soixante-dix premières années de l'Italie carolingienne n'est pas extrêmement riche. En 781, Charlemagne fit couronner roi d'Italie son fils de quatre ans, Pépin. Celui-ci mena sa politique sous la surveillance et avec l'aide de son cousin Adalard de Corbie, puis de ses tuteurs Waldo de Reichenau et Rotchild. Sous le commandement de Pépin, les armées carolingiennes anéantirent les Avars en 796 et s'emparèrent de Chieti qui dépendait de Bénévent. A la mort de Pépin, Adalard exerça le tutorat de son plus jeune fils, Bernard, de 812 à 817.

Toutefois, en 814, Louis le Pieux, dernier fils survivant de Charlemagne, devint empereur. A la division de l'Empire, ce fut à son fils cadet, Lothaire, qu'échut l'Italie. Bernard, dépossédé, se révolta mais, fait prisonnier, il fut aveuglé et mourut de ses blessures. Lothaire (817-855) ne s'occupa jamais vraiment du royaume d'Italie et il s'en servit surtout comme base politique et militaire pour ses raids septentrionaux. Ne vivant pas en ville, il préférait s'installer dans les grands domaines royaux, à la manière franque. Et, à la différence de ses prédécesseurs, Lothaire ne nomma pas un seul

Lombard à des postes ecclésiastiques ou séculiers. En 834, la rupture avec Louis le Pieux amena en Italie de nombreux fidèles de Lothaire auxquels il fallut trouver des domaines et des charges. Pour ce faire, il confisqua des biens ecclésiastiques pour les distribuer comme fiefs. Malgré la disparition d'une partie de ses fidèles lors de la peste de 836-837, et le retour de Lothaire en France, la présence franque était alors à son point culminant. L'absence de textes concernant le royaume d'Italie à cette période montre sa place secondaire aux yeux des contemporains. Dirigée par des enfants et leurs tuteurs, puis par un roi absent, l'Italie connut paradoxalement une période de sophistication administrative remarquable. Ce n'est qu'avec Lothaire que cette machine commença à se dérégler. L'administration reposait sur les cadres lombards que Charlemagne avait trouvés en place en 774 : la hiérarchie des ducs et des *gastalds* dans les villes, et l'administration centrale à Pavie. Le pouvoir reposait toujours sur la possession de la terre, et les droits de passage, corvées et services que les rois lombards exigeaient, étaient toujours revendiqués par les Carolingiens.

Le seul empereur qui s'intéressa vraiment à l'Italie fut sans doute Louis II. En 844, il fut envoyé en Italie par Lothaire et en 850, alors qu'il était devenu empereur, il commença à régner. Il ne quitta plus l'Italie et ne manifesta pas d'intérêt pour les affaires de l'Europe du Nord. Louis bénéficia du soutien de l'aristocratie et eut de l'autorité, sauf peut-être à Spolète. Il établit son contrôle sur les rouages du royaume et tenta, comme les rois lombards avant lui, d'étendre son autorité dans le Sud. On a une idée de l'état du royaume à la suite du synode de Pavie tenu en 850 qui dresse la liste des exactions commises par les brigands, les *missi dominici*, les laïcs et les clercs : des palais sont en ruines, des ponts écroulés, les routes impraticables. Ces problèmes étaient la conséquence de décennies de négligence carolingienne. Louis reconstruisit ponts et palais et surtout établit un contrôle politique plus strict. Il s'entoura de conseillers puissants comme Joseph d'Ivrée, Angilbert de Milan, Notting de Brescia et Everard de Frioul. Il ne distribua pas beaucoup de terres à l'aristocratie mais fit des donations à de grands monastères comme Saint-Salvatore de Brescia et Saint-Clément de Casauria. Il réussit à « tenir » son aristocratie d'une autre manière : en lui faisant faire la guerre.

En 846 et 848, il mena des expéditions contre les Arabes ; en 848 il intervint pour mettre fin à la guerre entre Bénévent et Salerne. En 866, il se tourna de nouveau contre les Arabes qu'il expulsa de Bari où ils étaient installés depuis 847. Alors que l'Italie du Sud était un patchwork composé d'États indépendants, comme Naples, Amalfi et Gaète, de régions sous influence byzantine comme la Calabre, de villes dans l'orbite franque comme Spolète ou Rome, Louis tenta de tirer parti des expéditions contre les Arabes pour étendre son pouvoir dans ces régions éclatées. Les États du Sud l'accueillirent prudemment et même les Byzantins coopérèrent – la menace des Arabes qui, en 860, avaient occupé presque toute la Sicile explique sans doute cette bonne volonté. Mais le long siège de Bari et la présence persistante de Louis dans le Sud entraînèrent la formation d'une coalition qui, en août 871, le fit prisonnier. Cet emprisonnement à Bénévent ruina son prestige et lorsqu'il fut libéré, il dut se faire de nouveau couronner empereur pour rétablir son autorité. En fait, il ne la recouvra jamais. Les dernières années de son règne sont décrites par les contemporains comme apocalyptiques : en 871, le vin aurait bouilli dans les tonneaux, en 872 inondations et pestes déferlèrent sur l'Italie. En 875, une comète apparut, précédant de peu sa mort. Son action dans le Sud avait surtout profité aux Byzantins et l'absence d'héritier mâle constituait une faiblesse cruciale. Ses deux oncles, en France et en Allemagne, avaient désormais des droits égaux sur le royaume.

Cette situation entraîna des années de chaos et de confusion, l'aristocratie s'engageant pour l'Allemagne ou pour la France et les querelles faisant rage pour le titre de roi d'Italie et celui d'empereur qui lui était généralement associé. Ainsi, Guy de Spolète (889-894) et Charles le Chauve (875-877) étaient clairement du côté français alors que Bérenger de Frioul (888-924) et Charles le Gros (879-887) étaient « pro-allemands ».

Durant ces incessantes guerres, un élément décisif fut constitué par une double menace : hongroise au nord et arabe au sud. Les conséquences furent moins politiques que sociales, économiques et topographiques.

C'est effectivement le début du processus de seigneurialisation, c'est-à-dire de formation de seigneuries et d'accaparement des fonctions publiques par les grands propriétaires et les évêques. Ce processus fut officiellement sanctionné par des chartes, ce qui représente un stade important dans la constitution des communes et des villes. Un exemple d'autorisation est celle donnée en 906 par Bérenger au diacre Audebert pour construire le château de Nogara, dans la plaine de Vérone, incluant des droits de péage, des droits sur les marchés et une totale immunité judiciaire.

Un semblant d'ordre et de contrôle centralisé fut restauré dans le royaume d'Italie avec la lignée des empereurs germaniques, et en particulier les trois Othon : Othon Ier (962-973), Othon II (973-983) et Othon III (983-1002), ainsi que par Henri II (1004-1024). Ils réussirent à repousser les Hongrois à la bataille de Lechfeld en 955 et établirent le contrôle impérial sur la papauté avec le pape Jean XII (955-964). La papauté à cette période ne jouissait plus d'un très grand prestige moral. C'était devenu une position aristocratique quasiment héréditaire tenue par la noblesse romaine. Sa crédibilité spirituelle et religieuse était fortement entamée par les frasques des différents pontifes. Mais malgré la renaissance germanique du royaume, celui-ci était en phase de désintégration. Il ne tenait plus que par la force militaire des empereurs germains. Durant le règne de Bérenger, les cours comtales (un symbole important du pouvoir central) avaient cessé de fonctionner. En 990, l'État dut abandonner son droit d'imposition. Enfin, en 1024, le peuple de Pavie brûla le palais royal, faisant disparaître le symbole du pouvoir.

Les transformations que connut l'Italie entre le IXe et le Xe siècle furent considérables. Louis II avait régné en s'appuyant sur des instruments tels que la bureaucratie d'État, les *missi*, les comtes et les évêques dans les villes, tous dépendant du roi et tendant à s'équilibrer les uns les autres. Aux IXe et Xe siècles, on assista à l'effacement progressif du pouvoir impérial et à la montée en puissance des élites urbaines et des pouvoirs communaux. La faillite progressive de l'État s'explique en partie par les racines germaniques du pouvoir des souverains trop peu italiens. Les Othoniens avaient la possibilité de renverser des évêques ou des papes, mais peu d'autorité sur les nobles, les villages et les villes d'Italie qui acquirent alors une autonomie croissante. Le lieu du pouvoir changea à cette époque et cette évolution vers l'autonomie est visible dans les campagnes et les villes.

On peut en effet dater la naissance de la commune rurale du Xe siècle lorsque les Othoniens lui accordèrent des droits collectifs comme la chasse, la pêche ou la pâture.

Par ailleurs, les villes s'inscrivirent aussi dans ce mouvement d'émancipation. Elles bénéficiaient depuis le VIIIe siècle d'une liberté relative et étaient administrées par les évêques en lieu et place des aristocraties locales ; ceux-ci étaient d'abord responsables devant l'Église et la cité, puis devant l'État. L'affaiblissement du pouvoir impérial permit aux évêques et aux villes d'affirmer leur autonomie et de mener des politiques indépendantes comme en témoigne la rivalité entre Pise et Lucques en 1004.

Au XIe siècle, l'histoire de l'Italie devint, pour plusieurs siècles, l'histoire de communes, de villes et de régions.

La vie des campagnes

Il ne faut pas oublier que l'immense majorité de la population italienne était constituée de ruraux, de paysans pour qui les événements internationaux ou politiques n'avaient aucune importance, sinon à travers les conséquences des guerres ou des troubles et le poids de la fiscalité ou des droits qui leur étaient imposés. La vie dans les campagnes restait extrêmement précaire et primitive. L'Italie était en majorité couverte de forêts et de marécages et malgré les grands mouvements de défrichement et d'assèchement du VIIIe au XIe siècle il n'y eut pas de changement technique majeur. La seule nouveauté fut l'introduction du moulin à eau, présent dans presque chaque ville vers 1100. Seule la Sicile, devenue arabe, avait connu des innovations agricoles et de nouvelles méthodes, accompagnées de techniques d'irrigation sophistiquées.

Malgré le maintien de différences régionales, et même micro-régionales extrêmement fortes, l'archéologie médiévale a pu mettre en évidence quelques traits communs à l'ensemble de l'Italie. Il est possible que la paysannerie ait été la classe la moins affectée par la fin de l'Empire romain et les guerres du VIe siècle. L'aristocratie romaine avait été partiellement remplacée par une aristocratie terrienne lombarde et les Lombards de statut inférieur s'étaient installés aux côtés des colons et des esclaves romains. Mais les Lombards, moins nombreux, perdirent assez vite toute identité. Ayant de surcroît adopté les lois de propriété, il n'y eut plus aucune différenciation entre Romains et Lombards à la fin du VIIIe siècle. L'agriculture connut peu d'innovations techniques et resta dominée par la triade méditerranéenne du blé, de la vigne et de l'olivier. Les paysans possédaient également quelques animaux (poules, cochons, vaches) qui pouvait servir pour se procurer du numéraire, ou pour compléter une alimentation terriblement monotone. En 764, à Lucques, le scribe Rixsolf indiquait comme régime quotidien : une miche de pain, un quart d'amphore de vin et une soupe faite à base de fèves et de farine, enrichie de graisse ou d'huile. Parfois, on incluait du lard ou de la viande.

Si on procédait sans doute à une rotation bi-annuelle, l'année de jachère était parfois mise à profit pour cultiver des fèves et des pois. Une partie de l'Italie centrale connaissait la *cultura promiscua*, forme agraire plus complexe cultivant sur le même terrain olivier et blé.

L'élevage se pratiquait généralement de manière extensive dans les marais ou les zones non défrichées.

Un nombre important de paysans avaient le statut de cultivateurs propriétaires, dans la tradition des colons romains. Les métayers exploitaient les terres de propriétaires qui pouvaient être l'Église, la noblesse ou de petits propriétaires locaux. En échange, ceux-ci se dédommageaient par des travaux, de l'argent et des dons en nature, le tout étant connu sous le nom de *sistema curtense*. Jusqu'à l'époque de *l'incastellamento*, qui entraîna la concentration des implantations autour de centres fortifiés, la campagne était divisée en *massae* ou *fundi*, c'est-à-dire des domaines éparpillés, portant généralement le nom de leur propriétaire et de villages. Ceuxci étaient appelés *casalia*, *villae*, *loci* ou *vici*.

Pour ces paysans qui formaient la majorité de la population, les Lombards, les Goths ou les Francs représentaient des notions extrêmement éloignées de leur vie quotidienne.

Le Sud de l'Italie

L'histoire du Sud italien est un peu moins bien connue que celle du Nord, mais malgré certaines carences documentaires et une extrême complexité, on ne peut ignorer cette civilisation différente. La spécificité de l'Italie byzantine, son originalité sont d'ailleurs un des problèmes historiographiques importants débattus par les historiens et les archéologues. Y a-t-il un présence byzantine en Italie méridionale, ou doit-on parler d'une Italie byzantine ? Sans vouloir – ni pouvoir – répondre, contentons-nous de présenter ces régions fort différentes politiquement.

Dans la première moitié du Xe siècle, l'importante présence byzantine en Italie méridionale se répercutait aussi sur Rome où la papauté et les familles dominantes entretenaient des rapports étroits avec les empereurs d'Orient. Mais durant ces mêmes décennies, la recomposition politique sous la dynastie capouane des anciennes seigneuries lombardes de Capoue et de Bénévent posa de graves problèmes à l'hégémonie byzantine en Italie méridionale. Se préparait ainsi la situation de la seconde moitié du Xe siècle, lorsque le Sud apparut divisé en deux blocs principaux, auxquels s'ajoutaient les villes côtières byzantines et la principauté lombarde de Salerne. On trouvait d'une part la principauté de Capoue et de Bénévent dont dépendaient les puissantes seigneuries abbatiales de Montecassino et de San Vincenzo al Volturno ; d'autre part, la zone d'influence byzantine, divisée en catépanat d'Italie – dont le siège était à Bari –, et le *thème* de Calabre, dirigé par le stratège de Reggio.

Quant à la Sicile, elle était arabe depuis 827, date du débarquement de dix mille Maures à Mazzara, sur la côte Sud de l'île. C'est à partir de la Sicile que des raids sarrasins furent lancés vers l'Italie, causant la panique chez les populations côtières. Ainsi Gênes fut-elle saccagée en 934. La menace arabe ne fut jamais totalement levée malgré une brillante victoire navale à Ostie en 849, remportée par les troupes de Louis II et des villes rassemblées autour du pape Léon IV.

La volonté des dynasties lombardes de Capoue et de Bénévent d'échapper au contrôle byzantin rencontra les ambitions impériales d'Othon Ier et d'Othon II de Germanie ; lesquels, se rattachant à la tradition carolingienne, recherchaient des alliés contre Byzance. L'affrontement entre ces deux ensembles reflétaient certes l'opposition inévitable entre deux empires, se proclamant l'un et l'autre romains mais tellement différents par leurs origines, grecques et franques. Toutefois, cette opposition recouvrait-elle aussi des structures sociales et politiques radicalement différentes ?

Dans le catépanat d'Italie, la reconquête et la réorganisation byzantine des Pouilles, à la fin du IXe siècle, n'avaient pas modifié substantiellement l'encadrement social lombard de la région, mis en place lors de l'extension maximale du duché de Bénévent, aux VIIe et VIIIe siècles. Qu'il y ait eu des influences orientales et grecques, cela ne fait pas de doute ; ainsi, après la reconstruction de Tarente qui suivit les destructions des Sarrasins, dans la seconde moitié du Xe siècle, il y eut davantage de Grecs que de Lombards. Mais la situation de Tarente ne peut pas être généralisée : la diffusion indéniable d'éléments de culture grecque dans la classe possédante de Bari et d'autres villes n'a pas entamé pour autant l'hégémonie persistante du droit lombard dans les relations privées. De plus, la militarisation croissante des classes dirigeantes a dû favoriser, après la restauration byzantine dans les Pouilles, le maintien de la structure économique lombarde fondée sur la domination économique et politique de populations armées sur les plèbes citadines et rurales.

Il existe toutefois certaines particularités du catépanat d'Italie par comparaison avec la principauté lombarde de Capoue et de Bénévent. S'étendant largement le long de l'Adriatique et de la mer Ionienne, le catépanat comportait un nombre important de villes côtières qui, pour se protéger de Bénévent, multiplièrent à l'initiative du gouverneur de Bari, les bourgs fortifiés (surtout dans le Nord, dans la région du Capitanate). Cette structure en bourgs et villes fortifiés (*kastra*), dépendant de milices locales sous les ordres des fonctionnaires byzantins de Bari, entraîna la mise en place de liens assez forts entre les fonctionnaires grecs et les élites locales. Se développèrent également des formes d'autonomie locale qui n'étaient toutefois pas en rupture avec les traditions des principautés lombardes de Campanie.

Ce processus fut renforcé par la menace sarrasine sur l'ensemble de l'Italie byzantine, des Pouilles à la Calabre. Au même moment, l'intervention d'Othon II qui visait autant à repousser les Sarrasins qu'à mettre la main sur quelques possessions orientales se couplait avec la désagrégation de la principauté de Bénévent. Enfin, Byzance, occupée par les Balkans et en Asie, avait quelques difficultés à intervenir en Italie. Dans ce contexte, nombre de *kastra* des Pouilles se défendirent seuls et acquirent une autonomie croissante vis-à-vis du pouvoir byzantin, et ce au moment même où, en Italie du Nord, les collectivités urbaines derrière leurs évêques se renforçaient et devenaient plus indépendantes.

L'histoire de l'Italie du Sud comprend également l'histoire de Rome et de ses environs immédiats. La société y était dominée par l'Église, elle-même dominée par l'aristocratie locale. Bien moins peuplée que sous l'Empire, la ville de Rome, très étendue, gardait une certaine prépondérance sur les régions alentours. La noblesse du Latium se détourna peu à peu de Rome pour contrôler les campagnes à partir de monastères comme ceux de Subiaco ou de Farfà, ou encore des puissants évêchés de Velletri, Sutri ou Tivoli. Au Xe siècle, le mouvement *d'incastellamento* toucha le Latium et la région sombra, elle aussi, dans une période troublée de guerres locales. Alors que les grands monastères qui tenaient la plupart des terres du Latium laissaient une certaine indépendance à leurs « métayers », les petits seigneurs repliés dans leur « *castello* » exercèrent sans doute un contrôle social plus fort.

L'Italie lombarde et byzantine

C'est ce repli sur la commune qui allait désormais imprimer à l'Italie sa personnalité.

Des villes aux communes

L'Italie des cités puis l'expression politique de ces villes, les communes, vont marquer profondément l'histoire de l'Italie et sa culture jusqu'à nos jours. Déjà, au moment où se mettait en place ce réseau, les villes italiennes les plus importantes étaient d'origine romaine, elles-mêmes fondées sur des villes étrusques ou grecques. Certaines de ces villes comme Luni ou Brescello – sur le Pô – ont disparu après des destructions ou des abandons, d'autres se sont déplacées par rapport à leur première localisation – ainsi Venise –, mais elles représentent une minorité. Les villes romaines typiques survécurent, jusqu'à aujourd'hui. Toutefois, celles du Sud, souvent plus petites et beaucoup plus nombreuses, eurent une moins longue survie que dans le Nord où l'on vit fonctionner et se maintenir au cours des siècles les Milan, Ravenne ou Lucques.

De taille modeste, les villes italiennes de la fin du Xe siècle étaient entourées de murailles qui définissaient la ville par opposition à son arrière-pays, lui conférant ainsi son identité. A l'intérieur de l'enceinte, les bâtiments publics romains avaient généralement été détruits ou servaient de carrière. Les églises construites après 600 étaient de petite dimension bien que richement décorées : San Salvatore à Brescia ou Santa Maria in Cosmedin à Rome. Les habitations privées étaient en bois, avec une cour devant et un petit jardin derrière. Il n'était pas rare qu'il y eût des espaces cultivés à l'intérieur des murs, surtout des vignes.

Le plan de la ville était généralement hérité du plan romain, et ce jusqu'à nos jours : Turin, Plaisance, Milan, Vérone, Florence ou Lucques, pour ne citer que les plus connues, ont gardé les deux axes de porte à porte se croisant en leur milieu, généralement à l'emplacement du forum. Ce dernier, qui avait représenté dans l'Antiquité le centre politique de la ville, tend à être concurrencé par d'autres lieux du pouvoir : le palais royal et la cathédrale. Toutefois le forum reste souvent l'emplacement du marché (*forum boarium* ou *forum olitorium*, à Rome). Si le palais était généralement édifié à proximité de l'ancien centre politique, la cathédrale était, elle, souvent construite à la limite de l'ancienne ville romaine. Ainsi, à Milan, où la cathédrale fut construite au IVe siècle dans une zone un peu excentrée, au nord-est de la ville, et devint un lieu de pouvoir puisque le parvis (l'actuelle *piazza del Duomo*) servait au IXe siècle de lieu de rassemblement des citoyens. L'ancien forum ne disparut pas et il servit de marché permanent car Milan était un centre commercial important. Dans les centres mineurs, le forum disparut plus rapidement.

La monumentalité urbaine était clairement liée à la grandeur politique de la ville. Ce que les constructeurs d'églises savaient bien. L'édification d'églises s'inscrivait dans la droite ligne de l'urbanisme romain. Les donateurs appelèrent certaines églises de leur nom, comme San Pietro Somaldi à Lucques. Les évêques furent les donateurs les plus généreux, non seulement car ils avaient des responsabilités ecclésiastiques, mais aussi parce qu'ils étaient souvent les plus riches propriétaires urbains. Le nombre d'églises fondées dans les villes est un signe de prospérité : on dénombre quarante-cinq églises à Pavie avant le sac de la ville par les Hongrois en 924, et cinquante-sept à Lucques avant 900.

La population des villes était essentiellement composée de marchands et d'artisans qui côtoyaient des pauvres, souvent déracinés et dépendants de l'Église. Jusqu'au XIe siècle, les villes étaient surtout des centres administratifs qui vivaient du produit des impôts perçus dans les campagnes environnantes. Elles avaient alors, tout comme les cités romaines, un poids économique parce que les grands propriétaires y résidaient et disposaient donc d'un important pouvoir d'achat. Mais aucune d'entre elles – sauf peut-être des ports comme Ostie – ne vivait du commerce. C'était encore vrai aux XIIe-XIIIe siècles à l'exception bien sûr de Gênes et de Venise. La prospérité des petites villes de l'intérieur comme Mantoue ou Arezzo dépendait encore des propriétaires terriens. Le commerce du Moyen Age était pour la plus grande part celui de biens de luxe importés et exportés à une échelle internationale. Il n'y eut jamais de large commercialisation de l'agriculture en Italie, bien que la monétarisation des échanges ait été relativement poussée. C'est donc au XIIe et au XIIIe siècle qu'un jeu de forces sociales et politiques se mit en mouvement, transformant radicalement le caractère des villes italiennes.

Les conditions économiques

L'évolution politique de l'Italie fut en partie déterminée par une évolution économique amorcée dès le Xe siècle, extrêmement rapide au cours des XIe et XIIe siècles. Cette inflexion transforma l'Italie centrale et septentrionale peu développée, organisée autour de vastes possessions ecclésiastiques, de marais et de forêts, en une région plus évoluée économiquement, plus proche de l'Italie de la Renaissance. La transformation la plus radicale fut d'ordre démographique : on estime que la population a doublé du Xe au XIVe siècle. Cette croissance concerna la population urbaine, encore renforcée par un mouvement massif des campagnes vers les villes. Dans les campagnes, une des conséquences de la pression démographique fut le défrichement et la bonification de zones entières. Dans la vallée du Pô, des régions inondables et insalubres furent rendues cultivables grâce à des systèmes d'irrigation et de canalisation. Dans les régions plus vallonnées, la mise en valeur se fit par le déboisement et la construction de terrasses. Avec l'augmentation de la population, la terre devint plus chère : elle doubla autour de Milan entre la fin du Xe et le début du XIe siècle. Et il faut bien parler d'une révolution lorsqu'on évoque pour cette époque tant le renchérissement de la terre que celui des produits agricoles.

Plus riches d'hommes, les cités acquirent une importance politique croissante et des petits bourgs devinrent des villes – Macerata, dans les Marches –, tandis que les villes croissaient de manière impressionnante – Milan, Florence, Pise, Gênes...

Une autre révolution eut lieu à la même époque, mieux documentée que l'évolution démographique : l'évolution du commerce. On l'a vu, le commerce italien, à de rares exceptions près, concernait surtout les échanges intérieurs de grain, de sel, d'huile ou de vin, ou encore de tissus de peu de valeur et de l'artisanat local. Bien qu'en plein essor, cet humble commerce a laissé moins de trace que les échanges internationaux de denrées de luxe qui s'affirmèrent alors, en même temps que les systèmes bancaires et les techniques de crédit qui leur étaient liés. L'Italie connut alors une rapide expansion de ce qu'on appelle le capitalisme marchand, soutenu par ce double flux commercial, tant local qu'international.

Bien sûr, le commerce sur une grande échelle n'était pas totalement nouveau. La position géographique de la Péninsule en faisait depuis l'Antiquité l'étape naturelle entre l'Europe du Nord et le Levant. Le Pô et les voies fluviales qui lui sont reliées permettaient, depuis le VIIIe siècle, le transport et l'échange du sel en provenance de la lagune vénitienne avec le grain de la plaine padane. On sait par un intéressant document du début du XIe siècle, l'*Honorantiae civitatis Papiae*, que les marchands et financiers de Pavie entretenaient, non seulement des rapports avec leurs homologues transalpins, mais également avec des Anglais. D'autres marchands de villes portuaires comme Amalfi, Salerne ou Gaète entretenaient également des relations lointaines. Le commerce avec la France avait redonné vie à Plaisance, ainsi qu'à Lucques, passage méridional de l'Apennin. Quant aux trois grandes villes maritimes, leur rôle remontait aux siècles passés. Venise commerçait dès le IXe siècle avec Byzance et avec le Levant ; Gênes et Pise, bien que puissantes, avaient dû compter avec les attaques de l'Islam. Elles durent toutes, très vite, allier flotte marchande et flotte militaire pour contenir, aux côtés des Normands, la flotte des Sarrasins. Après 1100, ces trois cités, ayant bien pesé les contraintes politico-religieuses du moment, serviront les croisades et en retireront certains bénéfices le long du littoral syrien, sans compter Constantinople et Alexandrie, ce qui les amènera à occuper une position centrale dans le commerce avec le Levant. Ainsi, à Venise, le doge Enrico Dandolo (1107-1205) s'illustra-t-il au cours de la IVe croisade. Inspirée par le pape Innocent III, cette expédition devait s'attaquer à l'Égypte, pays qui depuis Saladin était devenu le centre de la puissance musulmane. Mais pour atteindre l'Égypte, les croisés durent faire appel à la flotte des Vénitiens. Ces derniers posèrent des conditions fort dures : la moitié du butin et 85 000 marcs d'or. Les croisés ne pouvant satisfaire à ces exigences financières, le doge Dandolo leur demanda en échange de s'emparer de la ville de Zara en Dalmatie, ville chrétienne, puis de pousser vers Constantinople, malgré les objurgations d'Innocent III et l'excommunication de Venise. Dandolo, alors âgé de 85 ans, participa à la prise de Constantinople, puis se fit donner toute une série de bases navales, des îles de l'archipel grec et le privilège de tout le commerce avec l'Orient. Il acheta en outre Candie et pilla la capitale de l'Empire latin d'Orient. Il fut enterré à Sainte-Sophie. Ainsi, la IVe croisade s'était vue largement détournée de ses buts initiaux – puisque seules des villes chrétiennes avaient été l'objet des agressions des croisés, et ce pour le plus grand bénéfice de Venise qui affirma alors sa position dans le Levant.

Mise en place et naissance des communes

Les phases essentielles à travers lesquelles la « commune » commença à exister et à acquérir une autorité juridique suprême dans la ville ne peuvent pas être décrites très précisément dans la mesure où les documents sont assez rares.

Pour résumer, ce processus découle de trois facteurs : l'évolution sociale des couches dirigeantes, et leur organisation en consulat ; le changement de mains du pouvoir juridique ; et enfin l'acquisition de droits extra-territoriaux.

L'élite traditionnelle était constituée des évêques et des agents de l'État, *missi*, *gastalds*, comtes et princes. Ils furent petit à petit remplacés par de nouveaux grands propriétaires fonciers, souvent détenteurs de droits seigneuriaux, une élite marchande et « libérale » (juges et notaires) et de rares artisans. S'y ajoutaient l'Empereur, son entourage et les membres des grandes communautés ecclésiastiques. La division entre clergé et laïcs se fit de plus en plus floue, le clergé étant essentiellement recruté dans la noblesse et menant une vie assez peu « religieuse ». Ayant largement profité du développement économique des Xe et XIe siècles, la petite noblesse féodale s'était enrichie et multipliée : elle était devenue propriétaire de certaines terres au sein des grands domaines ecclésiastiques de la période lombarde et carolingienne.

Dans les plus petites villes, la seule classe dominante au XIe siècle était celle des propriétaires terriens, les *maiores*, par opposition aux artisans et aux paysans résidant en ville, les *minores*. Dans les plus grandes villes, la hiérarchie du *populus* était plus subtile : ainsi à Pavie, en 1084, on trouvait les capitaines et vavasseurs, les citoyens majeurs et les citoyens mineurs. Les capitaines semblaient inclure les principaux féodaux ainsi que les représentants des évêques (la *curia*), alors que les vavasseurs étaient vraisemblablement de plus petits féodaux.

Durant tout le XIe siècle, l'action politique de ces citoyens resta peu organisée.

On peut toutefois supposer que, durant cette période de mise en place, la concession de privilèges impériaux à certaines villes a pu accélérer le processus. Dès 958, les habitants de Gênes obtinrent des privilèges territoriaux. En 1081, plus significatif encore, Henri IV s'engagea à ne construire aucun palais à Lucques ni aucun château dans un rayon de six milles autour de la ville ; il renonça de surcroît à sa juridiction sur la ville de Pise et promit de ne pas faire élire un nouveau marquis en Toscane sans l'assentiment des Pisans. L'affaiblissement concomitant de l'autorité impériale dans les assignations des diocèses s'inscrivait dans le conflit plus vaste entre l'Église et l'État et renforça le mouvement d'indépendance des citoyens.

L'Italie méridionale connaissait un parcours différent puisque la seconde moitié du XIe siècle vit l'établissement de la monarchie normande en Sicile et dans le Sud, monarchie qui s'opposa vigoureusement à la formation de communes autonomes.

Au XIIe siècle, la société urbaine se complexifia, en même temps que les organes dirigeants des villes et cités s'institutionnalisaient. Rappelons simplement que le terme de « classe sociale » convient mal à une société dans laquelle le pouvoir économique est loin de constituer le seul élément de référence dans la hiérarchie des hommes. Les *maiores* commencèrent à nommer des « chevaliers » parmi des non-nobles afin de renforcer les armées communales, des distinctions plus subtiles s'établirent au sein des non-nobles (*popolani*) afin de marquer également leur niveau de richesse ; on vit alors apparaître les *boni homines de populo*, les *grandi e possenti popolani* et même les *nobiles populares*... Un nouveau terme apparut pour désigner ceux qui avaient eu un rôle dans la politique communale : la « *gente nuova* ». Ce terme désigne aussi bien les nouveaux venus sur la scène politique que les « nouveaux riches ».

Aux côtés de ces classes dirigeantes se développa une toute petite cellule d'hommes libres qui pratiquaient le commerce et la banque, ou encore l'artisanat de luxe : ces *cives* allaient jouer un rôle dans les cités.

Enfin, le petit peuple, le *popolino,* parfois libre, souvent en servitude, formant la majorité de la population urbaine, travaillant comme domestiques, engagé dans des travaux non qualifiés, souvent sans abri, représentait un élément important du dynamisme des villes.

La première étape de la constitution des communes repose sur le changement de rôle des *boni homines* qui s'organisèrent en une formation permanente chargée de représenter les citoyens pour l'exercice du pouvoir exécutif. Avec la nomination des consuls, et l'établissement du consulat (en référence à l'Antiquité), se cristallisa la naissance de la commune. Les dates exactes d'apparition de ces institutions sont mal connues : on sait toutefois que Pise avait des consuls dès 1085, et qu'elle fut sans doute la première des communes italiennes à établir cette institution ; Sienne en 1124 fut représentée lors d'un procès par des *boni homines* et l'année suivante par des consuls.

La seconde étape résida dans la conquête par la commune des pouvoirs judiciaires et fiscaux de l'évêque. Les consuls coopérèrent dans un premier temps avec l'évêque, rendant une justice commune, puis l'évincèrent. L'Empereur sanctionna cette évolution en la reconnaissant *de jure.* Un premier exemple de reconnaissance impériale fut celui de Bologne en 1116 qui obtint le droit de garder la moitié des amendes payées pour infraction aux ordonnances impériales. En 1162, Gênes, de manière beaucoup plus significative, eut le droit de choisir ses propres consuls, obtint les pleins pouvoirs dans l'administration de la justice et dans les décisions concernant la guerre, la paix et les alliances ; enfin, elle fut exemptée des taxes impériales. Deux années plus tard, Pavie se vit attribuer peu ou prou les mêmes droits, et la paix de Constance, en reconnaissant aux consuls le pouvoir judiciaire tant dans les affaires pénales que financières, contribua à affaiblir la position des évêques lombards.

Le troisième élément fut l'extension du pouvoir communal dans le plat pays, ce que l'on appelle la conquête du *contado,* et le début des relations inter-cités. C'est par ce processus que se développa une certaine conscience de l'identité communale qui alla en s'accentuant lorsque les premiers conflits se déclenchèrent. Les soumissions de villages environnants s'effectuaient généralement d'abord auprès de l'évêque, qui fut ensuite assisté des consuls. Enfin, dans un dernier temps, l'évêque disparut des tractations et seuls les consuls furent habilités à recevoir ces soumissions.

Les communes aristocratiques

Les communes gouvernées par ces nouvelles aristocraties devinrent, face à un pouvoir impérial qui n'avait ni les moyens, ni peut-être la volonté de s'imposer, les forces dominantes de la Péninsule centrale et septentrionale. Les premières communes aristocratiques émergèrent vers 1130-1150 à Milan, Rome, Lucques, Pise, Parme et Pavie et dans les décennies suivantes à Plaisance, Arezzo, Assise et Gênes, puis Vérone, Pistoia, Côme, Sienne, Bologne, Florence.

Le nombre des consuls variait d'une ville à l'autre, mais aussi d'année en année au sein de la même ville. Ainsi, Vérone avait quatre consuls en 1136, sept en 1140. Dans certaines villes, on nommait les consuls proportionnellement aux différents « ordres » qui composaient la population. Les procédures de désignation nous sont assez mal connues. En 1162, les consuls de Pise étaient désignés après un vote par acclamation de l'assemblée générale.

Les pouvoirs des consuls sont mieux documentés, ainsi que les étapes de la mise en place d'un pouvoir consulaire : ainsi, depuis le début du XIIIe siècle, les consuls de Volterra s'engageaient par serment à suivre les avis de la majorité du conseil pour les décisions diplomatiques et fiscales. Les consuls de Pise étaient également limités dans leur liberté de choix en matière de guerre et de paix.

A la naissance de la commune, préside l'assemblée de tous les citoyens, l'*arengo*, qui approuvait par acclamation les décisions des consuls en criant « *Fiat, fiat !* ». Dans les plus petites villes, il fut possible jusqu'au milieu du XIIIe siècle de rassembler les citoyens. Dans les villes les plus peuplées, cela faisait longtemps que l'assemblée ne pouvait plus participer directement au gouvernement. On connaît mal ces premières années de la vie communale. Mais très vite, ce système d'assemblée générale s'avéra peu viable et les consuls s'adjoignirent l'aide d'un conseil plus restreint comme en 1164 à Pise. Il s'agissait souvent de deux conseils, un conseil majeur et un conseil restreint. Le nombre de personnes y participant varie de 400 à 1 000 membres pour le grand conseil à une quarantaine pour le conseil restreint.

L'élection des membres des conseils pouvait être extrêmement compliquée – on recense vingt-quatre méthodes à Florence en 1292 – mais on peut individualiser trois grands principes. L'élection indirecte, d'abord, réalisée en deux étapes distinctes : dans une première phase étaient élues les personnes qui devaient effectuer, dans un second temps, le choix final. Une deuxième solution consistait en l'élection des nouveaux membres faite par les conseillers sortants, à la fin de leur mandat. Enfin, le choix pouvait se faire par tirage au sort. Malgré des méthodes parfois fort compliquées, comme le choix effectué d'abord par élection indirecte, puis par tirage au sort, afin d'éviter la mainmise sur la commune par les familles dominantes, la vie politique restait le fait de lignées qui se maintenaient au pouvoir comme les Giandonati, Fifanti ou Abbati à Florence, les Della Torre, Soresino, Mandello à Milan ou les Gherardesca, Visconti et Gaetani à Pise.

En cas de crise, une assemblée *ad hoc* pouvait être nommée : la *balia*. Elle opérait lors de problèmes militaires ou financiers et demeurait une organisation assez informelle.

Au XIIe siècle se développa une nouvelle charge administrative et judiciaire, le podestat. Gênes introduisit cette nouvelle charge en 1191, elle fut ensuite imitée par des villes comme Bergame, Lodi, Parme et Padoue. Au début du XIIIe siècle, la charge de podestat était devenue une règle commune à la plupart des villes. L'apparition du podestat donne encore lieu à un certain nombre de querelles historiographiques pour déterminer les raisons qui ont poussé les consuls à déléguer, puis abandonner une partie de leur pouvoir à un seul homme. Le contexte de conflit croissant à l'intérieur des communes, entre familles ou, plus tard, entre *popolo* et aristocratie a sans doute amené, lorsque la situation était bloquée, à faire appel à un tiers. Parfois choisi à l'extérieur de la ville – pour rester indépendant des querelles intestines –, en fonction pour six ou neuf mois – rarement un an –, le podestat était tout à la fois fonctionnaire, administrateur direct et surtout responsable du pouvoir judiciaire. S'il avait des pouvoirs de police, et éventuellement des pouvoirs militaires, il ne pouvait pas prendre de décisions politiques sans en référer au conseil, du moins théoriquement. En réalité, en période de crise, il pouvait envoyer en exil des chefs de factions comme à Modène en 1225, ou persuader la commune d'entrer en guerre, comme à Gênes en 1227.

Mais avec la montée en puissance des factions populaires au XIIIe siècle, le podestat commença à devenir une sorte de juge en chef avec des pouvoirs de police. Au cours du XIIIe, on peut dire que le métier de podestat devenait une sorte de profession administrative pour de fortes personnalités possédant de bonnes connaissances juridiques. Les Rossi de Parme ou les Visconti de Plaisance donnèrent ainsi à leur ville des générations de podestats. Le métier de podestat n'était pas facile et nombre d'entre eux furent chassés, parfois sans ménagements.

Sur l'ensemble de l'Italie centrale et septentrionale, il ne faut pas faire la part trop belle à l'idée du podestat étranger aux querelles internes de la cité et provoquant la chute du pouvoir consulaire. Dans les Marches, le Latium et en Ombrie, on trouve nombre de podestats choisis parmi les familles locales et la passation du consulat au podestat ne se fit pas, loin de là, de manière linéaire.

Toutefois, à partir de 1220-1230, lorsque le recours à des nobles étrangers à la commune devint une règle générale, le choix du podestat répondit à une même logique : éviter le recours à des ressortissants de communes trop hostiles. Ainsi Orvieto, qui évita de se tourner vers Sienne lorsque, à partir de 1220, débuta une lutte entre les deux communes afin de s'assurer la possession du comté Aldobrandeschi.

Les luttes entre cités furent naturellement extrêmement nombreuses, contribuant d'ailleurs à maintenir aux XIIe et XIIIe siècles une assez bonne cohésion interne à la ville. Pise et Gênes furent en guerre de 1067 à 1085, Florence affronta Sienne en 1082, conquit Fiesole puis attaqua Lucques. Milan fut en conflit avec Pavie, Crémone et Lodi en 1107 – pour ne citer que les conflits les mieux documentés.

Mais les menaces armées des anciennes familles royales et impériales constituaient également un facteur de troubles qui venait se surimposer aux affrontements entre cités. Ainsi, les Estensi qui avaient des vues sur Ferrare et Padoue, les Guidi, Alberti et Ubaldini qui combattirent Florence ou les familles Aldobrandeschi et Malaspina qui menacèrent respectivement le nouvel ordre politique de Sienne et Modène.

Toutefois, c'est en réaction à une menace extérieure que les cités-États révélèrent leur réelle puissance. En effet, l'empereur Frédéric Ier Barberousse, de la famille des Hohenstaufen, fut couronné en 1155 et tenta de restaurer l'autorité de l'Empire en se débarrassant de ceux qui lui apparaissaient comme des usurpateurs dans les différentes villes. Il traversa l'Italie à la tête d'une puissante armée et écrasa la commune de Milan en 1158, réclamant la restauration d'un pouvoir central régalien lors d'une cérémonie tenue à Roncaglia en 1162. Lorsque Milan se révolta en 1162, elle fut totalement brûlée. Il faut toutefois rappeler que durant cette première période de l'affrontement, l'Empereur reçut l'appui des villes ennemies de Milan qui y trouvèrent un double avantage : se débarrasser d'une rivale et bénéficier, de la part de l'Empire, d'exemptions de taxes et de privilèges parfois exorbitants. Mais si l'autorité impériale était restaurée, c'était au prix d'une pression fiscale et administrative énorme sur les autres communes qui, elles, ne bénéficiaient d'aucune exemption particulière. Ainsi, après la nomination de podestats impériaux comme en 1162-1164 à Plaisance, confiscations, taxes, travaux obligatoires et prises d'otages pour « bonne conduite » constituaient le lot de nombre de communes. C'est en réponse à des situations de ce genre que se forma en 1165 la première Ligue lombarde regroupant toutes les principales villes d'Italie du Nord. Cette ligue, qui se reforma un peu différemment en 1185 et en 1195, représentait une véritable alliance militaire. Barberousse fut battu par la Ligue en 1176 à Legnano et dut signer en 1183 la paix de Constance qui institutionnalisait l'existence des communes. Pratiquement, la Ligue avait créé un modèle pour organiser les alliances entre cités et elle fut prise comme exemple par la Ligue toscane en 1197, à la mort de Henri VI.

Avant d'aller plus avant dans l'évolution des communes italiennes du Nord et du Centre, arrêtons-nous un instant sur le sort de l'Italie du Sud, dont l'histoire apparaît tout à fait spécifique.

Les Normands et le royaume de Sicile

Les Normands commencèrent à s'installer en Italie du Sud au début du XIe siècle. Ils assimilèrent rapidement les coutumes locales ; très vite leurs qualités de guerriers leur permirent de s'emparer de territoires environnants comme Aversa qui leur fut donné par le duc de Naples en 1030. Ces accords permirent à des migrants plus nombreux de s'installer dans le Sud. Parmi ceux-ci, Tancrède de Hauteville qui, avec ses douze fils, fonda l'État normand. Un de ses fils, Robert Guiscard, s'empara de la Calabre. Son plus jeune fils, Roger, commença la conquête de la Sicile qui fut achevée par son petit-fils couronné roi sous le nom de Roger II dans la cathédrale de Palerme en 1130. Au début, les Normands se heurtèrent à la papauté ; mais ils écrasèrent le pape Léon IX (1049-1054) à la bataille de Civitate et ils furent ensuite reconnus par le pape Nicolas II en 1059.

Les Normands se révélèrent à la fois extrêmement capables et très éclectiques dans leur mode de gouvernement. Relativement peu nombreux, ils administrèrent harmonieusement et efficacement leurs territoires. Ils surent tout particulièrement en tirer le meilleur et utiliser les points forts des différentes populations qui composaient leurs sujets : Italiens, Sarrasins, Grecs et Français. Ils leur permirent également de garder leur identité et ils la mirent à profit : la flotte normande était composée de Grecs, le système fiscal découlait du modèle arabe... Se superposant à cet ensemble, l'État était centralisé et reposait sur un modèle féodal importé de Normandie : les différents princes possédaient des terres qu'ils détenaient du roi. L'État ainsi constitué fut assez fort pour résister au mouvement de désintégration que connaissait le reste de la Péninsule, et pour combattre un certain nombre de menaces en provenance de la papauté comme des empires d'Occident et d'Orient. Et de fait, Roger II parvint, au cours de son long règne de vingt-quatre ans, à conquérir Malte et des territoires libyens. L'architecture normande illustre la très grande souplesse et l'adaptabilité de cette culture, intégrant des influences normandes, byzantines, arabes et romaines, comme dans la cathédrale de Monreale, à Palerme.

Une crise de succession entraîna le déclin : le roi Guillaume II mourut sans successeur mâle en 1189. Ceci permit à l'empereur germain Henri VI d'imposer la loi de l'Empire à la Sicile, la conquérant dans la violence et la cruauté.

Les clivages des communes

Malgré le tableau largement positif qui a été brossé jusqu'ici du système des cités-États italiens, il ne faudrait pas oublier que ces populations ont été, et ce depuis l'origine, divisées. Division double, puisqu'elle fut d'abord sociale, entre les différentes « couches » de la société ; division politique ensuite puisqu'elle déchira les communes entre les guelfes, défenseurs du pape, et les gibelins, défenseurs de l'Empire.

Les puissants et les nobles dans les différentes communes avaient cristallisé contre eux haines et résistances. Il faut d'abord préciser que la noblesse citadine n'a rien à voir avec le « bourgeois », mais est bel et bien un propriétaire terrien, n'hésitant pas à manier l'épée et tout imprégné de l'idéal chevaleresque. Mais s'il existait un mode de vie aristocratique reconnaissable, il n'impliquait pas pour autant une division sociale nette et définitive. On a déjà mentionné l'existence d'une classe d'individus qui, sans être nobles, avaient suffisamment de biens pour être astreints au service militaire dans la cavalerie (*milites pro commune*). Au moment où l'appartenance à la noblesse commençait à comporter certains désavantages, une nouvelle classe ambiguë apparaît qui, bien que d'ascendance noble, était privilégiée car déclarée « populaire ». L'appartenance au *popolo*, ou l'appartenance à la noblesse devint d'autant plus difficile à établir que les mariages se multiplièrent entre nobles et riches *populares*.

Mais la noblesse tendit de plus en plus souvent à se regrouper au sein de « clans » ou d'alliances appelées les *consorterie*. Ces quelques familles liées par la parenté, ainsi que par un serment, dominaient le gouvernement de la cité. La nature des pactes était assez complexe puisqu'ils comportaient aussi bien des références au code de l'honneur, des limites précises concernant les alliances passées entre les contractants, que des mesures d'assistance sociale. Les *consorterie* faisaient souvent construire des chapelles dans les églises de la ville, la plus originale de leurs activités architecturales étant sans doute l'érection d'innombrables tours, comme celles que l'on peut encore voir à San Gimignano ou à Pavie. Leur accès était strictement réservé aux membres des familles alliées, dont les maisons étaient parfois reliées aux tours par des passages souterrains ou par des ponts. A San Gimignano, il reste aujourd'hui quatorze tours sur les soixante-douze originellement érigées. Celles-ci avaient, semble-t-il, un rôle plutôt défensif dans les guerres incessantes que se livraient les factions entre elles. Il faut également mentionner, même si cette seule explication ne saurait suffire, le facteur économique, c'est-à-dire le prix du terrain dans le centre des villes qui pouvait inciter à construire en hauteur. Mais l'existence de zones libres de toute construction à l'intérieur des murailles affaiblit cet argument. Enfin, l'ostentation, élément important du mode de vie noble, peut fournir une clé à cette architecture qui n'est pas seulement analysable en se référant à des facteurs matérialistes.

Essentiellement défensive, donc, la tour était un refuge pour les familles et les clans au moment de troubles dans la cité. C'est pourquoi priver une famille de sa tour, ou l'obliger à la détruire, constituait une condamnation extrêmement grave.

Naturellement, pour les autorités communales, l'existence de ces clans familiaux, renforcés par des vassaux et protégés par leurs tours, représentait une menace pour l'ordre public et pour le gouvernement. La situation de vassal constituait sans doute la menace la plus forte, introduisant une double fidélité, la fidélité privée l'emportant bien souvent sur la fidélité communale. A Pérouse, prêter serment de vassalité était interdit et pouvait entraîner la décapitation. Un des signes extérieurs de vassalité était le port du blason de la famille suzeraine sur sa livrée. Mais ces interdictions étaient rarement suivies d'effets et on en voudra pour preuve l'obligation faite par la commune aux suzerains de fournir au podestat la liste des hommes armés qui servaient sous leurs ordres.

L'existence de ces clans était donc une menace constante et les « magnats » tendaient parfois à transformer la ville en un champ clos d'affrontements et de troubles.

Les communes populaires

Face à ces sujets particulièrement remuants et encombrants qu'étaient les puissants, nobles et non-nobles, se rassemblaient les *populares* qui agissaient comme contrepoids. Tout comme les nobles, ils formaient une corporation, la *societas populi*, au sein de la république. Les *cives*, les citoyens les plus fortunés des villes (artisans, marchands, etc.), s'organisaient donc en guildes. Mais ces guildes représentaient en fait un moyen d'action pour les plus puissants des marchands ou artisans de la ville, au service de leurs intérêts propres bien plus que des intérêts du « peuple » en général.

Les organisations du peuple étaient assez complexes car elles reposaient en réalité sur une double appartenance parfois mal différenciée. La première était celle qui liait à un quartier – la *vicinia* – qui, dans les premiers temps, se manifesta par une organisation militaire, une *militias* rassemblant les milices du quartier. La seconde relative à un métier, à l'art qu'on exerçait.

Le *popolo* était une organisation complète, comprenant donc ses propres milices, ses anciens, ou prieurs, et un capitaine du peuple. Le premier capitaine connu avait été nommé à Parme en 1244, et dès 1250, on en trouve trace à Florence et à Plaisance. Comme pour la fonction de podestat, les pouvoirs de capitaine du peuple variaient considérablement d'une ville à l'autre.

Le *popolo*, ainsi organisé, ne tarda pas à entrer en conflit ouvert avec la noblesse. Un chroniqueur de Plaisance fait remonter les premiers désordres à 1090. Mais l'entrée du parti populaire sur la scène politique ne se fit que bien plus tard, au XIIIe siècle. Ses conquêtes furent progressivement institutionnalisées. A Milan, il parvint au pouvoir en 1212, à Vérone en 1227, à Bologne en 1231, et à Florence en 1244. Un certain nombre de communes « populaires » furent ainsi créées. Il ne faut pas appliquer une grille de lecture sociale à ce phénomène, tant noblesse et « bourgeoisie » étaient inextricablement liées par des liens familiaux ou économiques.

Enfin, il ne faut pas oublier que les cités comprenaient également des organisations nombreuses et souvent complexes, comme les différentes compagnies de soldats ou encore les corporations, souvent en concurrence avec la commune mais représentées au sein du *popolo*.

La domination du *popolo* servit les intérêts des marchands, des banquiers, d'une partie de l'aristocratie mais, après avoir utilisé le *popolo minuto* pour mener à bien les transformations du pouvoir, celui-ci fut renvoyé à sa pauvreté initiale ou, pour les moins pauvres, à l'absence de représentativité politique. Par conséquent, une période de troubles et de violences s'ensuivit et, dès le XIVe siècle, les communes populaires, incapables de faire face aux divisions internes, se tournèrent vers les formes de gouvernement qui précédèrent la Renaissance : les oligarchies et *signorie*. Ces divisions furent renforcées par les conflits qui opposèrent papauté et Empire, et par leur traduction dans la vie italienne : la lutte entre guelfes et gibelins.

La richesse des villes à l'époque communale

Bien qu'agitée et complexe, la période des communes constitue, pour le visiteur d'aujourd'hui, un très précieux héritage : des programmes architecturaux ont été menés à bien, dont les plus connus sont le palais du Bargello et le Palazzo Vecchio de Florence, le palais des Prieurs de Volterra, le Palazzo Pubblico de Sienne, le Palazzo del Capitano del Popolo et le palais des Prieurs de Todi, pour n'en citer que quelques-uns. Le palais public devait exalter le prestige de la commune. Ainsi, la ville de Sienne commença à envisager la construction de son Palazzo Pubblico vers 1281, en choisit l'emplacement vers 1288 et l'édifice fut (partiellement) achevé en 1310. Si l'emplacement n'était pas des plus pratiques puisque le terrain abaissé nécessitait des fondations énormes, il correspondait au désir de choisir un territoire neutre entre les trois collines sur lesquelles était bâtie la ville. Ailleurs, la place principale correspondait à l'emplacement du forum romain, comme à Assise où le temple de Minerve fut réutilisé pour édifier une dépendance du palais communal. Les palais du peuple furent également l'objet d'investissements considérables, ne pouvant être concurrencés par les réalisations de la commune : ainsi à Florence (le Bargello), à Orvieto ou à Todi.

La place principale de la ville (ou *Campo*), à usage public et politique, était également une source d'orgueil pour la cité. A Sienne, dès le XIIIe siècle, des règles extrêmement strictes uniformisaient la hauteur des fenêtres. A Parme, il était interdit de s'y livrer à des exécutions qui pouvaient faire couler le sang. Sur ce lieu prestigieux qui devait être préservé, on n'avait pas le droit de filer, d'allaiter ou de manger des figues !

Traditionnellement, les murailles étaient comptées au nombre des signes de puissance d'une ville. Des fonctionnaires municipaux étaient tout spécialement chargés de leur entretien et c'était une responsabilité que de gérer les travaux obligatoires exigés de chaque quartier de la ville pour réparer le mur et les portes.

L'approvisionnement en eau de la ville et les fontaines qui permettaient sa distribution avaient une grande importance esthétique et fonctionnelle. La construction d'un réseau hydraulique pour l'acheminement et l'évacuation des eaux, la décoration des fontaines comme la Fonte Branda de Sienne immortalisée par Dante ou encore la splendide fontaine de Pérouse ornée de sculptures attribuées à Nicolà Pisano dépassaient la simple fonction matérielle de l'approvisionnement en eau. La fontaine de Pérouse présente un programme inocographique extrêmement complexe, comprenant cinquante figures en bas-relief et vingt-quatre figures sculptées représentant les saisons, les arts libéraux, des épisodes de l'histoire politique et ecclésiastique romaine et pérugine. La ville de Pérouse, le lac Trasimène, Chiusi, les portraits du podestat et du capitaine du peuple de l'année 1278 décorent cette œuvre d'art admirable.

L'architecture religieuse fut également l'objet d'une surenchère des villes entre elles.

La construction de nouvelles cathédrales à Florence et à Orvieto, commencées l'une et l'autre à la fin du XIIIe siècle, incita sans doute Sienne à débuter ses propres travaux en 1337.

Le défi de ces bâtisseurs était de construire des édifices susceptibles de contenir la population tout entière lors des grandes fêtes. Rêve improbable, même si le Duomo de Florence peut contenir 30 000 personnes – ce qui représentait la population adulte de la ville après le déclin du XIVe siècle. Ces constructions requirent l'appui de toutes les parties concernées, religieux et laïcs, confondus dans une même foi et une même fierté beaucoup plus temporelle...

Des groupes d'artisans – peintres, sculpteurs, marbriers ou architectes – étaient parfois engagés par les communes pour veiller à la beauté et à l'harmonie des programmes urbanistiques et architecturaux, ou encore mettaient leurs talents au service de ce que l'on peut appeler la « propagande » des grandes communes, des ordres monastiques ou des corporations.

Papauté et Empire

La papauté, on l'a vu, était devenue une institution féodalisée, tendant surtout à rester une chasse gardée de l'aristo-

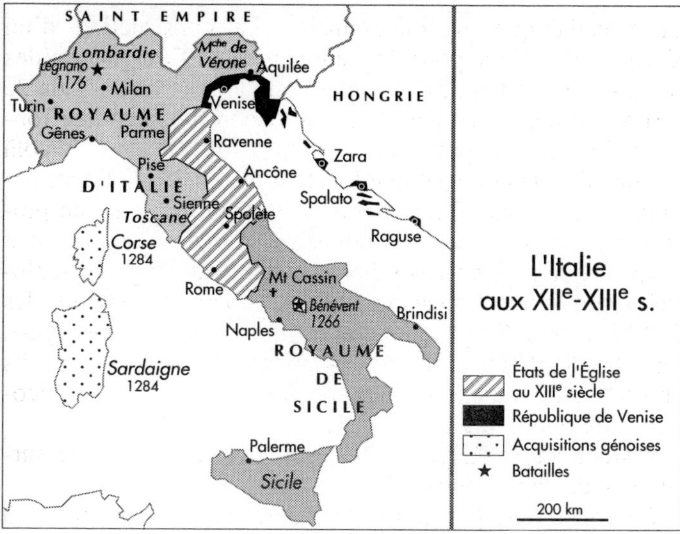

cratie romaine. Toutefois, au XIe siècle, les papes, et en premier lieu le dévot Léon IX, élu en 1049 avec l'aide de l'empereur Henri III, tentèrent de réformer l'Église. Pour lui redonner une dimension spirituelle, il fallait la libérer d'un certain nombre de liens temporels et mettre fin à des excès comme le mariage des prêtres ou les pratiques de simonie. De surcroît, les réformateurs cherchèrent à renforcer le pouvoir de la papauté sur le reste de l'Église dans le monde en attribuant au seul pape la possibilité de nommer les évêques et les hautes fonctions ecclésiastiques dans l'ensemble de l'empire d'Occident. Ceci mit inévitablement les papes en conflit avec l'Empire et entraîna une longue et complexe série de conflits.

Un des problèmes cruciaux était celui des investitures, c'est-à-dire de savoir à qui revenait le privilège d'investir les dignitaires de l'Église, le pape compris. En 1059, le droit obtenu par les cardinaux-évêques d'élire le pape constitua une victoire notable pour les réformateurs. Ils s'assurèrent l'appui de Hildebrand, archidiacre de Rome et protégé de Léon IX. Élu pape sous le nom de Grégoire VII en 1073, il lança dès son investiture une offensive contre l'empereur Henri IV, décrétant l'interdiction des investitures laïques en 1075 et l'excommuniant l'année suivante. En 1077, il humilia l'Empereur à Canossa, l'obligeant à attendre trois jours dans la cour du château de la comtesse Mathilde de Toscane, en plein hiver, avant de consentir à lui donner l'absolution. Henri IV, en réponse à ce manque d'égards, réussit à faire élire par les évêques allemands un anti-pape, l'archevêque Guibert de Ravenne qui devint pape sous le nom de Clément III. Henri IV envahit Rome en 1084 pour obtenir la déposition de Grégoire VII et se fit couronner empereur par le nouveau pontife. La ville de Rome fut alors systématiquement pillée et saccagée par les Allemands et par les Normands.

Mais le prestige de la papauté ne tarda pas à être restauré avec Urbain II (1088-1099) qui mobilisa la première croisade contre l'Islam, et en 1122, les réformateurs mandés par Calixte II (1119-1124) obtinrent d'importantes concessions de la part d'Henri V au concordat de Worms. Le problème des investitures s'avérait largement résolu en faveur de la papauté. Innocent II (1198-1216) s'attacha alors à la création des États pontificaux, ce qu'il fit fort habilement en appuyant à tour de rôle les deux prétendants au titre d'empereur. Il fit élire Frédéric II roi de Rome en échange de sa promesse de respecter le contrôle pontifical sur ses États et de garantir l'indépendance du royaume de Sicile.

Mais à la mort d'Innocent II, l'Empereur tenta d'étendre son influence sur la plus grande partie de la Péninsule et une trentaine d'années de luttes virent s'opposer les papes Honorius III, Grégoire IX et Innocent IV. La mort de Frédéric II en 1250 précipita le déclin impérial en Italie. Le fils de Frédéric II, Manfred, fut battu et tué à Bénévent par Charles d'Anjou qui, poussé par Urbain IV, s'empara du royaume de Sicile, avant d'être délogé en 1282 par les Espagnols menés par Pierre d'Aragon.

Ces problèmes internationaux eurent des répercussions tragiques en Italie puisqu'ils divisèrent les populations – surtout la noblesse – en deux camps : les guelfes, défenseurs du pape, et les gibelins, défenseurs de l'Empire. Les

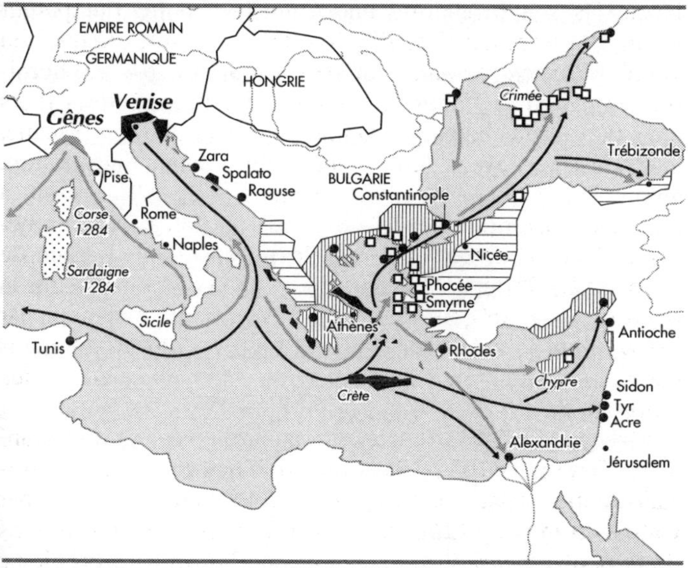

Les relations commerciales au XIIIe siècle

République de Venise et ses possessions
• Comptoirs vénitiens
République de Gênes
Acquisitions génoises
□ Établissements génois
États grecs au XIIIe siècle
Empire latin au XIIIe siècle

Courants d'échanges maritimes
→ Vénitiens
→ Génois
500 km

villes devinrent guelfes ou gibelines au gré des retournements de situation, cherchant d'abord, et avant tout, à préserver leurs intérêts propres.

Le cas florentin illustre bien le double clivage – social et politique – évoqué au début de ce chapitre. En 1266, après la bataille de Bénévent, les guelfes étaient au pouvoir. Mais ils se divisèrent en deux factions, l'une menée par la famille Cerchi, désireuse de répondre aux aspirations du *popolo* à Florence (les Blancs, guelfes), l'autre menée par Corso

Donati, refusant tout compromis avec le peuple (les Noirs, gibelins).

Les Noirs furent défendus par le dernier pape médiéval, Boniface VIII (1294-1303). Celui-ci, bien qu'ambitieux, ne possédait pas les talents politiques et diplomatiques de ses prédécesseurs. Après avoir exilé le poète Dante qui appartenait à la faction des Blancs, il se fit clairement signifier par la commune de Florence qu'il n'avait pas à intervenir dans les affaires intérieures de la cité. Il fut vivement attaqué par la puissante famille gibeline des Colonna et fut considéré comme hérétique par les moines franciscains. Il tenta de reprendre la Sicile au roi espagnol Frédéric mais fut battu et dut signer le traité de Caltabellotta en 1302, reconnaissant le roi de Sicile. Le roi de France, Philippe IV le Bel, profita de la faiblesse de Boniface pour dépêcher son représentant Guillaume de Nogaret. Celui-ci rassembla les ennemis du pape et le fit arrêter à Anagni en 1303. Cette même année, un pape français, Clément V, fut élu et transporta le siège de la papauté à Avignon où il demeurera pendant soixante-dix ans. Cet épisode marque, tant pour la papauté que pour l'histoire des communes, le passage à une nouvelle époque de l'histoire italienne, celle qui annonce la Renaissance.

La Renaissance italienne

La Renaissance est considérée au même titre que l'Antiquité classique comme une des périodes phares de l'histoire italienne. La contribution de la Péninsule à l'histoire des arts, des lettres, plus sans doute que sa contribution politique, apparaît décisive dans l'histoire de l'Occident. En effet, si la Renaissance italienne nous a légué Florence, la situation politique des cités est, elle, d'une infinie complexité et déjà, l'Italie commence à subir le poids de l'étranger.

Il est toutefois important de s'arrêter un instant sur le passage politique de la commune à la seigneurie dans le gouvernement des villes, avant de définir ce mouvement général qu'on appelle Renaissance, puis d'examiner comment elle s'applique à l'extension et au renforcement de certains grands pôles de culture et de richesse comme Florence, Venise, Rome ou Milan.

Au début du XIVe siècle, l'Italie était un pays divisé. Le Nord était sous la domination de l'Empire, le centre était contrôlé par la papauté, elle-même sous domination française, le Sud était aux mains des Angevins, à l'exception de la Sicile gouvernée par les Aragons d'Espagne. Mais la domination impériale demeurait assez théorique, tant le pouvoir des villes s'était affermi. L'échec de Henri VII, comte de Luxembourg devenu empereur, face à Florence et à ses alliées en 1313 en fut un exemple frappant.

Le déclin des républiques et la naissance des seigneuries

On ne peut prétendre faire ici la synthèse d'un problème encore largement controversé, celui du passage des communes, des « républiques » (même si ce terme n'a pas la même acception qu'aujourd'hui, le suffrage universel étant, par exemple, totalement absent), aux seigneuries et aux principautés. Le pouvoir, qui était dans l'ensemble passé au *popolo*, fut dans le courant du XIVe et au début du XVe, avec des rythmes différents selon les villes et les régions, de nouveau confisqué par l'aristocratie. Mais il s'agissait cette fois d'une aristocratie renouvelée, revivifiée par une partie du *popolo grasso*, c'est-à-dire de la partie la plus fortunée du *popolo*. Toutefois, certaines villes échappèrent à ce phénomène général : Venise, Florence, Sienne et Lucques. Elles furent dirigées par des oligarchies municipales et il faut ajouter Gênes, Pérouse et Bologne qui oscillèrent entre république et seigneurie, les deux dernières ne succombant au mouvement général qu'au XVe siècle. Mais dans tous les cas, et quelles que soient les modalités politiques, l'Italie de la Renaissance se constitua en principautés qui annoncent l'État moderne.

L'évolution générale, des républiques communales aux seigneuries, fut rendue possible par le bouleversement d'un certain nombre de paramètres économiques qui entraînèrent des changements sociaux.

La crise du XIVe siècle avait transformé l'Italie. Guerres, famines et épidémies avaient appauvri modérément les classes possédantes, considérablement les villes, et bien entendu les plus pauvres qui avaient vu leur situation, déjà peu enviable, empirer. La crise d'approvisionnement en grains, par exemple, obligea certaines communes comme Pérouse ou Florence à mener des politiques frumentaires ruineuses pour prévenir ou empêcher les famines. Ce phénomène doit être rapproché d'un mouvement sur le long terme qui va s'accélérant, c'est-à-dire la lente émigration des campagnes vers les villes, privant les cultivateurs des bras indispensables pour semer et récolter.

Quelques tentatives de diversification des cultures ou de

l'économie (ainsi l'introduction de l'industrie du papier ou de la céramique) ne parvinrent pas à enrayer la conjoncture. Cet appauvrissement général contribua à diminuer les ressources communales et les banqueroutes ne se comptèrent plus en Toscane ou dans le Latium, aggravées dans cette dernière région par le transfert de la papauté à Avignon qui priva les banquiers locaux de leurs meilleurs clients, les souverains pontifes et leur cour.

Les conséquences sociales de cette crise économique furent souvent décrites en termes de blocage. Blocage de la société, recroquevillement des classes dirigeantes sur elles-mêmes, cristallisation des structures sociales, restriction des possibilités d'ascension sociale. Toutefois, il faut bien noter qu'au sein des classes dirigeantes en pleine transformation, tant le style de vie que le statut économique des dominants tendaient de plus en plus à se ressembler. Ainsi, à Pérouse où tout au long du XIVe siècle, malgré une lutte politique féroce entre la noblesse issue de la vieille aristocratie consulaire et les grandes familles du *popolo grasso*, les modes de vie se rapprochaient par la magnificence des mariages, tournois et divertissements... Cette période est donc particulièrement complexe car on voit tout à la fois se perpétuer un affrontement de classe issu du XIIIe siècle opposant la noblesse et une coalition *popolo grasso/popolo minuto* et, au même moment, s'opérer un rapprochement objectif dans les modes de vie et de pensée entre la noblesse et le *popolo grasso*. La coalition *popolo grasso/popolo minuto* peut être illustrée par l'épisode de la prise du pouvoir communal par Cola di Rienzo en 1347 à Rome. Cette coalition fut alors élargie aux *cavalerotti*, c'est-à-dire les nouvelles familles propriétaires de grands domaines dans la campagne romaine, à certains artisans et boutiquiers qui détenaient la direction du gouvernement communal, aux propriétaires fonciers et aux grands marchands. Le même élargissement de cette couche sociale s'observe à Velletri et à Terni au XIVe siècle.

Cette prégnance des modèles aristocratiques peut s'interpréter de deux manières d'ailleurs complémentaires : d'abord l'échec des classes populaires pour imposer un

« modèle » de remplacement, un ensemble de valeurs différentes de celles de la noblesse susceptibles d'étayer leur lutte pour le maintien d'un régime politique conforme à leurs intérêts. D'autre part, et c'est le cas d'Orvieto, on assiste à l'affrontement de deux systèmes de valeurs : le système de valeurs populaires fortes contre les intérêts économiques des principaux dirigeants du *popolo* qui tendent de plus en plus à se confondre avec ceux de la noblesse. Lorsqu'en 1322, la noblesse reprit le pouvoir sans violence, on a l'impression que c'est surtout la pression idéologique de la noblesse sur les familles populaires les plus aisées qui a permis ce basculement. A cette crise des valeurs s'ajoute une remise en cause de la domination des villes et des familles nobles sur le *contado*, se traduisant par des difficultés à maintenir le contrôle politique autour des villes.

Enfin, des problèmes graves obéraient les finances communales. Les dépenses, en particulier militaires, ne cessaient d'augmenter et, malgré une pression fiscale considérable, les caisses de nombreuses villes s'avéraient totalement vides au milieu du XIVe siècle. C'est que la guerre, incessante, était devenue une guerre moderne nécessitant outre les hommes, du matériel (bombardes...) de plus en plus sophistiqué, de plus en plus coûteux.

C'est donc dans ce contexte que les familles aristocratiques repartirent à l'assaut du pouvoir communal. Lorsqu'on évoque ici l'aristocratie ou la noblesse, rappelons qu'en cette fin de XIIIe siècle cette notion recouvre plusieurs couches sociales différentes mais alliées. D'abord, l'aristocratie communale issue de l'aristocratie consulaire du siècle précédent ; ainsi, à Pérouse, la famille des Baglioni. Ensuite les seigneurs « féodaux » résidant en ville une grande partie de l'année. Peu d'entre eux s'identifiaient à la noblesse et ils s'opposaient souvent à l'aristocratie consulaire faisant, dans un premier temps, cause commune avec le *popolo*. Enfin, les familles du *popolo grasso* s'identifiant par leur richesse, leur style de vie et parfois leurs choix politiques aux familles de l'aristocratie. Elles s'appuyaient généralement sur leur clientèle afin de disputer aux grandes familles nobles le monopole du pouvoir. Il s'agissait souvent des familles de notaires ou de juges. Ces élites, après s'être opposées, tendaient donc à se rapprocher, à s'unifier. D'abord par une forte concentration de la richesse entre quelques mains, ensuite par des stratégies matrimoniales complexes tendant à rapprocher les familles nobles des familles du *popolo grasso*.

Les modalités précises de la prise du pouvoir par l'aristocratie sont aussi diverses qu'il y a de communes. On peut toutefois distinguer deux grands modèles. Comme à Orvieto, d'abord : il s'agit d'une forme relativement respectueuse des formes constitutionnelles de la cité puisque, après un certain nombre de troubles graves, la faction dominante fit réunir le conseil du peuple. Après un débat sur d'éventuelles réformes institutionnelles destinées à empêcher le renouvellement des émeutes, elle fit créer une juridiction d'urgence, la *balia*, très vite investie par la faction nobiliaire dominante ainsi que par nombre de représentants du *popolo grasso*.

La seconde forme, illustrée par Foligno, est, elle, beaucoup plus radicale et simple : il s'agissait purement et simplement d'une prise du pouvoir militaire avec, la plupart du temps, l'appui d'une aide extérieure.

Dans tous les cas, il faut insister sur la fragilité de ces dominations seigneuriales qui restèrent extrêmement instables. De 1393 à 1416, Pérouse ne connut pas moins de quatre régimes seigneuriaux différents. Cette instabilité entraîna en retour une sorte d'hypersensibilité au discours garantissant la constitutionnalité de leur pouvoir. Gardant intacts, en apparence, les organes de la cité, suscitant une abondante littérature juridique ou généalogique, les nouveaux maîtres tentèrent d'enraciner leur pouvoir dans une légitimité souvent fabriquée de toutes pièces. Mais au fur à mesure de la consolidation de leur pouvoir, ces scrupules s'évanouirent et d'anciennes fonctions communales s'éteignirent, comme celle de capitaine du peuple.

Les grandes républiques oligarchiques

Venise, Florence, Lucques et Sienne résistèrent partiellement au mouvement décrit précédemment et mirent en place des gouvernements qui étaient aux mains d'une petite fraction de la classe dirigeante, les oligarchies. Mais elles finirent, tout comme Gênes, Pérouse ou Bologne, par établir des principautés territoriales, embryons d'États modernes.

Dans les cas de Venise et de Gênes, ports de mer et de commerce international, la prospérité atténua les poussées de revendications populaires. De plus, tout « désordre » était contrôlé et réprimé, en particulier à Venise où une police puissante et particulièrement bien organisée avait été mise en place. Gênes et Venise étaient de surcroît des cités où l'ascension sociale était relativement plus aisée qu'ailleurs. La crise politique et économique des XIVe et XVe siècles y fut donc moins violente et un noyau de « démocratie » y subsista.

Dans les autres villes, ce fut le succès des communes dans leurs tentatives d'agrandissement et de consolidation territoriale qui enracina l'héritage de la tradition démocratique.

Mais dans tous les cas, même si le souvenir des communes persistait, il est clair que le gouvernement continuait d'être détenu par une fraction minime de la population. Cette élite variait entre 2 % de la population à Venise et 12 % à Bologne. Dans les républiques de Venise ou de Florence, le pouvoir était aux mains de 200 à 600 personnes. Malgré le maintien d'une façade communale, ou républicaine, il est clair que les accords, les manipulations des lois, les ententes étaient monnaie courante. Théoriquement, les élites devaient « tourner » et les fonctions officielles n'étaient prévues que pour quelques mois afin d'éviter toute personnalisation du pouvoir. En réalité, les listes des personnalités « éligibles » étaient très restreintes et ce n'est pas un hasard si quelques familles émergèrent pour s'inscrire dans la postérité.

Au fond, le fonctionnement des cités oligarchiques ressemblait beaucoup à celui des *signorie*. La Renaissance fut marquée par une extrême concentration des richesses aux mains de l'aristocratie dirigeante, ce qui du reste constitua la condition de l'extraordinaire développement artistique de cette période.

Au XIVe siècle, l'Italie était dominée par cinq principaux États, dont la population oscillait entre 800 000 et 2 millions d'habitants : la république de Florence, la république de Venise, le duché de Milan, les États pontificaux et le royaume de Naples. La relative stabilité de l'équilibre des forces fut formalisée par la création de la Ligue italienne en 1455, peu avant l'invasion de l'Italie par Charles VIII en 1494. Les villes plus petites comme Lucques, Gênes, Sienne, Mantoue ou Ferrare, malgré un développement artistique assez autonome, restèrent politiquement dans l'orbite des grands États.

Jusqu'en 1870, il sera désormais difficile de parler de l'Italie dans son ensemble tant les États régionaux présentent de traits spécifiques. Le rêve de l'unification italienne, opérée par l'Empereur ou par le pape, a désormais fait long feu. Après les guerres italo-italiennes, c'est l'invasion étrangère qui préside désormais en grande partie aux destins italiens.

Florence

Dès le Moyen Age, Florence était devenue une ville, puis un État puissant. Deux éléments contribuent à expliquer ce développement, tous deux d'ordre économique. D'abord, à partir du XIe siècle, les Florentins développèrent un secteur artisanal, puis industriel, destiné à répondre à une demande internationale. Ce secteur fut d'abord celui des étoffes, et plus précisément celui de la laine, qui pouvait être lavée dans les eaux de l'Arno puis rapidement expédiée par bateau depuis Pise. Fabriquées par l'*Arte della Lana* – la guilde de la laine –, les étoffes florentines étaient particulièrement épaisses, de couleur rouge, et leur fabrication employait plus de 6 000 personnes à son apogée. Parallèlement, les Florentins avaient développé des échanges commerciaux : commerce de la laine effectué par des marchands présents dans tout l'Occident médiéval (foires de Champagne...), développement d'un secteur bancaire et financier international représenté par les Peruzzi, les Frescobaldi ou les Bardi sur les principales places d'échange, et ce jusqu'au milieu du XIVe siècle. La monnaie florentine, le florin, s'imposa très vite comme une « devise internationale ».

La récession économique du XIVe siècle toucha Florence

de plein fouet. La production de laine s'écroula, provoquant en 1378 la fameuse révolte des *Ciompi*. Cette révolte des ouvriers de la laine peut être considérée comme une des dernières révoltes du *popolo minuto* contre le *popolo grasso*. Elle fut résolue par un biais institutionnel, c'est-à-dire la création de trois « *Arti del popolo minuto* », parmi lesquels l'*Arte dei Ciompi*. Ainsi, les ouvriers de la laine avaient le droit de s'associer afin de défendre leurs salaires.

La concentration des richesses aux mains de l'oligarchie dirigeante lui permit de faire réaliser à Florence les plus belles œuvres de la Renaissance. Le contraste est frappant entre la magnificence de la cité toscane et les crises économiques auxquelles il faut ajouter les guerres (contre Pise de 1313 à 1364, contre Milan, contre le pape de 1376 à 1378) et la peste (peste noire de 1348, récurrente jusqu'en 1417) qui emporta la moitié de la population urbaine.

L'élite florentine était composée de plusieurs familles illustres dont les Pazzi, les Pitti, les Strozzi et les Capponi. Mais l'histoire de Florence au XVe siècle reste d'abord attachée à l'histoire des Médicis (Côme 1434-1464, Pierre 1464-1469 puis Laurent 1469-1492). Au cours de ce siècle désastreux, et même durant la domination du *popolo grasso* (famille des Albizzi), la *libertas*, c'est-à-dire la liberté de se gouverner soi-même, demeura une valeur forte. Valeur qui s'exprimait autant par la hardiesse du commerce que par le bouillonnement des esprits de l'humanisme et de la renaissance artistique.

Dans l'ascension des Médicis, il est frappant de noter ce qui les différencie des autres gouvernants : ils n'ont pas conquis le pouvoir par l'épée, mais ils se sont servis de leur fortune, de leur habileté manœuvrière et d'une certaine démagogie. Ainsi en 1378 Salvestro prôna une réforme démocratique des institutions de la commune, en pleine crise des *Ciompi*, assurant ainsi au clan Médicis un capital de sympathie précieux auprès du petit peuple ainsi que dans la bourgeoisie évincée du pouvoir. En fait, comme dans beaucoup d'autres villes d'Italie, l'accession au pouvoir permit à sa famille de protéger une fortune en rapide expansion.

Jean de Médicis, de 1360 à 1429, accrut considérablement les avoirs familiaux. Commerçant avisé, il dirigea activement une compagnie qui comptait deux filiales en 1408 (Venise et Rome) et huit de plus à son apogée (Naples, Pise, Milan, Genève, Lyon, Avignon, Bruges et Londres). Outre les ateliers de tissage de la laine et de la soie, il développa son activité bancaire en consentant d'énormes prêts aux souverains et au pape (dont Jean XXII). Ainsi, 90 % du chiffre d'affaires provenait, à la fin de sa vie, des activités bancaires et 10 % du commerce ; quant aux filiales, elles avaient pris une importance bien supérieure à celle de la maison mère florentine.

Ainsi, lorsque les Florentins cherchèrent à se débarrasser des « oligarques » en place, et plus précisément des Albizzi, ils se tournèrent assez naturellement vers les Médicis et en 1434, Côme de Médicis fit dans la ville une entrée triomphale.

Côme, dit l'Ancien, assuma pendant trente ans la direction de la cité, longévité remarquable alliée à une popularité qui ne s'est jamais démentie. A sa mort, en 1464, les Florentins lui rendirent un dernier hommage en inscrivant sur sa tombe « Pater Patriae ». Quoique traité partout en prince d'une riche cité, il répétait à l'envi qu'il n'en était que le premier des citoyens. Il manipulait discrètement les organismes publics, comme l'*Otto di Guardia*, sorte de police secrète tout à son service, et s'affirma comme le meilleur défenseur des institutions républicaines. Homme politique éminent, il se présentait comme un simple marchand. Il soutint les artistes, offrit une villa à Marsile Ficin pour pouvoir discuter tranquillement de philosophie, se constitua une magnifique bibliothèque, fit reconstruire le couvent de San Marco – où il se réserva une cellule – et l'église San Lorenzo, décorée par Donatello et construite par Brunelleschi, à qui il commanda également les tombeaux de ses parents dans la vieille sacristie. Malgré cette activité de mécène, il continuait à vivre très simplement. Il ne résidera que dix ans dans le magnifique palais Médicis commencé en 1444 qui servit de modèle aux palais Pitti ou Strozzi.

Surtout, il donna aux Florentins des motifs de fierté en matière de politique étrangère. En 1440, à Anghiari, il défit la coalition milano-napolitaine qui menaçait l'Italie centrale ; en 1439-1440, il accueillit le concile œcuménique qui rapprochait temporairement les chrétiens grecs et latins ; enfin, en 1454, il intervint de façon décisive dans la signature du traité de Lodi qui assura un temps la paix en Italie.

L'immense prestige de Côme de Médicis rejaillit sur Florence tout entière. A cette même période, l'industrie de la soie relaya avantageusement celle de la laine, et les marchands florentins s'installèrent donc en Espagne, au Portugal, en Syrie, en Turquie. La ville, une fois encore, se transforma. La troisième enceinte enclôt une superficie qui, de 80 hectares, passa à 630 hectares pour une population qui avait augmenté de 50 000 à 90 000 habitants. Le *Trecento* avait ordonné un paysage monumental à la fois religieux (Santa Croce, Santa Maria Novella achevée en 1434) et communal (Palazzo Vecchio). Au *Quattrocento*, l'architecture privée devint prédominante (les grandes familles s'étaient fait construire une centaine de palais via Ginori, via Tornabuoni). La décoration et la sculpture étaient également privilégiées : Fra Angelico peignit les fresques du couvent de San Marco, Lucca Della Robbia s'affirma comme le maître de la terre cuite et de la céramique, Donatello annonçait, dans la sculpture de son David, une nouvelle sensibilité plastique, Ghiberti sculpta les portes en bronze du baptistère.

Ce bouillonnement culturel se doubla, pour les artistes, d'un changement de statut : protégés et recherchés par des mécènes de plus en plus puissants, ils devinrent pratiquement des enjeux de la lutte politique. Les Médicis multiplièrent les commandes, ainsi que leurs alliés les Tornabuoni et les Portinari. Mais le défi était relevé par les familles rivales, les Strozzi et les Pitti. La considération accordée aux artistes s'étendait aux philosophes et écrivains comme Boccace, Dante, Pétrarque, Marsile Ficin, Pic de la Mirandole. Sculpteurs, peintres, graveurs étaient conscients du rôle qui était le leur au sein de la cité. Ils signaient désormais leur œuvre – à la différence de leurs prédécesseurs médiévaux –, se représentaient dans leur propres tableaux, et devenaient exigeants quant à leurs prestations : ainsi Michel-Ange réserva son enseignement aux nobles, Donatello refusa de se découvrir devant l'évêque de Padoue, prétextant qu'ils étaient chacun premier dans leurs domaines respectifs...

Extraordinaire époque que ce *Quattrocento*. Si les historiens de l'art continuent de s'interroger sur le caractère de rupture ou de continuité de cette période, les artistes d'alors se considéraient comme novateurs : pour désigner leur temps, ils avaient choisi le terme de *Rinascità* (Renaissance). Il s'agissait là d'une démarche doublement originale car, d'une part, c'était la première fois qu'une période artistique était baptisée dès ses premières manifestations, et d'autre part, le mot induisait d'emblée une connotation positive. L'Homme s'était démarqué alors de la tutelle divine pour prendre sa propre mesure, il cherchait à ses inquiétudes métaphysiques. non plus les seules réponses de la religion mais aussi l'aide des maîtres antiques, Platon et Aristote. Il réinventait une Antiquité idéale différente de celle qu'avait connue le Moyen Age.

Si la veine religieuse demeure importante, puisque l'Église reste un des grands commanditaires, elle devient plus sereine, plus insouciante. Mais surtout, c'est le développement des sujets mythologiques qui est frappant : Botticelli avait fondé sa renommée sur *le Printemps* et *la Naissance de Vénus*, le nu retrouve les modèles de la plastique antique ; l'art du portrait, enfin, s'étend aux dynasties marchandes, aux mécènes, aux banquiers, nobles et roturiers mêlés.

Les progrès scientifiques servaient également l'art. L'optique livrait les secrets de la perspective et des lignes de fuite, la connaissance de l'anatomie permettait de représenter à la perfection le corps humain : on pense à Michel-Ange, Vinci, Donatello. Profitant de la munificence des classes dirigeantes, les artistes multiplièrent leur production, travaillant de plus en plus en ateliers sous la férule du maître. Lorsque Côme de Médicis disparut en 1464, le pape, dans sa lettre de condoléances, eut une attention qui permet de mesurer l'ascension de la famille Médicis. Il écrivait : « sa vie fut pleine d'honneurs et sa gloire s'étendit de sa ville à l'Italie et même au monde entier ». Le possessif se justifiait pleinement : Florence s'était désormais identifiée aux Médicis. Pierre le Goutteux succéda à Côme pour peu de temps (1464-1469). Probe et quelque peu austère, son gouvernement ressemble à une transition. Passionné de miniatures, de médailles et d'orfèvrerie, il se constitua une magnifique collection, probablement la plus importante du siècle. Installé au palais Médicis, il commanda à Paolo Uccello les trois grandes scènes de bataille qui ornaient l'une des salles, à Benozzo Gozzoli la décoration de sa chapelle, à Michelozzo le petit temple à Santa Annunziata, et on lui doit également le tabernacle de San Miniato.

A la mort de Pierre, Laurent dit le Magnifique hérita à la fois du pouvoir politique, d'une fortune considérable et de la dynamique artistique et intellectuelle qui faisait de Florence un phare européen. Il ne manquait ni de talent – il composa des poèmes appréciés –, ni d'assurance – celle que donne l'éducation d'un honnête homme –, ni de charme. Sa position politique était forte : en épousant Clarisse Orsini, il entra dans le clan des vieilles familles aristocratiques. Les souverains le traitèrent comme leur égal, s'honorant de son amitié. Le pape lui-même manifesta sa considération en consentant à élever en 1492 son deuxième fils, Jean, à la pourpre cardinalice. L'enfant n'avait que quatorze ans, pratique qui, sans être courante, n'avait rien d'exceptionnel, et en 1513 il fut élu pape sous le nom de Léon X. Après un court intermède de 1521 à 1523, son cousin Jules lui succéda sur le trône de saint Pierre sous le nom de Clément VII.

Plus que ses prédécesseurs, Laurent mena une vie fastueuse. Il incarnait véritablement le Prince, celui de Machiavel, et il fit œuvre de mécène. Passionné d'architecture, il s'intéressa de près à la rédaction du traité d'architecture de L. B. Alberti. Dans sa villa de Spedaletto, près d'Arezzo, il commanda des fresques aux plus grands : Botticelli, Filippo Lippi, Ghirlandaio, Le Pérugin, Verrocchio, fut choisi pour le monument funéraire destiné à Pierre et à son frère Jean. Laurent compléta la collection d'objets précieux de son père et lui adjoignit quelques projets extraordinaires, comme la Tazza Farnese, évaluée à dix fois la somme que reçut Ghirlandaio pour ses grandes fresques de Santa Maria

Novella. Tous les plus grands noms de la peinture figurent dans l'inventaire de ses biens dressé à sa mort.

Malgré cette splendeur et cette magnificence, des signes inquiétants se manifestaient. Des complots furent fomentés contre celui que Savonarole appelait le tyran. En 1478, il échappa de peu à une tentative d'assassinat. Un malaise s'était emparé de la cité toscane.

Malaise économique d'abord. Car le climat international s'avérait moins serein : Venise éprouvait quelques difficultés après la chute de l'Empire byzantin, Milan continuait d'avoir des visées sur l'Italie centrale ; Naples et Rome enfin devenaient plus agressives. La crainte de nouvelles guerres entraîna l'accroissement des dépenses militaires, et donc des impôts. Or la prise de Constantinople en 1453, si elle n'avait pas ruiné les villes marchandes italiennes, avait néanmoins déstabilisé les courants commerciaux et réduit les bénéfices. La crise européenne des années 1480 n'épargna pas la ville et Laurent, médiocre homme d'affaires, laissa péricliter certaines de ses filiales. Deux ans après sa mort, la puissante maison Médicis, symbole de la prospérité familiale, faisait faillite.

De surcroît, Laurent multiplia les maladresses politiques : alors que ses prédécesseurs faisaient peser un joug certain, mais léger, sur les institutions civiques, il accentua le caractère personnel de son pouvoir. Il créa de nouveaux conseils auxquels il assistait pour mieux les diriger : Conseil majeur en 1471, Conseil des soixante-dix en 1480, Conseil des quatorze en 1490. Parallèlement, il vida les anciennes hiérarchies de tout pouvoir, grossissant le camp des mécontents.

Son fils Pierre, qui lui succéda en 1492, fit les frais des maladresses paternelles. Chassé de Florence en 1494, il se retrouva de plus ruiné par la faillite de la compagnie familiale. La République fut alors restaurée sous d'austères auspices : le dominicain Savonarole prononça durant quatre années des sermons enflammés, exhortant les artistes à renier leurs œuvres profanes. En 1498, le pape, inquiet, ordonna de brûler l'exalté et Florence se donna alors une république aristocratique, dont l'un des secrétaires se nommait Nicolas Machiavel.

La fortune des Médicis sembla balancer quelques années encore. Mais lorsque le gouvernement francophile fut renversé en 1527 par les adversaires de Louis XII, Jean de Médicis reprit alors le contrôle de la ville. Puis Charles Quint s'empara de Florence, et les Florentins renversèrent de nouveau les Médicis pour se donner une république des plus originales puisque Jésus-Christ fut proclamé roi de Florence... En 1530, l'Empereur et le pape réconciliés prirent la ville après onze mois de siège et Alexandre, arrière-petit-fils de Laurent de Médicis devint duc de Florence.

Florence n'était plus alors la capitale des arts : Michel-Ange l'avait délaissée au profit de Rome où il venait de donner à Saint-Pierre la *Pietà*, Léonard de Vinci finissait de peindre la *Cène* à Milan et Raphaël parcourait l'Italie. Les papes de la famille Médicis continuèrent toutefois la tradition familiale. Michel-Ange sculpta pour eux les tombeaux de la chapelle Médicis, le *Jour*, la *Nuit*, l'*Aurore* et le *Crépuscule*, dans un style qui annonçait déjà le maniérisme.

En 1560, le duc Côme II fit construire le palais des Offices, reliant l'ancien centre civique et le palais des Médicis par un édifice abritant ce qui symbolise sans doute l'État moderne : les Bureaux – ou *Uffizi*. Et pour inscrire ce qu'il faut bien appeler une usurpation du pouvoir dans une logique historique, ses successeurs, encouragés par l'œuvre de Vasari, y installeront les œuvres d'art qui serviront à conférer au régime des Médicis une double légitimité : celle de l'histoire des communes et de la République dont l'apogée artistique est l'œuvre de Michel-Ange, et celle de l'Antiquité classique où chaque fragment représente une part d'*imperium* convoité par les maîtres de Florence.

Venise

Destin frappant également que celui de Venise, qui sut toutefois perdurer plus longtemps que Florence. Les évocations de Tiepolo, des carnavals du XVIIIe siècle, du baroque vénitien ont aujourd'hui encore une saveur, alors que Florence, très vite, vécut de sa grandeur passée, comme momifiée dans son rêve communal.

« Au commencement, il y avait la mer et un peu de terre »

affirment les vieilles chroniques vénitiennes, et de fait, la ville resta longtemps comme un grand navire à l'ancre, tout entière tournée vers les rivages les plus lointains. On a même parlé, à tort, mais l'anachronisme est éloquent, d'empire colonial pour désigner l'ensemble des îles et comptoirs disséminés jusqu'en Méditerranée orientale et jusqu'aux éphémères États latins établis au cours des croisades. Mais il n'y eut pas de colonies de peuplement, peu d'appropriation de terres, guère d'exploitation des ressources agricoles. Les îles et les ports, fondés aux points névralgiques du commerce international, servaient de relais ou d'accès aux ports de la mer Noire ou du Proche-Orient, mais pas de tête de pont pour une conquête territoriale. Tant qu'une grande puissance – Byzance, d'abord, puis le Saint Empire germanique – lui garantit sa sécurité, et éventuellement lui accorda des privilèges ou des quartiers francs, Venise resta fidèle à cette politique maritime et sa thalassocratie lui assura la richesse plus que le pouvoir.

Tout changea lorsque l'affaiblissement du Saint Empire fit place en Italie à une mosaïque de communes rivales : il lui fallut multiplier les traités, s'assurer la bienveillance des villes terrestres pour ne pas risquer un blocus qui l'asphyxierait, éventuellement combattre les plus puissantes. Pour ce faire, une politique de grande envergure était nécessaire en Italie. Le XIVe puis le XVe siècle furent donc marqués par une succession de luttes parfois très dures pour Venise. On peut, en simplifiant, distinguer la première moitié du XIVe siècle, qui fut une période de succès contre Vérone, Florence, Naples et les Angevins, suivie d'une série de déboires contre les Magyars, les Padouans, les Habsbourg et la grande rivale marchande, Gênes, dans la seconde moitié du XIVe siècle. L'affrontement le plus terrible fut sans doute la guerre de Chioggia durant laquelle Venise fut prise en étau de 1379 à 1381 par la flotte génoise d'une part, les armées hongroises et padouanes d'autre part. Ce fut indéniablement le siège le plus dur de son histoire. Malgré un remarquable sursaut patriotique mené par Victor Pisani, la cité dut accepter, avec le traité de Turin en 1381, d'abandonner la Dalmatie aux Hongrois et Trévise aux Habsbourg d'Autriche.

Une période faste s'ouvrit au XVe siècle, lorsque le péril turc affaiblit les Hongrois, inquiéta l'Autriche et ses alliés traditionnels. Les doges Michele Steno (1400-1413) et Tommaso Mocenigo (1414-1423) la mirent à profit pour abattre les Carrare et les Scaliger de Vérone dont les ambitions territoriales devenaient menaçantes. Venise récupéra Padoue, Vicence, Vérone ; surtout elle reprit le grignotage de la Dalmatie (Zara en 1409) jusqu'en 1420. Ces victoires eurent le mérite de simplifier la carte politique italienne en effaçant les petites seigneuries des marges lombardes. En revanche, elles laissèrent Venise seule face à la puissance de Milan où régnait le duc Filippo Maria Visconti (1412-1447). Il échut au doge Francesco Foscari de s'attaquer au problème milanais, avec l'alliance de Florence. Les campagnes se succédèrent pendant près de trente ans, mais la mort de Visconti d'une part, remplacé par un condottiere, Francesco Sforza, et la pression turque d'autre part amenèrent le duc milanais à accepter en 1454 la paix de Lodi, d'abord avec Venise, puis avec Florence.

Cette paix était particulièrement bienvenue car Venise devait également défendre ses possessions contre les Turcs. En effet, un moment ébranlé par les poussées mongoles, l'Empire ottoman redevint menaçant sous le règne de Mourad II (1421-1451) et de Mahomet II (1451-1481). Venise mit toute son énergie à protéger aussi bien ses intérêts propres que ceux des autres Latins, rôle qui était d'ailleurs reconnu par les tributs que lui versait Gênes pour ses possessions de Chio et de Lesbos. Salonique se plaça spontanément sous sa protection en 1423, la Morée et l'Albanie remirent leurs destins entre ses mains en 1444. Mais la lutte était inégale. Et lorsque les Turcs prirent Constantinople en 1453 et annexèrent les villes vénitiennes de l'Égée méridionale, Venise dut alors accepter de négocier. Le traité de 1454 entérina les pertes territoriales et, si la colonie de Constantinople dut se reconstituer, elle ne bénéficia plus des mêmes privilèges économiques que sous l'Empire byzantin. Surtout, le sultan mit à profit cette « paix » pour entrer en

Morée, prendre Nauplie, Argos, Nègrepont et camper aux frontières de Venise. Malgré une tentative de contre-offensive groupée des Vénitiens, Hongrois et Albanais contre les Turcs, ceux-ci prirent la Crimée et ravagèrent le Frioul en 1478. Une fois encore, Venise dut accepter un traité plutôt rude : elle perdait Nègrepont, Argos et quelques autres places et devait même payer un tribut de 10 000 ducats annuels pour avoir le droit de trafiquer en mer Ionienne et en Égée méridionale. Si la République fit abolir cet article infamant à la mort de Mahomet II, elle dut cependant le subir quelques années. Certes, Venise avait été bien seule dans cette lutte, abandonnée par Milan tout entière tournée vers ses luttes intestines, ainsi que par Florence qui joua un double jeu avec, semble-t-il, l'appui pontifical.

La fin du XVe siècle laissa peu de répit aux Vénitiens qui, pour compenser les pertes territoriales subies, tournèrent leurs regards vers la fertile Chypre, dernière place chrétienne en Orient. Lorsque son roi Jacques II épousa en 1468 Catherine Corner, une Vénitienne, la Répuplique fit spécifier dans le contrat de mariage que si le dernier des Lusignan disparaissait sans héritier, Chypre reviendrait à Venise. Lorsque Jacques II mourut prématurément en 1473, Venise dut d'abord protéger Catherine, enceinte du futur Jacques III, d'un complot napolitain puis la convainquit de lui céder l'île en 1489. Venise y gagna un relais essentiel du commerce levantin, face à la Syrie, non loin de l'Égypte, qui allait devenir le centre d'affaires le plus important en Orient et compenser partiellement la domination turque sur les Détroits. Mais les Turcs ne désarmaient toujours pas : malgré les premières années paisibles du règne de Bajazet II (1481-1512), ils relancèrent dès 1499 des campagnes en Morée qui compromirent de nouveau la sécurité des lignes commerciales vénitiennes.

En Italie aussi, les menaces continuaient, illustrant assez la solitude dans laquelle opérait la république de Venise. Ainsi, lorsque le duc de Ferrare décida d'établir des salines à Comacchio pour contourner le monopole vénitien du sel, en 1482, toute l'Italie se coalisa pour le soutenir. Ce qui n'empêcha pas Venise, une fois de plus, de vaincre, imposant en 1484 la paix de Bagnole qui lui rendait la Polésine – de Rovigo à Venise –, lui permettant de s'installer sur les côtes du royaume de Naples, de prendre Bari aux Aragonais et d'achever la conquête du Frioul.

Venise sut également jouer habilement de la complexité des relations diplomatiques de l'époque. Elle noua et dénoua ses alliances en suivant ses intérêts : ainsi les relations équivoques qu'elle entretint avec la France de Charles VIII puis de Louis XII.

A l'aube du XVIe siècle, la République s'imposait incontestablement comme l'une des principales puissances européennes : les périls s'éloignaient, ses possessions outre-mer, moins nombreuses, étaient solides et elle contrôlait un ensemble continental étendu. Un chiffre peut résumer ce nouvel équilibre : en 1432, ses revenus annuels se montaient à 1 100 000 ducats, ce qui la place bien au-dessus des 300 000 ducats dont disposaient Milan ou Florence, et à égalité avec les grands États, Bourgogne, Angleterre, France. Mais surtout, les rentes du Levant ne représentaient plus que 180 000 ducats, la « Terre Ferme » déjà 300 000 et Venise elle-même plus de 600 000 ducats. Les territoires qu'elle dominait de l'Isonzo à l'Adda lui apportaient de nouvelles sources de richesses agricoles et industrielles ainsi qu'un marché intérieur susceptible d'absorber les marchandises importées.

On connaît bien la situation économique de Venise au XVe siècle grâce, en particulier, au discours chiffré prononcé par le doge Mocenigo en 1423 pour évincer de la succession son rival Francesco Foscari, entreprise dans laquelle il échoua. Le commerce, « force de notre État » affirme le Sénat, représente une valeur annuelle de 10 millions de ducats à l'exportation et autant à l'importation. La cité, longtemps sans arrière-pays, importait d'abord des denrées alimentaires (céréales, viande, huile, vin). Ces produits, considérés comme indispensables, faisaient l'objet d'un monopole extrêmement rigoureux de la part de l'État. Un État qui se comportait en fait comme une gigantesque compagnie de navigation : tous les ans, il affrétait, sous l'autorité du Sénat, quinze à vingt vaisseaux de 300 à 500 tonneaux, jamais isolés, naviguant toujours groupés par deux ou quatre. Ces navires cinglaient aussi bien vers l'Égypte que vers l'Afrique du Nord et, de plus en plus, vers les ports anglais et flamands au premier rang desquels Bruges. Peu à peu la marine se perfectionna et l'on vit apparaître l'imposante galée (*galera di mercato*), et la coque à voilure carrée, tandis que l'usage de la boussole rendait moins hasardeuses les traversées lointaines. Ainsi arrivaient les marchandises rares qui enrichirent la ville, les épices (notamment le poivre), la soie et le coton d'Orient et d'Égypte, le sucre, les métaux exploités en Saxe et en Thuringe.

Aux côtés de ces gros vaisseaux circulaient également plus de 3 000 navires plus petits et 45 galères ainsi qu'une flottille de péniches et de barques acheminant en navette les cargaisons des plus gros bateaux au port. En effet, le principe de la « Dominante » implique que toutes les cargaisons doivent transiter par le port de Venise, mais tous les bateaux ne peuvent y entrer. Le port prit alors une importance considérable, du bassin de San Marco au Rialto. Seule exception, la *Ripa dei Schiavoni* (quai des Esclavons) achevée à la fin du XIVe siècle, qui n'était bordée que de petits quais le long desquels s'élevaient les offices de douanes, les entrepôts, les magasins (un des plus célèbres étant le *Fondaco dei Tedeschi* établi dès 1318 près du Rialto).

La mer faisait vivre au moins 36 000 marins, ceux de l'État mais aussi ceux des compagnies privées qui fonctionnaient selon le système original de la *colleganza* ou contrat d'association : un associé apportait les deux tiers des capitaux nécessaires et l'autre, outre le troisième tiers, investissait son activité et son habileté, les bénéfices étant répartis également.

Parallèlement aux marins, les ouvriers des constructions navales de l'Arsenal constituèrent un contingent énorme, peut-être 16 000 ouvriers (dont 3 000 charpentiers et 3 000 calfats), répartis en seize corporations ou *arti*. Leur nombre, leur science et leur habileté leur permettaient de construire une galère en une seule journée. L'Arsenal était de loin la plus grande concentration laborieuse de toute l'Europe pré-industrielle et constituait aux yeux de Dante la véritable clé de la puissance vénitienne.

D'autres industries se développèrent : le textile, surtout aux XIVe et XVe siècles, qui occupait 16 000 ouvriers travaillant soie d'Égypte ou de Chine, coton de Syrie et laine. Les merciers s'enrichirent au point de faire porter le nom de Merceria à la principale artère de la cité. Le cuir, le bois, l'orfèvrerie, la métallurgie, le travail de l'ivoire, du verre (à Murano) complètent ce panorama économique, l'activité étant surtout concentrée sur la rive gauche où se trouvaient les deux tiers de la population, la majorité des entrepôts, des maisons de commerce ainsi que les services de l'État.

Avant *le Marchand de Venise*, Machiavel déjà attribuait à la noblesse vénitienne ce trait distinctif : l'activité commerciale. On connaît l'exemple de Simone Valentini, marchand connu du XVe siècle, qui insistait dans son testament pour qu'il soit donné à son fils une solide éducation, non pas pour qu'il devienne médecin ou juriste, mais pour s'orienter vers la seule activité importante à ses yeux : le négoce. L'instruction vénitienne, au moins juqu'à la seconde moitié du XVe siècle, restait très tournée vers la pratique. On enseignait le grec comme langue vivante, pour commercer, et non pas pour lire les philosophes. Les intellectuels vénitiens du XVe siècle nous apparaissent plus pragmatiques que leurs homologues florentins ou romains. Dans le courant du siècle, toutefois, les esprits changèrent : ainsi Andrea Barbarigo, marchand vénitien dont le parcours est bien connu, commença sa carrière avec 200 ducats en 1420. En 1450, il en possédait 15 000 et son fils 27 000 en 1500. Mais la nouveauté, c'est que les bénéfices n'étaient plus systématiquement réinvestis dans le négoce : progressivement, les marchands achetèrent des terres et se transformèrent en propriétaires rentiers.

Il n'est pas surprenant que cette intense activité commerciale ait impulsé la banque. « Seigneurs de l'or de toute la chrétienté », les Vénitiens frappaient annuellement 1 200 000 ducats d'or et pour 800 000 ducats de monnaie d'argent. Les banques, essentiellement concentrées autour du Rialto, pratiquaient des virements de compte à grande échelle, des crédits, le change. On a calculé que sur une population masculine d'environ 30 000 personnes vers 1500, 4 000 d'entre elles possédaient un compte bancaire, soit près du quart !

L'originalité de Venise tient aussi à son organisation politique. Un historien vénitien du début du XVIe siècle écrivait avec fierté que « cette sainte république se gouverne avec tant d'ordre que c'est chose admirable ; on ne voit ni soulèvement populaire, ni rivalité entre les nobles ; au contraire, tous sont unis à la défendre ». Même si ce tableau est volontairement idéalisé, il n'en reste pas moins qu'à la différence des autres cités italiennes, la Sérénissime pouvait se targuer du vif patriotisme de ses citoyens qui se confondait effectivement avec le souci de la chose publique. Un trait également souligné par le Grec Georges de Trébizonde, écrivant en 1451 que les anciens Vénitiens avaient modelé leur constitution sur l'idéal de la République de Platon.

La noblesse apparaît moins comme une caste fermée – on note d'ailleurs très tôt des mariages avec la classe marchande – que comme une élite, solidaire. On réservait aux patriciens certaines hautes charges de l'État mais ils avaient relativement peu de privilèges. Même chose pour le clergé, corps respecté, certes, mais exempt de tous privilèges : les religieux payaient des impôts et devaient servir dans l'armée, si besoin était. Le doge se réservait le droit de choisir le patriarche, qui siégeait à Venise depuis 1451, et les chanoines de Saint-Marc ; quant aux évêques, ils étaient élus par le Sénat. Si l'Inquisition n'a jamais terrorisé la ville, c'est grâce à l'action modératrice des Sages. On a parfois parlé de « nationalisation de l'Église vénitienne », un terme sans doute excessif mais qui traduit bien le soin que les Vénitiens avaient pris de contrôler leur clergé. Lorsque, à plusieurs reprises, les papes lancèrent l'interdit sur la ville, le gouvernement refusa d'en tenir compte et contraignit les prêtres à continuer de célébrer les offices.

Les autres catégories au sein desquelles se répartissaient les quelque 100 000 Vénitiens font apparaître la même tranquillité, On trouve d'abord la catégorie des citoyens, jouissant d'une honnête aisance ; ils pouvaient être « originaires » si leur père et grand-père étaient déjà citoyens. Ils n'avaient alors pas le droit d'exercer un art mécanique, devant se consacrer au commerce, et ils bénéficiaient d'emplois réservés à la Chancellerie ducale. Sinon, ils étaient « d'adoption spéciale par le Sénat » sur rapport favorable des avocats de la commune. Venait ensuite le peuple regroupé par professions, en *arti* ou *scuole*. Très surveillé par l'État, rarement pauvre, il ne se révoltait pas. Enfin demeuraient quelques esclaves, mais en constante diminution.

Aux côtés des Vénitiens vivaient de nombreux autres groupes. Les juifs, surtout, rassemblés dans le ghetto, et qui devaient à certaines périodes, sur injonction pontificale, porter sur leurs vêtements un O jaune cousu. Des Allemands (autour du *Fondaco dei Tedeschi*), des Albanais et de très nombreux Grecs qui, chassés par les Turcs, se regroupèrent autour de Saint-Georges. Avec eux arrivèrent Georges de Trébizonde, Démétrius Chalcondylas, Jean Lascaris, qui contribuèrent à faire connaître les théories philosophiques de Platon à une ville jusque-là peu tournée vers les spéculations de l'esprit. C'est à ce moment que le cardinal Bessarion légua à la ville 600 manuscrits rares, et Venise entreprit en 1473 la construction de la bibliothèque Marciana dont ces ouvrages constituèrent le premier fonds.

Cette immigration importante illustre moins la tolérance que le pragmatisme des Vénitiens qui furent parmi les premiers, en 1423, à établir une quarantaine pour les voyageurs à l'*Ospedale dei Lazzaretto* sur l'île de Sainte-Marie-de-Nazareth, puis dans un second établissement en 1468. Le souvenir de la Peste noire explique sans doute cette prudence : en 1338, on comptait 110 à 120 000 habitants, ils n'étaient plus que 60 000 à peine en 1382 malgré l'apport d'immigrants du bassin méditerranéen. Ce n'est qu'en 1509 que Venise retrouva la population d'avant la peste.

La puissance politique, militaire et diplomatique de la cité s'explique aussi par la stabilité des institutions. A la tête de Venise, on trouvait le doge qui, depuis la fin du XIVe siècle, était choisi non dans les vieilles familles (*case vecchie*) mais dans les nouvelles (*case nuove*) auxquelles on donna le nom de *ducali* pendant les trois siècles où elles monopolisèrent la fonction. D'abord élu par les citoyens, le doge n'était plus, à partir de 1172, que le premier magistrat de la commune et le mode de désignation illustre la tendance aristocratique du gouvernement, au XIIIe siècle surtout : une commission de onze membres choisissait les quarante électeurs triés sur le volet qui, à leur tour, « présentaient » un doge dont la nomination devenait effective après l'acclamation populaire. Peu à peu, les règles changèrent et un système compliqué de onze scrutins successifs augmenta la part du hasard au détriment des qualités réelles des candidats. L'investiture du doge, une fois celui-ci élu, se faisait avec éclat : il revêtait un manteau de pourpre, le *corno*, béret en forme de corne peut-être d'origine grecque, un anneau orné d'un sceau, une épée, des éperons d'or. Il recevait alors le titre de prince sérénissime. Après la cérémonie des épousailles avec la mer au cours de laquelle le doge jetait symboliquement un anneau dans les ondes, il jurait de remplir jusqu'à la fin de sa vie sa charge pour l'honneur et le profit de Venise, par un serment (*promisio*) dont le texte était toujours soigneusement rédigé et conservé aux Archives. Mais dès le XIIe siècle, les pouvoirs du doge avaient en réalité beaucoup diminué et on a pu dire à son sujet qu'il « avait la majesté d'un prince et les devoirs d'un citoyen ».

De même, les pouvoirs de l'Assemblée populaire – ou *arengo* – fondirent face aux prérogatives des divers conseils et commissions successivement mis en place. Presque toutes les fonctions présentaient comme point commun le fait d'être électives, temporaires et collégiales mais aussi, plus surprenant, d'être obligatoires. On ne pouvait refuser une charge sous peine d'amende.

La clé de voûte du système constitutionnel était le Grand Conseil, aux compétences quasi universelles, fermé aux hommes nouveaux depuis 1297. Il choisissait en son sein les sénateurs et la plupart des autres magistrats, déléguant ses pouvoirs pour plus d'efficacité à des conseils restreints ou à des Sages chargés d'assister directement le doge. Par exemple le *Consiglio* – ou *Consiglio Minor* – était composé du doge, de six conseillers – un par *sestier*, ou quartier de Venise – et de trois Sages désignés par le Conseil des Quarante – qui étaient en fait quarante et un pour toujours aboutir à une majorité. Puis, à la fin du XIVe siècle entrèrent dans ce conseil restreint seize autres membres : six « Sages Grands » chargés de la politique générale, cinq « Sages aux ordres » s'occupant des problèmes maritimes et cinq « Sages de Terre Ferme ». Au XVIe siècle, les compétences de cet organisme s'étendirent encore et c'est lui qui recevait les ambassadeurs.

Les compétences du Sénat s'accrurent également : après 1450, il comprenait cent vingt membres élus, auxquels s'ajoutait le Conseil des Quarante, et le *Consiglio Minor* – également appelé Seigneurie. Ses attributions concernaient essentiellement la politique étrangère, le choix des ambassadeurs – contraints à la rédaction des fameuses *Relazioni* –, la défense nationale. On notera d'ailleurs sur ce point que si les Vénitiens se sont toujours préoccupés de la guerre sur mer, ils confièrent plus volontiers la menée des opérations terrestres à des étrangers.

Enfin, le Conseil des Dix, auquel se joignaient le doge et ses conseillers, constituait en cas d'urgence une commission – la *Zonta* – de vingt personnes, organe qui devint permanent en 1355 et qui correspondait à l'organe de Haute Police. Il gérait l'administration financière et diplomatique et veillait surtout à la protection de l'État. Ce qui donna lieu à certains excès : ainsi, en 1457, il déposa (fait rarissime) le doge Francesco Foscari âgé de 84 ans pour cause de décrépitude avancée – et de jalousies internes –, une semaine à peine avant sa mort. Sa veuve refusa avec une certaine hauteur les funérailles solennelles proposées par le Conseil, un peu embarrassé. En 1464, le Conseil des Dix condamna le noble Ludovic Contarini à avoir la main droite tranchée pour avoir écrit deux pamphlets injuriant le doge et l'État.

Magistratures majeures et mineures complétaient cette organisation précise, l'organisation de la « cité miraculeuse » selon l'expression de Pétrarque. État presque centralisé, et en tout cas soudé, dont le miracle sera politique, certes, mais aussi culturel.

Le *Quattrocento* fut également le siècle des arts et des voyages. Voyager était, on l'a vu, une tradition vénitienne dont Marco Polo au XIIIe et au XIVe siècle est sans doute le représentant le plus connu. Alvise de Mosto, enrôlé par l'infant du Portugal Henri le Navigateur, découvrit le Sénégal et l'archipel du Cap-Vert ; Giovanni Caboto (plus connu sous le nom francisé de Jean Cabot), au service de la couronne anglaise, aborda à l'île de Terre-Neuve. Niccolo de Conti, de Chioggia, partit vers l'Orient explorer Ceylan et l'Indonésie. En revenant, il aida son frère Mauro à mettre au point le merveilleux *Mappamondo* que l'on peut admirer dans la bibliothèque de Saint-Marc.

Saint-Marc constituait le centre politique et religieux de la Sérénissime – le Rialto étant le centre des affaires. Les ruelles vénitiennes (*calle*) étaient de plus en plus souvent traversées par des ponts et parcourues par des piétons nombreux et des cavaliers – jusqu'au XVIe siècle. Le Grand Canal, dont Commines disait qu'il faisait « la plus belle rue du monde et la mieux maisonnée », s'orna aux XIVe et XVe siècles de palais dont bien sûr la *Ca' d'Oro* du patricien Marino Contarini. Simplicité du plan (carré, avec une cour intérieure) et sophistication de la loggia et des façades donnant sur ce théâtre permanent qu'était le Grand Canal caractérisent ce gothique vénitien. Le palais ducal, commencé au XIVe siècle, s'inscrit également dans ce mouvement.

De 1474 au début du XVIe siècle, le palais ducal, siège du doge, de la Chancellerie et de quelques autres offices importants fut décoré, entre autres, par Carpaccio et Bellini, œuvres malheureusement détruites dans l'incendie de 1577. Le doge Foscari fit édifier la loggia Foscara qui fait face à la Piazzetta. Toutefois, le *Quattrocento* vénitien ne fut pas un grand siècle d'architecture : ce fut davantage une période de transition. La sculpture vénitienne fut menée par Verrocchio auteur de la statue du condottiere Colleoni. En revanche, la peinture vénitienne s'imposa comme une expression artistique originale. Au début du XVe siècle, elle restait d'inspiration médiévale avec Michele Giambono et Jacobello del Fiore ; mais après 1440, de nombreux artistes toscans s'installèrent en Vénétie : ainsi Donatello et Filippo Lippi s'établirent à Padoue ; mais ils furent aussi nombreux à rejoindre Venise même. Ghiberti, Michelozzo, L. B. Alberti, Paolo

Uccello, Andrea del Castagno, les trois Bellini (Jacopo, Gentile et Giovanni) y signèrent certains de leurs chefs-d'œuvre. L'originalité de la peinture vénitienne provient de la synthèse réalisée entre des influences a priori contradictoires : l'héritage byzantin, hiératique et brillant, l'apport toscan du coloris, et la touche adriatique de Vittore Carpaccio – originaire de Dalmatie – ou continentale de Bartolomeo Montagna et Giambattista Cima da Conegliano. Ajoutons à cela l'emploi de la technique flamande, soit l'adoption à Venise de la peinture à l'huile, facilitée par les contacts maritimes. En 1508, le Conseil des Dix demanda à Giorgione de peindre le *Jugement de Salomon* dans la salle des Audiences.

La vie intellectuelle de Venise resta longtemps un peu en retrait. Mais en 1495, Alde Manuce décida d'éditer des œuvres grecques pour les vulgariser. Venise devint alors un pôle culturel de tout premier plan.

Enfin on ne peut quitter Venise sans évoquer les nombreuses fêtes et cérémonies qui animaient la ville. Cérémonies religieuses en l'honneur de saint Marc (quatre fois par an), de la Fête-Dieu, de saint Nicolas (au Lido) et de saint Georges (sur l'île de Saint-Georges-le-Majeur), et pour l'Ascension (la légende voulait en effet que Venise ait été fondée pour l'Ascension de 421). Se succédaient également les joutes nautiques, les régates – annuelles depuis 1315, qui connurent un tel succès qu'en 1493 on en créa spécialement pour les dames. On organisait également des tournois, dès la fin du XIIIe siècle, des chasses au taureau, des jeux du chat (qu'on jette sur le crâne de deux chauves ainsi furieusement griffés !). Et surtout le carnaval qui se déroulait chaque année de la Saint-Étienne jusqu'à la veille du carême.

Le XVIe siècle fut le dernier « grand » siècle de la république de Venise qui vécut alors sur ses acquis sans plus se développer. Cette lente décadence aboutira en 1798 au traité de Campoformio et à la fin de l'indépendance vénitienne.

Rome à la Renaissance

L'histoire de Rome et des États pontificaux, de la fin du Moyen Age jusqu'au sac de la Ville en 1527, fut une histoire troublée qui peut toutefois être d'emblée divisée entre la période avignonnaise, de 1305 à 1376, et le Grand Schisme d'Occident qui lui succéda de 1378 à 1414, c'est-à-dire les périodes de vacance ou de partage du pouvoir pontifical. Toutefois si le sac de Rome constitua un traumatisme majeur pour la ville et ses habitants, infléchissant sans doute l'esprit de la Renaissance, il n'entama pas pour autant le dynamisme artistique et culturel des pontifes.

Avec le retour de Martin V, élu en 1417, et la reprise en main par le Saint-Siège tout à la fois des terres pontificales, de la ville de Rome et du fonctionnement de l'administration pontificale, l'*Urbs* redevint une des grandes villes italiennes. Mais les débuts des guerres d'Italie n'épargnèrent pas les États pontificaux, et les luttes internationales, relayées par les luttes de factions, entraîneront l'incroyable désastre du sac de Rome.

Les papes en Avignon

Il est impossible de relater ici en détail les épisodes innombrables et complexes de la période avignonnaise et la grande confusion régnant lors du Schisme. C'est durant cette période qu'eut lieu à Rome la tentative déjà mentionnée de commune dirigée par Colà di Rienzo. Après l'échec de ce dernier et sa mort, son compagnon de mission, le cardinal Gil Albornoz, réussit à récupérer la ville de Bologne aux mains des Visconti, et à organiser les bases de l'État, établissant en 1357 les Constitutions égidiennes, qui divisent le territoire des États dépendant du pape en sept provinces (Rome et ses environs, au sud la Campagna et la Marittima, le Patrimoine de Saint-Pierre en Tuscie et la Sabine, le duché de Spolète et la marche d'Ancône), chacune contrôlée par un gouverneur. Ce système resta en place pendant des siècles et constitua la base des extensions successives menées à bien par les souverains pontifes.

Durant cette période de vacance du pouvoir, les États pontificaux explosèrent en une série de seigneuries et cités-États dont Ferrare dominée par la famille d'Este ou Rimini par les Malatesta. Les grands nobles romains, Orsini et Colonna, se disputèrent le pouvoir dans une ville en pleine décadence.

Lorsque Grégoire XI revint enfin à Rome en 1377, c'était pour bien peu de temps car une nouvelle crise allait déchirer la chrétienté : le Grand Schisme. En effet, le successeur de Grégoire XI, Urbain VI (1378-1389), s'opposa violemment aux cardinaux qui l'avaient élu. Ceux-ci réagirent en désignant un autre pape, Clément VII, petit-cousin du roi de France, qui s'installa à Avignon. La confusion s'accentua lorsque, pour essayer de trouver une voie médiane satisfaisante... un troisième pape fut élu ! Il fallut donc attendre le concile de Constance en 1414 pour voir enfin un candidat qui semblait regrouper les factions : Oddon Colonna, qui régna sous le nom de Martin V.

Élu en 1414, Martin V ne se rendit pas à Rome avant 1417. On comprend son absence d'enthousiasme si l'on tente de se représenter ce qu'étaient alors les États pontificaux. Outre l'état d'anarchie qui régnait, la pauvreté et la violence, nombre de villes étaient passées aux mains de capitaines ou de mercenaires comme le terrible et fameux Braccio da Montone qui s'était assuré le contrôle de Pérouse, d'Assise et de Iesi depuis 1410.

Les territoires de l'Église

Les terres qui reconnaissaient l'autorité temporelle de l'Église s'étaient peu à peu agrandies au cours du Moyen Age pour parvenir à leur extension maximale entre le XIIIe et le XIVe siècle. Elles constituaient une bande de terres transversale dont la majorité se situaient dans le centre de l'Italie. A ce noyau, il faut ajouter les enclaves napolitaines de Pontecorvo et de Bénévent, le district d'Avignon et le comtat Venaissin en Provence.

Les possessions temporelles de l'Église regroupaient donc des terres extrêmement différentes topographiquement, économiquement et historiquement. Les sept provinces créées par Albornoz constituaient les références administratives et territoriales. Mais les représentants pontificaux n'étaient que des recteurs « *in spiritualibus et in temporalibus* » et leur rôle se limitait à un contrôle général visant à maintenir la paix, sans jamais être assez fort pour concurrencer les pouvoirs des communes ou des féodaux. Le transfert à Avignon, puis la faiblesse de la papauté au moment du Grand Schisme contribuèrent à affaiblir cette structure. Autour de Rome des grands féodaux se disputaient le territoire du Latium : les Farnese, les Salviati, les Vipereschi, les comtes d'Anguillara... Les monastères possédaient également des terres fort étendues, ainsi Subiaco ou Farfà. A Rome même, l'oligarchie dominante semble avoir été constituée de propriétaires de domaines des campagnes environnantes, d'artisans, de boutiquiers et de commerçants agricoles – les *bovattieri* – qui acquirent alors un pouvoir politique jamais atteint. En Romagne, en Ombrie, dans la marche d'Ancône ou à Bologne, le mouvement seigneurial s'était développé et on a déjà mentionné l'exemple de Braccio da Montone.

Lorsque Martin V fut élu pape en 1414, une de ses premières tâches était indéniablement de reprendre le contrôle de ses possessions temporelles afin de pouvoir mener à bien une politique de chef d'Etat, politique qui impliquait de percevoir l'impôt. Mais la reconquête des terres de l'Église était un problème complexe : il fallait en réalité respecter les formes de pouvoir qui s'étaient installées, les appuyer – même dans leurs projets expansionnistes – et obtenir en échange un paiement plus régulier des droits fiscaux au Saint-Siège. Dans cette stratégie, Martin V avait un atout : son appartenance à la vieille famille romaine des Colonna qui dominait, avec ses alliés, la campagne romaine, la Marittima et une partie du Patrimoine ainsi que l'*Urbs*. Martin V renforça donc les biens et les pouvoirs des Colonna et de leurs alliés et, dès 1418, il avait recouvré le contrôle de Rome et de sa région. Il avait en outre passé alliance avec Jeanne II d'Anjou qui lui fournit à plusieurs reprises des troupes pour mener à bien certaines expéditions militaires.

Dans le Nord, la situation était plus complexe car le pape n'y bénéficiait d'aucun appui. Il se contenta donc d'exiger une reconnaissance formelle de l'autorité pontificale et le versement plus régulier du cens.

Avec l'appui de Filippo Maria Visconti, de Milan, le pontife vint à bout, en 1424, de Braccio da Montone et restaura

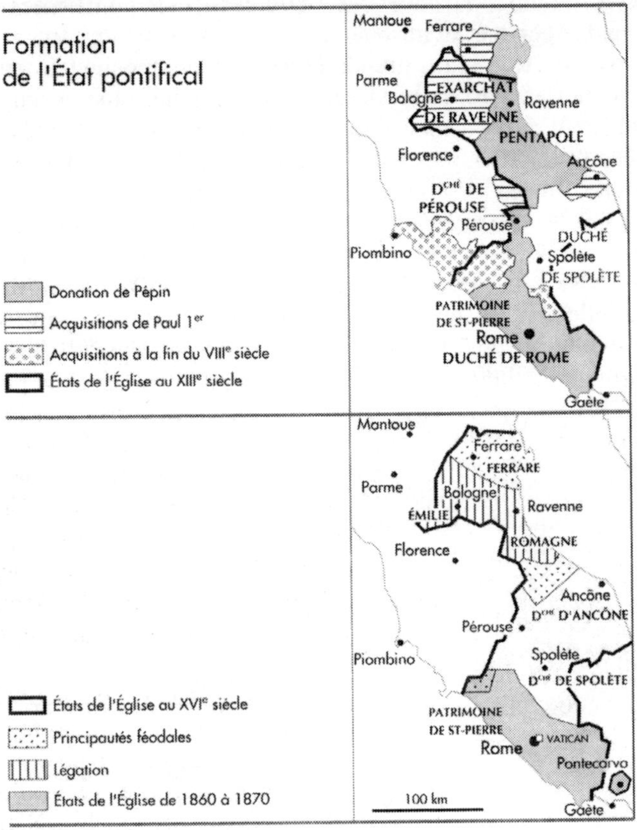

Formation de l'État pontifical

donc son pouvoir sur Pérouse, Trévise, Nocera et Montefalco. Quant à Bologne, elle parvint avec le Saint-Siège à un *statu quo* relativement favorable après une série de guerres dont aucune ne fut décisive.

A la fin de son pontificat, Martin V avait réussi à pacifier les terres pontificales et à y imposer son autorité, à cette réserve près que subsistait la distinction entre les terres *immediate suiecte* (Pérouse, Bologne, Ancône, Macerata, c'est-à-dire toutes les grandes villes non seigneuriales) et les terres *mediate suiecte*, ces dernières étant constituées de vicariats et de fiefs.

Au sommet de cette complexe et composite structure administrative se trouvait la Curie romaine qui s'occupait indistinctement des affaires temporelles et spirituelles de l'Église. La Curie était dirigée par le pape associé au collège des cardinaux et elle s'organisait, au temps de Martin V, autour de bureaux qui s'étaient mis en place durant la période avignonnaise : la Chancellerie, la *Camera Apostolica*, la *Sacra Romana Rota*, la *Sacra Penitenzieria* à laquelle s'ajoute la *Camera Secreta* dont naîtra la *Segreteria Apostolica*. L'organisation de la *Camera Apostolica* était particulièrement développée, sa fonction étant cruciale puisqu'il lui incombait de gérer les rentrées financières de l'État.

Le retour de la Curie à Rome eut pour conséquence la constitution d'une classe de bureaucrates formée de clercs, mais aussi de laïcs. Depuis le XIVe siècle, la vente des offices à la Curie s'était développée et au temps de Martin V, ils étaient pratiquement tous vénaux. Ce faisant, le Saint-Siège s'assurait des rentrées régulières mais surtout la fidélité d'une partie importante de la population romaine qui dépendait d'elle pour son travail.

Sous Martin V, les arts reçurent à Rome une nouvelle attention. Ainsi, une des œuvres les plus importantes commandées par le pontife fut le triptyque peint recto verso, destiné au grand autel de Sainte-Marie-Majeure, aujourd'hui dispersé dans des grandes collections internationales (National Gallery, Londres – Capodimonte, Naples – John G. Johnson Collection, Philadelphie). Cinq des six volets furent peints par Masolino, le sixième peut-être par Masaccio. Bien que cette pièce majeure soit représentative de l'art florentin des années 1420, la reprise culturelle romaine sous Martin V n'était pas entièrement tournée vers Florence. Ce fut plutôt un mélange de diverses tendances. Le pape invita également Gentile da Fabriano à décorer Saint-Jean-de-Latran, en 1426, travail repris après sa mort par son élève Pisanello. On avait donc à Rome la convergence de deux influences : l'influence florentine et l'influence de l'Italie du

Nord. Ainsi, Pisanello influença Masolino, ce dont témoignent les fresques de Saint-Clément, à Rome.

Restaurer Rome

Martin V s'attacha également à restaurer l'urbanisme de Rome, dessein qui resta celui des papes durant l'ensemble de la Renaissance, et au-delà. Moment particulièrement important puisque Rome fut en fait une des seules grandes villes italiennes qui acquit sa forme définitive à la Renaissance ; Florence, Gênes, Venise, Milan, Naples avaient déjà leur forme moderne au Moyen Age. A Rome, cette période médiévale était celle de l'exil avignonnais et, si cette dissociation de Rome et de la papauté avait en définitive permis de penser la romanité – et donc l'humanisme –, matériellement Rome était une ville ruinée comptant à peine 17 000 habitants.

Les rues n'étaient plus entretenues, la boue et les immondices rendaient le trafic impossible. Une bulle de 1425 est à cet égard éclairante :

« De nombreux citoyens et habitants de Rome et de son territoire, des bouchers, des cordonniers, des poissonniers, des fermiers et autres artisans qui habitent dans les plus beaux emplacements de la ville et qui y travaillent ont jeté et dissimulé illicitement des entrailles, des viscères, des têtes, des pieds, des os, du sang, de la peau, des crânes et même de la viande pourrie et du poisson avarié, des excréments et des déchets fétides et pourris dans les rues, allées, places et autres emplacements publics et privés. »

La topographie romaine différait de celle de toutes les autres villes, avec ses collines, la boucle accentuée du Tibre, l'absence de plan quadrangulaire. Le port situé sur la rive gauche avait entraîné le développement du quartier du Trastevere et la décision des papes de s'installer au Vatican plutôt qu'au Latran à leur retour d'Avignon induisit un deuxième pôle d'urbanisme de l'autre côté du Tibre : le Borgo du Vatican. Le Borgo, sorte de ville miniature, comprenait un palais épiscopal fortifié, la cathédrale et le quartier canonial ainsi que des artisans et marchands regroupés dans une enceinte. Il faudra attendre Nicolas V pour que la muraille aurélienne soit réparée et pour que le mausolée d'Hadrien (l'actuel château Saint-Ange) soit reconstruit en forteresse afin d'assurer un système défensif plus efficace.

Rome était loin de remplir l'espace inclus dans les murailles auréliennes : la ville presque millionnaire n'était plus qu'un souvenir. Par conséquent vignes, prés et pâturages couvraient une bonne part du territoire *intra muros*. Les antiquités chrétiennes et païennes affectaient le réseau de communication de la ville : les grandes églises des IVe et Ve siècles, buts officiels des pèlerinages, déterminaient des itinéraires qui serpentaient au milieu des pâtures et des ruines. La basilique Saint-Jean-de-Latran était l'aboutissement de la via Papalis, principale rue en provenance du Vatican à travers la ville. Enfin, la position excentrée du Capitole, entre habitat et ruines, marquait assez la fonction périphérique de la commune dont les pouvoirs étaient en réalité détenus par le Vatican. Mais les papes s'attachèrent à conserver et à ornementer cette place, restituant en symbolique ce qu'ils lui retiraient en réalité de pouvoir.

Enfin Rome était remarquable par son absence de centralité. Il n'y avait pas à Rome de place qui ait la fonction remplie dans la plupart des villes italiennes par des anciens forums ou les parvis des cathédrales. Le Panthéon, Campo dei Fiori, Porta del Popolo étaient autant de « centres », monumentaux, commerciaux ou « touristiques ».

La situation économique et sociale de Rome était très particulière : les membres de l'aristocratie romaine, Colonna, Orsini et autres grands propriétaires féodaux, ne portaient que peu d'intérêt à la ville et se souciaient peu d'y faire édifier des palais remarquables. Rome ne fabriquait et n'exportait pratiquement rien, vivant essentiellement de l'administration pontificale et des pèlerinages. Il n'y avait pas de ségrégation topographique entre riches et pauvres : Rome était divisée en quartiers au sein desquels tous les niveaux de population se retrouvaient, souvent agglutinés dans des petites baraques ou des échoppes autour des palais (comme autour de la Chancellerie construite par Bramante). C'était donc là la ville que des papes constructeurs, de Nicolas V à Jules II en passant par Sixte IV, s'employèrent à embellir et à aménager pour accueillir les flux de pèlerins, en attendant les ultimes projets de Sixte Quint à la fin du XVIe siècle.

La papauté retrouvée

Le pontificat d'Eugène IV, successeur de Martin V, se fit dans des conditions un peu plus difficiles, mais avec Nicolas V puis Pie II, Rome connut de nouveau autour de la papauté une splendeur retrouvée, allant de pair avec une puissance affirmée. Les invasions françaises déstabilisèrent les pontificats d'Alexandre VI Borgia et de Jules II, sans ôter à Rome le rayonnement artistique que ces pontifes avaient su lui donner.

Nicolas V, élu en 1447, mit en place de nouveaux équilibres politiques et internationaux. Il fut d'abord reconnu comme unique souverain pontife, réduisant ainsi les dernières résistances des évêques français. Il stabilisa les rapports avec le royaume de Naples et son représentant, Alphonse d'Aragon. Après avoir maintenu une position de neutralité dans les luttes entre États italiens, il fut l'instigateur, en 1454, de la paix de Lodi qui établissait enfin un équilibre géopolitique dans la Péninsule.

Le pape s'employa à mettre sur pied l'armée efficace qui avait manqué à ses prédécesseurs. Il s'attacha également à augmenter les rentrées fiscales et le jubilé de 1450 amena à Rome un flot considérable de pèlerins... et donc d'argent.

Enfin, Nicolas V accorda aux dirigeants municipaux un certain nombre de privilèges tout en gardant fermement le contrôle de la commune. Humaniste issu de l'université de Bologne, ce pape fut le fondateur de la bibliothèque du Vatican et il confia à L. B. Alberti le soin de repenser l'urbanisme de Rome.

Le pontificat suivant, celui de Calixte III, fut marqué par la reprise de troubles menés par la famille Borgia. Ce fut à Pie II Piccolomini (1458) qu'il incomba de résoudre cette crise. Il passa un accord avec le puissant Borgia qui se retira à Civitavecchia peu de temps avant sa mort. Il dut également réduire une révolte dans la marche d'Ancône. Plus intéressante fut la volonté de Pie II d'exploiter l'alun des monts de la Tolfa, au nord de Rome. Il réussit à imposer à tous les marchands chrétiens d'acheter l'alun romain, plutôt que l'alun oriental, et à consacrer les revenus de ces ventes au financement d'une croisade. Il s'attacha à préparer cette croisade mais, alors que tout était enfin prêt, il mourut en 1464, à Ancône, au moment d'embarquer. Avec sa disparition, l'expédition contre les Infidèles était définitivement compromise.

Remarquable érudit, voyageur curieux et ouvert (on lui doit une analyse pertinente de l'hérésie hussite qu'il avait observée lors d'un voyage en Bohême), Pie II est représenté à Sienne dans la magnifique chapelle Piccolomini peinte par Pinturicchio. Il fut le premier pape à concevoir la réorganisation urbanistique de sa ville de naissance qu'il rebaptisa Pienza en son honneur, la décorant de palais et d'églises sur des plans « de ville idéale ». La loggia et le « *giardino pensile* » du palais Piccolomini sont parmi les plus beaux d'Italie.

Le Génois Francesco Della Rovere, élu pape sous le nom de Sixte IV (1471-1484), succéda à Paul II. Ce pape utilisa de façon habile les liens interpersonnels et familiaux, inventant cette pratique aujourd'hui connue sous le nom de népotisme. En effet, il attribua à ses neveux des charges cardinalices ou politiques afin de consolider son pouvoir. Il s'opposa à Laurent de Médicis et téléguida sans doute de Rome la conjuration des Pazzi (1478). L'échec du complot provoqua une violente réaction de Florence et l'état conflictuel qui caractérisa la Péninsule ne s'atténua qu'en 1480 lorsque les Turcs occupèrent Otrante, constituant une réelle menace pour la chrétienté italienne.

Sous Sixte IV, la commune de Rome vit ses pouvoirs substantiellement réduits. Les premières interventions du pape datent de 1473 : arguant de la confusion persistante, malgré les statuts de 1469, entre les juridictions des tribunaux ecclésiastiques et des tribunaux communaux, il réduisit considérablement le champ d'application de la curie capitoline.

Cette politique restrictive se renforça et s'étendit après 1476. Parmi les prérogatives qui furent peu à peu retirées à la commune, figure l'urbanisme.

De ce point de vue, l'importance de Sixte IV fut inestimable. L'imminence de l'année sainte de 1475 entraîna une furieuse agitation édilitaire. Sixte IV confirma les trois axes qui avaient été ceux de ses prédécesseurs : faciliter les communications entre le Vatican et la ville, développer et protéger le Borgo du Vatican, et ouvrir des passages vers le centre de Rome depuis la porte du Peuple, située au nord, lieu d'arrivée par la via Flaminia de la majorité des pèlerins.

Sixte IV reconstruisit quarante églises, en fonda sept nouvelles (dont Sainte-Marie-du-Peuple et Sainte-Marie-de-la-Paix), lança le programme capitolin en offrant des statues pour décorer la place. Il construisit le premier pont moderne sur le Tibre, l'actuel ponte Sisto. Durant le jubilé de 1450, plus de cent personnes avaient été tuées sur le pont Saint-Ange lors d'un mouvement de foule. Le ponte Sisto fut donc conçu pour faciliter l'accès au Vatican, mais son emplacement répondait aussi à d'autres préoccupations : désenclaver le Trastevere où se trouvait la communauté génoise, compatriotes du pape, et faciliter le passage vers Campo dei Fiori où se tenait le marché au bétail, auprès duquel son cardinal-neveu avait fait construire un remarquable palais appelé plus tard Cancelleria (Chancellerie). En 1477, Sixte IV transporta le marché central du Capitole à la place Navone, sur l'emplacement du cirque de Domitien. Les ambitions de Sixte IV furent facilitées par les pouvoirs extraordinaires conférés en 1480 aux *Magistri Stratarum* leur permettant d'exproprier les propriétés privées.

Ces nouvelles dispositions permirent de commencer les travaux du trident à partir du pont Saint-Ange. Le plan initial ne fut pas bouleversé mais plutôt « radicalisé ». La première rue sur la gauche après avoir traversé le pont était déjà rectiligne puisque c'était une ancienne rue romaine, la via Recta, rebaptisée via dei Coronari. La rue centrale était la médiévale via Papalis par laquelle passaient les processions pontificales vers le Latran et Sainte-Marie-Majeure. La rue sur la droite était la via Peregrinorum ou Mercatoria qui conduisait au quartier hôtelier et commercial du Campo dei Fiori ainsi qu'au ponte Sisto.

Ces travaux d'aménagement ouvrirent la voie aux réalisations ultérieures de Sixte IV et Jules II.

Première Renaissance

Le premier *Quattrocento* fut artistiquement riche, tant dans les États de l'Église qu'à Rome même. Toutes les villes pontificales participèrent au mouvement, Ferrare, Urbin – sous le mécénat de Frédéric de Montefeltro. La peinture fut dominée par Piero Della Francesca, Melozzo da Forli ou Luca Signorelli. L. B. Alberti fut appelé à Rimini en 1446 par Sigismond Malatesta afin de transformer l'église de Saint-François. Bologne se transforma sous la direction de la famille régnante des Bentivoglio, inaugurant l'intervention des seigneurs dans l'architecture et l'urbanisme bolognais jusque-là réservés à l'Église. Enfin, l'école de peinture ombrienne se développa avec Piero Vannucci, dit le Pérugin et Bernardino di Betto connu sous le nom de Pinturicchio.

A Rome, l'amour pour l'Antiquité classique qui se renforçait trouva naturellement à se développer. Déjà Martin V avait fait restaurer des monuments antiques. Mais ce fut surtout avec Nicolas V que les études de l'Antiquité se développèrent. Intérêt pour l'architecture antique et mécénat pontifical se conjuguèrent dans l'*Urbs* avec cette particularité de voir l'antiquité païenne servir le catholicisme. Les pontifes firent venir à la Curie les plus grands artistes pour donner à Rome un nouveau visage : Nicolas V restaura et modifia la basilique Saint-Pierre, Paul II reprit les travaux au Vatican, acheva la loggia des Bénédictions, fit construire le palais Saint-Marc – aujourd'hui palais de Venise – et l'église de Saint-Marc. Quant à Sixte IV, son œuvre fut tout à la fois édilitaire et urbanistique.

En même temps, un nouveau climat culturel se développa. Les peintres les plus connus, Melozzo da Forli, Ghirlandaio, Pinturicchio, le Pérugin, Mantegna, Van der Weyden, Lippi vinrent travailler à Rome ainsi que des sculpteurs comme Pollaiolo. Sous le pontificat de Nicolas V, des lettrés s'installèrent à Rome. Protégés des papes, ils fondèrent des cercles littéraires et trouvèrent un appui en Sixte IV qui créa la Bibliothèque vaticane et en confia la direction à un académicien romain, le Platina.

La ville devenait ainsi un des grands centres de l'humanisme et de la Renaissance, mouvement qui se poursuivit sous Alexandre VI, Jules II et Léon X, malgré la transformation dramatique du contexte politique international.

Guerres d'Italie, guerres en Italie

En effet, avec l'expédition de Charles VIII en Italie en 1494 s'ouvrit une nouvelle phase de la politique péninsulaire. L'Italie devint alors terre de conquête pour les puissances européennes qui s'en disputaient la prééminence. Les premières invasions françaises remirent en cause l'équilibre des États italiens, équilibre difficilement obtenu au XVe siècle, avec la paix de Lodi. Les différentes luttes entre France, Espagne et Empire pour conquérir le duché de Milan et le royaume de Naples entraînèrent, dans les autres États, des tentatives de renforcement et d'agrandissement afin de résister à la domination étrangère.

Les glorieux pontificats

Les années qui s'écoulèrent depuis l'expédition de Charles VIII jusqu'à l'affirmation de la prédominance impériale et espagnole en Italie par Charles Quint correspondent aux pontificats d'Alexandre VI Borgia, Pie III, Jules II, Léon X, Adrien VI et Clément VII, de 1492 à 1527. Ce furent donc des années de bouleversement international, sans oublier les mutations spirituelles que représentèrent, au début du XVIe siècle, les débuts du protestantisme.

De ces pontificats successifs, un d'entre eux ressort avec force, celui de Jules II Della Rovere (1503-1513) qui succéda au sulfureux Alexandre VI Borgia, père de Lucrèce et de César Borgia... Jules II consolida l'État pontifical dont il fut en quelque sorte le restaurateur. Il fit rentrer dans les rangs les villes de Bologne et de Pérouse et, par le biais de la Ligue de Cambrai, récupéra les villes de Romagne qui avaient été cédées aux Vénitiens. Il renforça les structures administratives et fiscales de l'État et augmenta assez fortement les impôts. Jules II fut également un des rares papes à avoir eu une action internationale, nourrissant des ambitions sur le reste de l'Italie, mettant sur pied puis faisant crouler la Ligue de Cambrai, établissant en 1511 la Sainte-Ligue avec l'Espagne et Venise afin de chasser les Français de la Péninsule.

Le pontificat de Jules II, puis celui de Léon X, furent extrêmement glorieux pour les lettres et les arts, moments culminants d'une période brillante. Les dernières décennies du XVe siècle et les premières du XVIe virent en effet Rome s'affirmer comme le pôle d'attraction de la Renaissance triomphante. Le mécénat pontifical servait désormais moins le personnage que Rome, centre culturel et capitale de la chrétienté. Les artistes italiens et étrangers arrivaient toujours plus nombreux afin de découvrir les ruines antiques, ainsi que pour servir des maîtres fastueux.

Sous les Borgia, Bramante, Sangallo, le Pérugin et Pinturicchio travaillèrent pour la Curie et Michel-Ange arriva à Rome. Au Vatican, les appartements Borgia furent construits et décorés par Pinturicchio. Ce fut avec les premiers ors venus des Amériques que le plafond à caissons de Sainte-Marie-Majeure fut refait et doré à la feuille. Alors que des palais et des églises s'élevaient, en particulier le long du nouvel axe traversant le Borgo, les autres nations étrangères désireuses d'être présentes dans Rome construisaient la Trinité-des-Monts (France), Santa-Maria-dell'Anima avec son clocher vernissé (Allemagne) et le Templetto de San-Pietro-in-Montorio, érigé par Bramante pour l'Espagne.

Sous le pontificat de Jules II, Michel-Ange et Raphaël commencèrent leurs œuvres romaines (la *Pietà*, le *Moïse* de Saint-Pierre-aux-Liens...). Les *Stanze* du Vatican et la chapelle Sixtine datent de cette période. Jules II confia également à Bramante les projets de la nouvelle basilique Saint-Pierre. Le mouvement artistique, mais aussi littéraire fut également porté par Léon X qui, entouré de poètes et d'écrivains (Paolo Giovio, Guicciardini, Ruccellai, Bembo), redonna aux études grecques un nouvel essor, et agrandit la Bibliothèque vaticane.

Jules II utilisa, tout comme Sixte IV, son oncle, la propagande urbanistique. Il fit percer la via Giulia qui reliait la rive située face au château Saint-Ange au ponte Sisto. Cette rue est une des plus belles artères de Rome. Rectiligne, bordée de palais et d'églises, elle devint très vite, par sa position agréable le long du Tibre et par la présence de la communauté florentine, un des endroits élégants et recherchés de Rome. Jules II fit construire par Bramante un palais de Justice – l'actuelle *Cancelleria* (Chancellerie) –, Alexandre Farnèse – le futur Paul III – commença la construction du palais familial avec Michel-Ange et Sangallo le jeune. Jules II améliora également, de l'autre côté du Tibre, la via della Lungara dont la largeur exceptionnelle pour l'époque attira le banquier de Jules II, Alexandre Chigi : Raphaël et Baldassare Peruzzi lui édifièrent la splendide villa de la Farnésine.

Paul III et Sixte V allaient, au cours des décennies suivantes, donner à la ville sa forme la plus achevée.

On n'aura pas brossé de l'Italie un tableau exact des forces en puissance si l'on n'évoquait deux des autres États italiens : Milan et le royaume de Naples. On donnera ici un rapide aperçu de leur évolution entre Moyen Age et Renaissance.

Milan

Milan, la plus grande ville d'Italie, connut un remarquable développement économique pendant sa période communale, avant de devenir un État seigneurial au XIIIe siècle sous le contrôle grandissant de la famille Della Torre. Le pouvoir sur la ville fut alors disputé par les Della Torre et l'autre grande famille milanaise, les Visconti.

Ces derniers remportèrent la lutte lorsqu'Otton Visconti, archevêque de Milan, fut nommé seigneur de la ville en 1277. A Otton succéda son petit-neveu, Matteo (1255-1322), et dès lors les Visconti furent considérés comme les dirigeants « naturels » de Milan. Ce fut Matteo qui installa la famille à la tête de la cité et entreprit l'expansion géographique qui allait permettre à Milan de devenir un État important. Le plus connu des Visconti demeure Gian Galeazzo (1351-1402), qui eut le pouvoir de 1379 à sa mort.

Personnage ambitieux et sans pitié, il réussit à rassembler les différentes cités autour de Milan en un État centralisé placé sous son contrôle. Il réduisit le pouvoir familial à un pouvoir personnel en assassinant son oncle Bernabo, rival potentiel.

Au faîte de sa puissance, l'État milanais comprenait un vaste territoire non seulement en Lombardie mais également en Ligurie, en Vénétie, en Émilie et en Toscane. Les villes sous son contrôle incluaient Gênes, Vérone, Pavie, Crémone, Belluno, Bologne et pour un temps Pise et Sienne. Gian Galeazzo Visconti renforça sa puissance grâce à une série d'unions avec les plus grandes familles européennes. Il maria donc sa sœur à Lionel, duc de Clarence, second fils d'Édouard III d'Angleterre, et sa fille Valentine à Louis, duc d'Orléans. Cette union constitua d'ailleurs un des fondements des revendications françaises sur le Milanais. En 1395, le désir de reconnaissance de Gian Galeazzo fut enfin satisfait lorsqu'il reçut de l'empereur Wenceslas le titre de duc de Milan.

Il tenta alors d'étendre son influence à une grande partie de l'Italie. Il parut même possible à un moment qu'il réussisse à unifier l'ensemble des États de la Péninsule sous son contrôle. Lors de cette guerre, il repoussa les Florentins assez loin dans leur territoire, et les armées firent appel à des mercenaires et à des condottieri venus de toute l'Italie et de toute l'Europe. Mais au moment où Gian Galeazzo allait venir à bout de la résistance florentine et avoir raison de Rome, il mourut brutalement d'une fièvre maligne.

Malgré un caractère compliqué et mégalomane, Glan Galeazzo Visconti fut un dirigeant efficace et capable. Nombre de villes s'en remirent à son pouvoir car il était capable d'assurer une certaine équité dans la répartition des impôts et l'exercice de la justice. En outre, il était le garant d'une relative stabilité politique et d'une politique économique efficace. Il améliora ainsi la navigation et l'irrigation en faisant construire le canal de *Navigliacco* entre Milan et Pavie. L'agriculture et l'industrie textile lombardes se développèrent considérablement à la fin du XIVe siècle – tout particulièrement la soie. La cathédrale de Milan et la chartreuse de Pavie furent érigées à cette époque.

Mais les guerres du duc avaient affaibli Milan et procurèrent des opportunités qui furent saisies par l'ambitieux condottiere Francesco Sforza. Les fils de Gian Galeazzo Visconti ne surent pas résister à cette lente prise de pouvoir malgré les qualités politiques de l'un d'entre eux, Filippo Maria, cruel mais compétent. Celui-ci, aidé de Francesco Sforza, recouvra de 1416 à 1421 la plus grande partie de la Lombardie mais, n'ayant pas de fils, accorda en 1441 la main de sa fille naturelle, Bianca Maria, à Sforza. Avec lui s'éteignit la dynastie des Visconti.

Francesco Sforza (1401-1466) avait servi comme condottiere sous diverses bannières avant de lier son destin à celui du Milanais. D'origine humble, fils d'un autre condottiere, sa famille avait gagné le nom de Sforza grâce à la force de son père.

Après la disparition du dernier Visconti, il s'imposa comme duc de Milan malgré la résistance des Milanais, en se débarrassant de la République ambrosienne qui avait été établie en 1447. Il s'était déjà emparé de la marche d'Ancône, au grand dam du pape Eugène IV, et il réussit à étendre son autorité sur toute la Lombardie, gagnant les alliances de Côme de Médicis et de Louis XI. Les Sforza régnèrent sur l'État milanais pendant presque tout le XVe siècle et le plus fastueux d'entre eux fut Ludovico il Moro, le More. Il s'empara du pouvoir en 1480 après s'être sans doute débarrassé de son neveu. En 1494, il prit le titre de duc. Hostile à la maison d'Aragon, il fit appel au roi de France, Charles VIII, mettant ainsi en branle le mécanisme qui allait entraîner les guerres d'Italie. Mais, une fois le danger napolitain éloigné, il se retourna contre les Français, alors que le futur Louis XII faisait valoir ses droits sur le Milanais. Chassé de Milan en 1495, Ludovic s'y rétablit pour en être définitivement expulsé par les Suisses qui le livrèrent à Louis XII, lequel l'interna à Loches où il mourut. Époux de Béatrice d'Este, il avait mené à Milan une vie fastueuse et raffinée, protégeant Léonard de Vinci et Bramante. Le duché fut définitivement perdu en 1515 et Maximilien

Sforza vendit ses États à François Ier en échange d'une pension. Mais le Milanais revint aux Habsbourg en 1525, après la défaite française de Pavie.

Le royaume de Naples

Au début du XIVe siècle, le vieux royaume de Sicile était divisé politiquement. L'Italie du Sud était aux mains des Angevins, alors que les Aragonais contrôlaient la Sicile. La principale figure politique était alors Robert d'Anjou, souverain de ce qu'on appellera plus tard le royaume de Naples. Il installa la cour à Naples, occidentalisant ainsi la ville, et fit de l'université un centre d'excellence capable d'attirer des artistes et des lettrés tels que Giotto ou Boccace. Très admiré par Pétrarque, il gagna le surnom de Robert le Sage. Guelfe convaincu, il fut de toutes les batailles destinées à repousser les troupes impériales. Estimé dans toute l'Italie, on lui octroya la seigneurie sur cinq villes de Toscane et une charge de vicaire pontifical de Romagne. Sous le règne de Robert, le royaume semblait économiquement et socialement stable et prospère ; son unité reposait essentiellement sur l'organisation féodale et les relations de pouvoir héritées de la période normande. La monarchie était en effet une monarchie féodale, les communautés locales dépendant du pouvoir de barons.

Mais les faiblesses inhérentes au Sud de l'Italie et qu'on avait vu se mettre en place dès les débuts du Moyen Age demeuraient. Moins peuplé, doté de petites villes – Naples a alors 30 000 habitants... –, le royaume était en réalité très pauvre. L'exportation des denrées produites dans le Sud était réalisée par des marchands étrangers qui ne laissaient sur place presque rien des bénéfices réalisés. Quant aux seigneurs, ils prenaient également leur part sur les transactions réalisées. La paysannerie vivait donc dans une très grande pauvreté et la crise économique du XIVe siècle frappa de plein fouet un pays déjà affaibli. Des régions entières furent totalement désertées, cessèrent d'être cultivées et dans certaines parties de la Sicile, 50 % des villages disparurent à cette époque.

La mort de Robert en 1343 laissa donc le pays dans un

état d'anarchie et de lutte féodale effrayant. Lui succéda Jeanne Ire, souveraine dépravée qui se débarrassa de trois maris avant d'être emprisonnée et expédiée *ad patres* par Charles de Durazzo qui la détrôna pour prendre le titre de roi, sous le nom de Charles III. Il régna trois ans (entre 1382 et 1386), lui succéda son fils Ladislas (1386-1414). Roi guerrier et aventurier, toujours absent de Naples, Ladislas ne connut pas la popularité de sa sœur Jeanne II (1414-1435) que le peuple libéra en 1416 du semi-enfermement dans lequel la tenait son époux, Giacomo Della Marca. Mais cette période fut une suite incessante de luttes entre factions rivales, dont les défenseurs de Louis II d'Anjou et ceux d'Alphonse d'Aragon.

En 1438, Isabelle de Lorraine vint prendre possession du trône au nom de son époux, René d'Anjou. Mais la ville fut violemment assiégée et saccagée ; Alphonse d'Aragon avait réussi à pénétrer dans la ville par un aqueduc, contraignant René à s'enfuir pour la Provence. Le pays continua d'être ravagé par les guerres et les conflits entre des barons ruinés qui profitaient des combats pour améliorer leur ordinaire jusqu'à ce qu'en 1377, Alphonse d'Aragon reprenne définitivement la situation en main.

Connu sous le nom d'Alphonse le Magnanime, il réussit à restaurer le prestige de Naples tant culturellement qu'architecturalement. Il fit ériger l'arc triomphal du Castel Nuovo. Mais il demeura pour la ville un souverain étranger, entouré essentiellement de conseillers catalans et de moines espagnols. Son fils illégitime, Ferrante, continua l'œuvre de restauration entreprise par son père. Il eut à repousser une tentative d'invasion de René d'Anjou, une révolte paysanne en Calabre de 1469 à 1475 et une insurrection de ses barons en 1486-1487. Il les réprima avec une énergie confinant à la cruauté... Il mourut en 1494 alors que Charles VIII préparait l'invasion de l'Italie. Aidé par Ludovic Sforza et par la Florence de Savonarole, le Français prit Naples sans difficulté mais dut rapidement se retirer. Le royaume de Naples était prêt pour les Espagnols et, malgré un traité signé en 1500 divisant le royaume entre la France et l'Espagne, les

Français furent rapidement écartés, laissant tout le pouvoir aux Espagnols.

Renaissance ?

A l'issue de ce chapitre sur le *Rinascimento*, du moins jusqu'aux premières années du XVIe siècle, quelques remarques s'imposent, même s'il n'est évidemment pas du ressort de ce livre de faire le point sur l'immense mouvement que fut la Renaissance italienne.

Rappelons tout d'abord que ce mouvement fut essentiellement le fait des élites : classes dirigeantes, cours princières, prélats, riches marchands. La majorité de la population resta fort éloignée de ce mouvement culturel et artistique. On sait que l'art de Giotto ou de Pisano fut d'abord assez peu apprécié du petit peuple. Il faut bien penser, toutefois, qu'il arriva un jour où la foule des fidèles s'habitua et même admira les œuvres religieuses des plus grands maîtres, sans toutefois aller beaucoup plus loin qu'une compréhension des sujets. On sait également que les plus grands maîtres du *Quattrocento* ont pensé le traitement des sujets artistiques en fonction d'habitudes mentales ou matérielles qui étaient autant les leurs que celles du peuple. Ainsi, le langage des gestes dans les tableaux représentant l'Annonciation était-il sans doute directement issu du langage gestuel des prédicateurs qui parcouraient les routes d'Europe, introduisant dans leurs sermons une sorte de parole immédiatement compréhensible pour les fidèles français, allemands ou italiens qui n'auraient pas compris le latin. Mouvement des élites donc, destiné aux plaisirs des princes et à leur auto-proclamation, mais aussi dans certains cas tourné vers un public empreint de religiosité, susceptible d'émerveillement mais aussi de compréhension.

Une des questions essentielles est bien sûre celle de l'origine du *Rinascimento*. Longtemps, la perception des hommes du XVe et du XVIe siècle fut adoptée sans beaucoup de recul par les historiens et les « connaisseurs ». La Renaissance apparaissait alors comme une sorte de miracle dans le désert du Moyen-Age : enfin, et d'un seul coup, on redécouvrait les Antiques, les Anciens, la philosophie grecque et les auteurs romains. Véhiculée par les plus grands penseurs de la Renaissance, dont Vasari ou Brunelleschi, reprise par Voltaire, puis par Burckhardt au XIXe siècle, cette idée d'une éclosion spontanée du mouvement apparaît de plus en plus contestée. Cette reconsidération du problème a été amorcée par la redécouverte du Moyen Age et tout particulièrement par l'écho très fort qu'eut la culture classique sur l'ensemble de la pensée médiévale. A commencer par la pensée politique : ainsi, le modèle impérial traversa les aléas de l'Empire, saint, puis germanique.

La connaissance par les hommes du Moyen Age de la littérature latine ne fait pas non plus de doute, pas plus que celle des ruines antiques qui ont remué et marqué les visiteurs du XIIe siècle : ainsi Ildebert de Lavardin en 1106, visitant et admirant la Ville éternelle. De la même manière, on a pu montrer que la sensibilité médiévale n'était pas aussi éloignée qu'on a voulu le dire de la sensibilité de la Renaissance. En revanche, ce sont les conditions de la création artistique ou scientifique qui changent, en même temps que se transforme la perception du monde qui, effectivement, se mesure de plus en plus à l'aune de l'homme. La dignité de l'homme est exaltée par Pic de la Mirandole et tant d'autres, et il faut bien concilier cette volonté humaine redécouverte et la volonté divine. C'est de cette tension que naît la réflexion de la Renaissance, plus que du prétendu retour à l'Antiquité. Ou plutôt, l'Antiquité constituera un modèle de référence pour ces humanistes qui, eux, se pensaient en totale rupture avec la barbarie qui les avait précédés.

Matériellement, il est indéniable que des transformations considérables ont secoué les hommes de la Renaissance. L'élargissement du monde, les découvertes géographiques et scientifiques, mais aussi le statut nouveau accordé à l'artiste, la fonction essentielle apportée à l'art dans les stratégies politiques des princes, le pullulement des chapelles privées dans les églises, le développement des bibliothèques, de l'imprimerie et des inventions... Tout cela permit la multiplication d'œuvres sublimes qui constituent encore le cœur de la culture italienne.

Du sac de Rome à Galilée

La période des XVIe et XVIIe siècles est longtemps apparue comme signant la décadence italienne, décadence qui ne s'achèverait qu'avec le Risorgimento et l'unité italienne.

Il est vrai que le siècle s'ouvrit sur un événement qui prit les proportions d'une catastrophe matérielle et morale : le sac de Rome, en 1527. Ce furent les fondements même du *Quattrocento* qui semblèrent s'écrouler lorsque les troupes de l'empereur Charles Quint, privées de chef, pénétrèrent dans l'*Urbs*, massacrèrent et pillèrent plusieurs jours durant. Toutefois, on assista aux cours des décennies suivantes à une période de relative stabilité politique, à un développement artistique vigoureux et à la mise en place de nouvelles « puissances ». En effet, à partir de 1530, puis plus définitivement à partir de 1559 (traité de Cateau-Cambrésis) et jusqu'à la paix d'Utrecht en 1713, l'Italie a vécu à l'heure de la domination espagnole. Domination souvent mal jugée, assimilée à l'obscurantisme et qui n'a été réévaluée que fort récemment.

Le développement de l'Italie est longtemps apparu rétrograde, comparé aux autres États européens « modernes ». Pourtant, si les modèles politiques italiens restèrent des modèles dominés, ils surent continuer de générer des formes propres et originales.

Cette période vit également l'affrontement terrible des

protestants et des catholiques, et la mise en place de la Contre-Réforme qui marquera considérablement l'Italie.

Le XVIe siècle italien présente cette particularité de dissocier clairement domination politique et vie culturelle et artistique.

Le sac de Rome

Après quatre heures de combats intenses à l'aube du 6 mai 1527, les hordes des mercenaires à la solde de Charles Quint réussirent à ouvrir une brèche dans la muraille romaine, un peu à l'est du Vatican. Une partie des défenseurs chercha refuge dans le lacis des ruelles romaines, les autres furent massacrés sur place. Le pape, Clément VII, les cardinaux et la suite pontificale s'enfuirent par un passage couvert sur le sommet de la muraille vers le château Saint-Ange transformé en forteresse. Le soir même, Rome tout entière s'était rendue, sauf le château duquel on tirait de temps à autre un coup de canon. Et c'était l'orfèvre Benvenuto Cellini qui, pour l'occasion, avait troqué l'or pour le plomb, jouant le rôle d'artilleur au service du souverain pontife.

L'armée victorieuse, privée de commandement – le connétable de Bourbon avait été tué peu de temps auparavant –, renforcée par les milices privées de la famille Colonna, s'adonna au pillage systématique des églises et des couvents, incendiant les palais, tuant, violant et torturant sans discernement.

La ville fut saccagée et durant dix mois, aucune église de Rome ne sonna les heures : l'*Urbs* semblait ville morte. Mais Rome ne subissait là qu'un sort commun à nombre de villes italiennes depuis le début des expéditions françaises dans la Péninsule. On ne peut donner ici la liste des villes détruites, brûlées dont les habitants furent torturés, violés, écartelés, dépouillés. Le sac de Rome ne fut donc remarquable ni par son déroulement, ni par sa durée. Il fut remarquable parce qu'un sort commun frappait cette ville qui se pensait différente. C'était un mythe, la capitale spirituelle de la chrétienté latine, qui était atteint. Et le sac de Rome apparaissait comme le symbole, le paroxysme de toutes les calamités qui touchaient l'Italie depuis les premiers signes de faiblesse de la Ligue italique.

A l'arrière-plan politique de ce désastre, le combat opposant la France et l'Empire pour le contrôle de l'Italie. En 1519, à la mort de son grand-père l'empereur Maximilien, Charles de Habsbourg, soit Charles Quint, avait été élu empereur du Saint Empire romain germanique. Déjà à la tête de l'Espagne, des Pays-Bas et des terres des Habsbourg, il se montra ambitieux et décidé. Sa mainmise sur l'Italie et l'établissement de relations privilégiées avec la papauté lui semblaient les préalables indispensables à tout contrôle européen. De surcroît, la possession du duché de Milan lui aurait permis de relier stratégiquement les parties allemande et espagnole de son empire à Naples, à la Sicile et à la Sardaigne qui étaient également sous sa domination. Or le seul obstacle à ses projets restait la France qui, sous le règne de François Ier, avait affermi son contrôle sur le Milanais. Depuis 1512, et jusqu'à 1559, l'histoire italienne sera marquée par les guerres franco-impériales.

Mais il ne faudrait pas voir les États italiens comme de simples marionnettes aux mains des « superpuissances » de l'époque. Bien que beaucoup plus faibles et divisés, ils tentèrent de mener une politique avantageuse, sans grand succès toutefois. Ainsi, en 1515, lorsque François Ier prit possession de Milan après la victoire de Marignan, quatre partis étaient en présence : les Français en Lombardie et à Gênes, les Espagnols en Sicile et à Naples, les Impériaux en Vénétie et les Suisses. Deux des puissances d'antan étaient éliminées définitivement (Milan et Naples) et une troisième temporairement : Venise. Enfin Florence était totalement aux ordres de la papauté après l'élection de Léon X de Médicis en 1513.

Seul l'État pontifical tirait parti de ce réalignement. Sous Jules II, il avait pris possession des villes de Romagne et des Marches conquises par César Borgia ; sous Léon X, ce fut le tour des villes d'Émilie appartenant à la famille d'Este et aux Sforza : Modène, Reggio, Parme et Plaisance. Ces résultats furent obtenus par un jeu de balancement habile entre les deux puissances concurrentes, jouant tout à la fois sur la puissance temporelle et spirituelle de l'Église.

Après 1519, le jeu devint beaucoup plus compliqué car deux des puissances extra-italiennes, Espagne et Empire, furent unies sous le même souverain, Charles Quint. Les difficultés s'accrurent lorsqu'en 1521 les Suisses se retirèrent de la scène et l'ensemble fut totalement incontrôlable après la défaite française à Pavie en 1525. Le pape Clément VII et ses conseillers francophiles ne comprirent pas qu'il s'agissait alors d'un tournant définitif. Ils essayèrent donc de réunir les Florentins, les Vénitiens, le duc de Milan et le roi de France dans l'illusoire Ligue de Cognac. De cette erreur d'appréciation découle le sac de Rome en 1527.

François Ier reprit les hostilités, reconquit le Milanais, occupa une grande partie du royaume de Naples. Mais lorsqu'Andrea Doria qui commandait la flotte génoise, jusque-là au service de la France, fit défection, il fallut lever le siège de Naples et battre en retraite.

Le conflit s'apaisa au cours de l'année 1529. L'Empereur se réconcilia avec le pape par le traité de Barcelone et en août, il parvint à un accord avec François Ier, revenant sur certaines des clauses léonines du traité de Madrid, laissant en particulier au roi de France la province de Bourgogne. La paix de Cambrai marquait l'hégémonie espagnole en Italie et valut à l'Europe sept années de tranquillité. Charles Quint se fit couronner par le pape à Bologne et fit élire son frère Ferdinand roi des Romains.

Mais la mort du duc de Milan, Francesco Sforza, en 1535, ranima le conflit entre Charles Quint et François Ier qui revendiquait le duché pour son fils. François Ier occupa en 1536 la Savoie et le Nord du Piémont. Après une trêve rendue possible par l'intermédiaire de Paul III Farnèse, l'Empereur décida brusquement de donner l'investiture du duché de Milan à son fils Philippe en octobre 1540.

Durant les années suivantes, les guerres se déroulèrent dans l'Europe tout entière, dirigées essentiellement contre les princes protestants. Mais en 1547, François Ier et Henri VIII d'Angleterre disparurent à quelques mois d'intervalle et le nouveau roi de France Henri II conserva ses projets italiens.

En 1552, éclata l'affaire de Sienne. La ville avait chassé sa garnison espagnole et demandé ensuite l'aide de la France. Ainsi débuta la guerre de Sienne qui devait durer trois ans. Le maréchal Piero Strozzi prit le commandement des troupes françaises opérant en Toscane et Monluc défendit la place. La guerre tourna à l'avantage des Espagnols et Monluc dut capituler après une résistance héroïque en 1555. Sienne était livrée à la domination florentine et les Espagnols s'installèrent dans les présides de Piombino et d'Orbetello.

A peine ce foyer s'éteignait-il qu'un nouveau conflit italien se déclarait dans le royaume de Naples. Ce conflit triangulaire entre le pape, les Français et les Espagnols eut surtout comme conséquence de ranimer la guerre dans le Nord de la France, tenu en partie par les Espagnols, entraînant la défaite française de Saint-Quentin. Mais les belligérants souhaitaient la paix, inquiets des progrès considérables du protestantisme et de l'hérésie. Les 2 et 3 avril 1559, on aboutit donc au traité de Cateau-Cambrésis. Les possessions espagnoles en Italie furent consolidées, la France renonçait à Milan, à la Corse, à la Savoie et au Piémont – sauf aux places fortes de Turin et de Pignerol. En revanche elle gardait ses positions dans le Nord de la France et concluait des mariages stratégiques, Philippe II d'Espagne devant épouser Isabelle, fille d'Henri II, et Emmanuel-Philibert de Piémont, Marguerite de France, fille de François Ier. Ainsi s'achevait après quarante terribles années le duel entre Habsbourg et Valois, mettant fin pour les Habsbourg au rêve caressé par Charles Quint d'un nouvel Empire.

L'Italie de Charles Quint

L'Italie, à l'issue de ces guerres, ressortait donc dominée : l'emprise espagnole était désormais solidement établie, même si les familles régnantes restaient majoritairement italiennes. Milan était revenue aux Sforza, Gênes laissée au pouvoir des Doria, le contrôle du pape sur ses États était maintenu, la famille d'Este régnait à Ferrare et à Modène et les Gonzague à Mantoue. Enfin, le pape avait reconnu la domination impériale sur le Sud et sur Naples. Florence avait résisté un peu plus longtemps mais elle repassa aux Médicis, Côme II (1537-1574) puis Ferdinand Ier (1587-1609). Le grand-duché de Toscane absorbant Sienne fut créé en 1569 et s'allia à l'Empereur. Enfin, Emmanuel-Philibert reprit la tête du duché de Savoie, créant un État fort fondé sur le modèle français de la monarchie absolue. Seuls le Saint-Siège et Venise pouvaient se permettre de mener une politique indépendante vis-à-vis de l'Espagne de Philippe II.

L'Italie était gouvernée par le Conseil d'Italie, créé par Charles Quint et effectif sous Philippe II. Il comprenait des conseillers espagnols et italiens. Celui-ci ne proposa aucune innovation : les institutions en place furent maintenues, et les charges administratives confiées à des Italiens. En définitive, l'idée d'un absolutisme espagnol sur la Péninsule doit être largement atténuée. En réalité, loin d'être une domination étrangère imposée aux Italiens contre leur volonté, le nouvel ordre politique reposait sur une alliance volontaire entre des membres d'importance diverse jouissant d'un degré d'autonomie différent.

Venise resta un État extrêmement stable. Seules des transformations institutionnelles eurent lieu en 1583. L'histoire génoise fut, elle, plus troublée. La pression populaire en 1575 obligea le Sénat à intégrer dans la noblesse 300 nouveaux citoyens et à abolir la gabelle du sel. Les *nobili vecchi*, mécontents, quittèrent la ville et Gian Andrea Doria dut demander la médiation des Espagnols. Le gouvernement fut alors confié à deux assemblées, un Grand Conseil de 400 membres et un Petit Conseil de 100 membres, nommés tous deux par un corps électoral réduit, ainsi qu'aux Sérénissimes Collèges, composés de sénateurs, de procurateurs et d'anciens doges qui disposaient de l'autorité effective. Cette constitution se maintint jusqu'à la Révolution française.

A Rome, Sixte Quint organisa en 1587 les congrégations romaines. Il confirma le rôle de celles qui existaient et en créa 15 autres. Ces assemblées de cardinaux s'occupaient du gouvernement de l'Église, mais certaines d'entre elles étaient chargées plus particulièrement du gouvernement pontifical, comme la congrégation de l'Annone qui veillait au ravitaillement de Rome, celle des Rues et des Ponts, de la Flotte, de la Monnaie. La congrégation de la *Sacra Consulta* fut renforcée en particulier pour les problèmes de politique extérieure du Saint-Siège. La congrégation de l'Inquisition (créée en 1542), celle de l'Index (1571), la congrégation des Rites (1588) allaient devenir des instruments efficaces de la Contre-Réforme. Rarement créées *ex nihilo*, elles répondaient à une volonté d'organisation et d'efficacité. Sixte Quint fixa en 1586 le nombre des cardinaux à soixante-dix : six cardinaux-évêques, cinquante cardinaux-prêtres et quatorze cardinaux-diacres. Il combattit le brigandage et son successeur Clément VIII annexa Ferrare en 1598. L'État pontifical en ressortit consolidé et on a même pu parler à ce propos d'un « absolutisme ».

A Florence, Côme de Médicis s'attacha à conserver les apparences de l'ancienne république mais le pouvoir fut renforcé par la *pratica segreta*, sorte de Conseil d'Etat, et par le *magistrato supremo* qui exerçait l'exécutif. Côme se vit concédé le titre de grand-duc de Toscane.

Mais le trait le plus intéressant de cette période réside dans la reconstitution d'un puissant duché de Savoie après le traité de Cateau-Cambrésis qui restitua à Emmanuel-Philibert la majeure partie de ses États. Il récupéra Turin en 1562, puis Pignerol en 1576. Il reprit aux Suisses le Chablais et le Genevois en 1567. Il gouverna en souverain absolu, cessant de convoquer les états généraux à partir de 1560 en Piémont, de 1562 en Savoie et de 1569 en Bresse. Seuls ceux du Val d'Aoste restèrent en activité. Les deux Parlements de Turin et de Chambéry prirent le nom de Sénat. Le français et l'italien remplacèrent le latin dans les actes officiels. Le duc s'attacha également à assurer des ressources régulières au pays, à développer sa puissance militaire et à restaurer l'économie. Il prit un décret abolissant le servage. Son fils Charles-Emmanuel lui succéda en 1580 et continua son œuvre, s'emparant également en 1588 du marquisat de Saluces jusque-là détenu par les Français.

Vers le maniérisme

Paradoxalement, les années les plus troublées de la Renaissance furent également les plus riches culturellement. Les années 1520 virent en particulier l'établissement de la langue italienne autour du travail de Pietro Bembo (1470-1547). Il fit œuvre de philologue et de linguiste dans ses *Prose della volgar lingua* publiées en 1524. Il réévalua, après son travail sur le latin cicéronien, l'usage de la langue vulgaire, c'est-à-dire l'italien de Pétrarque et de Boccace parlé au XIVe siècle. Bembo rencontra une très forte opposition de la part d'Érasme, ainsi que des auteurs vénitiens ou pérugins écrivant en dialectes locaux qui ne reconnaissaient pas la suprématie italienne établie par Bembo. En définitive, la « langue vulgaire » établie par Bembo fut acceptée dès 1526 à Pérouse. Mais si l'Italie est finalement devenue monolingue plutôt que bilingue, c'est dû en grande partie à l'adoption par tous les principaux auteurs de la Renaissance de la « langue vulgaire » ; ainsi l'*Orlando Furioso* d'Arioste ou les œuvres de l'Arétin.

L'art du début du XVIe siècle porta également à sa pleine maturité les potentialités de la révolution esthétique initiée par Brunelleschi, Masaccio ou Donatello à Florence dans les années 1420-1440. Après le sac de Rome, Michel-Ange continua à travailler, en particulier à Florence, où il acheva les tombeaux de la famille des Médicis dans la sacristie de Saint-Laurent ; il dessina les projets de la salle de lecture et de l'escalier monumental de la Bibliothèque laurentine et renforça les fortifications de la ville. En 1534, il repartit pour Rome, protestant de cette façon contre le nouveau gouvernement florentin.

A Venise, à la même époque, Tiziano Vecellio, dit Titien (1490-1576), perfectionnait la technique de la peinture à l'huile importée des Flandres. L'*Assomption de la Vierge* pour Santa Maria Gloriosa dei Frari en 1518, la *Présentation de la Vierge au Temple* en 1534, le *Portrait de Charles Quint* en 1533 comptent parmi ses œuvres les plus connues. Titien s'intéressa également à la gravure sur cuivre, technique récemment mise au point, pour diffuser ses œuvres dans toute l'Italie.

Avec la progressive remise en ordre politique, le mouvement artistique reprit de plus belle. Dans les décennies suivant 1530, les princes comptèrent parmi les plus importants clients des artistes et des lettrés. A cela, plusieurs raisons : d'abord légitimer le pouvoir qui, désormais, ne dépendait plus totalement d'eux. Renouer avec le *Quattrocento*, voire avec l'Antiquité, pouvait donc être crucial pour asseoir une autorité parfois récente ou plutôt « rénovée ». Ensuite, être digne des éventuelles visites du chef de l'alliance, qui après 1559, devint maître de l'Italie.

Besoin de légitimité et de renommée des princes qui rejaillissait sur les États dont ils avaient la charge : ainsi Salviati représenta-t-il le prince de Médicis en figure de Camille, sauveur de Rome des calamités du IVe siècle, dans la salle des Audiences du Palazzo Vecchio. Les sculpteurs décorèrent les portes, les places, les fontaines et les palais des emblèmes princiers : boules médicéennes, lys Farnèse, lion de saint Marc, chêne des Della Rovere...

La manifestation du pouvoir passait également par les palais dont la grandeur et la magnificence allaient s'accentuant. Le duc de Mantoue fit agrandir et redécorer son palais ; mais ne pouvant pleinement marquer son pouvoir, il confia à Giulio Romano (1492-1546) la construction du nouveau palais du Te, aux marges de la ville. Le duc d'Urbin possédait également un palais qui était un joyau des débuts de la Renaissance. Mais il préféra se transférer à Pesaro où l'architecte Girolamo Genga (1476-1551) et les jeunes artistes prometteurs de Rome et de Florence, les Perin del Vaga et Angelo Bronzino, construisirent et décorèrent le nouveau palais ducal.

Côme de Médicis fit construire par Vasari la galerie des Offices, évoquée plus haut.

Andrea Doria, amiral génois, n'avait pas de résidence. Il fit venir à Gênes le même Perin del Vaga qui avait travaillé à Pesaro et lui commanda un palais dans la partie occidentale de la ville, avec une entrée monumentale et une série de loggias d'où on pouvait admirer le port. A Parme, Ottavio

Farnèse dédaigna les rues étroites de la vieille ville pour installer sa nouvelle dignité ducale de l'autre côté du fleuve, où l'architecte Giovanni Boscoli di Montepulciano lui construisit une majestueuse villa toscane au fond d'un parc.

La beauté de la ville rejaillissait également sur son maître. A Naples, le vice-roi Pedro de Tolède prit en février et mai 1533 deux décrets ordonnant la démolition des baraquements et des étals qui encombraient les rues. Il chargea l'architecte Ferdinando Maglio de mener à bien les projets d'aménagement qui avaient été envisagés par ses prédécesseurs. A Rome, Paul III Farnèse fit percer une rue reliant le palais familial à l'actuelle place Navone. Antonio da Sangallo s'en chargea. Les deux rues partant de l'actuel Largo Argentina et qui longent le Panthéon datent également de ce pontificat.

Mais cette période vit également le développement d'un mouvement passionnant, largement débattu : le maniérisme. Ni rupture, ni imitation, le maniérisme trouve sa source dans la Renaissance qu'il relut et réécrit différemment.

D'abord, la Renaissance eut la vie longue. Michel-Ange vécut jusqu'en 1564, soit quatorze ans après que Vasari eut reconnu en lui le plus grand artiste de tous les temps. Rien d'étonnant donc à ce qu'il ait été copié ; Palladio vécut jusqu'en 1580. Souvent, la référence à la Renaissance correspondait au *climax* de l'œuvre ou du règne d'un souverain qu'on voulait honorer ; ainsi, les arcs de triomphe et les hauts-reliefs construits pour les tombes de Léon X et Clément VII à Sainte-Marie-de-la-Minerve, à Rome, ressemblent-ils à des œuvres de Raphaël ou de Sangallo le jeune. Mais les sculpteurs cherchaient d'abord à faire revivre l'âge d'or lié aux deux pontificats. Tous les architectes qui se succédèrent dans la construction du palais Farnèse restèrent fidèles aux dessins originaux de 1514. Ainsi, malgré un achèvement tardif, le palais Farnèse reste aujourd'hui un exemple de palais de la Renaissance. La fidélité aux normes fut encore plus marquée dans les centres mineurs venus plus tard à l'humanisme.

La Renaissance continua donc à être présente jusque dans les années 1580-1590. Mais ce respect du modèle comportait une réserve importante : les principes enseignés par les maîtres, loin d'être éternels et intangibles, n'étaient en fait que des hypothèses susceptibles d'être élaborées et dépassées. Ainsi, les différences de disposition des figures dans les tableaux du Rosso Fiorentino (1495-1540) : si sa *Vierge à l'Enfant en majesté* (Villemagna, Pleve) reste respectueuse des conventions établies, sa *Descente de Croix* de la Pinacothèque de Volterra est tout entière distendue vers le haut. Le Pordenone (1483-1539) fondit en une seule scène les trois scènes canoniques de Jésus devant Ponce Pilate, déformant et pliant les figures. Dès 1515, Pontormo commença à prendre quelques libertés avec les enseignements de son maître Andrea del Sarto, ainsi dans la *Visitation* de Santa Annunziata, à Florence, ou en 1526-1528 dans la *Déposition* de Santa Felicità, toujours à Florence, où il raccourcit les jambes du Christ mort. Le Parmesan peignit en 1535 la fameuse *Madone au long cou*, où il donna tant à la Madone qu'à l'enfant Jésus des formes longilignes et comme tordues – à tel point que certains observateurs pensent que la Madone aurait quelques vertèbres de trop...

Mais il serait erroné de penser que le maniérisme est le résultat d'un esprit de révolte par rapport à la Renaissance. On peut même dire que c'est dans le patrimoine classique hérité de la Renaissance que les artistes maniéristes trouvèrent en grande partie leur inspiration.

Une des plus grandes nouveautés des maniéristes fut de lier étroitement architecture et urbanisme. Ainsi, Jacopo Sansovino à Venise ou Giovanni Battista del Tasso à Florence. Mais les grands projets urbanistiques étaient particulièrement onéreux et pouvaient donc prendre du temps avant d'être achevés : à Rome, sur la place du Capitole, seule la façade du Palazzo Nuovo fut achevée par Michel-Ange ; l'escalier monumental fut confié à Giacomo Della Porta et terminé en 1578. Quant au pavement en étoile de la place... il ne fut installé qu'en 1940.

Ainsi, l'Italie avait retrouvé ce qu'elle avait perdu quelque mille ans auparavant : une langue unique, des références culturelles communes (et la diffusion du maniérisme constitua ce ciment), l'ensemble étant maintenu dans une organisation politique nationale rudimentaire mais efficace.

Réforme catholique et Contre-Réforme

Aux XVIe et XVIIe siècles, Rome a effectivement tenté de faire reculer le protestantisme qui gagnait du terrain partout en Europe, et tout particulièrement en Europe du Nord. Il fallait donc pratiquer une sorte d'endiguement de la religion réformée, mais ce mouvement ne constitua qu'un des aspects du phénomène beaucoup plus vaste et plus durable qu'est la Réforme catholique.

Une série de décisions en découlèrent : le tribunal de l'Inquisition fut reconstitué en 1542, la congrégation de l'Index publia dès 1559 la liste des ouvrages interdits ; en 1540, Paul III approuva la création de la Compagnie de Jésus – d'abord destinée à l'évangélisation en Terre sainte. Quant au concile de Trente, qui se tint de 1545 à 1564, il fut tout à la fois une « machine de guerre » contre le protestantisme, mais aussi le creuset d'un renouvellement du catholicisme.

La volonté d'efficacité du concile pour combattre le protestantisme l'amena à prendre un certain nombre de mesures dont le souvenir fait horreur : inquisition, index, tortures et exécutions accompagnèrent les plus zélés des contre-réformateurs. Mais il ne faut pas oublier que souvent, sur le plan local, les applications les plus rigoureuses et les plus sanglantes de la reprise en main furent guidées par les ambitions politiques des souverains, l'opposition politique se doublant – ou prenant le prétexte – de l'opposition religieuse. On en voudra pour preuve les guerres de Religion en France. En revanche, Rome et l'Italie connurent une Contre-Réforme relativement moins violente, sauf sous le pontificat de Pie V (1562-1572).

Les mesures générales adoptées par le concile de Trente comportent nombre d'affirmations sans nuances dont la seule fin est de lutter contre le protestantisme. Ainsi, la Vulgate, traduction latine de la Bible par saint Jérôme, fut imposée malgré les contresens qui y avaient été relevés tant par les réformés que par les humanistes. Après le concile, les traductions de la Bible et les messes en langue vulgaire furent interdites. Le clergé fut déclaré seul compétent pour expliquer les Écritures et une même valeur fut donnée à la Tradition et à la Bible – alors que les protestants voulaient avoir dans la Bible l'unique source de révélation. Pour riposter à Luther et à Zwingli qui avaient contesté la valeur des pèlerinages et à Calvin qui mettait en doute les reliques, le concile confirma le culte des saints et des images et maintint les formes traditionnelles de la piété. Les sept sacrements furent consacrés et ritualisés, interdisant la communion sous les deux espèces ; enfin la présence réelle de Jésus-Christ dans l'eucharistie fut affirmée avec force.

Parallèlement à ce combat défensif mené contre la Réforme, il fallait bien aussi réformer l'Église catholique. Car les reproches adressés par Hus, Savonarole, Luther ou Érasme étaient fondés et les abus se multipliaient tant à la cour pontificale que dans l'ensemble de la catholicité. Luxure, cupidité, absentéisme constituaient un détestable lot commun. Pourtant, dès avant le concile de Trente, depuis la fin du XIVe siècle, une évolution s'était profilée : multiplication des églises, religion plus personnelle, réformes partielles dans les ordres religieux, retour à une discipline plus stricte (naissance en 1526 chez les Franciscains d'une nouvelle famille, les Capucins). D'ailleurs, les deux ordres les plus actifs au cours de la Contre-Réforme étaient nés avant le concile de Trente : Jésuites et Capucins. De même, l'activité missionnaire de l'Église date de cette période préconciliaire : François-Xavier arriva à Goa en 1542 et les missionnaires espagnols étaient déjà présents en Amérique centrale et au Mexique.

Le concile de Trente permit de canaliser ces potentialités déjà en partie engagées et donna un corpus doctrinal à ceux qui restaient fidèles au catholicisme. Il clarifia les problèmes théologiques les plus brûlants du moment et reprit en main l'activité pastorale, exigeant des hommes d'Église, à tous les niveaux, une présence et une activité d'enseignement et de prédication.

Alors que Rome n'avait que peu veillé jusque-là à l'application des décisions conciliaires, elle travailla à faire entrer rapidement les décrets tridentins dans la vie quotidienne. Ils furent confirmés dès le 26 janvier 1564 et une bulle indiqua en juillet qu'ils seraient obligatoires dans toute la catholicité. Le catéchisme sortit en 1566, le bréviaire et le missel romain en 1568 et 1570 et la version révisée de la Vulgate, la Vulgate clémentine, en 1593. Malgré ce volontarisme, les résultats furent longs à se mettre en place tant les habitudes étaient prégnantes. Népotisme pontifical et népotisme aristocratique continuèrent de sévir, les rythmes des visites pastorales, des synodes provinciaux et des synodes diocésains ne furent pas respectés, le bas clergé resta inculte et réticent quant au port de l'habit. Enfin, cardinaux et prélats, loin de mener une vie frugale et simple, continuèrent – pour notre plus grand plaisir – à construire palais et jardins. Mais au cours du XVIIe siècle, la réforme tridentine finit par porter ses fruits.

Rome redevenait le centre de la catholicité et les papes qui se succédèrent à partir de la fin du XVIe siècle et tout au long du XVIIe s'attachèrent à donner à cette ville à la fois l'éclat du catholicisme triomphant et les infrastructures urbaines indispensables à son fonctionnement. Ce mouvement urbanistique était largement associé à la Contre-Réforme : Rome devait être un exemple pour les milliers de pèlerins qui s'y déversaient chaque année – et une vitrine pour l'autre partie de l'Europe, l'Europe austère et privée d'images de la Réforme. Ce mouvement trouva son expression artistique dans le baroque, avec les Carrache, Caravage, Bernin, Borromini et tous ceux qui mirent leur art au service de l'Église, comme au service des laïcs d'ailleurs.

Cette période extrêmement riche, plus riche sans doute par son aspect religieux et artistique que par ses transformations politiques, recouvre la fin du XVIe et le XVIIe siècle tout entier.

C'est à partir de Rome, ville emblématique de cette période trop longtemps discréditée que va s'articuler cette transformation.

Roma caput mundi

Tout au long du XVIe siècle, mais plus encore dans les années 1580 et au début du XVIIe, Rome attira des artistes de toute l'Italie et même de l'Europe entière. Sur 267 artistes ayant travaillé à Rome au cours du XVIe siècle, seulement dix-sept étaient romains, et un seul a laissé une réelle postérité : Giulio Romano. L'apport toscan fut considérable, tout comme celui des Milanais ou des Bolognais, plus tard dans le siècle. Un des facteurs de ces brassages fut la pratique qui consistait pour les papes à amener avec eux, outre leurs familles – au sens large... –, les artistes de leur région d'origine. Les différentes vagues d'immigration à Rome correspondaient en effet aux pontificats : 1559, date de l'avènement du Milanais Pie IV, marque le passage de la prééminence toscane à la prééminence lombarde (Giacomo Della Porta, les frères Fontana, Carlo Maderno). Signalons toutefois que si ce ne sont pas les Romains qui ont contribué à la peinture ou à l'architecture de l'*Urbs* au XVIe siècle, ils demeurèrent très présents dans le domaine de la musique. Là encore, le milieu du siècle marqua une rupture importante. Depuis Avignon, les papes confiaient traditionnellement la direction musicale de leur chapelle à des maîtres flamands et, avant Palestrina (1525-1594), un seul nom italien trouvait quelque écho à Rome : celui du Florentin Costanzo Festa (1467-1545), chanteur de la maîtrise pontificale. Mais en 1551, Pier Luigi de Sante de Palestrina devenait *magister puerorum* de la chapelle julienne de Saint-Pierre. En 1554, Palestrina dédia à Jules III son *Primo Libro di Messe* et en 1565 sa *Messe du pape Marcel* qui ouvrait l'art musical de la Contre-Réforme. En 1571, il fonda le premier institut de musique qui ait jamais existé à Rome. Un des plus célèbres contemporains de Palestrina était aussi un Romain : Emilio de'Cavalieri, créateur de l'oratorio. En 1600, il fit exécuter dans l'église des Oratoriens son drame spirituel *Rappresentazione di anima e di corpo*. Monteverdi (1567-1643) reprit cette tradition avec tout le talent qu'on lui connaît.

Plus tard, les étrangers arrivèrent également nombreux Espagnols, Français ainsi que des Allemands.

Le XVIe siècle transforma profondément l'aspect de Rome qui était restée pendant longtemps une ville médiévale et passablement abandonnée. On a vu les transformations urbanistiques déjà entamées par les papes depuis Martin V.

Mais le pape qui sut donner à l'*Urbs* le visage qu'elle garda jusqu'en 1870 fut sans doute Sixte Quint. Dans la logique qu'il avait déjà suivie pour la réorganisation politique de la papauté, il s'employa à faire de Rome une ville capable de recevoir et d'impressionner durablement les milliers de pèlerins qui y venaient pour les jubilés, années saintes et autres cérémonies. Il s'agissait d'abord d'organiser le parcours entre les différentes basiliques majeures dont la visite conférait l'indulgence plénière au fidèle. C'est donc Sixte Quint qui prit en charge l'urbanisme et le tracé de rues nouvelles, ce qu'on appelé avec parfois un peu d'exagération son « plan régulateur ». Il s'est en particulier attaché à l'aménagement de la ville haute, c'est-à-dire la région des « Monti » (Quirinal, Esquilin). Dès Nicolas V, on avait entrepris de repeupler les Monti, et Paul III, un siècle plus tard, possédait une villa sur le Quirinal. Il faut dire que cette zone présentait des avantages climatiques évidents durant l'été, particulièrement chaud et insalubre, où la menace de la malaria reprenait régulièrement. Pie IV, déjà, avait fait aménager la via Pia (le long du Quirinal) ainsi que la porta Pia, dessinée par Michel-Ange. En 1583, Grégoire XIII commença l'édification du Quirinal et Sixte Quint renforça cette orientation. Il possédait déjà une villa – la villa Montalto – sur l'Esquilin, *grosso modo* sur l'emplacement de la gare actuelle, qui s'étendait jusqu'aux abords de Sainte-Marie- Majeure.

En plus du goût des papes pour cette région et la réponse qu'elle apportait aux problèmes d'hygiène, un troisième élément allait s'avérer de plus en plus décisif : les pèlerinages. Grégoire XIII avait été le promoteur du jubilé de 1575 et d'autres cérémonies de ce type allaient dans le courant du siècle, continuer d'attirer les croyants (années saintes...). Si l'indulgence plénière pouvait être obtenue en se rendant aux quatre basiliques majeures : Saint-Pierre, Saint-Paul, Saint-Jean-de-Latran et Sainte-Marie-Majeure, la pratique du pèlerinage aux sept églises avait été remis à l'honneur par saint Philippe Néri. S'ajoutaient donc au parcours Sainte-Croix-en-Jérusalem, Saint-Laurent et Saint-Sébastien-hors-les-Murs. Or, à l'exception de Saint-Pierre et de Saint-

Paul-hors-les-Murs, tous étaient situés dans la zone des Monti. Il fallait donc tout à la fois aménager les accès aux basiliques ainsi que les voies transversales de communication. Et si la grande place de Saint-Jean-de-Latran avait été aménagée par Pie IV, la route qui menait jusqu'à la basilique – via Merulana – était particulièrement malcommode et, longée de ruines et de terrains vagues, constituait un emplacement de prédilection pour les guet-apens et les embuscades. Grégoire XIII réalisa donc une vole rectiligne, plus large et mieux aménagée reliant Sainte-Marie-Majeure au Latran. Elle servit au parcours des pèlerins en 1575. Toujours en vue du jubilé, les liaisons entre Saint-Jean-de-Latran et Saint-Sébastien furent améliorées ainsi que le raccordement entre Saint-Jean-de-Latran et la route des monts Albains.

Sixte Quint reprit les deux options de ses prédécesseurs : d'une part rendre la circulation aisée et impressionnante lors des pèlerinages, d'autre part repeupler les Monti. Mais le pape et Domenico Fontana, son architecte, pensèrent également les liaisons entre ville haute et ville basse, en respectant un des canons de l'urbanisme de la Renaissance, c'est-à-dire l'obligation de donner aux principales artères une perspective, un point de fuite. Ainsi, le carrefour des Quatre Fontaines, croisement de la via Pia et de la via Felice, ouvre au nord-est sur la porta Pia, au sud-est sur l'obélisque de Sainte-Marie-Majeure, au sud-ouest sur les statues colossales des Dioscures de la place du Quirinal et enfin au nord-ouest sur les escaliers de la Trinité-des-Monts. Les obélisques de la place du Quirinal et de la Trinité-des-Monts seront érigés à la fin du XVIIIe siècle. Quant à Sainte-Marie-Majeure, elle constitue le centre d'un rayonnement d'avenues rectilignes vers la Trinité-des-Monts, Sainte-Croix-en-Jérusalem, la porte et l'église de Saint-Laurent et Saint-Jean-de-Latran.

Sixte Quint voulait également reprendre à son compte le projet de Paul III à l'occasion de la venue de Charles Quint, c'est-à-dire aménager à travers le forum républicain une large voie rectiligne allant du Colisée au Capitole. D'autres artères rayonnantes étaient également prévues à partir de chaque église ou basilique du circuit des pèlerinages.

Le second but de Sixte Quint, soit le repeuplement de la ville haute, fut également poursuivi. Des avantages importants furent concédés aux nouveaux habitants des via Pia et Felice. On institua sur la place des thermes une foire qui avait jusque-là lieu sur le territoire de l'abbaye de Farfà chaque mois de septembre et on y transporta le marché aux bestiaux du Campo de'Fiori. L'insertion de l'industrie de la soie fut encouragée.

Outre ces projets qui participaient d'une vision globale de l'urbanisme romain, des transformations ponctuelles eurent lieu, tout particulièrement l'élargissement de nombreuses rues qui devaient permettre le passage aux innombrables carrosses des dignitaires de la cour pontificale ou des grands seigneurs romains et étrangers. Un certain nombre des projets de Sixte Quint s'éteignirent avec lui en 1590 mais furent repris dans l'esprit par les urbanistes de la Rome piémontaise après 1870.

C'est donc dans cette capitale religieuse restaurée, où cinquante-quatre églises furent construites ou reconstruites au cours du XVIe siècle, où la basilique Saint-Pierre vit sa coupole enfin terminée en 1593, où trois aqueducs antiques furent restaurés entre 1572 et 1612 et trente-cinq fontaines publiques mises en service dans les trois dernières décennies du siècle que prit naissance l'art baroque.

Barocco

Il nous faut schématiser la naissance et la mise en place de l'art baroque, tant les interprétations peuvent être subtiles et complexes. On peut relier le baroque à la fin de l'anthropocentrisme ou à la redécouverte de la nature. Mais il convient d'insister sur une autre corrélation essentielle : celle établie depuis longtemps déjà entre la Contre-Réforme et l'art, et qu'on qualifie parfois de la dénomination inexacte d'art jésuite. Enfin, le mouvement baroque s'est étendu de 1600 à 1750 et nous n'envisagerons ici que les débuts et l'apogée du phénomène, c'est-à-dire jusque vers 1650-1675.

En 1563, le concile de Trente précisa donc le rôle qu'il

assignait à l'art dans la communauté catholique réformée. L'image était magnifiée dans une fonction pédagogique : il importait que les récits sacrés représentés soient conformes aux textes et au dogme. Les religieux avaient donc là une fonction de contrôle.

Trois impératifs clés émergèrent de l'abondante littérature qui explicita les enseignements du concile : d'abord la clarté et l'intelligibilité, ensuite le réalisme et enfin la stimulation émotionnelle destinée à animer la piété. Ce n'est en fait que vers 1580, soit une vingtaine d'années après la promulgation des décisions conciliaires, qu'on vit apparaître un art qui semblait respecter ces canons.

La période qui va de Sixte Quint à Paul V (1605-1621) présente un certain nombre de points communs dans l'application de plus en plus virtuose des principes édictés par Trente. Tant les papes que les nouveaux ordres qui se développèrent alors (Oratoriens de saint Philippe Néri ou Jésuites de saint Ignace de Loyola) avaient besoin d'églises, de chapelles, de représentations. Le premier édifice, l'église du Gesù, fut construit de 1568 à 1584. Avec sa large nef, son transept court et son dôme impressionnant, cette église était idéalement conçue pour délivrer des sermons à une audience importante. Elle constituait le modèle de l'église post-tridentine, qui fut repris dans la Chiesa Nuova (église de l'Oratoire des Philippins), dans Sant'Andrea della Valle, conçu par Giacomo Della Porta pour les Théatins. L'église de Saint-Ignace fut, quant à elle, commencée en 1626 et la canonisation de saint Charles Borromée en 1610 fut suivie par la construction de trois églises à sa gloire : San Carlo al Corso, San Carlo ai Catinari (pour l'ordre des Barnabites) et San Carlo alle Quattro Fontane, petite église des Trinitaires déchaussés qui chargèrent ensuite Borromini de la reconstruction de cette église. Nombre d'églises moins impressionnantes mais tout aussi représentatives de la nouvelle architecture furent construites sous Clément VIII et Paul V, ainsi que d'innombrables chapelles et autels décorant églises médiévales, Renaissance et baroques. Si l'architecture de cette période consista en une série de variations sur les thèmes établis par Giacomo Della Porta au Gesù, peintres et sculpteurs étaient confrontés à une tâche imposante : d'une part décorer des surfaces gigantesques, mais surtout inventer une nouvelle iconographie répondant aux directives tridentines. De nouveaux saints comme saint Ignace, sainte Thérèse, saint Charles Borromée ou saint François-Xavier devaient être honorés, et leurs vies, miracles et dévotions faisaient l'objet de nouveaux récits et d'une symbolique à créer. De surcroît, face au protestantisme, il fallait réaffirmer les dogmes de l'Église catholique et insister sur l'exemplarité et l'héroïsme d'épisodes de l'Ancien et du Nouveau Testament ou de la vie des saints. Il s'agit bel et bien d'un nouveau registre iconographique qui se développa alors. Il fallait convaincre en parlant à l'imagination, à la sensibilité, permettre l'élévation de l'âme par une sorte de contagion de la beauté ou de l'exemple.

Résistances et déviances

Ad Maiorem Dei et Ecclesiae Gloriam, cette devise triomphante fut celle de la papauté, destinée à séduire, à combattre également. Elle a sans doute contribué à faire de Rome en ce début du XVIIe siècle la capitale de la catholicité. Mais se développa une contestation qui toucha aussi bien l'art que la philosophie, ou, par le biais de la science, la théologie. On ne saurait donc quitter ce premier XVIIe siècle sans rappeler le bouillonnement intellectuel qui a marqué cette période.

D'une part, dans la lignée de la Contre-Réforme, on a assisté à une reprise en main du pouvoir efficace sans être trop brutale (il ne faut pas oublier que l'Italie fut un des pays d'Europe qui a le moins brûlé ou condamné sorcières et opposants).

Que l'Église ait tenté de retrouver sa puissance temporelle et spirituelle, on en voudra pour preuve la présence de l'Inquisition, l'activité intense déployée par Charles Borromée, archevêque de Milan, qui tint de 1561 à 1581 pas moins de onze synodes diocésains et six synodes provinciaux pour faire appliquer les décisions du concile de Trente, ou encore la multiplication des séminaires, des couvents et des monastères.

Dans le même temps, on assiste à un double mouvement : de réflexion et d'invention mais aussi de contestation, suivi des condamnations prononcées par l'Église dont les plus célèbres sont celles de Giordano Bruno et de Galilée, mais qui touchèrent également, dans d'autres domaines, Caravage ou le Tasse.

De ce formidable mouvement d'idées, on ne retiendra que les grandes figures. Dans le domaine pictural, d'abord, rappelons la peinture de Caravage. Aux antipodes de l'idéal platonicien de la beauté, Michelangelo Merisi dit Le Caravage (1573-1610) travailla à Rome à partir de 1588. Dix ans durant il œuvra dans l'église de Saint-Louis-des-Français à l'exécution de la magnifique vie de saint Matthieu. Mais il fut emprisonné puis chassé de Rome en 1603 pour avoir diffamé un critique d'art fameux et pour s'être rendu coupable de rixes et de scandales. Il mourut en 1610 après un long exil dans le Sud. Partisan d'une peinture qu'on pourrait qualifier de réaliste, refusant les allégories, les lectures savantes et le travail formel du maniérisme, il peignait brutalement. Il trouvait dans la vie quotidienne de Rome les personnages des scènes bibliques, et son œuvre est caractérisée par une utilisation du clair-obscur qui donne aux scènes les plus fortes un relief jusqu'alors inconnu. Abhorré de son vivant, condamné même puisque l'Église refusa certaines de ses toiles, il fit école après sa mort avec Ribera, Zurbaran ou Georges de La Tour.

Contestation philosophique aussi avec l'école de Padoue qui continuait d'enseigner un néo-aristotélisme qui attirait les savants étrangers. A Venise, le conflit opposant la République et Rome fut symbolisé par un homme, Paolo Sarpi. Il se heurta violemment à Paul V : le refus de l'ingérence temporelle de l'Église dans les affaires intérieures des États constituait le point fort de l'argumentation de Sarpi, ainsi que la condamnation de « l'exorbitante puissance de la cour romaine ». Malgré son excommunication, il demeura bien traité à Venise après la conclusion du différend entre la Sérénissime et Rome. Il y mourut en 1626.

Plus grave, car semblant remettre en cause les fondements même du christianisme, fut la querelle entre Giordano

Bruno et l'Église. Giordano Bruno, né à Nola en Campanie en 1548, entra chez les dominicains de Naples, ordre qu'il quitta en 1576. Il gagna Genève où il adhéra au calvinisme. Également choqué par l'intolérance des réformés, il partit pour Paris où il obtint d'Henri III une « chaire extraordinaire » d'astronomie. C'est en Angleterre, où il séjourna de 1583 à 1586, qu'il écrivit ses principaux textes. Après un tour d'Europe, il fut accueilli en 1591 par Giovanni Mocenigo, noble vénitien qui lui fit rencontrer Galilée et Sarpi. A la suite d'un différend entre Bruno et Mocenigo, ce dernier le dénonça au Saint-Office comme hérétique. A l'issue d'un procès de sept ans à Rome, Bruno fut brûlé en 1600. Symbole de l'opposition à l'obscurantisme religieux, sa statue fut érigée en 1889 sur le Campo de'Fiori à l'instigation des libres penseurs, des francs-maçons et des républicains italiens.

Si les conclusions de Bruno l'amenaient effectivement à un scepticisme profond quant à l'utilité des religions – sauf pour éventuellement contrôler les émotions du peuple –, ce n'était pas le cas de Galilée qui, lui, n'a jamais rejeté la religion.

Né en 1564 à Pise, il s'intéressa aux mathématiques qu'il enseigna à l'université de Padoue de 1589 à 1610. Durant cette période, il mena ses recherches sur la chute des corps et mit au point le télescope. Rendu célèbre, il fut invité par le grand-duc de Toscane à l'université de Pise où il put continuer ses recherches. C'est alors qu'il fut attaqué par les tenants de l'astrologie traditionnelle qui mirent en doute son orthodoxie. En effet, ses découvertes astronomiques l'avaient conduit à contredire les enseignements tirés du système de Ptolémée et à épouser la théorie posthume de Copernic. Bien qu'ayant pris la précaution de préciser que les Écritures n'étaient pas concernées, mais seulement la tradition interprétative des textes en question, la remise en cause du géocentrisme correspondait, indirectement, à la remise en cause de la place particulière de l'homme face à Dieu. C'était surtout demander à des hommes de bouleverser l'ensemble des croyances sur lesquelles étaient jusqu'alors fondées tant le sens commun que la théologie.

C'était beaucoup pour une époque qui valorisait d'abord la préservation, la tradition, sinon la réaction spirituelle et religieuse. Galilée répondit par les *Lettere copernicane* en 1613 mais, convoqué à Rome devant le Saint-Office, ses arguments furent rejetés par les autorités. Ami personnel du pape, il était également protégé par le grand-duc de Toscane et lié aux jésuites. Et à travers lui, c'était sans doute les jésuites qui étaient visés par l'Inquisition, dominée par les dominicains. Quoiqu'il en soit, jamais Galilée lui-même ne fut mis en cause dans cette première condamnation, mais seulement sa théorie considérée comme hérétique. Avec l'élection d'Urbain VIII (Maffeo Barberini, 1623-1644), il pensa retrouver une certaine liberté de pensée et publia donc en 1632 ses Dialogues : *Dialogo sopra i due massimi sistemi del mondo*, travail auquel il s'était engagé auprès du cardinal Barberini, désormais devenu souverain pontife. A la surprise générale, l'Inquisition se saisit de l'affaire et, menacé de la torture, il dut abjurer sa doctrine et se vit condamné à la prison à vie. Protégé par le pape, il fut en réalité confiné en résidence surveillée comme il bénéficiait d'appuis de poids ; il publia en 1638 un nouvel ouvrage sur la résistance des matériaux et la dynamique, avant de s'éteindre en 1642. Mais Urbain VIII, de son côté, imposa une réforme à l'Inquisition, aboutissant à la replacer sous le contrôle effectif du Saint-Siège, alors qu'elle était devenue un État dans l'État. L'heure de l'Inquisition était passée. Mais l'intolérance s'installait pour plus d'un siècle.

Le XVIIe siècle : de l'Espagne à l'Autriche

Un siècle sans politique ?

On a longtemps eu du XVIIe siècle italien une vision négative, de décadence et de repli. Cette image s'est forgée essentiellement au XIXe siècle, lors de la constitution de l'État unitaire. La grande accusée, dans ce processus, était l'Espagne. Politiquement étouffante, économiquement destructrice, tournée vers une religion bigote et réductrice, la domination espagnole était chargée de tous les maux. Pourtant, dès les débuts du XXe, Benedetto Croce nuançait un peu ces propos, même si c'était pour conclure qu'en définitive l'Italie avait alors perdu son « enthousiasme moral ». Des jugements également sévères furent formulés par Antonio Gramsci, puis par des historiens marxistes qui virent à l'œuvre dans le XVIIe siècle italien des forces « réactionnaires » entraînant un processus de reféodalisation, soit une régression vers des formes d'exploitation caractéristiques de l'ancienne économie féodale.

Malgré des différences notables dans les raisonnements historiques adoptés, qu'ils s'intéressent d'abord aux problèmes politiques ou aux problèmes économiques, le jugement reste le même. On observe un consensus tacite pour reconnaître l'absence d'une bourgeoisie italienne qui aurait été susceptible de conduire l'Italie vers une forme d'État moderne, comparable à la France ou à la Prusse. Et logiquement c'est l'incurie des aristocraties italiennes qui est dénoncée, aristocraties privées de « *virtù* » et qui, s'amollissant, restent crispées sur des privilèges passéistes.

Un certain nombre de remarques doivent être faites quant à cette vision. D'abord, de quel XVIIe siècle parle-t-on ? Car jusqu'en 1630 l'Italie se porte bien, elle produit des artistes remarquables et son économie, sa démographie sont loin d'être déficientes. Ensuite, l'ensemble de ces critiques sont faites en référence à un modèle politique idéal, celui de l'État moderne au sens hégélien du terme. Or, de plus en plus, les historiens insistent sur l'étude des cours, des clientèles, des relations interpersonnelles, autrement dit l'ensemble des liens qui permirent à la société civile de se « passer d'État ». Enfin, certains historiens ont insisté sur la place des aristocraties dont le rôle régulateur donna à l'Italie de 1500 à 1796 trois siècles de paix sociale. Après les idéaux de transformation de l'ordre politique par la volonté et l'intelligence de l'homme, qui constituèrent le *credo* de la Renaissance, le XVIIe siècle italien se tourna vers un idéal de conservation, de maintien de l'ordre établi, de paix, idéal renforcé par le regain de ferveur religieuse.

Ce qu'il ne faut toutefois pas négliger, dans cette Italie du XVIIe siècle, c'est le poids des contraintes extérieures, des guerres et des dominations étrangères, ainsi que celui des catastrophes naturelles qui, après 1630, marquèrent, parfois cruellement, le paysage économique et démographique.

Les protagonistes

L'Italie du XVIIe siècle était morcelée, morcellement qui recouvrait des statuts politiques fort différents et souvent contradictoires. D'abord, l'Italie était divisée en un grand nombre d'unités politiques, dont certaines regroupées entre les mains de Philippe III d'Espagne. Mais il faut également avoir présent à l'esprit le fait que l'organisation italienne combinait au moins cinq types d'institutions : les communautés au niveau local, les cités et les fiefs, les États au rayonnement régional, deux monarchies universelles : l'Empire et la papauté, et enfin un État, l'Espagne, qui s'était assuré du contrôle direct d'une partie de la Péninsule. Mais ces institutions différentes ne s'organisaient pas harmonieusement, loin de là. Certaines se recoupaient, empiétaient les unes sur les autres, coexistant difficilement. Ainsi, un même prince pouvait tout à la fois être totalement indépendant et pourtant devait rendre des comptes à l'Empereur, au pape, ou encore au roi d'Espagne : c'est le cas du grand-duc de Toscane.

Dans cette mosaïque politique, les prérogatives pontificales restaient, au début du XVIIe siècle, fort étendues. Les papes gouvernaient des territoires importants qu'ils avaient continué d'élargir (Ferrare et Comacchio en 1598, Urbino en 1631 puis Castro et Ronciglione en 1649). Parallèlement à une centralisation accrue commencée par Sixte Quint, la mission spirituelle de la papauté s'était renforcée avec la Contre-Réforme : défendre et propager la foi constituaient les principales missions de l'Église. Un des nœuds cruciaux de ces prérogatives résidait dans les problèmes de juridiction : il fallait en effet empêcher toute juridiction laïque d'empiéter sur les privilèges traditionnellement attachés à l'État ecclésiastique. Pour ce faire, le souverain pontife devait légitimer son droit d'ingérence dans les affaires des autres États. Or ce point ne cessa de soulever de violentes controverses, comme, au début du XVIe siècle, l'affaire de l'Interdit de Venise, ou encore les problèmes rencontrés dans le royaume de Naples. A Venise, le Saint-Siège accusa en 1605 la République d'avoir violé la liberté de l'Église en déférant deux ecclésiastiques accusés de crimes de droit commun devant des tribunaux laïcs et en soumettant les opérations immobilières du clergé au contrôle du Sénat. Rome excommunia les Vénitiens en 1606 avant d'arriver en 1607 à un compromis qui, en définitive, ne lui était pas favorable.

Mais la cour de Rome ne se heurta pas partout à des conflits de cette ampleur. Gênes lui resta soumise et le cardinal Borromée signa en 1615 un accord avec le gouverneur de Milan respectant les intérêts de l'Église. La Toscane demeura également une zone d'influence pour le Saint-Siège.

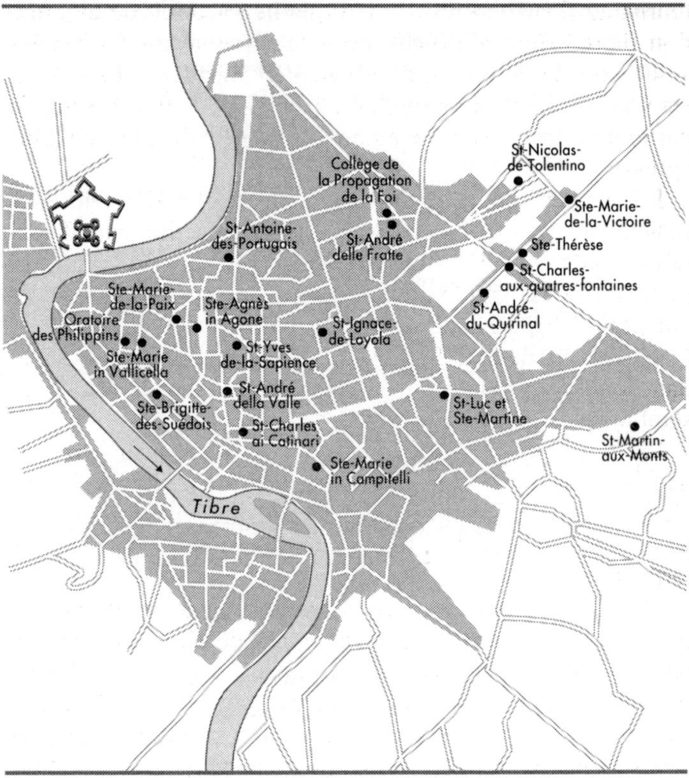

Rome baroque

500 m

Toutefois, la puissance juridique n'était rien sans le nerf de la guerre et de l'influence : l'argent. C'est aussi à cela qu'on a longtemps mesuré la puissance pontificale. Or cet aspect a souvent été sous-évalué ; longtemps prévalut l'idée que la papauté n'avait jamais su compenser la baisse continue de ses revenus « spirituels » provenant de toute la chrétienté. Or on a mis en évidence d'une part les capacités d'adaptation de l'Église qui créa de nouveaux revenus spirituels, d'autre part le rôle continu de Rome comme plaque tournante financière. S'il y eut une dégradation de la situation dans l'État pontifical, ce ne fut pas avant les années 1640, sous le pontificat d'Urbain VIII Barberini. Ensuite, il est vrai que la position du Saint-Siège alla s'affaiblissant, en particulier face à un royaume de France de plus en plus agressif.

L'Espagne connut quant à elle un déclin d'autant plus radical que son influence sur la Péninsule finit par disparaître totalement. Pourtant, au début du XVIIe siècle, la prépondérance espagnole était l'élément le plus frappant de la vie politique italienne. Les Habsbourg possédaient Milan, Naples, la Sicile et la Sardaigne. Gênes et Florence restaient dans leur orbite. Madrid était donc partie prenante dans l'ensemble des affaires italiennes.

Le roi d'Espagne était représenté à Milan par un gouverneur et, dans les trois autres capitales (Naples, Palerme, Cagliari), par un vice-roi. Il avait (théoriquement) à sa disposition les forces de l'Inquisition ainsi que les armées de terre et de mer.

Mais la puissance espagnole, affaiblie par la révolte des Pays-Bas, décapitée par la mort de Philippe II, était menacée par la France et elle semblait décliner. La guerre de Trente Ans soumit donc les capacités de réaction, les ressources et les volontés espagnoles à rude épreuve. L'ensemble des possessions italiennes éprouva une pression financière et militaire énorme. Il en résulta, tout particulièrement en 1647, un certain nombre de troubles qui seront examinés plus loin et, à terme, l'expulsion de l'Espagne hors d'Italie.

Le reste de la Péninsule était divisé entre des États de taille très variable : de dimension régionale (le grand-duché de Toscane, la république de Venise, le royaume du Piémont uni à la Savoie), des petits États comme la république de Lucques ou le duché de Mantoue, les duchés de Parme ou de Modène. Les statuts politiques variaient également considérablement : monarchie d'origine féodale en Piémont, héritages de régimes républicains comme le grand-duché de Toscane ou le duché de Mantoue. Venise, Gênes et Lucques étaient aux mains d'un patriciat puissant. Enfin, Venise était la seule de ces principautés à posséder des territoires outre-mer.

Bien que s'étant mieux comportée que nombre d'États durant la crise économique du XVIIe siècle, Venise déclina lentement. Elle perdit une partie de son influence en Méditerranée au profit des Français et des Hollandais, se vit menacée en Adriatique par des pirates turcs et inquiétée sur terre par l'Espagne. Les Vénitiens perdirent Candie (la Crète) en 1669 et leur économie sortit épuisée d'une guerre de vingt ans contre les Turcs à laquelle s'ajouta un contexte économique défavorable. Toutefois, les Vénitiens connurent une certaine liberté intellectuelle avec des artistes et écrivains tels que l'Arétin, Paolo Paruta et Sansovino.

Dans cette Italie dominée par l'Espagne mais encore parcourue de conflits entre États ou cités, la guerre de Trente Ans d'abord, puis les grands conflits européens du XVIIe siècle entraînèrent une radicale redistribution des cartes.

Entre la France et l'Espagne

Nous passerons rapidement sur les épisodes militaires de ce XVIIe siècle italien. Rappelons seulement les grandes lignes de l'évolution des relations interétatiques de cette période. D'abord, on assista à une lente disparition des conflits entre les petites principautés italiennes. Au début du XVIIe siècle celles-ci pouvaient encore mener des guerres localisées, à l'intérieur de la Péninsule, entretenant des litiges frontaliers comme ceux opposant Parme à Rome, Mantoue à la Savoie, Rome à Florence ou Rome à Venise. Ces conflits pouvaient soit être indépendants des conflits majeurs entre la France et l'Espagne, soit se combiner avec eux par le jeu des alliances passées avec « les couronnes ». Mais il n'y avait plus en Italie que deux États susceptibles, sinon d'être autonomes, du moins d'apparaître comme des interlocuteurs pour les puissances ultramontaines : Rome et Venise.

Mais dans la seconde moitié du XVIIe siècle, ces rivalités locales allèrent s'atténuant et n'apparaissent plus comme des causes de conflit. La dernière dispute territoriale, la guerre de Castro, s'acheva en 1649. Après 1650, ni Rome, ni Venise, ni *a fortiori* aucune principauté italienne ne manifesta plus aucune vocation expansionniste.

Ce fut donc la rivalité franco-espagnole qui occupa le devant de la scène italienne, suivie d'une domination espagnole qui s'effondra entre 1706 et 1708 laissant la place à la tutelle autrichienne consolidée par le traité d'Utrecht (1713).

Après Cateau-Cambrésis (1559) s'établit la paix espagnole. Dans tous les affrontements du XVIIe siècle, les mêmes sites géostratégiques reviennent au cœur des différends : les débouchés alpins et les places fortes de la plaine du Pô demeurent des points névralgiques. Jusqu'en 1630, on peut dire que la prépondérance espagnole s'est maintenue sans trop de difficultés ; en revanche à partir de cette date les ambitions françaises se manifestèrent de nouveau avec davantage de pugnacité. Mais c'est là le dernier acte de la présence française en Italie jusqu'aux guerres napoléoniennes. La principale zone de conflits sur la Péninsule était le Piémont, lieu d'échanges entre la France et l'Espagne, solidement implantée dans le Milanais. Cette situation géographique explique l'attitude pour le moins fluctuante du duc de Savoie qui joua un jeu habile entre les deux adversaires. Après les deux guerres du Montferrat (1612-1617 et 1627-1631) qui opposèrent la Savoie à l'Espagne, le duc s'allia avec l'Espagne pour s'emparer de Mantoue, passée à la famille des ducs de Nevers. Mais la France intervint et les troupes de Louis XIII envahirent le Piémont. La paix de Cherasco (1630) laissa le Montferrat à Mantoue et installa la France à Pignerol. Le nouvel axe français tourné vers l'Italie s'articula alors autour de Pignerol, au débouché du col du mont Genèvre, de Casale, citadelle du Montferrat dépendant de Mantoue, protégée par la France, et enfin de Mantoue elle-même, forteresse stratégique au carrefour des routes d'Autriche et de Lombardie.

Chaque printemps, de 1636 – un an après l'entrée en guerre de la France contre les Habsbourg de Madrid et de Vienne – jusqu'au traité des Pyrénées de 1659, cet axe sera celui suivi par les armées françaises en direction du Piémont et de Milan. Le Nord-Ouest de l'Italie redevint un champ de bataille. Pendant la guerre de la Ligue d'Augsbourg, Victor-

Amédée II de Savoie s'opposa à Louis XIV ; les troupes françaises occupèrent Nice et la Savoie et eurent le dessus sur leurs adversaires piémontais en 1690 et en 1693. Mais la France, isolée, dut se résoudre à traiter : elle évacua Pignerol et désarma Casale.

En 1684, la France bombarda Gênes dont les plus riches marchands s'apprêtaient à armer des navires pour l'Espagge ; en 1688, Louis XIV prépara une expédition contre l'État pontifical, Innocent XI s'étant opposé au roi de France sur trois points : la régale, la police dans le quartier de l'ambassade de France à Rome et l'investiture de l'archevêque de Cologne. Mais ce furent là les derniers coups d'éclat de la France en Italie.

Durant la guerre de Succession d'Espagne, Victor-Amédée II, d'abord allié du roi de France, se retourna ensuite contre lui. Les armées françaises furent alors écrasées devant Turin en 1706 par les Impériaux du prince Eugène qui occupèrent le Milanais. C'en était donc fait de la puissance française : l'Espagne la suivra de peu. Le duel franco-espagnol dans la Péninsule avait finalement tourné à l'avantage d'un troisième intervenant, l'Autriche.

Les guerres franco-espagnoles se jouèrent également sur les côtes italiennes et elles eurent des répercussions importantes sur la paix sociale des régions dominées par l'Espagne. Ainsi à Naples, Messine et Gênes. Si la France, bien que forte d'une appréciable puissance navale, ne s'engagea jamais à fond dans ces conflits, les Espagnols durent, pour soutenir l'effort militaire croissant durant l'extension de la guerre de Trente Ans, aggraver la pression fiscale. Ce qui déclencha la révolte de Masaniello en 1647, à Naples, et des troubles graves à Messine.

Les révoltes du Sud

Palerme fut au cours de la guerre de Trente Ans soumise à une augmentation des impôts, à un recours massif au crédit et à de nombreuses aliénations de revenus publics ou de droits de juridiction. La société sicilienne était déjà en butte à de fortes tensions sociales et cette conjoncture affecta considérablement les communautés rurales qui fournissaient le gros de l'impôt. La population urbaine de son côté devint de plus en plus hostile aux Espagnols, aux spéculateurs et aux magistrats. Le Sénat de Palerme et la *Deputazione del Regno* constituaient les points forts de ce « lobby » qui tirait parti, à son profit, des faiblesses des Espagnols en spéculant et en acquérant les droits de haute et basse justice. Ce contexte, auquel s'ajouta une disette, déclencha en mai 1647 une violente réaction, d'abord à Palerme puis dans le reste de l'île. Les insurgés chassèrent le vice-roi, obtinrent la suppression des impôts les plus impopulaires et la dissolution du Sénat. Mais le vice-roi reprit Palerme très rapidement et s'employa à rétablir l'ordre malgré de nouvelles conjurations et agitations populaires. La méthode forte finit par l'emporter et le vice-roi reprit sa place, secondé par une Inquisition largement renforcée. A ses côtés, les puissants du Parlement, du Sénat, des magistratures et de la *Deputazione del Regno* retrouvèrent leurs prérogatives et ils constituèrent les deux pôles de domination sur la Sicile.

Mais si ces deux entités – la monarchie et le groupe des puissants – avaient des intérêts différents, ils avaient en commun une hostilité vivace envers Messine. Messine, rivale économique de Palerme, cité convoitée par les barons pour sa richesse et l'extension de sa zone d'influence, suspecte aux yeux des Espagnols qui voyaient d'un mauvais œil l'indépendance croissante de l'aristocratie citadine. La crise éclata en 1672 lorsque les Malvezzi (les riches antiespagnols) s'opposèrent aux Merli (les milieux populaires favorables à Madrid). Alors que les troubles se déchaînaient, les Malvezzi firent appel à Louis XIV, alors en guerre contre l'Espagne. En 1675-1677, les escadres françaises écrasèrent les Hispano-Hollandais – notamment à Augusta en 1676 – et les soldats français occupèrent Messine et une partie des côtes siciliennes. Mais en 1678 les troupes de Louis XIV furent rappelées sur d'autres fronts plus cruciaux.

On retrouve une attitude similaire d'appel aux puissances antiespagnoles – en l'occurrence la France – lors de la révolte napolitaine de 1647. Elle eut pour chef Masaniello qui fut ensuite remplacé par l'armurier Gennaro Annese ; celui-ci proclama la République et la plaça sous la protection de la France. Mazarin ne saisit pas l'occasion très ouvertement et, plutôt que d'envoyer des troupes régulières, délégua un descendant lointain des rois angevins, Henri de Guise, duc de Lorraine, ex-archevêque de Reims, un aventurier peu digne de confiance. « Duc de la République napolitaine », il chercha l'appui de la noblesse locale en dédaignant l'appui populaire et, victime de ses erreurs stratégiques, dut laisser Naples au bout de quelques mois. Et lorsque la France envoya une véritable flotte en juin 1648, il était trop tard.

Mais raconter ainsi la révolte napolitaine de 1647 interdit de réaliser combien l'interprétation de ces événements peut être cruciale pour la compréhension du développement postérieur du Mezzogiorno italien. En effet, la révolution napolitaine fut un jeu à quatre forces (la monarchie, l'aristocratie, le peuple et les « robins » – ou *ministeriales*). Or, selon l'analyse qui est faite du déroulement de cet épisode, les conclusions divergent radicalement. Sans entrer dans les détails des débats historiographiques, rappelons-en simplement les grandes lignes. Pour une tendance de l'historiographie italienne, à la suite de Croce, la révolte napolitaine s'est conclue par la victoire de l'État monarchique moderne sur une noblesse rétrograde. Conclusions radicalement opposées à celles d'historiens comme Rosario Villari qui virent dans la révolution napolitaine la victoire de la noblesse face à une monarchie affaiblie, marquant ainsi la faillite définitive de l'État moderne face aux forces féodales. Cette différence d'appréciation s'explique, entre autres choses, par l'attention particulière portée par Villari aux provinces – et non pas seulement à la capitale.

Enfin, s'opposant à ces deux interprétations, émerge la tendance qui présente la magistrature – les *ministeriales* – comme les grands vainqueurs du conflit, Pour P.-L. Rovito, les *ministeriales* avaient entamé une ascension remarquable depuis le XVIe siècle, aux dépens des nobles, leur ravissant des postes politiques importants, puis aux dépens du vice-roi. L'influence des robins, puis des officiers devint prépondérante dans la vie politique napolitaine. Selon l'auteur, la guerre de Trente Ans altéra cet équilibre. La noblesse fut en effet la première à bénéficier de la crise des finances. Elle profita aussi des difficultés de la monarchie à restaurer son importance politique. Dans cette optique, la révolution de 1647 apparaît davantage comme une « révolution constitutionnelle » analogue à la Fronde, dont les instigateurs furent les robins. La révolte se serait soldée par la victoire de ces derniers qui, alliés à la monarchie, s'entendirent contre la noblesse et les couches plus modestes de la population. C'est donc la survie de l'État moderne que la magistrature assura avec cette victoire.

La révolte napolitaine apparaît complexe, et sujette à des explications divergentes dont découle, en définitive, l'appréciation sur le devenir du Sud.

Les hommes du XVIIe siècle

L'économie italienne de la fin du XVIe siècle et du début du XVIIe est loin d'être aussi ruinée par l'or américain qu'on a bien voulu le dire. L'Italie, tout particulièrement l'Italie du Nord, demeurait la première région industrielle d'Europe. Pourtant un certain nombre de signes avant-coureurs pouvaient inquiéter. D'abord, l'importante série de faillites bancaires dès les années 1590-1610 (Banco di Santo Spirito à Rome, Sant'Ambrogio à Milan) ; ensuite, la prospérité de l'Italie reposait sur sa capacité à exporter massivement des produits manufacturés ainsi que des volumes importants d'exportations « invisibles » sous forme de services bancaires et armatoriaux. Or cette conjoncture va se retourner durablement au début du XVIIe siècle.

En effet, au cours du XVIIe siècle, l'Italie vit ses exportations s'effondrer et son réseau commercial se démanteler. A Gênes, la taxe sur les exportations de la soie, qui rapportait 5 000 écus d'argent à la fin du XVIe siècle, n'en procurait plus que 800 à la fin du XVIIe. La même tendance se retrouve à Florence où le nombre de pièces de laine fabriquées a diminué de moitié entre 1590 et 1600, passant de 30 000 à 15 000 et chutant à 5 000 vers 1650. A partir de 1620-1630, la Lombardie connut également un repli marqué : Milan, Côme, Crémone, Monza virent l'ensemble de leur activité industrielle décroître considérablement tout comme les villes de Vénétie et de Ligurie. Économiquement, Venise allait être supplantée par Livourne. Le port toscan alliait à des conditions économiques favorables l'appui des grands ducs. En 1560, Livourne comptait 563 habitants, en 1601 elle avait atteint le cap des 5 000. L'« équipement » du port et de la ville était en place à la fin des années 1580, alors qu'à la même époque Livourne était ouverte aux juifs et se dotait d'un régime douanier libéral. L'ouverture d'un port franc en 1675 provoqua l'afflux des marchands et des marchandises.

Mais l'Italie du Sud fut également touchée et les soies siciliennes ou napolitaines disparurent presque totalement du marché. C'est le textile anglais qui sortit vainqueur de cet affrontement économique. Pourquoi ? Car l'Italie était trop chère. La concentration des manufacturés dans les villes – à la différence de l'Angleterre qui connaissait déjà le *domestic system* – implique que les ouvriers n'avaient aucun autre revenu parallèle ou complémentaire. Les salaires demeuraient donc élevés, d'autant que les corporations défendaient les intérêts de leurs membres. Une organisation trop rigide du travail, un certain manque d'innovation, des politiques fiscales maladroites contribuèrent donc à étouffer cette prospérité italienne, par ailleurs confrontée à une terrible concurrence.

Toutefois, certaines industries résistèrent à la crise, en particulier les industries de luxe.

A ces problèmes économiques, il faut ajouter les deux terribles épidémies de peste de 1630 et 1656. La première fut concomitante du premier déclin industriel et cette relation n'est bien entendu pas fortuite.

Les conséquences du fléau furent dramatiques : dans les grandes villes, les pertes ont été considérables. Milan vit disparaître près de la moitié de sa population, Crémone 63 % et Mantoue 77 %. En Toscane, la mortalité fut moins forte. C'est surtout l'Italie industrielle, celle de Venise ou Milan, qui fut le plus durement touchée, bien que le Sud ait également connu des pertes importantes. En 1656, alors que la Péninsule s'était à peine remise de ce choc, Naples, Gênes et Rome subirent de plein fouet une deuxième vague. Naples, de 300 000 habitants passa à 150 000, Gênes et sa région perdirent 90 000 âmes sur 440 000. Quant à Rome, elle fut réduite à 100 000 habitants (au lieu des 120 000 d'avant la peste).

Toutes les études montrent que l'ensemble de la Péninsule n'a pas été touché uniformément. Les villes furent plus durement frappées que les campagnes, le Nord que le Centre ou le Sud ; les îles, isolées, furent relativement préservées. Mais un Italien sur sept fut emporté et près de 25 % des Italiens du Nord.

Pourtant, trop s'appesantir sur la crise des années 1630 empêcherait de constater la lente remontée démographique postérieure à 1650. En effet, sur les dix-huit plus grandes villes italiennes, deux seulement virent leur population baisser sur l'ensemble du siècle (Palerme et Messine). Milan, Rome, Florence, Gênes, Parme, Sienne et Turin étaient plus peuplées au début du XVIIIe qu'en 1600. Ces résultats ont été obtenus par des mécanismes de récupération qui sont aujourd'hui bien connus. Explosion des mariages après la disparition de la peste, reprise de la natalité d'autant plus intense que les pertes avaient été importantes. De plus, l'existence de véritables « réserves de fécondité », c'est-à-dire de femmes de plus de 14-15 ans, a rendu possible cette reprise. Mais cette « réserve de fécondité » n'a pas toujours été « utilisée » de la même façon. Les temps de récupération dépendaient également de la structure de la propriété et des conditions de vie. Ainsi, dans les régions de *latifundia* où il n'y avait pratiquement pas de propriété paysanne privée, les difficultés de vie des journaliers, l'âpreté des conditions de travail et de vie entraînaient une mortalité structurellement très forte qui ne pouvait être compensée que par des mouvements migratoires et une forte natalité. On retrouve ces comportements dans les Pouilles, le Latium du Nord et la Maremme toscane. Dans ces régions, les pertes démographiques engendrées par la peste furent comblées en 30-40 ans.

Mais la récupération fut beaucoup plus lente dans des régions comme la Campanie où on trouvait une petite propriété paysanne, un régime d'autoconsommation et de cultures mixtes, où la main-d'œuvre était généralement excédentaire. Le mariage des femmes était alors fortement contrôlé et retardé jusqu'à un âge élevé : 25-30 ans. Par conséquent, les taux de natalité furent beaucoup plus faibles et la récupération des creux de la peste plus lente.

Malgré cette réaction démographique contrastée, c'est bien au cours du XVIIe siècle que l'écart entre la Péninsule et le reste de l'Europe se creusa dramatiquement. Entre 1600 et 1700, la population italienne resta stable alors qu'elle augmentait de 30 % dans le reste du continent. Même tendance au XVIIIe siècle : + 35 % pour l'Italie, mais + 63 % pour l'Europe.

A une époque où la population formait encore la richesse des nations, l'Italie perdit au cours de ce XVIIe siècle l'avance qu'elle avait conservée jusque-là.

Virtuosité baroque

Le XVIIe siècle reste le siècle du baroque. Mais du second baroque, plus fantaisiste, plus « bizarre », plus décoratif que le baroque des premières années de la Contre-Réforme. Alors que le premier baroque était tout empreint d'austérité et de solennité, le second est plus exubérant, plus joyeux. L'époque qu'on pourrait qualifier « d'âge d'or » du baroque fut dominée par les géants que furent Bernin, Pierre de Cortone et Borromini, dans le domaine de l'architecture. Le baroque joua alors sur la monumentalité, sur le décor et l'ensemble urbanistique. Fluidité des formes, jeu sur les éléments architecturaux (coupoles, façades... le baroque romain n'est jamais plus beau que lorsqu'il est totalement sobre, dépourvu de toute ornementation ainsi à Saint-Yves-de-la-Sapience ou à Saint-Charles-aux-Quatre-Fontaines, lorsque sa structure seule est un jeu. Mais beauté également du théâtre baroque, du jeu des marbres comme à Saint-André-au-Quirinal ou bien sûr à Saint-Pierre de Rome. Les décors en trompe l'œil, à Saint-Ignace, les voyeurs qui se pressent, comme au théâtre, pour assister à l'*Extase de sainte Thérèse* (Sainte-Marie-de-la-Victoire) sont autant d'indices de cette nouvelle sensibilité religieuse faite d'abord de sentiments.

Le plus représentatif de ce baroque romain fut sans aucun doute Gian Lorenzo Bernini, le Bernin. Fils d'un artisan sculpteur qui avait travaillé pour le pape, Pietro Bernini, il naquit à Naples en 1598 et mourut à Rome en 1680. Son œuvre fut immense – sculpteur, peintre et architecte, il conçut également des chars de carnaval, des machines scéniques pour le théâtre, des catafalques, talentueux représentant de cette architecture éphémère qui fut aussi une manifestation du baroque. Homme extrêmement pieux, il travailla essentiellement pour les souverains pontifes et resta toute sa vie très proche des jésuites (c'est en partie à la demande du général de la Compagnie de Jésus, le père Oliva, qu'il se rendit à Paris pour proposer à Louis XIV des plans pour la colonnade du Louvre qui fut en définitive confiée à Perrault). Pas moins de sept papes firent appel à ses services, de Paul V à Innocent XI, après qu'il eut travaillé dans sa jeunesse pour le cardinal Scipion Borghèse pour lequel il exécuta les sculptures qui se trouvent aujourd'hui à la villa Borghèse. Par sa condition sociale, le Bernin fut sans doute le mieux armé pour savoir parler par son art aux foules des fidèles, jouant sur la beauté, les sentiments, le sens du théâtre dans un seul but : l'élévation de l'âme. Parmi ses sculptures, la *Sainte Thérèse en extase* de Sainte-Marie-de-la-Victoire (1652) et son *Alter ego* plus sobre, la *Bienheureuse Louise Albertoni* de San Francesco a Ripa (1674), allient la sensualité à l'expérience mystique. La fontaine des Fleuves de la place Navone réunit exotisme, pittoresque et extravagance, valeurs susceptibles de frapper l'imagination, dans une très subtile perception de l'espace environnant.

Cette compréhension spatiale fut portée à son paroxysme dans l'architecture berninienne. Avec la colonnade de la place Saint-Pierre, le Bernin ouvrait, à la sortie des deux rues qui traversaient le Borgo, un immense espace dont la rupture d'échelle est aujourd'hui atténuée par la mussolinienne via della Concillazione. A Saint-André-au-Quirinal, c'est le jeu des courbes et des contre-courbes, des ellipses et des marbres polychromes qui donne à l'ensemble son aspect théâtral.

Hors de Rome, Longhena à Venise et Guarini à Turin développèrent également le baroque triomphant.

Réformes religieuses : nouveaux ordres, nouveaux saints

La prédominance du clergé régulier dans la vie religieuse constitue un des traits spécifiques du catholicisme italien. Héritière du monachisme bénédictin, du développement des ordres mendiants, l'Italie vit également se développer au XVIIe siècle les nouvelles congrégations issues du post-tridentisme.

Innocent X avait entrepris en 1650 une réforme du clergé régulier et, pour ce faire, dut le recenser. Ce qui nous permet de connaître les chiffres de cette population. On y trouve au moins 70 000 religieux répartis dans 6 238 couvents. Mais échappent à ce recensement les Célestins, les Chartreux et les Cisterciens, ainsi que des congrégations nouvelles qui n'étaient pas encore solidement implantées.

Si les ordres monastiques les plus anciens connurent alors un certain repli – à l'exception des Bénédictins –, les congrégations nouvelles issues de la Contre-Réforme se développèrent. Ainsi les Barnabites, les Somasques, les Théatins et, bien sûr, les Jésuites. Es regroupaient environ 5 000 religieux. Mais les ordres mendiants demeuraient de loin les plus nombreux avec 60 000 religieux et, parmi eux, les Franciscains (34 000 moines).

Au cours des années 1580 à 1650 les fondations de couvents se multiplièrent et, de plus en plus, un nouveau modèle de clerc apparut, celui du clerc régulier. Théatins et Jésuites furent des ordres religieux qui suivaient une règle mais en insistant sur l'importance du sacerdoce. D'autres bons représentants de cette nouvelle tendance issue de la Réforme furent les Oratoriens, fondés à Rome en 1575 par saint Philippe Neri ou encore, au niveau local, les Oblats de Saint-Ambroise établis à Milan par saint Charles Borromée.

Mais les nouvelles congrégations ne furent pas les seules à essaimer : les ordres anciens participèrent aussi à ce renouveau. Certains appliquèrent des règles de plus stricte observance, comme les Carmes déchaux dans la tradition de Thérèse d'Avila et de Jean de la Croix.

Le poids économique de ce clergé régulier était considérable. Certains possédaient une richesse foncière appréciable, comme les Bénédictins, mais les ordres plus jeunes détenaient surtout des biens mobiliers et étaient « dotés » par les fondateurs ou des bienfaiteurs. Dans certains cas, la présence d'une relique ou d'une image miraculeuse attirait les foules qui laissaient sur place ex-voto et dons en nature.

Innocent X procéda donc à une réforme de ce clergé régulier entre 1649 et 1654. Il s'agissait de remettre un peu d'ordre, en particulier au sein des innombrables « *conventini* », c'est-à-dire des petits couvents desservis par quelques religieux, dépourvus de ressources et qui, dans certaines régions montagneuses ou éloignées, étaient totalement incontrôlés, parfois même transformés en repaires de brigands... Il fallait donc supprimer ces petits couvents et regrouper leurs occupants dans de plus grands établissements.

Les biens des couvents supprimés devaient être redistribués auprès d'autres institutions ecclésiastiques.

La Réforme aurait dû avoir une portée considérable, puisque sur 6 238 couvents, 1 513 devaient être supprimés. Mais un concert de protestations s'éleva et surtout, nombre de ces moines, chassés de leur couvent, ne furent pas acceptés dans les nouveaux établissements car leurs revenus étaient trop faibles. Rejetés à la rue, ces moines se transformèrent souvent en mendiants ou en pillards. Devant un mouvement d'une telle ampleur qui suscita crises et troubles, Rome revint sur sa décision. La fermeture des couvents devait désormais dépendre d'une enquête locale qui déciderait de la viabilité des établissements. Quelques années plus tard, près de 40 % des couvents supprimés avaient été rétablis. Bel exemple de la résistance de ce clergé régulier qui, au fond, servait également les desseins politiques et réformateurs de la papauté grâce à son implantation jusqu'au fond des campagnes les plus reculées.

Face à ce clergé régulier actif et puissant, le clergé séculier paraît moins bien loti. Il était pourtant au centre des préoccupations du concile de Trente et l'action des évêques fut une des premières à être réorganisée. Devoir de résidence, tenue régulière de synodes provinciaux et diocésains, multiplication des visites pastorales constituèrent, avec l'obligation faite aux évêques d'envoyer tous les trois ans un rapport sur la situation de leur diocèse, les moyens de réformer le clergé séculier. Cette transformation fut appuyée par l'action de pasteurs actifs et reconnus : ainsi, Charles Borromée, archevêque de Milan. Visiteur inlassable des régions dont il avait la charge, fondateur de séminaires, petits séminaires, écoles de la doctrine chrétienne, il publia en 1582 un recueil de décrets disciplinaires qui fut largement diffusé par le Saint-Siège. Mort en 1584, il fut canonisé dès 1610. La rapidité avec laquelle s'effectua cette canonisation montre assez la recherche de modèles qui fut celle de l'Église à cette période. Mais dans cette réorganisation du clergé séculier, un maillon demeurait faible : la paroisse. L'encadrement quotidien des fidèles, tant en ville qu'à la campagne, restait largement insuffisant : les curés étaient trop peu nombreux, les paroisses trop étendues, des épidémies diverses avaient fauché le clergé, laissant les ouailles sans pasteur pour des années, des décennies parfois. Tableau auquel il faut ajouter les difficultés économiques rencontrées par les curés italiens du XVIIe siècle. Ceux-ci tiraient l'essentiel de leurs revenus des droits sur l'administration des sacrements. Or ces revenus étaient souvent bien inférieurs aux dépenses engagées. Le terrain paroissial était donc d'une certaine manière libre pour l'action des ordres mendiants qui l'occupèrent activement.

Parallèlement aux tentatives d'amélioration de l'encadrement, il fallait également se préoccuper de la formation intellectuelle et spirituelle du clergé séculier. Si la réforme tridentine avait mis la création de séminaires à l'ordre du jour, ces projets étaient encore loin d'être achevés au milieu du XVIIe siècle. Ils furent relayés par l'action d'évêques réformateurs comme Innico Caracciolo à Naples qui tenta d'effectuer une sélection dans le recrutement des clercs et surtout d'inverser la proportion entre ceux qui n'avaient reçu que les ordres mineurs (les plus nombreux), et les prêtres. Dès les années 1680, le processus de sacerdotalisation du clergé napolitain était bien engagé. Au niveau de la Péninsule, l'image du religieux évolua peu à peu et l'archétype du bon moine fut remplacé progressivement par celui du bon prêtre, ou du bon pasteur qui devint le modèle de la seconde réforme tridentine, celle qui après 1670 forgea l'identité de l'Église face aux contestations des États puis des Lumières.

Enfin, malgré la diversité géographique de l'Église italienne, le fait marquant de ce XVIIe siècle reste la centralisation romaine. Mouvement débuté dès la fin du XVIe siècle, il avait d'abord suscité des réactions difficiles de la part de Gênes puis de Venise – querelles sur l'Interdit en 1605 et 1606. Il s'était ensuite imposé dans la Péninsule face aux États et aux églises locales. La publication du Rituel romain en 1614 sous Paul V annonça l'uniformisation des rites et, sous Urbain VIII, la béatification fut soumise au droit de réserve du pape. Dès lors, les églises locales ne purent plus béatifier leurs saints sans l'accord pontifical.

Cet encadrement renforcé contribua au maintien puis au développement du catholicisme comme croyance majoritaire en Italie, véritable ciment de la Péninsule. Les missions d'évangélisation et les confréries assurèrent le rôle de courroie de transmission. Les instruments que sont les livres et les images servirent à la « vulgarisation » du dogme. Les gravures, peintures et autres formes de représentation – tout comme la musique – aidèrent une population en majorité analphabète à s'approprier les valeurs fondamentales de la Réforme catholique. Enfin, le catholicisme baroque fut également marqué par le développement des pèlerinages. Le pèlerinage romain, qui existait déjà, s'affirma et le parcours des sept basiliques, assorti d'indulgences plénières, contribua à concurrencer fortement le pèlerinage à Jérusalem. Parallèlement se développèrent des pèlerinages comme Lorette ou Assise ainsi que des pèlerinages régionaux s'organisant autour d'images miraculeuses aux vertus thaumaturges ou de reliques de saints plus ou moins connus. On les retrouve tant au sud de l'Italie (Calabre, Naples) qu'à l'extrême nord de la Péninsule.

La gigantesque entreprise de reprise en main des fidèles par la papauté s'est assortie également d'organes de répression dont le plus connu fut bien sûr l'Inquisition. Mais, on l'a dit, l'action de l'Inquisition fut en Italie moins sanglante qu'en Espagne ou en France : les condamnations à mort furent rares et elles furent plus nombreuses aux débuts de l'institution, lorsque la menace apparaissait comme plus forte.

Le XVIIe siècle vit sans doute les formes les plus achevées des cérémoniaux catholiques – rites, processions, etc. Mais si l'on tente de saisir plus finement l'univers religieux des Italiens d'alors, en étudiant par exemple les formules ouvrant les testaments et les recommandations de l'âme du défunt à Dieu et à ses saints, on note un effacement de la figure du Christ, remplacé par le culte marial et une prolifération impressionnante de saints. L'une des manifestations les plus spectaculaires du culte de la Vierge fut le développement de la dévotion au Rosaire qui, de pratique individuelle et intériorisée, devint une pratique collective. Quant au culte des saints, il existait depuis le haut Moyen Age. Contesté par le protestantisme, il fut de nouveau affirmé avec vigueur par le concile de Trente. La sainteté devint alors un des moyens et un des signes de la reconquête catholique. Les saints proliférèrent anarchiquement et il fallut que la papauté décide d'y mettre bon ordre dès 1570. Jusque-là, on devenait saint en étant soit canonisé, soit béatifié. La canonisation était le fait du Saint-Siège et exigeait une enquête préalable avant qu'une bulle pontificale n'autorise le culte dans l'ensemble de la chrétienté. En revanche, la béatification était le fait des Églises locales qui pouvaient rendre un culte à certains personnages morts en réputation de sainteté. A la fin du XVIe siècle, les mouvements de dévotion de plus en plus forts et nombreux inquiétèrent la papauté qui en reprit le contrôle en 1625 et 1634, se réservant le droit de béatifier des personnes susceptibles d'être en réputation de sainteté. Une hiérarchie s'établit alors entre la béatification, première étape locale, et une possible canonisation. Parmi les saints béatifiés ou canonisés figurent les grands fondateurs de la Réforme comme Ignace de Loyola, Thérèse d'Avila, François-Xavier ainsi que Charles Borromée, Philippe Neri ou François Borgia. Aux côtés de ces noms qui ont défié les siècles, on oublie souvent les « saints » locaux, plus obscurs, dont la réputation n'a pas survécu à leur mort. Enfin, on ne saurait achever ce tableau du XVIIe siècle religieux sans évoquer les déviances, nombreuses, qui entraînèrent procès et répression. Si la menace du protestantisme et de l'islam fut éliminée dès les années 1580, une autre déviance perdura malgré les efforts de l'Inquisition : celle de la magie et de la sorcellerie.

L'Italie des Lumières

Le XVIIIe siècle italien pose problème : participe-t-il d'un mouvement européen, largement inspiré par la France ? Ou bien, et ce fut le point de vue de l'école « nationaliste » italienne, le XVIIIe siècle italien ne doit-il pas grand-chose à l'Europe des Lumières ? Cette position fut défendue tout particulièrement durant la période fasciste. Ainsi pouvait-on lire en 1927 sous la plume de Giulio Natali, auteur d'un ouvrage intitulé *Settecento* : « Beaucoup d'Italiens répètent que le XVIIIe siècle est, en Italie aussi, le siècle de la philosophie française. Je crois plus volontiers nos historiens, appelons-les nationalistes, qui voient une seule direction originale, autochtone dans l'évolution de notre pensée ». A cette pensée s'oppose celle de Croce qui a beaucoup insisté sur les relations étroites existant entre le mouvement réformateur européen et le reste de l'Europe.

Cette question, et la réponse qui est fournie entraînent toutes sortes d'implications d'ordre politique ou idéologique. En effet, donner du XVIIIe siècle italien une interprétation italocentrée, anti-illuministe et tournée vers la maison de Savoie comme moteur pouvait tout aussi bien servir la ligne « nationaliste » voulue par le régime fasciste qu'être « détournée » par P. Gobetti qui, en 1926, voyait dans ces mêmes origines, et tout particulièrement dans les traits spécifiques de la monarchie savoyarde, les racines de la carence démocratique italienne qui avait mené au fascisme.

De toutes les manières, il est vrai que ce problème des Lumières reste la grande ligne divisant les historiens de cette période. Toutes les controverses s'articulent autour de la problématique suivante : l'Italie a-t-elle été une bonne élève de cette culture progressiste européenne, ou bien, pour des raisons diverses, est-elle restée en retrait ? Et, question corollaire : de quel mouvement politique et culturel est donc issu le Risorgimento ? Si l'on admet que les thèses nationalistes sont aujourd'hui obsolètes, le problème n'est pas pour autant réglé. Car si l'on constate au cours du XVIIIe siècle une renaissance de la vie civile et intellectuelle, ce n'est pas pour autant qu'on peut l'associer d'emblée à un pré-Risorgimento. Le XVIIIe siècle italien participa de l'Europe des Lumières, avec un certain nombre de caractères propres, mais des thèmes caractéristiques de la période suivante tels le nationalisme, la volonté d'indépendance et d'unité, manquaient encore totalement.

Bien sûr, le morcellement politique italien permet de donner des réponses nuancées, différentes selon les États. Mais certaines lignes de force se dégagent, Il faudra donc voir l'état politique de l'Italie après la fin de la prépondérance espagnole, les aspects économiques et sociaux, et enfin se pencher sur quelques exemples régionaux, dont bien entendu le Piémont, le grand-duché de Toscane et les États pontificaux.

La paix retrouvée

La géographie politique italienne fut établie initialement à Utrecht. Un des principaux buts de la paix de 1713 était d'établir un équilibre des forces entre les grandes puissances européennes. L'Italie fut donc divisée entre les puissances sans que les traditions ou les aspirations des peuples concernés soient évoquées, ou qu'une logique identifiable soit respectée. Ainsi, l'empereur Charles Vl, archiduc d'Autriche, se vit-il donner la plupart des anciennes possessions espagnoles en ltalie : Milan, Mantoue, Naples et la Sardaigne. Les Piémontais, sous la direction de Victor-Amédée II, reçurent quelques territoires du Milanais, autour d'Alessandria, ainsi que le duché de Montferrat et la Sicile. Mais la répartition d'Utrecht ne s'avéra pas stable et elle évolua tout au long du XVIIIe siècle. En 1720, la maison de Savoie, pour obtenir la Sardaigne, dut abandonner la Sicile qui échut à l'Autriche. En 1734, Naples et la Sicile repassèrent aux Espagnols lorsque don Carlos, fils de Philippe V et d'Élisabeth Farnèse, s'en empara et s'y installa sous le titre de Charles III. Un certain nombre de dynasties disparurent pour être remplacées : ainsi les Farnèse qui s'éteignirent à Parme en 1731, le duché passant sous le gouvernement des Bourbons de 1732 à 1802 – à l'exception d'un bref interlude entre 1738 et 1748. Les Médicis disparurent en 1737 et le grand-duché de Toscane échut à l'empereur François de Lorraine, époux de Marie-Thérèse, qui le donna en 1765 à son fils Léopold. Enfin, à la paix d'Aix-la-Chapelle en 1748, le Piémont récupérait Nice et la Savoie. Même s'ils étaient d'origine étrangère, les souverains des principautés italiennes tendaient de plus en plus à se sentir italiens et responsables de leurs possessions. Seuls restaient dépendants de l'étranger le duché de Milan, l'enclave impériale de Trieste et la principauté ecclésiastique de Trente qui faisait partie de l'Empire.

La période qui suivit Utrecht fut une période de paix relative pour l'Italie. Certains États connurent des réformes, d'autres stagnèrent dans des systèmes plus archaïques. Parmi les États « éclairés » du *Settecento* italien on peut citer la Lombardie et la Toscane – liées aux Habsbourg –, le royaume de Naples, la Sicile et Parme – appartenant aux Bourbons. Le Piémont connut une activité réformatrice plus lente. Quant aux territoires pontificaux et aux républiques aristocratiques (Venise, Lucques, Gênes), ils restèrent à l'écart du mouvement. Il n'y a donc pas corrélation entre l'indépendance des États et leur sensibilité aux Lumières, pas plus qu'entre le degré de réformisme d'un État et sa santé économique.

Immobilisme et premiers frémissements : l'économie et la société

Dresser un tableau économique et social de l'Italie du XVIIIe siècle implique de tenir compte d'éléments contradictoires et de nuances régionales, voire locales. On a en définitive deux aspects qui peuvent apparaître paradoxaux. D'une part, dans la seconde moitié du XVIIe siècle, une progression démographique qui se maintenait, assez lentement certes, mais sans rupture majeure. L'Italie conservait un réseau de villes remarquable et une activité maritime qui se renforça au cours du XVIIIe siècle. Dans certaines régions, et en particulier la plaine du Pô, l'agriculture évolua et se modernisa. Mais en même temps on ne peut que constater une croissance plus lente que celle des pays voisins, une industrialisation embryonnaire gênée tant par la compartimentation de l'espace politique que par l'inertie de la classe dirigeante.

On le sait, la fin du XVIIe siècle avait déjà vu la reconstitution de la population après les terribles épidémies. Au XVIIIe siècle, en Italie comme dans le reste de l'Europe, la population continua d'augmenter passant de 13,3 millions d'habitants vers 1700 à 18 millions en 1800. Soit un pourcentage d'accroissement moyen de 35 % pour la Péninsule. Ce qui est en deçà de la progression européenne moyenne qui fut de 66 % sur le siècle, avec il est vrai des contrastes entre la France qui évolua au même pas que l'Italie et la Russie dont la progression fut de 157 %. L'Italie du Sud progressa plus vite que l'Italie du Nord, constituant ainsi des « stocks » de main-d'œuvre prêts pour les migrations des XIXe et XXe siècles.

Entre villes et campagnes, ce furent surtout les campagnes qui contribuèrent à l'essor démographique, les villes évoluant de manière plus différenciée. Mais les villes restèrent les éléments moteurs de la vie politique et économique même si, au cours du siècle, un intérêt de plus en plus marqué se manifesta pour les aspects ruraux de la Péninsule. La société italienne conserva au XVIIIe siècle ses caractéristiques urbaines, un grand nombre de centres densément peuplés (six villes de plus de 100 000 habitants soit Messine, Milan, Palerme, Rome, Venise et Naples qui, avec plus de 200 000 habitants, fut avec Paris la plus peuplée des villes européennes au début du siècle). Si l'on se penche sur la progression des villes au cours du *Settecento*, seulement quatre villes doublèrent, ou presque, leur population. Il s'agit de Naples qui passa de 215 000 à 426 000 habitants, Turin de 42 000 à 74 000, Catane et Livourne de 16 000 personnes environ à respectivement 45 000 et 52 000 habitants. Parmi les villes dont la progression fut plus lente (entre 20 et 45 % d'augmentation), on trouve Rome, Gênes, Palerme, Trapani et Marsala. Les villes qui constituaient les joyaux de la civilisation italienne depuis le *Quattrocento* stagnèrent. Ainsi Venise, Milan, Bologne, Florence, Vérone, Ferrare, Mantoue et Modène.

Rome, capitale de l'État pontifical, était au XVIIIe siècle la seconde ville d'Italie, passant de 135 000 habitants à 163 000 à la fin du siècle. Ce sont 10 % de la population de l'État pontifical qui vivaient dans Rome : rapport démesuré entre la capitale et le reste des territoires. Rome était une ville de contrastes sociaux violents : l'essentiel des richesses et du pouvoir était aux mains d'une minorité de familles très riches et de prélats. Les groupes intermédiaires d'administrateurs, de gens de justice, d'artisans et d'ouvriers étaient peu nombreux face à l'immense masse des pauvres et des vagabonds. La population romaine suivait les variations saisonnières : pasteurs des Abruzzes qui descendaient l'hiver afin de trouver un emploi, vagues de pèlerins attirés par les années saintes ou enfin paysans ruinés par une mauvaise récolte y cherchaient assistance et protection. Déjà les esprits éclairés dénonçaient le caractère parasitaire de l'*Urbs,* centre politique prélevant sa richesse sur la campagne romaine. Rome changea peu au XVIIIe siècle : les éléments de sa splendeur architecturale et urbanistique étaient déjà en place et furent peu remaniés.

Au XVIIIe siècle les villes portuaires connurent soit une reprise de leur activité, soit un maintien. En effet, la puissance maritime de l'Italie était alors loin d'être négligeable, la situant au même niveau que les Pays-Bas. Or si l'histoire maritime du *Settecento* retient surtout le dynamisme de Londres, Amsterdam, Bordeaux ou Marseille, il ne faut pas oublier Venise, dont le trafic portuaire culmina en 1779. Ancône, qui avait connu une nette régression de son activité à la fin du XVIe siècle, en récupéra une bonne part après la création du port franc en 1732. Trieste et Livourne bénéficièrent également de l'accroissement du trafic international.

Mais dans quelle mesure l'Italie put-elle profiter de la conjoncture positive du XVIIIe siècle ? Et surtout, comment se positionna-t-elle dans cette Europe de plus en plus tournée vers la manufacture textile et la métallurgie ? Là encore, l'appréciation ne peut être que nuancée, tant l'Italie est diverse. A première vue, la lente dégradation entamée au XVIIe siècle s'accentua au XVIIIe. Mais la Vénétie, par exemple, connut alors un niveau d'industrialisation proche de celui du Dauphiné ; l'activité textile resta vive dans les régions de Padoue, Vicence, Vérone et Bergame, ainsi que la papeterie à Trévise et la métallurgie près de Bergame et de Brescia. Et il ne faut pas, dans cette comparaison, surestimer l'importance des premiers signes de la révolution industrielle à la fin du XVIIIe siècle, en France notamment. Elle n'était alors que balbutiante. Et pourtant, même si l'on veut recadrer le tableau industriel de cette Italie du *Settecento*, force est de constater certaines faiblesses ou carences qui auront d'indéniables conséquences sur le développement ultérieur du pays. Ainsi, la Vénétie, plutôt bien placée dans la compétition internationale, vit-elle sa capacité textile décliner brutalement : comptant, vers 1750, 800 métiers à tisser la soie, elle n'en comptait plus que 60 vers 1790. Les verreries de Murano connurent un déclin analogue. Ce fléchissement ne fut pas compensé par les activités en terre ferme : Padoue déclina également. Le Milanais connut la récession, alors que c'était un centre de production textile très actif jusqu'au premier tiers du XVIIe siècle. La Toscane, autrefois réputée pour ses lainages et ses soieries, vit ses exportations diminuer et ne parvint même plus à s'imposer sur place.

Et si l'Italie exportait encore des produits de son agriculture, elle ne vendait que très peu de produits manufacturés. Ce virage manqué vers la modernité a été largement étudié et a donné lieu à de nombreuses interprétations. Rappelons seulement que le déclin italien peut être imputé à deux types de causes : d'une part le « déplacement » italien sur l'échiquier européen, finissant par occuper un espace commercial limité et secondaire, se caractérisant précisément par l'exportation de matières premières ou de produits semi-finis et l'importation de produits manufacturés ; d'autre part le rétrécissement du marché intérieur et l'alourdissement des liens sociaux et institutionnels qui entravent production et échanges.

En effet, le pays manquait d'un certain nombre d'atouts dans la compétition internationale. L'Italie était pauvre en charbon et en fer. Certes, elle avait la laine et aurait pu travailler le coton importé. Mais, bien qu'étant en crise, l'organisation corporative restait en place et constituait une entrave majeure. Les corporations étaient devenues le monopole héréditaire de groupes restreints qui réclamaient aux gouvernements protection et subventions pour maintenir la production et les exportations. Au début du XVIIIe siècle, la structure même des corporations empêchait toute augmentation de production. Se cantonnant dans la fabrication d'objets de luxe, restreignant le nombre des ouvriers et des apprentis, même lorsqu'il y avait augmentation de la demande, les corporations bloquaient tout progrès technique en interdisant, par exemple, l'utilisation de certaines matières premières. Alors que la tendance à une concentration industrielle s'amorçait, chaque corporation gardait jalousement son propre secteur de production : ainsi, à Milan, il n'y en avait pas moins de sept s'occupant du travail et de la vente des peaux. Au cours du siècle, ces problèmes d'organisation furent l'objet de préoccupation des réformateurs. Mais l'intérêt économique n'était pas le seul en jeu. En effet, si le poids économique des corporations restait limité dans certaines régions essentiellement rurales, comme la Sicile, leur rôle politique était en revanche considérable. Elles constituaient en effet un utile pendant au pouvoir des barons et étaient, à ce titre, l'objet des sollicitudes gouvernementales. Aussi Charles III leur confia-t-il en 1735 la garde des murailles de Palerme, et Ferdinand le maintien de l'ordre public en 1773.

Les campagnes : l'enjeu de la modernité

L'agriculture italienne vit s'accentuer les contrastes déjà établis à la période précédente. L'Italie du XVIIIe siècle devint, de plus en plus, une société rurale et dans des proportions impressionnantes si on la compare à l'Angleterre ou à la Hollande de la même époque. En effet, les difficultés rencontrées par les villes impliquèrent un renforcement de leur contrôle sur les campagnes.

Parallèlement, le *Settecento* vit une accentuation des contrastes entre régions, malgré le mouvement commun à l'ensemble de l'Italie : la commercialisation croissante des denrées agricoles, dont les résultats furent plus ou moins heureux selon le dynamisme et les capacités des propriétaires terriens.

Dans certaines régions, on misa sur la culture extensive des céréales et sur l'élevage, dans d'autres sur une agriculture plus intensive, mais dans la plupart des cas le profit – et non plus l'autosuffisance – devenait un des principaux buts recherchés. Le maïs devint la nourriture de base des populations agricoles sous forme de *polenta*. Alors que pommes de terre et tomates étaient encore totalement inconnues, le maïs permit d'éviter les famines, de commercialiser davantage de froment, malgré la pellagre que sa consommation excessive entraînait parfois. Le riz progressa en Piémont et dans le Milanais. La plaine du Pô présenta les premiers traits d'une agriculture à caractère moderne : spécialisation, irrigation, utilisation des fourrages artificiels, passage de la jachère à un assolement où le maïs faisait fonction de plante de renouvellement. Cette modernisation transparaît dans le paysage qui tend de plus en plus à s'organiser, à être quadrillé par des canaux, des murets, des fossés.

Cet ordonnancement du paysage se retrouvait dans d'autres régions d'Italie, telles que la Toscane, l'Ombrie et les Marches, dans le Sud sur les versants du Vésuve, ou encore dans les environs de Palerme. Bien qu'elle soit un centre urbain important, Rome n'a pas généré une agriculture intensive qui lui soit liée. Mais il ne faut pas surestimer le caractère « moderne » de l'agriculture italienne, même dans ces régions. Les résultats étaient à peine comparables aux résultats français, or l'on sait qu'ils étaient très en deçà de ceux des pays du Nord-Ouest de l'Europe.

Dans sa majorité, l'Italie rurale du *Settecento* présentait de forts caractères d'arriération, marques d'une décadence amorcée au XVIIe siècle et qui s'était accentuée au XVIIIe. On observait en effet une dégradation du paysage agraire : les marécages s'étendaient, et avec eux la malaria, les friches et les maquis regagnaient du terrain, le contrôle de l'eau était moins bien assuré, les digues et les canaux n'étaient plus entretenus. C'étaient là les conséquences du processus de « reféodalisation » entamé depuis le XVIe siècle. Ce mouvement social avait eu des implications économiques, dont l'extension des « openfields » pour la culture extensive des céréales et l'élevage nomade. Les théoriciens des Lumières furent conscients des obstacles que présentait ce processus pour toute tentative d'amélioration de l'agriculture mais ils se heurtèrent à un double obstacle : les grands propriétaires éleveurs de troupeaux et les paysans les plus pauvres qui s'opposèrent à tout embryon d'« enclosure ». Si bien que la différenciation entre Italie du Nord et Italie du Sud alla s'accentuant, l'Émilie, le Piémont, la Vénétie et la Lombardie progressant et se modernisant, l'Apennin, les Maremmes, la campagne romaine ainsi que la Sicile et Naples devenant des zones où pâturages et broussailles gagnaient du terrain.

Pendant cette période, la propriété des terres connut un changement important de structure. Les possessions du clergé et de la noblesse s'accrurent considérablement. La propriété ecclésiastique s'étendit du fait des innombrables dons faits par des particuliers qui pouvaient aller du grand domaine au lopin le plus misérable. Si la superficie des terres sous contrôle de l'Église s'agrandit énormément, la cohésion de la propriété ecclésiastique n'en sortit pas du tout renforcée. Bien au contraire. Ainsi, au début du XVIIIe siècle, plus d'un tiers de la propriété italienne était soumis à la mainmorte ecclésiastique, aux soins d'administrateurs routiniers qui ne vendaient que très rarement les terres dont ils avaient la charge, sans pour autant y apporter grand soin.

La noblesse, rencontrant de plus en plus de problèmes dans le commerce ou l'industrie, tendit naturellement à s'intéresser de plus près à la terre, possession qui rehaussait aussi le prestige social des anoblis les plus récents. On assista ainsi à un accroissement du patrimoine nobiliaire dans l'ensemble de l'Italie.

Cette prise de possession de la terre s'effectua inégalement dans les différentes régions. Les résistances les plus fortes se rencontrèrent dans les zones montagneuses, tant alpines qu'apennines. Dans l'Italie des collines, dans le Piémont, le Milanais, la Toscane, les États pontificaux ou le royaume de Naples, les possessions nobles et ecclésiastiques y connurent une expansion notable, même si le système resta caractérisé par la petite propriété paysanne. Enfin, ce fut surtout en plaine que la domination de l'aristocratie et de l'Église connut son extension maximale. Ainsi, au milieu du siècle, dans les régions de plaine du duché de Mantoue, l'aristocratie possédait 45 % des terres et l'Église 13 %. Dans le duché de Milan, 4 % de la population détenait 75 % des terres. Dans le Piémont la domination fut moins écrasante, mais 10 % de la terre cultivée restaient aux mains des nobles et 15 % étaient propriété de l'Église.

Les données sont moins sûres pour la Toscane, mais on sait que les dynasties d'anciens marchands florentins, comme les Médicis, les Della Gherardesca ou les Ferroni, tout comme l'Église, investirent massivement dans la terre. Les États pontificaux, quant à eux, connurent une des plus fortes concentrations aux mains des couches aristocratiques et ecclésiastiques : en 1783, dans l'Agro Romano, 113 familles possédaient 61 % du sol et 64 ordres religieux 37 %. Soit 98 % du sol aux mains de 177 entités... Au sud, dans le royaume de Naples, les barons percevaient au moins 20 % de la rente foncière et l'Église entre 20 et 30 %. La situation était analogue en Sicile.

Si ces chiffres donnent une idée de la puissance terrienne de ces deux couches sociales, leur montée en puissance se fit un peu plus rapidement pour la noblesse que pour l'Église, dans la mesure où il s'agissait pour l'aristocratie d'une stratégie systématique de regroupement des patrimoines. La taille des possessions était variable, des quelques centaines d'hectares qui constituaient la moyenne des propriétés piémontaises aux milliers d'hectares des *latifundia* dans les États pontificaux ou en Sicile. En outre, les *latifun-*

dia tendaient à se concentrer toujours davantage grâce au jeu des alliances entre grandes familles : à Naples, quinze familles se partageaient les trois quarts des terres et la seule famille Pignatelli possédait soixante-deux fiefs. Le statut juridique des terres, et en particulier la mainmorte et les *fideicommis*, interdisait aux non-nobles l'acquisition de grandes ou moyennes propriétés, et ce jusqu'à la fin du XVIIIe siècle. Aux côtés de ces immenses propriétés, on trouvait les petites – voire minuscules – parcelles paysannes, ainsi que les terrains communaux. La dimension intermédiaire était pratiquement inexistante et il fallut attendre la seconde moitié du XVIIIe siècle pour que les grands propriétaires d'Italie centrale et septentrionale commencent à louer des propriétés de superficie moyenne.

Ce pouvoir nobiliaire et ecclésiastique était renforcé du fait des privilèges attachés à ces ordres : immunité héritée du féodalisme, exemptions fiscales concédées par les villes. Ainsi, ces possessions étaient dispensées de l'impôt sur la terre – sauf à Venise – et les nouvelles acquisitions bénéficiaient souvent arbitrairement de ce statut favorable sans que personne puisse s'y opposer.

L'impôt était en outre avantageux pour ces classes dirigeantes : l'imposition était en effet plus lourde lorsqu'on travaillait la terre que lorsqu'on la possédait. A ces fondements de la richesse (propriété des terres, exemption et privilèges fiscaux) s'ajoutaient les avantages tirés des survivances féodales. Si le maillage de la féodalité conférait aux paysans un certain nombre de garanties (protection, terrains communaux, droits de pâture...), il impliquait également des prérogatives seigneuriales constituant des entraves permanentes : droits de pêche, de chasse, péages, monopoles sur les moulins et les fours...

Dès le XVIIIe siècle, le comportement « irresponsable » des classes dirigeantes fut sévèrement dénoncé. Les clercs (abbés, prieurs ou prélats) étaient absentéistes, préférant l'éclat des carrières romaines à l'entretien de leur patrimoine. Mais le fossé se creusait avec le bas clergé, et particulièrement le clergé paroissial, dont la misère contrastait avec leur opulence. Une idée commença alors à se développer avec insistance, reprenant des arguments déjà formulés dans les siècles passés assimilant la propriété ecclésiastique à une sorte de réserve pour le trésor de l'État. A Naples, dès 1737, un auteur anonyme proposait que le roi assure le quotidien du clergé et, ce faisant, rende superflue la possession des biens par le clergé. Il pourrait dès lors unir le patrimoine ecclésiastique aux biens de la couronne pour en faire bénéficier son peuple. Mais bien qu'exposé à ce type d'attaques, le pouvoir de l'Église restait essentiel en Italie ; l'Église offrait une certaine sécurité, des possibilités de carrière ou au moins l'avantage d'un bénéfice ecclésiastique. On ne compte pas les abbés qui marquèrent le *Settecento* : Métastase, Lodoli, Denina, Muratori étaient des clercs. Et ceci jusqu'à la fin du *Settecento*, alors que le mouvement réformateur pour la mise en place d'un État laïc s'était affirmé : nombre de réformateurs jacobins sortirent de ses rangs. Il fallut attendre les séquelles de la Révolution française pour que le pouvoir passe définitivement aux mains des autorités temporelles.

L'aristocratie, quant à elle, que ce soit dans les républiques ou les principautés, garda le contrôle de l'administration locale et des institutions traditionnelles érigées en instruments de défense des privilèges. Ce fut le cas du Parlement en Sicile, du Sénat à Milan ou des « Congrégations » à Mantoue. La fin de la domination espagnole permit à l'aristocratie d'asseoir son pouvoir, à l'exception du Piémont et de la république de Venise où la constante stabilité politique ne leur donna pas de prise.

Le pouvoir de l'aristocratie représentait un poids mort opposé à toute forme de changement. Manque d'intérêt pour le bien public, certes, mais surtout attachement à des idéaux allergiques à la notion de progrès des Réformateurs. La vie de cour, les investissements dans des palais ou des signes extérieurs de richesse, investissements non productifs, intéressaient bien davantage la noblesse que d'hypothétiques et hasardeuses améliorations de l'agriculture.

Les différenciations sociales dans les campagnes

Si la domination du clergé et de l'aristocratie sur les campagnes entraîna des effets profondément négatifs, leur absentéisme permit en définitive l'émergence de nouveaux groupes sociaux qui soit louèrent leurs terres, soit les administrèrent, introduisant de nouveaux facteurs de différenciation sociale dans les campagnes italiennes. Les terres étaient louées en métayage ou en fermage mais la différence entre les deux statuts tendit à s'amenuiser au cours du siècle.

Au milieu du XVIIIe siècle, le cadre agricole commença à changer. La croissance démographique rapide entraîna une hausse de la demande en biens alimentaires. De plus, le développement des pays limitrophes (France, Angleterre, Hollande) créa une demande extérieure accrue en produits non manufacturés et en matières premières. Les exportations de grains, d'huile, d'agrumes, de soie brute, de laine et de coton augmentèrent. Ces contraintes entraînèrent des transformations profondes dans les modes de culture et dans l'organisation des propriétés. D'une agriculture essentiellement extensive, on passa dans certaines régions à une agriculture intensive et de plus en plus « commerciale ». Ce fut surtout le cas pour la plaine lombarde. De plus, l'absentéisme des propriétaires, qui n'était pas un phénomène nouveau, donna lieu à des évolutions notables. Le personnage du régisseur se transforma au cours du XVIIIe siècle. Simple administrateur chargé de relever les droits et les loyers sans s'investir aucunement dans les méthodes de culture, il devint peu à peu beaucoup plus actif, cultivant parfois une partie de la propriété en utilisant des journaliers, usurpant même les terres communales. A la fin du XVIIIe siècle, sauf en Toscane et dans quelques régions de la Vénétie, ces régisseurs roturiers, actifs et ambitieux remplacèrent peu à peu les propriétaires absents. Et, s'enrichissant, ces derniers commencèrent à acheter des terres, opérations rendues possibles par les restrictions mises à la mainmorte et aux *fideicommis* par les gouvernements réformateurs de certains États.

A la veille de la Révolution, une nouvelle couche sociale avait émergé, dont l'influence sur les politiques réformatrices ne fut pas négligeable. Noyau d'une bourgeoisie agraire bien implantée au Nord et au Centre, ils combattirent vigoureusement le système des privilèges et exemptions qui les entravait, appuyant la libre circulation des produits agricoles, la liberté d'exportation et le rééquilibrage fiscal. Mais la formation de cette bourgeoisie agraire se fit aux dépens du reste de la population agricole. Certains, propriétaires de minuscules parcelles, cherchèrent à tirer parti – dans certaines régions seulement – du travail à domicile, filant la soie ou la laine durant l'hiver. Mais ils furent durement touchés par l'action des régisseurs, ainsi que par la collecte fiscale de l'État qui, désormais effectuée par les « fermiers généraux », gagnait en exigence et en efficacité. Les paysans et les communes rurales s'endettèrent considérablement tout au long du XVIIIe siècle, au profit des notaires, pharmaciens, avocats, médecins qui leur prêtaient à des taux élevés.

Les conditions de vie de plus en plus difficiles, la pression démographique, l'endettement croissant augmentèrent fortement le nombre des journaliers et des mendiants. Dans le Sud, ceux-ci s'agrégèrent aux bandes de brigands et les vagabonds furent de plus en plus souvent assimilés systématiquement à des voleurs. Certains échouaient en ville où ils étaient parfois pris en charge par les associations caritatives.

Cette organisation sociale des campagnes connut avec la Révolution et la période napoléonienne une évolution décisive. Les roturiers qui avaient réussi à force de prêts usuraires et de rachats de terres passèrent pour certains dans la catégorie des « riches », ou bien répandirent les idées révolutionnaires dès 1790 et s'affirmèrent avec l'occupation française.

Les Lumières en question : quelques exemples

En fonction de ces conditions socio-économiques, dans quelle mesure le mouvement des Lumières influença-t-il l'Italie, et quelles en furent les conséquences ? Vaste question dont on ne pourra donner ici que quelques éléments.

L'Italie du XVIIIe siècle connut les dernières réalisations artistiques de la période baroque et, petit à petit, le néoclassicisme s'imposa et avec lui des idées nouvelles venues en grande partie de France et d'Angleterre. Les intellectuels qui défendirent ces courants de pensée allaient tenter de les mettre en application auprès des dirigeants qu'on qualifie aujourd'hui de « despotes éclairés ». Avec plus ou moins de succès.

Les aspects culturels

La transition avec la culture baroque se fit doucement et en demi-teintes. Un mouvement littéraire comme l'Arcadie, lancé par la reine Christine de Suède, voulait retrouver une pureté et une simplicité oubliées. Ce mot d'ordre fut suivi dans le reste de l'Italie et d'innombrables « cercles arcadiques » furent créés, témoignant d'une demande certaine de la part des milieux lettrés. Métastase (1698-1782) en fut sans doute le plus illustre représentant. Fils d'un marchand de savon et de chandelle de Rome, Piero Trapassi – puisque c'est son nom – fut remarqué par le président de la première Arcadie, celle de Rome. Après une brève carrière de clerc de notaire, Métastase débuta une carrière d'auteur dramatique. Il composa plusieurs mélodrames ou *opera* qui connurent un succès dépassant largement les frontières italiennes, puisqu'il résida quarante-deux ans à la cour des Habsbourg.

Les livrets écrits par Métastase redonnèrent au texte une dignité et une importance jusqu'alors perdues, sacrifié sur l'autel de la partition musicale. Mais s'il reçut le surnom de Sophocle italien, il n'est pas vrai que Métastase ait ressuscité l'art antique. Avant que l'Arcadie ne bascule dans une mièvrerie toute pastorale, Rousseau et Voltaire apprécièrent l'art littéraire de Métastase, tout comme l'Europe de l'époque saluait la musique italienne.

L'Italie du *Settecento* fut l'Italie de la technique et de la virtuosité musicales. L'invention du *pianoforte* fut le fait d'un Italien, et les musiciens abondèrent dans la Péninsule (L. Boccherini, violoncelliste, M. Clementi, pianiste...). Alors que les musiques française et allemande commençaient leur ascension qui culminera au siècle suivant, Venise, Naples et Bologne restaient des centres actifs. A Venise, après la mort de Vivaldi en 1747 et d'Albinoni en 1750, leur succéda Galuppi (1706-1785). A Naples, des compositeurs comme G. Paisiello (1740-1816) et D. Cimarosa (1749-1801) composèrent d'innombrables opéras et lancèrent l'opéra-bouffe. Les Scarlatti père et fils participèrent également de la gloire musicale napolitaine, bien qu'ayant assez vite quitté la ville : Domenico Scarlatti s'installa pour trente-cinq ans à Lisbonne... A Bologne, G. B. Martini (1706-1784) fut un grand théoricien de la musique qui enseigna entre autres à J.-Ch. Bach et à Mozart. La plupart de ces virtuoses, compositeurs, théoriciens menèrent une vie d'errance, de cour princière en cour royale, s'arrêtant là où leurs services étaient requis, s'y installant lorsque leur art plaisait aux souverains. Tous contribuèrent par leur extraordinaire mobilité à porter la renommée de la musique italienne bien au-delà des limites de la Péninsule. Pourtant le renouvellement de la musique ne viendra pas d'Italie et c'est à Gluck, puis à Mozart, qu'on devra le total renouvellement de ce produit italien qu'est l'opéra.

Moins bien compris, et souvent moins apprécié que l'art du XVIIe siècle, l'art italien du *Settecento* représenta pourtant une période de transition importante entre les derniers feux du baroque et les premiers rayons du néo-classicisme. A Rome, le dernier baroque s'impose avec la nouvelle façade de Sainte-Marie-Majeure, le palais Doria Pamphili – place Navone – et surtout la fontaine de Trevi et l'escalier de la Trinité-des-Monts. Fluidité des formes, sens du décor et de l'occupation de l'espace marquent ce baroque finissant, avec désormais ce sentiment de gratuité et de jeu qui prévaut, un peu comme des techniques éprouvées qui ne trouveraient plus d'autre justification que leur propre virtuosité.

Le palais de Caserta, construit par les Bourbons près de Naples, fut une tentative hardie de synthèse entre Versailles et l'Escurial. Projet grandiose que l'architecte L. Vanvitelli ramena à de plus raisonnables proportions en 1752. Pourtant il se dégage de l'ensemble, à l'exception du parc qui n'a rien à envier à celui de Versailles qui en fut le modèle, un sentiment d'inachèvement.

Turin resta au cours du XVIIIe siècle un des hauts lieux du baroque européen, à cheval entre l'Europe centrale et l'Italie. Et ceci malgré la personnalité du principal architecte de Turin, Francesco Juvara, sicilien, élève à Rome de Carlo Fontana. Architecte de la cour, il édifia pour la mère de Victor-Amédée II la façade et l'escalier d'honneur du palais

Madame, ainsi que la façade de Sainte-Christine. Il conçut également la basilique de Superga, commémorant la victoire sur les Français en 1706, et le pavillon de chasse de Stupinigi qui deviendra plus tard résidence royale.

Venise, enfin, se manifesta plus particulièrement par le renouveau de sa peinture : G. B. Plazzetta, mais surtout G. B. Tiepolo (1696-1770) qui marqua l'apogée du baroque vénitien. Actif à Venise, dans les villas de l'intérieur, à Udine (cathédrale et palais archiépiscopal), à Vérone, à Milan et à Wurtzbourg, il accomplit pleinement une œuvre de visionnaire, somptueuse et souriante. Pietro Longhi (1702-1785) s'attacha à dresser le portrait de la vie vénitienne et de ses protagonistes dans une série de petits tableaux vivants et parfois drôles. Enfin Antonio Canal, dit Canaletto (16971768), travailla pour une clientèle étrangère, essentiellement anglo-saxonne, à d'innombrables *vedute* de Venise, restituant avec précision, mais sans aucune platitude tant son sens du détail et du coloris est remarquable, le décor urbain quotidien de Venise, ou les fêtes de la lagune. Francesco Guardi (17121793) suivit lui aussi cette voie en l'enrichissant de paysages imaginaires (les *capricci*), plus tourmentés ; toutefois, il sut également se faire le peintre fidèle d'événements remarquables comme la venue de Pie VI à Venise.

Le jeu des influences stylistiques contribua à la relative unification du goût européen du XVIIIe siècle. Ce mouvement continua après 1750, alors que se développait en Europe le style néo-classique, sous l'impulsion des cultures étrangères, française et anglaise. Mais même si l'Italie connut dès lors un certain sentiment d'infériorité, l'impression de ne plus être à l'avant-garde du mouvement, mais plutôt à la remorque, il ne faut pas oublier que c'est de la Péninsule que le mouvement débuta.

Avec les découvertes archéologiques d'Herculanum en 1711, du Palatin en 1720, de la villa d'Hadrien à Tivoli en 1724 et surtout avec la découverte de Pompéi en 1748, l'Antiquité redevint un modèle. J.-J. Winckelmann, un Allemand passionné d'antique, devint préfet des Antiquités de Rome puis bibliothécaire de la Vaticane. De son livre, *Histoire de l'art antique* (1764), date la redéfinition des critères du Beau, en opposition absolue avec le baroque : harmonie, détachement, simplicité constituent les nouveaux canons artistiques. G. B. Piranèse (1720-1778) grava les *Antiquités de Rome* et les *Vues de Rome*, et introduisit à Rome la mode égyptienne.

Le goût pour l'Antiquité se répandit dans la peinture, l'architecture et la sculpture. L'architecture avec G. Piermarini qui édifia dans le Milanais des constructions majestueuses et un peu froides (théâtre de la Scala, palais royal, villa de Monza). En sculpture, Canova appliqua les canons néo-classiques dans l'*Apollon couronné de lauriers* (1780) ainsi que dans les tombeaux de Clément XIII et Clément XIV, dans la basilique de Saint-Pierre de Rome. En peinture, Raphaël Mengs (1728-1779), ami de Winckelmann, protestant lui aussi converti au catholicisme, s'attacha à ressusciter Raphaël. Il fut adulé à l'époque et élu à la tête de l'Académie romaine de Saint-Luc.

Une volonté analogue d'innovation se manifesta clairement dans le domaine musical et théâtral, mais avec des buts et des moyens bien différents. L'opéra-bouffe permit de faire revenir l'opéra dans le quotidien, oubliant pour un temps dieux, rois et héros. C'est à G. B. Pergolese (1710-1736) qu'on doit le premier opéra-bouffe : *la Serva Padrona*. Paisiello, de son côté, écrira *Nina pazza per amore* et un *Barbier de Séville* dont Rossini se souviendra. Avec Goldoni, la *commedia dell'arte* connut une nouvelle jeunesse. Celui-ci, critiqué à Venise par les tenants de la *commedia dell'arte* traditionnelle, partit en 1787 pour Paris où il composa en français ; sa carrière fut interrompue par la Révolution française et il mourut en 1793.

L'ensemble de cette culture italienne, qu'elle soit musicale, architecturale ou picturale, continua de se faire connaître dans le reste de l'Europe. Innombrables furent les artistes italiens qui opérèrent à l'étranger, tant en Espagne, au Portugal qu'en Europe du Nord, ou même en Russie.

Au même moment, une synergie analogue se développait dans le domaine des idées sous l'influence conjointe des penseurs anglais et surtout des « philosophes » français.

Mouvement des idées, d'abord, qui, petit à petit, sous la houlette des despotes éclairés, tenta de se frayer un chemin dans la réalité politique et économique, avec des fortunes diverses. C'est toutefois avec les idées des Lumières que renaquit le rêve unitaire, moins pour des considérations politiques que pour des raisons économiques.

Milan et Naples furent les deux villes phares du développement des idées nouvelles, et la Toscane comme la Sicile furent les champs d'expérimentation des réformes. On peut parler au *Settecento* d'une renaissance culturelle italienne qui se fit sous l'égide d'une curiosité renouvelée pour les progrès scientifiques et philosophiques des autres pays européens, et dans l'émergence d'une nouvelle culture laïque fondée sur le droit. L'incarnation de « l'ennemi », pour les hommes des Lumières, ce furent les jésuites, défenseurs de la culture scolastique, des valeurs traditionnelles, des combats de la Contre-Réforme. Pourtant, il ne faudrait pas sous-estimer les réelles capacités d'adaptation de l'Ordre aux idées nouvelles.

Malgré le contrôle intellectuel et temporel exercé par les jésuites, les idées nouvelles pénétrèrent en Italie. Les premières interrogations vinrent de l'étranger. Ainsi, l'analyse critique des textes sacrés conduite par Mabillon et Montfaucon jeta le doute sur l'exégèse traditionnellement acceptée et suscita un regain d'intérêt pour les premiers siècles de l'ère chrétienne et la fin du monde antique. Les disciples italiens de Mabillon furent, pour les plus connus d'entre eux, Scipione Maffei et Ludovico Antonio Muratori. Ils appliquèrent les nouvelles méthodes de lecture critique des textes à l'histoire religieuse – remettant en doute l'existence de nombreux saints... – mais aussi à l'histoire politique, au droit et à d'autres domaines du savoir.

Muratori s'intéressa plus précisément à l'histoire du Moyen Age. L'érudition et l'encyclopédisme de ces grands savants se répandirent dans les cercles éclairés, tentant d'expliquer les problèmes du présent à la lumière du passé, mettant en évidence les progrès de la raison et annonçant, bouleversement majeur, la supériorité des Modernes sur les Anciens. Il en découla une espérance dans le progrès, générateur d'améliorations pour la société tout entière. Si ce mouvement d'idées activa l'espoir en de possibles transformations bénéfiques au corps social, ce furent les querelles de juridiction avec l'Église qui renforcèrent de façon décisive les valeurs des États laïcs. Ce fut à Naples que l'affrontement entre Église et État fut le plus violent, et ce, dès la fin du XVIIe siècle. Au XVIIIe siècle, cette lutte trouva une illustration avec la publication de *l'Histoire civile du royaume de Naples* par Pietro Giannone, en 1723. Mais ces querelles se déroulèrent également dans d'autres États italiens, comme à Milan, Venise et Parme. Au Piémont, Victor-Amédée II s'opposa à l'Église en retirant aux jésuites le contrôle de l'université de Turin et en invitant à professer de nombreux penseurs rationalistes, gallicans ou jansénistes venus de France. Toutefois, ce mouvement resta extrêmement hétérogène et surtout recouvrait des ambitions assez différentes, qu'elles soient liées au gallicanisme, ou à la propagande impériale opposée aux prétentions pontificales.

Conscients de la dette qu'ils avaient envers les penseurs étrangers, les philosophes italiens se retrouvaient autour de thèmes communs. L'optimisme, la foi dans les capacités de l'homme à s'assurer une existence plus civile et humaine en constituaient les traits principaux. Mais surtout, cet espoir était fondé sur la conviction toujours plus forte que les réformes économiques représentaient l'élément de progrès le plus efficace. Ce ne fut pas une idée qui perça facilement, et des intellectuels comme Maffei et Muratori restèrent réticents. Beaucoup préférèrent continuer à se battre sur des terrains déjà balisés, l'Église par exemple. Mais entre 1750 et 1770 apparut une nouvelle génération d'intellectuels qui partageaient ce souci des transformations économiques et qui faisaient d'abord confiance aux princes pour mener à bien ces réformes. L'idée selon laquelle les princes avaient des devoirs envers leur peuple n'était pas une idée nouvelle, mais s'y ajouta la conviction que les princes devaient être éduqués afin de remplir leurs devoirs. D'où la prolifération de traités à usage des gouvernants. La réforme des princes serait donc plus efficace si elle était appuyée par une couche d'hommes instruits et cultivés, susceptibles de fournir des administrateurs éclairés. Les écrivains, de leur côté, avaient pour fonction de préparer l'opinion publique à ces réformes qui devaient être expliquées et désirées. En revanche, les discussions furent plus dures lorsqu'il fallut imaginer les groupes dirigeants susceptibles d'aider le prince aux côtés des intellectuels. Noblesse et clergé furent rudement repoussés car ils incarnaient la classe dirigeante traditionnelle formant un État dans l'État. D'où une discussion fondamentale sur la nature et les critères constitutifs de l'aristocratie. En revanche, les intellectuels lombards et toscans comptaient sur la formation d'une classe d'administrateurs et de fonctionnaires éduqués dans l'esprit des Lumières, sans vraiment réaliser que l'émergence de ces nouveaux décisionnaires serait fatale à leur propre influence.

A la fin du siècle, certains princes italiens en vinrent à se considérer comme les délégués de leur peuple, suivant en cela l'exemple de souverains comme Frédéric II ou Catherine II de Russie. On l'a dit, le point de départ de la réflexion des intellectuels italiens fut l'économie. Mais avant celle-ci, les transformations devaient faire l'objet d'une législation. Or la loi devait désormais s'adapter aux évolutions sociales et les accompagner. D'où l'idée très forte et partagée par la majorité des penseurs du *Settecento* que les nouveaux instruments législatifs devaient être basés sur une connaissance de l'économie. Car pour Verri à Milan et Genovesi à Naples, comme pour Voltaire et les Encyclopédistes, le progrès intellectuel et civil était étroitement dépendant du progrès économique. De plus, l'économie européenne avait évolué et il importait de s'attaquer enfin aux dégâts de la vieille économie mercantiliste, de remédier à la misère et à la pauvreté en augmentant la richesse nationale. Pour cela, il fallait bien sûr une intervention de l'État, mais surtout encourager l'initiative privée.

Tous s'accordaient sur la nécessité d'unifier le marché intérieur en supprimant les barrières douanières qui étaient autant d'obstacles au développement du commerce et de l'industrie. L'attaque en règle menée contre les privilèges féodaux et ecclésiastiques, les juridictions privées, les exemptions, les péages, les dîmes, était menée d'abord pour des motifs économiques, puis pour des motifs politiques et égalitaires. L'offensive contre les corporations là où elles avaient encore un rôle important (en Toscane, en Lombardie et à Venise) se déclencha car les structures et les réglementations en place restreignaient la production. Jusqu'en 1770, les barrières douanières furent considérées comme encore indispensables pour décourager l'exportation de matières premières et l'importation de biens non indispensables, protégeant ainsi les industries nationales. Mais la nécessité d'étendre le libre-échange s'affirma dès la fin des années 1770, en particulier pour les exportations de denrées agricoles dont les prix élevés pouvaient stimuler la production.

Certains des philosophes désiraient un remodelage de la propriété, pour une distribution plus équitable. Mais la propriété resta concentrée entre quelques mains et petit à petit, raisons économiques et raisons sociales commencèrent à diverger cruellement. Les physiocrates voulaient absolument encourager la libre initiative économique pour mettre en place un ordre économique « naturel ». Toutes les structures qui entravaient la liberté économique de l'individu dans l'agriculture, l'industrie ou le commerce devaient être levées. L'agriculture était la source première de la richesse et les grands domaines, plus productifs, constituaient la clé de voûte de l'économie. Dans cette logique, il était normal de s'attaquer aux terrains communaux et aux droits d'usage, comme autant de buttes-témoins d'un âge et d'une civilisation désormais archaïques. Mais l'augmentation de la pauvreté et de la misère, la prise de conscience que l'amélioration des conditions de vie ne découlait pas automatiquement de l'augmentation de la production entraînèrent les premiers doutes quant à la justesse de la politique des physiocrates.

Dans ce tourbillon d'idées, quelques villes s'individualisèrent comme des centres de réflexion, de discussion et, parfois, d'expérimentation. Ainsi Milan, Naples, Venise ou Florence. Mais la collaboration entre princes et intellectuels ne fut jamais facile. Frustrations, défiance, rapports de force présidèrent à ces tentatives. L'ensemble du mouvement réformateur fut toujours solidement contrôlé par les princes et leurs ministres, gardant en tête l'ensemble du paysage politique et économique, freinant ou accélérant les tentatives réformatrices à leur gré.

Entre Vienne et Milan, l'expérience lombarde

A Milan, réflexion littéraire et réflexion politique furent étroitement liées. Un groupe de jeunes aristocrates autour de Pietro Verri et de Cesare Beccaria constituait un cénacle informel baptisé *I pugni* (les poings). Ils publièrent de 1764 à 1766 un journal, *le Caffè*, qui s'attaqua au conformisme et à l'académisme. Ce groupe critiquait les académies, défendait Goldoni, mais surtout se passionnait pour la rénovation de l'État milanais. Pietro Verri, défenseur et illustrateur de l'économie politique, fut un des plus actifs avec Beccaria. Admirateur des philosophes français, de Montesquieu, Rousseau, Diderot, Verri écrivit deux volumes (*Memorie storiche sull'economia pubblica dello Stato di Milano* et *Meditazioni sull'economia politica*) qui attirèrent l'attention du ministre Kaunitz sur les moyens de réformer l'État milanais.

Les idées de Verri n'avaient rien de très original. Protectionniste pour les relations commerciales avec l'étranger, il était en revanche pour la liberté des échanges à l'intérieur de l'État. Il s'attaqua donc au régime féodal qui pesait sur l'agriculture, aux corporations qui entravaient l'industrie, aux droits de douane qui faisaient obstacle au commerce. L'uniformisation des taxes dans tout le Milanais, l'unification de l'État (et par conséquent l'abolition des privilèges, même ceux de la noblesse dont il était membre) présidèrent à sa réflexion. Verri insistait sur la nécessité d'un impôt juste et équitablement réparti, sur l'abolition du système de la Ferme, injuste et coûteux pour le Trésor public, sur son remplacement par des fonctionnaires des Finances plus efficaces et honnêtes. Il voulait briser les despotismes au sein de l'État, réduire l'Église à l'obéissance et appelait donc de ses vœux un pouvoir fort, mais non arbitraire, en accord avec la volonté populaire. Ce que le règne de Joseph II tendit à démentir.

Cesare Beccaria, de son côté, appliqua au domaine juridique les idées éclairées de P. Verri. Dans son *Traité des délits et des peines* (1764), il s'interrogea sur le système pénal en vigueur, le jugeant barbare et archaïque au regard des idées des Lumières.

La modernisation du Milanais commença avant le mouvement des *Pugni,* avec l'action de l'impératrice Marie-Thérèse. Dès le milieu du siècle, les besoins financiers exigèrent une rationalisation de la rentrée fiscale. Pour ce faire, la Ferme générale fut créée mais surtout, le Toscan Pompeo Neri établit, à la demande de Vienne, un cadastre de toutes les propriétés sur lesquelles Neri voulait faire peser l'impôt indirect. Avec le cadastre dit de Marie-Thérèse, et malgré les avatars auxquels fut soumise sa réalisation (exemption de certaines propriétés ecclésiastiques), se mit en place une entreprise statistique de grande ampleur, mais surtout se profila une rupture décisive avec l'Ancien Régime. Pour la première fois, on envisageait que tous contribuent aux ressources de l'État proportionnellement à leurs richesses.

Parallèlement à cette remise à plat des bases de l'imposition foncière, on tenta également d'uniformiser l'administration communale et provinciale. La réforme de 1755 donna donc une organisation homogène aux 1 442 communes de la Lombardie autrichienne, suivie en 1756 et 1758 par le remodelage de l'administration provinciale. Mais derrière cette remise en place se dessinait aussi une tentative de centralisation viennoise.

Ce fut donc dans les années 1760 que les volontés réformatrices de l'État rencontrèrent les aspirations des amis de Verri.

Ils réussirent en effet à attirer l'attention et à imposer leurs idées au gouvernement. Ce fut le prince de Kaunitz qui, le premier, fut frappé par l'analyse de P. Verri sur les conditions de redémarrage de l'économie lombarde et, en 1764, il lui confia un poste dans le groupe chargé d'examiner les conditions de la Ferme. En 1770, la Ferme générale fut abolie. En 1765, Verri s'attacha par une enquête fiscale à démontrer l'existence d'un déficit dans les comptes de l'État lombard, ce qui lui valut d'être chargé de mettre en place un bilan plus précis.

En 1765, la position des jeunes philosophes fut officiellement reconnue avec la création du Conseil suprême d'économie chargé de faire des études et des propositions pour le renouveau de l'économie lombarde. Les monopoles, l'annone, le recensement, la monnaie, les moyens d'accroître la production : autant de thèmes à l'ordre du jour. Verri fit partie de ce nouvel organisme, puis Beccaria chargé de la chaire d'économie politique. De 1765 à 1775, de nombreuses réformes furent mises en place. Une commission s'occupa d'examiner les rapports entre l'Église et l'État, dix ans après la signature du Concordat, en 1767. Elle s'attacha à mettre en évidence l'ingérence du clergé dans les affaires temporelles de l'État. A l'issue de cette enquête, l'Inquisition et les tribunaux ecclésiastiques furent supprimés, le gouvernement fut chargé de la censure, une réforme du clergé régulier instaurée visant à la suppression de nombreux couvents.

Cette remise en cause de la puissance de l'Église se poursuivit avec plus de violence encore après 1786, sous Joseph II. Le concordat de 1757 fut dénoncé, le clergé soumis aux tribunaux ordinaires, le recrutement des curés contrôlé par le gouvernement et la fonction éducatrice de l'Église concurrencée par la mise en place d'écoles primaires d'État.

Au même moment, une véritable révolution administrative abolit tout ce qui restait de l'autonomie lombarde. Furent supprimées les « Constitutions » conférées par Charles Quint en 1541, le Sénat et les anciennes institutions de la ville. Milan n'était plus qu'une ville comme les autres au sein de l'État. Les bastions de la puissance aristocratique s'écroulaient et l'appartenance à la noblesse ne constituait plus un passe-droit pour obtenir un poste dans la fonction publique. Les corporations furent également supprimées.

Mais ces décisions demeurèrent le fait du prince, et seulement du prince. Celui-ci ne prenait plus conseil auprès du groupe des réformateurs qui était d'ailleurs déjà entré dans « l'establishment » milanais. P. Verri était devenu président d'un des organes supprimés au cours de cette réforme, le *Magistrato Camerale*. La politique de Joseph II se heurta par ailleurs à de très fortes résistances locales. La noblesse continuait *de facto*, à dominer les pouvoirs municipaux et, alliée au clergé, provoquait émeutes et émotions populaires. Après sa mort, en 1790, la bureaucratie impériale se fit moins sévère mais les quelques concessions octroyées restèrent essentiellement symboliques. Un sentiment antiautrichien se fit de plus en plus vif mais une nouvelle génération, plus jeune, comprit le parti qui pouvait être tiré des réformes de Joseph II. De cette génération sortirent de nombreux membres du futur parti démocratique de la république cisalpine.

La Toscane des physiocrates

Les relations parfois difficiles qui avaient sous-tendu la collaboration entre réformateurs et gouvernants en Lombardie s'avérèrent plus faciles en Toscane. La présence d'« intellectuels » auprès des gouvernants était un fait acquis de longue date et l'université de Pise avait déjà fourni de nombreux serviteurs de l'État. Cette relative homogénéité de la classe dirigeante contribua à la cohérence des politiques de réformes. De plus, les réformateurs toscans apparurent souvent plus modérés que leurs homologues lombards.

En 1758, Pompeo Neri revint à Florence après sa brillante expérience lombarde. Son influence fut importante, mais l'acteur décisif de cette politique réformatrice reste sans conteste le grand-duc Pierre-Léopold de Lorraine-Habsbourg, second fils de Marie-Thérèse, qui régna en Toscane de 1765 à 1790, date à laquelle il accéda au trône d'Autriche. Pierre-Léopold chercha à préserver une certaine autonomie de la Toscane et, à la différence de ce qui se passait en Lombardie, il renvoya les hommes de Vienne chez eux, et supprima la régence.

Pierre-Léopold et ses ministres étaient des hommes pragmatiques, pas des idéologues. Ils affrontèrent la situation toscane, qui n'était pas sans rappeler celle de la Lombardie avec sa complexité et l'incohérence de ses différents statuts. Toutefois, ce fut la politique des physiocrates qui fut choisie et appliquée, ce qui impliquait une transformation globale de l'État. L'annone fut abolie ; les biens communaux et les pâtures furent divisés et mis en culture, en vertu de la foi des réformateurs en la supériorité de la propriété privée pour obtenir une meilleure production. En 1779, on supprima les corporations florentines et la liberté de travail fut proclamée. L'ensemble des réformes exigeait par ailleurs la mise en place d'un cadre administratif plus simple, plus rationnel, qui permette également au grand-duc d'avoir une meilleure emprise sur ses sujets. La réforme des administrations communales et provinciales mise en place par Gianni de 1774 à 1779 entraîna la crise des anciennes entités communales. Désormais, le critère d'accession aux charges administratives était la propriété, et non plus la noblesse. La Ferme générale fut abolie, le système fiscal unifié ; le système judiciaire fut rationalisé et les compétences des tribunaux se limitèrent aux seules fonctions de juridiction, supprimant les fonctions administratives.

Pour Léopold, les buts de cette politique étaient d'abord des buts humanitaires. Il pensait que l'augmentation de la production et l'unification de l'État grâce à une administration plus efficace pouvaient apporter un mieux-être à l'ensemble du peuple, et pas seulement aux riches propriétaires terriens. Malgré ces louables intentions, la décision prise en 1775 de laisser la voie ouverte aux exportations était indéniablement une victoire décisive des grands propriétaires car elle favorisait la production à grande échelle aux dépens des bas prix agricoles contrôlés par le gouvernement. Ainsi, les tentatives de Léopold d'équilibrer l'intérêt des propriétaires et les exigences de la justice sociale avaient échoué. Ces mêmes effets pervers se retrouvèrent lorsqu'on tenta de libérer la terre de tous les obstacles mis à sa valorisation. Le gouvernement n'alla pas jusqu'au bout de ses intentions de restreindre la grande propriété pour créer une classe d'agriculteurs intéressés au rendement de leurs terres. Dès 1769, le droit de mainmorte fut restreint. En 1787 et en 1789 certains titres de *fideicommis* furent abolis et il fut interdit d'en créer de nouveaux. Plus concrètement, certains biens d'Église, certaines possessions des ordres religieux, comme la Compagnie de Jésus dissoute en 1768, ou d'hôpitaux siennois et florentins furent fractionnés et loués à des paysans qui pouvaient ensuite s'en rendre acquéreurs. Ce début de révolution agraire entraîna quelques transformations notables dans le paysage agraire, en Maremme ou en Val di Chiana (haute vallée de l'Arno). Mais cette opération à laquelle les grands propriétaires étaient opposés fut largement sabotée car ces derniers s'arrangèrent pour acheter directement les lots mis en vente. Quant aux exemptions fiscales en faveur des paysans, les propriétaires les acceptèrent, sachant que les populations des campagnes étaient de toute façon trop endettées pour pouvoir payer.

Il fallut toutefois attendre les années 1785 pour que les réformateurs commencent à concevoir quelques réticences envers la politique grand-ducale. La politique des physiocrates avait donc triomphé comme nulle part ailleurs – une fois remplie la nécessité d'encourager la production et les profits des grands propriétaires terriens –, réduisant à néant les tentatives de Léopold d'améliorer la condition des paysans. La forte demande étrangère en grain et l'adoption d'une politique libre-échangiste n'avait pas incité les propriétaires terriens à mettre en place une diversification (soie grège ou élevage), comme ce fut le cas en Lombardie. Le développement de la petite propriété ne connut pas le succès espéré par Léopold et Gianni. En définitive, les réformes augmentèrent indéniablement la production globale de la Toscane mais n'entraînèrent aucun progrès en matière de justice sociale. Ce qui provoqua de violentes protestations des classes éclairées, plus particulièrement durant les périodes de disettes où elles réclamèrent pour les paysans le droit à l'assistance.

En ce qui concerne l'industrie, la politique des physiocrates eut un effet également négatif. Le droit à la liberté du travail une fois affirmé, rien n'était résolu. En effet, la suppression des corporations conduisit à une crise industrielle provoquée par la faiblesse de l'initiative privée qui n'offrait que de rares opportunités d'emploi. La violente réaction de la plèbe florentine après 1790 fut une des conséquences imprévues des réformes léopoldines.

Il faut toutefois mettre au crédit de Léopold la réforme du code pénal de 1786, inspirée de Beccaria, qui abolit la peine de mort et la torture. Ce texte fit de la Toscane un avant-poste éclairé du grand mouvement réformateur européen.

Enfin, Léopold demanda à ses ministres de préparer un projet de constitution, le seul de toute l'histoire du despotisme éclairé, mais il ne vit jamais le jour.

Les relations difficiles de Léopold avec l'Église constituent un élément doublement important. D'une part, car ce conflit avec l'Église entrava en partie sa liberté d'action ; d'autre part car ses tentatives d'imposer à l'Église toscane une réforme d'inspiration janséniste prévoyaient de nouvelles formes de représentation et de participation, dans le même esprit que sa tentative de constitution. Léopold penchait en effet du côté janséniste, tout comme ses conseillers ecclésiastiques, Giulio Rucellai et Scipione dei Ricci, évêque de Pistoia et de Prato à partir de 1780. Mais le grand-duc surestima la force du courant janséniste.

Tout au long de son règne, se succédèrent des mesures visant à assainir et soumettre l'Église. A partir de 1769 les documents pontificaux ne furent publiés en Toscane qu'après l'accord du gouvernement. En 1773, les tarifs des prestations sacerdotales furent réglementés. En 1778, une enquête sur les monastères fut lancée dans le but avoué de supprimer les moins importants. Le Saint-Office fut aboli. En 1784, les biens des couvents et confréries dissous servirent à créer des patrimoines diocésains qui permirent de mieux rétribuer curés et desservants.

Pour s'opposer avec plus de crédibilité à Rome, Léopold chercha à se rallier à l'épiscopat toscan. Avant de réunir un concile national, il rassembla des synodes diocésains. Ricci convoqua alors le synode de Pistoia en septembre 1786. L'assemblée adhéra à ses propositions et proclama la théologie de la grâce, affirma la prédestination, condamna le culte des reliques, adopta les quatre propositions gallicanes de 1682, déclara le concile supérieur au pape et réclama un concile national composé de l'épiscopat. Or, sur dix-sept évêques toscans, seuls trois étaient jansénistes ; ce concile était donc peu susceptible de relayer les décisions des synodes diocésains. Il importait donc de convoquer auparavant une assemblée privée des évêques qui se réunit en 1787. Or une rumeur selon laquelle Ricci allait être condamné se répandit et une émeute se déclara à Prato où l'on accusa l'évêque de vouloir détruire une relique de la Vierge. Parallèlement à ces émotions populaires, les jansénistes furent mis en minorité et l'assemblée des évêques dut être dissoute. Le maniement hasardeux de la consultation ecclésiastique s'était donc révélé désastreux pour la politique janséniste de Léopold.

En Lombardie comme en Toscane, ce fut donc le prince qui imprima une dynamique aux réformes. Si la Toscane apparut alors comme un modèle de politique éclairée, un endroit où les réformes économiques, religieuses et constitutionnelles furent plus audacieuses qu'ailleurs, ce fut en dernière analyse un échec. En effet, Léopold ne réussit jamais à trouver un large appui pour soutenir sa politique et, en 1790, lorsqu'il partit pour Vienne, mécontentement et réaction s'ensuivirent immédiatement.

Les Bourbons et les réformes

Les réformes entreprises dans les possessions italiennes des Bourbons ne procédèrent pas de la même logique que celles mises en place en Toscane et en Lombardie. Tentative de rationalisation, émulation avec l'Europe des Habsbourg, et surtout fascination pour les entreprises françaises de Colbert présidèrent à ces transformations, avec des résultats plus ou moins heureux selon qu'on est à Parme, dans le royaume de Naples ou en Sicile.

Les duchés de Parme, Plaisance et Guastalla rassemblaient 300 000 habitants, dont 45 000 à Plaisance même. Depuis le traité d'Aix-la-Chapelle, en 1748, le fils cadet de Philippe V, don Philippe, régnait aux côtés d'une des filles de Louis XV. Dans ce petit État, on crut que la philosophie des Lumières était à l'honneur. En réalité, c'était davantage un vernis qui recouvrait la tradition, sans véritable tendance réformatrice. L'homme de confiance du prince, Guillaume Dutillot, fut nommé contrôleur des Finances en 1756, puis principal ministre en 1759. Il donna au duché un air nouveau en acceptant l'Encyclopédie et en nommant Condillac précepteur du prince héritier. La ville de Parme ressembla un temps à un Paris miniature : les hôtes français affluaient, les discussions s'enflammaient, une nouvelle bibliothèque fut créée par le théatin Paciaudi, l'enseignement fut réformé et en partie confié à l'État, les arts et les lettres protégés, la ville embellie, l'hygiène améliorée. Mais les choses n'allèrent pas beaucoup plus loin. Car au fond, Dutillot était un catholique strict et un admirateur de Colbert. Il commença par s'entourer d'administrateurs français qui contrôlèrent rapidement les rouages de l'État et l'économie, suscitant un sentiment antifrançais tenace qui réduisit la marge de manœuvre du ministre.

Les eaux et forêts furent organisées à la française, mûriers, lin, chanvre, vignes et prairies artificielles se développèrent, on tenta même d'acclimater la pomme de terre... Routes et canaux furent mieux entretenus et les manufactures de textile, de faïence, de glaces furent encouragées. Dutillot tenta de réorganiser l'administration fiscale, mais il le fit avec timidité. Pour répondre aux besoins de la cour, de l'armée et des fêtes qui ponctuaient la vie parmesane, il fallait des rentrées sûres et importantes. Pour cela, il remplaça les différents contrats d'affermage des gabelles par une Ferme générale en 1765, aux mains des Français ; en 1770, la perception de l'impôt fut assurée directement par le gouvernement mais on laissa aux fermiers généraux un tiers des revenus à collecter. La mise en place de cette régie ménageait en fait les intérêts français extrêmement forts à Parme, mais ne contribuait pas à rendre les Français populaires...

La même timidité dans l'affrontement avec les intérêts privés se manifesta en 1765 lorsqu'une proposition de cadastre fut faite par Dutillot. A la différence des expériences toscanes de Pompeo Neri, ce cadastre n'avait pas pour but d'accélérer les progrès de l'économie, mais de faciliter les rentrées d'argent. Les titres d'exemption nobiliaire furent presque toujours acceptés et on ne s'attaqua pas aux immunités communales et locales, ce qui limita la portée de cette entreprise.

Malgré les exemples toscan et lombard, malgré les discussions ininterrompues au sein des cénacles parmesans, c'est une attitude très traditionaliste qui caractérisa les mesures prises pour améliorer l'économie. Les corporations restèrent en place, tout comme des mesures douanières protectionnistes ; les quelques tentatives faites pour créer de nouvelles industries textiles en accordant des privilèges et en faisant venir la main-d'œuvre qualifiée de l'étranger ne survécurent pas au départ de Dutillot en 1771. L'agriculture resta toujours considérée comme subordonnée à l'industrie et la liberté du commerce des grains refusée.

Là où Dutillot fut plus incisif, c'est dans l'affrontement avec l'Église, d'ailleurs voulu par tous les Bourbons d'Europe. Le petit duché de Parme se trouva donc quelque temps au centre d'une querelle entre le souverain pontife et les Bourbons. En 1764, toute nouvelle mainmorte fut interdite. L'année suivante, les biens d'Église furent soumis aux mêmes impôts que les biens laïcs. Parallèlement, fut créée une institution, la *Real Giunta della giurisdizione*, qui veillait aux rapports avec l'Église. Confréries et monastères furent fermés, du moins les plus désertés. En 1768, le gouvernement interdit tout recours à des tribunaux étrangers, et bien entendu les tribunaux de Rome étaient les premiers visés. Devant la réaction menaçante du pape, Parme expulsa les jésuites et abolit l'Inquisition romaine. Cette logique gallicane fut largement attaquée par le pontife, bien sûr, mais aussi à l'intérieur du duché par le peuple et le prince dont la dévotion fut choquée par ce conflit. Après la mort de don Philippe, la femme du faible Ferdinand, Marie-Amélie, fille de Marie-Thérèse, se débarrassa d'un ministre qui portait ombrage au souverain. Dutillot fut remercié en 1771. Parme retrouva une somnolence qu'elle avait à peine quittée...

Naples avait été après 1750 un des centres de réflexion et de diffusion des Lumières. Avant la fin de la période espagnole, un renouveau intellectuel avait débuté dans le royaume avec entre autres les travaux de G. B. Vico. Puis l'œuvre de Giannone, *Storia civile del Regno di Napoli*, en 1723, conféra à la culture napolitaine une audience européenne, le livre étant traduit et admiré par Montesquieu et Voltaire. Mais il fallut attendre les années 1750 pour que s'affirme un groupe de penseurs modernes, soucieux de progrès tant matériel qu'intellectuel. Son principal porte-parole fut Genovesi (1713-1769) qui occupa en 1754 la première chaire européenne d'économie politique, matière qu'il enseigna en italien, fait révolutionnaire à l'époque. Il publia les écrits d'économistes italiens et étrangers et écrivit en 1757 les *Lezioni di commercio* et en 1764 et 1769 le *Lettere accademiche*. Toute son œuvre eut pour thème les moyens techniques destinés à redonner vie au commerce et à améliorer l'agriculture. Au fond, Genovesi était un protectionniste mais la terrible expérience de la famine de 1764 lui fit soutenir une politique de libre commerce des grains. Le système de l'annone restait un obstacle essentiel à la prospérité économique. Mais si Naples fut avec Genovesi et ses élèves Filangieri et Galiani un des grands centres italiens de l'*illuminismo*, qu'en fut-il des réalisations effectivement menées à bien ?

En fait, ni Charles VII (le futur Charles III d'Espagne), ni son fils Ferdinand IV ne furent des despotes éclairés. Charles VII fut roi des Deux-Siciles de 1735 à 1759 mais il fallut attendre 1755 pour qu'il commence à agir en souverain indépendant. Il renforça alors la place du Toscan Bernardo Tanucci qui était déjà secrétaire d'État à la justice et qui se vit confier les Affaires étrangères et la Maison du roi. Tanucci fut en définitive assez réticent à appliquer les idées de Genovesi. Convaincu que les abstractions philosophiques des Français n'avaient que peu de choses en commun avec le gouvernement d'un pays, il préféra se consacrer à ce qu'il connaissait le mieux, c'est-à-dire les réformes juridiques et la lutte contre l'Église. Mais il n'en était pas moins un catholique convaincu, hostile à Voltaire, à l'Encyclopédie, aux jansénistes et à la franc-maçonnerie. Rien qui ne le rende comparable à un Verri, par exemple.

Auparavant Charles VII avait tenté un certain nombre de réformes dont les résultats furent des échecs – ce qui n'incitait pas Tanucci à poursuivre dans cette voie après le retour du roi en Espagne, en 1759.

Charles VII fut certes un grand bâtisseur, ami des arts et des lettres. Il agrandit le palais royal, édifia Caserte, Capodimonte et Portici, encouragea les fouilles d'Herculanum et de Pompéi. Mais le bilan de son règne fut assez mince. On créa un Conseil du commerce pour ranimer l'économie : il se borna à présenter des rapports. Une réforme monétaire fut abandonnée en cours de réalisation. Prospections minières sans lendemain, non-respect des édits de protection des forêts, modernisation avortée de nouvelles manufactures de toiles et de draps : un bilan plutôt sombre, donc, que la réussite de la fabrique de porcelaine de Capodimonte ne suffit pas à contrebalancer.

Il aurait fallu également accroître les rentrées fiscales et pour cela diminuer les exemptions et mieux répartir le poids des impôts directs. Mais si le concordat signé avec Rome en 1741 prévoyait que les terres de l'Église seraient désormais soumises au régime général, en pratique les exonérations furent maintenues. Un nouveau cadastre fut annoncé et ne vit jamais le jour. Quant à l'homogénéisation des lois du royaume – qui valut à Charles VII le titre pompeux de nouveau Justinien –, le résultat en fut un code publié en 1752 qui n'avait rien simplifié de l'entrelacs précédent.

A son départ pour l'Espagne, Charles VII emporta la fabrique de porcelaine de Capodimonte, qu'il considérait comme une propriété personnelle... et il laissa le trône à un enfant, le jeune Ferdinand IV. Le conseil de régence était tenu par Tanucci qui devint alors tout-puissant, même après la majorité du prince en 1767. Tanucci s'attaqua d'abord aux jésuites qu'il expulsa en 1767, confisquant les biens de la Compagnie, fidèle en cela à la politique des Bourbons. Il s'attaqua aussi à la franc-maçonnerie en qui il voyait une organisation dangereuse pour la religion et la politique. Il s'opposa sur ce terrain à la reine Marie-Caroline, une fille de Marie-Thérèse, qui appartenait à la loge de Naples. Le bras de fer s'acheva en défaveur du vieux ministre qui fut renvoyé en 1776. Dès lors, l'élite napolitaine pensa que les Lumières allaient enfin triompher à Naples. Mais le poids de Charles III, depuis Madrid, pesait toujours sur Ferdinand IV qui ne voulait pas affronter directement son père. En 1786, avec l'arrivée du duc Caracciolo, un changement sembla s'annoncer. Personnage brillant, ambassadeur à Paris avant d'être nommé vice-roi de Sicile, il s'était déjà attaqué à l'Ancien Régime. Mais il disparut subitement en 1789 et, les événements français aidant, le conservatisme et le retard du Sud s'ancrèrent pour longtemps.

Pourtant, des tentatives avaient été faites, mais sans programme d'ensemble. Le nombre des prêtres fut réduit, des couvents inutiles supprimés, la dîme baissée et la constitution de nouvelles mainmortes interdite. La justice évolua peu à peu, on abolit la torture, les magistrats eurent désormais l'obligation de motiver leur sentence. Les juridictions baronniales disparurent petit à petit. Octrois et péages intérieurs furent progressivement supprimés, ainsi que certaines taxes douanières. Mais ces réponses aux aspirations de l'élite napolitaine en faveur d'un renouveau économique furent faites en ordre dispersé, sans réelle volonté de réformer et encore moins d'entamer durablement l'Ancien Régime.

La Sicile avait fait, elle, l'objet d'un projet systématique de réformes mené par Caracciolo, juste rentré de Paris où il s'était nourri d'idées nouvelles qu'il allait tenter d'appliquer. Déjà, Tanucci avait cherché à introduire en Sicile quelques réformes afin de réduire le pouvoir de l'Église et limiter les abus des juridictions féodales, mais les barons les avaient rendues totalement inopérantes. Les idées des Lumières couraient déjà en Sicile, portées par des voyageurs étrangers et diffusées par les loges maçonniques. Mais les penseurs siciliens qui abordaient fréquemment des thèmes comme la réforme du droit pénal, la philosophie naturelle ou les réformes économiques se montraient timides lorsqu'il fallait affronter les problèmes de fond de la société sicilienne : la religion et les propriétés latifundiaires des féodaux.

La période, pourtant courte (1781-1786), qui vit Caracciolo vice-roi de Sicile apparut sans doute aux Siciliens aussi violente qu'une invasion étrangère, tant l'île semblait jusque-là plongée en léthargie. Si Caracciolo dès son arrivée commença par supprimer le Saint-Office sicilien, abolit le servage, supprima les corvées, droits de chasse, péages, etc., dont les barons ne pouvaient produire les titres, ainsi que les taxes sur les marchandises exportées hors des fiefs, il n'en était pas moins conscient que le principal obstacle demeurait le pouvoir baronnial. Dès la rentrée du parlement en 1782, il annonça ses projets : l'établissement d'un nouveau cadastre qui éliminerait les abus et les fraudes et qui permettrait de répartir plus équitablement la charge fiscale, ce à quoi s'opposèrent logiquement noblesse et clergé. Le tremblement de terre de Messine survenu en février 1783 précisa l'affrontement. En effet, si le Parlement fit un don de 400 000 écus pour les sinistrés, la répartition de cette aide se fit sur les bases anciennes et donc en faveur de 70 familles et non du million et demi de Siciliens, ce qui provoqua l'opposition de Caracciolo.

En 1785, il réduisit le champ d'action de la justice féodale qui ne put plus désormais ni juger, ni incarcérer, et il donna aux paysans un droit de recours auprès d'un tribunal pour tout abus fiscal ou tout empiétement sur les terrains communaux. Le tribunal fut vite submergé par une multitude de plaintes. Enfin, une grande réforme municipale dans les localités soumises à l'aristocratie obligea les nobles à partager l'administration avec des fonctionnaires de l'État et les représentants élus des contribuables. Le pouvoir baronnial s'efforçait d'opposer au vice-roi une force de résistance et d'inertie susceptible de saboter les réformes, mais leur pouvoir était réellement entamé. Pourtant, ils considérèrent le rappel de Caracciolo à Naples comme leur victoire.

Son successeur, le prince de Caramanico, continua l'œuvre entreprise. Il fit appel à de nombreux réformateurs siciliens et se livra à de vastes enquêtes sur les conditions économiques de l'île, fit créer des écoles élémentaires, recueillit les avis sur la division des terres domaniales. Il réussit à convaincre le Parlement d'accepter la compilation d'un nouveau cadastre, limita les droits féodaux et les droits héréditaires, commença à diviser les domaines afin de les transformer en propriétés libres et envisagea la concession des terres d'Église sous forme de baux emphytéotiques (99 ans).

Les réformes siciliennes furent là encore dirigées par le prince et elles contribuèrent à affaiblir le pouvoir de l'Église et, pour la première fois, celui des barons. La base sociale susceptible d'appuyer les réformes était étroite, et se répandait dans l'aristocratie sicilienne un sentiment croissant d'hostilité à l'encontre de Naples.

La Révolution française va influer sur les volontés réformatrices italiennes. Les difficultés déjà engendrées par les tentatives lombardes ou toscanes, la personnalité falote des souverains des années 1790, la méfiance envers l'expérience française vont entraîner un nivellement des États entre ceux qui avaient été proches des Lumières et ceux qui étaient restés conservateurs. Le nivellement se fera bien sûr au profit de la réaction politique. L'Italie gravitait de plus en plus autour de Vienne et les souverains autrefois éclairés s'opposèrent de plus en plus radicalement aux subversions révolutionnaires. Aristocratie et petit peuple conservateur se retrouvèrent côte à côte face à une mince frange de bourgeois ou de francs-maçons qui saisiront leur chance avec la période napoléonienne.

La Révolution française et la période napoléonienne

La Révolution de 1789 fut suivie en 1793 par la déclaration de guerre entre la France, l'Autriche et le Piémont. L'armée d'Italie était, on le sait, sous le commandement de Napoléon Bonaparte. Commencée en 1796, la campagne d'Italie allait être une des plus retentissantes de l'histoire. Alors que l'armée de Moreau piétinait dans le Nord devant les troupes de l'archiduc Charles, Bonaparte écrasa les Sardes en quatre batailles. Le roi de Sardaigne déposa les armes. Après la bataille de Lodi, le 10 mai 1796, Bonaparte pénétra successivement dans Milan, Parme et Modène puis s'attaqua à Mantoue qui tenait la route de l'Autriche. Après une série impressionnante de victoires françaises dont Arcole et Rivoli, d'août 1796 à janvier 1797, Mantoue capitula. Le pape Pie VI signa la paix et, alors que Bonaparte s'engouffrait vers l'Autriche, cette dernière accepta les préliminaires de la paix de Leoben, qui deviendra le traité de Campoformio. Le Milanais, avec une partie du territoire de Venise, du duché de Modène et du Nord des États pontificaux allait constituer la République cisalpine. L'Autriche gardait le reste de la république de Venise qui voyait ainsi se clore plus de six siècles d'indépendance. Après 1797, les cités d'Italie du Nord s'organisèrent en républiques. Mais en août 1799, les Austro-Russes chassèrent pour un temps les

Français de la Péninsule, que ces derniers reconquirent dès 1800, après Marengo. Dès lors l'Italie fut organisée afin de fournir à l'effort de guerre français ce dont il avait besoin économiquement et militairement. Politiquement, l'Italie fut divisée en trois, la république d'Italie fut créée, qui devint le royaume d'Italie après que Bonaparte eut été couronné empereur. Cette période fut extrêmement troublée et sanglante, mais elle fut décisive dans la constitution d'un esprit « national » italien.

Les trois années révolutionnaires : 1796-1799

L'Italie éclairée suivit d'abord avec enthousiasme les premiers événements de la Révolution française, mais réagit avec plus de réserve – pour ne pas dire avec hostilité – à l'épisode jacobin. Certains furent horrifiés par les excès de la Terreur. Mais, en définitive, pour nombre d'intellectuels, la Révolution apparut comme un élément positif.

Les gouvernants, de leur côté, réagirent avec plus ou moins de rapidité à la diffusion du péril révolutionnaire, même modéré. La république de Venise adopta une neutralité hostile, à Naples la reine Marie-Caroline et son protégé Acton abandonnèrent toute velléité réformatrice pour amorcer une répression aveugle. Même la Toscane, plus modérée, vit après le départ de Léopold des manifestations de mécontement qui entraînèrent un retour en arrière : le commerce des grains fut de nouveau contrôlé, la peine de mort restaurée.

Ce fut le courant janséniste qui souffrit le premier du coup d'arrêt des réformes, puis les francs-maçons qui furent poursuivis à Turin, Naples, Rome et Palerme.

La réaction ne fut pas seulement le fait d'une assimilation entre idées révolutionnaires et philosophie des Lumières. Il ne faut pas oublier que les réformateurs formaient une minorité atypique qui devait son succès à une collaboration – parfois difficile – avec les dirigeants de certains États. En outre, le mécontement populaire se renforçait, conséquence d'une situation économique de plus en plus difficile. Hausse des prix et contrainte fiscale constituaient les piliers de ces émeutes. Mais ces révoltes demeurèrent ambiguës : dans certains cas, comme dans les Abruzzes, dans le Basilicate et en Sardaigne, elles furent directement dirigées contre les seigneurs et les propriétaires terriens ; en revanche, à Arezzo, Florence et Pistoia elles s'exprimèrent contre la politique de réformes qui avait privé paysans et masses urbaines de leurs traditionnelles formes de protection. Certaines de ces révoltes paysannes apparurent encore plus dangereuses lorsqu'elles se réclamèrent ouvertement de l'expérience française ; ce fut le cas d'une minorité d'entre elles mais cette « sympathie » pour les objectifs révolutionnaires laissait augurer un accueil favorable aux troupes « libératrices ». Il y avait en Italie des groupes de jacobins ; mais ils étaient peu nombreux, peu homogènes et poursuivaient des buts qui pouvaient être fort différents. Rares étaient ceux qui s'inspiraient réellement de l'expérience française. Certains, comme les jacobins de l'aristocratie padouane ou le Bolognais Zamboni poursuivaient des buts exclusivement campanilistes : libérer Padoue de la domination vénitienne, ou Bologne de celle du pape. Certains, comme à Brescia, poursuivaient des buts plus égalitaires ; d'autres, enfin, comme au Piémont essayèrent de se mettre en contact avec des meneurs paysans. Mais dans l'ensemble, ils n'étaient pas nombreux, leurs idées étaient assez peu claires et ils dépendaient complètement de l'aide française pour mener à bien leurs projets politiques.

En France, le Directoire était d'ailleurs bien au courant de l'existence de ces groupes, mais il estimait que l'Italie, pétrie de superstition et politiquement mineure depuis trop longtemps, n'était pas encore assez mûre pour la liberté et la république. Les Français restaient donc sceptiques quant à la force réelle et au réalisme des « patriotes » italiens.

Les trois années « jacobines » laissèrent des marques profondes dans l'histoire italienne. Le Directoire considérait la campagne d'Italie d'abord comme une guerre de conquête destinée à renflouer le Trésor français. Mais tout le monde n'était pas d'accord avec cette analyse et certains, comme Saliceti, étaient favorables à la création d'une république-sœur. Après la conquête qui s'avéra remarquablement aisée, les exactions fiscales, les interférences politiques, l'indifférence des Français aux conditions locales ou aux aspirations des patriotes italiens suscitèrent rapidement une hostilité marquée à leur encontre. Seule l'initiative de Bonaparte évita à l'Italie un régime d'occupation militaire directe. Après les campagnes éclairs de Bonaparte, les gouvernants du Directoire furent surpris de voir que le général encourageait largement la propagande révolutionnaire, peu adaptée à une guerre de conquête. Mais la liberté d'action de Bonaparte alla croissant et la création de la République cispadane, puis de la cisalpine, en découlèrent directement. Suivirent la constitution de la République étrusque (la Toscane), de la République romaine, ligure, puis de la République parthénopéenne. Mais le Directoire ne désirait pas transformer le statut des États occupés afin de ne pas trop compliquer les négociations à venir. L'invasion se fit pour des raisons stratégiques, les raisons politiques demeurant secondaires et même, pourrait-on dire, peu à l'ordre du jour. Au début de 1799, le Directoire avait étendu son contrôle sur toute l'Italie, à l'exclusion des îles. Les souverains avaient été chassés mais les armées de la coalition avaient repris la Lombardie et le Piémont, tandis que Macdonald abandonnait précipitamment Naples. La situation se retourna en 1800, mais une nouvelle expérience italienne commençait alors.

Les jacobins italiens, qui donnèrent leur nom à ces trois années, « *il triennio giacobino* », furent critiqués violemment tant pour leur manque de réalisme politique que pour leur incapacité à opérer la « soudure » avec la paysannerie comme ce fut le cas en France. En réalité les jacobins italiens ont toujours été dépendants du contrôle français, et de décisions stratégiques ou politiques dont ils étaient exclus. Ainsi, la cession à l'Autriche de la toute jeune République vénitienne lors du traité de Campoformio en offre-t-elle un exemple.

Quant au mouvement de création de républiques, s'il vit le développement des aspirations unitaires, il n'en demeure pas moins que les rivalités municipales et régionales restèrent extrêmement vivaces. Ainsi, les Milanais voulaient voir inclure dans la république dont Milan aurait été la capitale :

Mantoue, la Terre-Ferme vénitienne – comprenant Venise et la Dalmatie –, les ex-provinces lombardes annexées au Piémont et Gênes. Les frontières de la république correspondraient alors aux limites du duché de Milan à l'époque des Visconti et des Sforza. Les intentions hégémoniques des Milanais étaient claires. Les autres cités tentèrent de la même façon d'étendre leur puissance économique avec bien entendu des prétentions contradictoires. Face à ces revendications, les patriotes les plus énergiques proclamèrent la nécessité de l'unité comme seul moyen pour obtenir l'indépendance. Ce qui signifiait bien sûr pour nombre de ces villes la perte de prérogatives administratives et d'activité économique. Quant aux Français, ils surent jouer de ces rivalités. D'abord, ils ne tenaient pas du tout à voir l'Italie s'unifier, mais en plus ils voulaient, afin de « tenir » les républiques-sœurs, qu'elles restent le plus divisées possible. Pour les Français, les républiques italiennes devaient d'abord servir à financer l'armée d'Italie et la France. Les impôts furent très lourds, aggravés par les pillages des armées, et ce fut une des causes de l'insurrection de la République romaine et des émeutes qui accompagnèrent la retraite des Français en 1799.

La pacification française chercha à s'appuyer sur un personnel administratif dévoué et sur la mise en place de schémas constitutionnels prédéterminés. Tant le Directoire que Bonaparte identifiaient les forces d'opposition à la présence française aux groupes réactionnaires pro-autrichiens et aux patriotes extrémistes, ceux qui se réclamaient de la Constitution française de 1793. Ce fut donc sur les élites modérées, qu'elles fussent nobles ou bourgeoises, que les Français cherchèrent à s'appuyer.

Les Constitutions imposées aux différentes républiques furent toutes sur le modèle de la Constitution modérée de 1795. Mais du point de vue français, les résultats furent extrêmement décevants. Les Constitutions italiennes se révélèrent inopérantes, suscitant d'innombrables conflits entre pouvoir exécutif et pouvoir législatif, ou entre les deux Chambres. Plus grave encore, réactionnaires et extrémistes s'infiltrèrent sans aucune difficulté dans les Assemblées représentatives.

Les modérés qui obtinrent le soutien des Français furent souvent des « hommes nouveaux » : notaires, médecins, professeurs, ingénieurs qui, pour certains d'entre eux, se préoccupèrent plus de leur intérêt personnel que de la chose publique, d'où d'innombrables accusations de corruption. Quant aux réalisations accomplies par ces assemblées, il n'est pas étonnant qu'elles soient aussi minimes si l'on tient compte du climat de défiance généralisé et de l'absence de liberté d'action qui les caractérisaient.

La fin de la première période de domination française en Italie, après 1799, fut tragique et fort rapide. Dès février-mars de cette année, les troupes « sanfédistes » du cardinal Ruffo avaient occupé la Calabre puis le Basilicate. Le 28 avril, les troupes de la coalition antifrançaise pénétraient dans Milan. Macdonald se retira de Naples à la mi-avril et se dirigea à marche forcée vers le nord pour prêter main-forte aux troupes françaises. Mais il fut battu en mai, ce qui marqua la fin de la présence française en Piémont et, très rapidement, l'occupation de Turin. Naples tomba le 22 juin, repris par les troupes du cardinal Ruffo et par les brigands. Florence fut occupée par les insurgés le 7 juillet et la République romaine s'écroula le 30 septembre.

La victoire des armées contre-révolutionnaires avait été grandement facilitée par la violence des sentiments antifrançais qui agitaient les populations, en distinguant toutefois l'hostilité des patriotes pro-unitaires et la révolte des masses populaires qui fut souvent sauvage et sanglante. Ces trois années avaient d'ailleurs été marquées par d'innombrables soulèvements : en 1796 à Vérone, en 1797 à Bergame, en 1798 en Valteline. Si les patriotes accusèrent les prêtres et les seigneurs d'avoir manipulé ces mouvements, il s'agissait bien plus souvent des révoltes de réaction à l'ordre nouveau, révélatrices de terribles tensions sociales. Et tout particulièrement de la haine des paysans pour les propriétaires terriens qui avaient voulu des réformes entraînant notamment la disparition des biens communaux et des droits de vaine pâture, indispensables à la survie des plus démunis.

Dans le Sud, les révoltes s'apparentèrent à de véritables jacqueries, souvent renforcées d'une forte coloration religieuse. Malgré les efforts déployés par les Français pour ne pas gêner ou modifier la position de l'Église tant à Rome qu'à Naples – où Macdonald s'arrangea pour que saint Janvier effectue bien son miracle annuel –, des émeutes antijuives eurent lieu dans le Trastevere, ou encore dans les Castelli. En Calabre, le cardinal Ruffo avait créé une véritable armée chrétienne pour défendre la sainte Foi (*Santa Fede*, d'où le nom de Sanfédistes). Aux yeux des Français, l'analogie avec la guerre de Vendée était frappante.

Mais pour l'Italie, cet épisode terrible coupa le pays en deux de manière irrémédiable, et selon des modalités qui allaient obérer pendant longtemps toute tentative démocratique, en particulier dans le Sud du pays.

Nombre de patriotes italiens se réfugièrent en France après la retraite de 1799, où ils s'associèrent étroitement aux projets de reconquête, espérant voir enfin leur jour arriver. Toutefois, si la reconquête réussit, les jacobins allaient de nouveau être déçus. La défaite de la coalition fut rapide, mais le retour d'Égypte de Bonaparte et le coup d'État du 18-Brumaire (9 novembre 1799) marquèrent la fin des espérances jacobines. La victoire de Marengo (14 juin 1800) ouvrit la voie à une expérience plus modérée, elle aussi dépendante de la politique française, jusqu'en 1814.

La première République cisalpine n'avait pas été bien acceptée en 1799, mais treize mois d'occupation autrichienne avaient facilité le retour des Français. Napoléon restait le vainqueur de Lodi et le libérateur de l'Italie. Il semblait présenter une certaine garantie de paix et de stabilité.

L'intention de Napoléon était de donner à la seconde République cisalpine un visage modéré, comme celui de la France. Mais dans un premier temps, les faiblesses de la première république se manifestèrent de nouveau, suscitant mécontentement et critiques. Une réorganisation de la Cisalpine apparaissait nécessaire afin de lui redonner des fondements stables et lui assurer le soutien populaire qui lui faisait cruellement défaut.

Le Grand Empire

Les discussions préalables à une nouvelle constitution se déroulèrent durant l'année 1801, jusqu'à ce que la paix de Lunéville et l'occupation du Piémont puissent garantir l'indépendance de la Cisalpine. C'est Melzi d'Eril qui fut appelé par Napoléon pour mener à bien l'œuvre de restructuration du nouvel État. Melzi avait fait partie du cercle de Verri, c'était un adepte des Lumières, représentant des possédants, habile diplomate mais surtout homme d'ordre, de contrôle et de réformes rationnelles. Il incarnait d'une certaine façon le programme politique de la République italienne. Mais Melzi ne parvint pas à imposer ce programme à Napoléon.

Devant les difficultés rencontrées pour mettre en place le projet de Constitution, Bonaparte convoqua à Lyon en janvier 1802 des « comités de notables » avec le double but d'apprécier la nature et la solidité de l'appui italien, et aux yeux de l'Europe, de donner une légitimité à la formation d'un nouvel État allié. Mais il s'ensuivit à Lyon la parodie d'une Assemblée constituante. Les Constituants eux-mêmes avaient été triés sur le volet, l'ordre du jour fut imposé, les discussions tronquées et des pressions insistantes exercées pour qu'en définitive l'Assemblée donne son aval à la création d'une République italienne, approuve la Constitution déjà préparée par Roederer depuis Paris et élise Napoléon à la tête de ce nouvel État. Quant au clergé présent à Lyon, il dut accepter la loi organique prévue par Napoléon pour le clergé italien : le catholicisme était reconnu comme religion d'État, mais la nomination des évêques et le contrôle de l'Église étaient aux mains de l'État.

Ainsi fut créé un nouvel État républicain lié à la France par la personne de son président, obligé de contribuer financièrement à l'entretien des troupes françaises en stationnement sur son territoire, contraint d'abandonner les mesures antiecclésiastiques qui avaient été prises précédemment et soumis à une Constitution conservatrice favorisant la propriété de la terre. De plus, les frontières de la République restaient fragiles, Napoléon ayant refusé d'y inclure Parme. Malgré les désillusions qu'entraînait cette réalisation, Melzi accepta de devenir vice-président du nouvel État. Il réussit à mettre en place certaines réformes, relativement efficaces. Ainsi, criminalité et brigandage furent éliminés grâce à la mise en place d'un tribunal spécial et la création de la gendarmerie. Malgré la volonté de Melzi de faire rédiger un code civil italien, la lenteur des travaux préparatoires conduisit en 1805 à l'adoption – forcée – du Code civil français. Il en fut de même pour les codes de procédure civile et le code pénal. Désormais, une magistrature rénovée était en mesure de fonctionner selon des critères homogènes, ce qui constituait une amélioration par rapport à la situation précédente.

L'Italie révolutionnaire

L'abolition des privilèges et l'égalité des citoyens devant la loi, principales conquêtes de la Révolution française, firent partie des principes du nouvel État.

L'égalité civique se fit au bénéfice des propriétaires terriens. Ils furent pratiquement les seuls à racheter les biens nationaux qui étaient encore à vendre. Ces biens étant vendus dans le but déclaré de réduire le déficit public, les intérêts des petits propriétaires ne furent pas vraiment pris en compte. Surtout, le système fiscal fut totalement restructuré, simplifié et modernisé ; l'impôt sur les terres resta lourd, mais les tarifs douaniers furent conçus pour l'exportation de produits agricoles et l'importation de produits manufacturés. Avec l'augmentation du prix du grain et du riz, les grands propriétaires terriens pouvaient se déclarer satisfaits.

Lorsque Napoléon, devenu empereur, décréta la fin de la République italienne, Melzi avait réussi à créer une structure étatique moderne et relativement efficace, reposant sur les intérêts des propriétaires fonciers. En revanche, il échoua dans sa tentative d'infléchir la politique religieuse de Napoléon, s'opposant en vain à l'exécution du Concordat – tellement étranger à l'esprit des cercles milanais de Verri ou Beccaria ; échec également dans sa tentative d'acquérir une indépendance diplomatique. La République cisalpine n'eut jamais ses propres diplomates et fut toujours représentée par des Français.

L'autonomie dont Melzi avait joui avec la République italienne ne fut jamais concédée à aucun autre État ou département de la Péninsule, et si Murat réussit à l'obtenir à Naples, ce ne fut que dans les toutes dernières années de l'Empire. Avec la transformation de la République italienne en royaume d'Italie (1805), le contrôle français devint plus brutal et plus direct. Le sort de l'Italie était plus que jamais lié aux intérêts français.

Ainsi, Marie-Louise d'Étrurie perdit-elle son trône pour n'avoir pas pu faire respecter le Blocus continental. Pie VII fut emprisonné, Murat fut menacé d'être déposé tout comme Louis-Bonaparte l'avait été en Hollande. Les régions annexées à la France (le Piémont, la côte tyrrhénienne, Parme, l'Ombrie, le Latium) faisaient partie intégrante du

Grand Empire et étaient donc soumises à la législation française. Les préfets de Toscane et du Piémont recevaient directement leurs ordres de Paris et le royaume d'Italie dépendait aussi directement de l'Empereur.

Le but de Napoléon était de mettre en place un grand empire intégré, centralisé et homogène. Pour cela, il envoya des hommes de confiance, administrateurs, fonctionnaires, militaires, dans toutes les parties de l'Empire. Murat alterna ainsi des fonctions militaires et des fonctions administratives avant de devenir roi de Naples ; Roederer, spécialiste des problèmes constitutionnels et financiers, fut successivement ministre en Suisse, en Hollande, à Naples et à Berg. Le général Menou remplit des charges administratives au Piémont et en Toscane.

Si Napoléon était convaincu de pouvoir transposer partout le modèle français, ce n'était pas toujours l'avis des gouvernants et administrateurs des États satellites. Ainsi, Beauharnais et Murat, Louis-Bonaparte, roi de Hollande, et Jérôme, roi de Westphalie, cherchèrent-ils à modérer les requêtes incessantes en troupes et en argent ; Elisa Bacciochi en Toscane et Joseph Bonaparte à Naples n'appliquèrent qu'avec réticence le Concordat. La perception des nuances locales incitait à quelque prudence dans l'application trop systématique de l'expérience française. Ainsi, l'introduction du code pénal français qui prévoyait la peine de mort fut-elle mal accueillie en Toscane et dans le royaume d'Italie. Les réformes qui furent mises en place dans les années 1810-1811 s'avérèrent importantes et souvent décisives. Ces réformes tendaient à renforcer l'autorité du pouvoir central et à rendre plus efficace l'administration des différents États italiens. Les structures centrales furent donc réorganisées et un système hiérarchique de départements, districts et communes couvrit l'ensemble des territoires. Les barrières douanières intérieures furent abolies et les tarifs extérieurs uniformisés. Routes et ponts furent construits – dont le tunnel du Simplon –, poids, monnaies et mesures furent unifiés. Les codes civil, commercial et pénal français furent introduits, et le Code civil constituait une rupture radicale avec l'Ancien Régime. L'Instruction publique fut réorganisée, avec une attention particulière portée à l'enseignement supérieur. Mais si l'ensemble des lois et décrets pris à cette période semblent témoigner d'un renouvellement total, il faut essayer de savoir ce qu'il en fut dans la réalité. Or il est probable que l'administration napoléonienne a été fragilisée par l'impréparation du personnel administratif et le refus des classes moyennes d'accepter des responsabilités administratives au niveau local. Souvent, corruption et népotisme s'imposèrent de nouveau ; parfois, une nouvelle classe de fonctionnaires se forma, fondée sur le talent et non plus sur la naissance.

Durant toute la période de domination napoléonienne, l'opposition se marqua par des révoltes et par la multiplication de sociétés secrètes. Les révoltes populaires avaient comme cible les impôts mais surtout la conscription militaire. Parme et sa région se soulevèrent en 1805, Padoue et Vicence en 1806, etc. Parfois brigands et clergé local marchaient main dans la main. Ces émeutes constituèrent une gêne permanente pour les Français. Mais pratiquement jamais les révoltes populaires ne furent en contact avec les sociétés secrètes.

Les sociétés secrètes italiennes désiraient bien sûr l'indépendance, mais elles appelaient également de leurs vœux une Constitution libérale susceptible de protéger les peuples des tyrans.

On sait peu de choses de ces organisations. Leur structure et leur symbolisme découlaient des loges maçonniques, leurs pratiques conspiratrices rappelaient les clubs révolutionnaires et leur goût du complot était caractéristique de la fin du XVIIIe siècle. Les *Adelphi*, la *Carboneria*, la *Guelfa* se développèrent alors et rassemblèrent partisans de l'unité, jacobins trahis, parfois même des généraux de l'armée napoléonienne et souvent des espions ou des envoyés de la coalition.

L'écroulement français

Lorsque s'amorça le déclin français, la Péninsule était loin d'être désarmée. Mais les deux armées qui y stationnaient avaient été décimées lors des dernières campagnes et nombre d'officiers avaient été envoyés en Russie ou en Allemagne. Néanmoins, après la défaite de Leipzig (octobre 1813), Eugène de Beauharnais, vice-roi d'Italie, commandait encore une armée de 45 000 hommes. Pour Melzi, qui était chef du gouvernement, l'unique solution résidait dans la proclamation de l'indépendance du royaume d'Italie, ce qui aurait mis les coalisés devant le fait accompli et aurait permis de lever aux côtés de la France une armée nombreuse et motivée pour défendre le royaume. Eugène n'accepta cette proposition qu'après l'abdication de Napoléon, le 4 avril 1814. Mais lorsqu'il convoqua le Sénat, le plan de Melzi fut mis en pièces par une opposition menée par Confalonieri, hostile à tout lien avec la France napoléonienne. Les troubles suscités, le lynchage de Prina – ministre des Finances et symbole de l'oppression fiscale –, le 20 avril 1814, marquèrent la fin de toute velléité de résistance militaire. L'avenir du royaume d'Italie était désormais entre les mains des alliés. Or le gouvernement de Vienne, vainqueur de l'Empire, restaura exactement la carte de l'Italie sur les bases prérévolutionnaires, afin d'assurer la prépondérance autrichienne. Toutes les anciennes dynasties furent restaurées (Ferdinand III de Lorraine en Toscane, Pie VII à Rome, François IV d'Este-Lorraine à Modène, Victor-Emmanuel Ier au Piémont, l'ancienne impératrice Marie-Louise à Parme) et Vienne envoya des garnisons pour occuper les légations et Novare comme gage de la tranquillité de ces régions.

Seule, l'armée de Murat restait en lice. Le roi de Naples, devant l'écroulement de l'Empereur des Français, s'était allié en 1813 aux Anglais et aux Autrichiens afin de sauver son trône, en espérant pouvoir agrandir son royaume aux dépens des États pontificaux et de la Toscane. Le comportement de Murat ne fut pas sans ambiguïté, et il évita durant la campagne de 1814 de se heurter de front au camp français et à Eugène de Beauharnais. Devant le refus des coalisés d'accueillir ses représentants au congrès de Vienne et confronté au retour de Napoléon de l'île d'Elbe, il choisit une troisième voie difficile, se faisant le héraut de l'Italie indépendante et unie (appel de Rimini le 30 mars 1815). Mais l'appel à l'insurrection ne fut pas suivi d'effets et il réunit à peine 500 volontaires. Les Autrichiens le battirent à Tolentino, le 2 mai, et Murat paya de sa vie ce coup de dés hasardeux. Bien qu'ayant en définitive trahi tout le monde, il laissa derrière lui le mythe d'un roi patriote, défenseur de l'indépendance du peuple italien.

Pourtant, si à l'issue de cette période la carte de l'Italie semble revenue exactement à ce qu'elle était auparavant, les choses avaient changé dans l'esprit des Italiens : le renouveau de la tradition militaire, les transformations du statut de la terre, les bouleversements territoriaux et surtout l'introduction des valeurs du droit français, en particulier l'égalité des citoyens devant la loi, constituaient un pas en avant décisif. Une nouvelle classe politique, la classe moyenne, avait fait l'expérience du pouvoir. Enfin, et c'est sans doute le plus important, c'est de l'occupation française que date la naissance du sentiment national italien, celui qui conduira à l'unité. Mais avec une certaine ambiguïté. Si les Français furent d'abord accueillis en libérateurs, ce fut pour les coups qu'ils portaient à l'Ancien Régime et aux Habsbourg, ce fut pour l'abolition des privilèges, la libération du commerce intérieur, les nobles principes de 1789. Il est vrai aussi que Napoléon unifia partiellement l'Italie qui n'était plus divisée qu'en trois ensembles géopolitiques (le royaume d'Italie, le royaume de Naples et les départements français), qu'il appliqua les mêmes règles juridiques à toute l'Italie, et qu'il mit en place un marché italien presque commun. *De facto*, une unité progressive se réalisait soutenue par la bourgeoisie libérale et les propriétaires terriens.

Mais parallèlement, la brutalité de l'occupation française suscita un mouvement national antifrançais et qui sera également une composante du sentiment national italien. Ce fut le fait à la fois des milieux intellectuels de Vittorio Alfieri (*Misogallo* en 1799) et d'Ugo Foscolo (*I Sepolcri*), et des milieux populaires qui se révoltèrent contre la conscription, l'impôt personnel et la persécution religieuse. Ces derniers se rassemblèrent en bandes et poursuivirent, dans le Sud, la tradition du brigandage.

Le sentiment national italien était donc fortement hétérogène, partagé entre une bourgeoisie libérale attachée au progrès et dans une large mesure favorable à la présence française et un petit peuple, soutenu par l'aristocratie et le clergé, foncièrement réactionnaire et xénophobe.

Le Risorgimento (1815-1870)

1815-1831 : de la Restauration aux premiers soubresauts

Le système de Metternich mis en place à Vienne n'avait pas tenu compte des aspirations des peuples et il se fondait sur la certitude que la monarchie absolue était seule garante d'ordre et de stabilité. Comme on l'a vu, l'Italie était désormais sous le contrôle des Habsbourg qui récupérèrent le Trentin, la Lombardie, la Vénétie et la Valteline réunis dans le royaume de Lombardie-Vénétie ; le grand-duché de Toscane passa à Ferdinand III de Lorraine, le duché de Modène fut confié à François IV d'Este-Lorraine, et le duché de Parme à Marie-Louise qui, à sa mort, devait le restituer aux Bourbons de Parme, provisoirement installés à la tête du duché de Lucques. A Naples, Ferdinand IV de Bourbon fut restauré dans ses fonctions à la chute de Murat et il prit symboliquement le titre de Ferdinand Ier, roi des Deux-Siciles. L'Autriche tint garnison dans les citadelles de Plaisance, de Ferrare et de Comacchio, places stratégiques qui lui laissaient une marge de manœuvre importante. Seul Victor-Emmanuel Ier de Sardaigne vit reconnaître à son État composé du Piémont, de la Sardaigne et de la République de Gênes une indépendance correspondant à sa place réelle dans l'équilibre international.

L'idéologie de la Restauration

Rationalisme et individualisme se virent battus en brèche, dès la fin de la période napoléonienne, par des valeurs prônant la soumission de l'individu à la communauté, la morale, la foi religieuse et la valeur historique du passé comme modèle pour le présent.

Mais il faut garder à l'esprit l'extrême ambivalence de ces idées. Elles furent aussi bien utilisées par des penseurs réactionnaires comme Joseph de Maistre que par des progressistes comme Saint-Simon. De la même manière, le romantisme qui triompha parmi les intellectuels de ce premier XIXe siècle nourrit tant les pensées conservatrices que novatrices, avec sa foi dans le génie des héros et des peuples, dans la religion et dans la tradition. Les intellectuels des générations suivantes, que ce soit Fourier, Gioberti ou Mazzini, puisèrent aux mêmes sources intellectuelles.

La méfiance dans le progrès, conçu comme une amélioration continue de la civilisation, fut générale à tous les penseurs de la Restauration, de Bonald à Maistre. Individualisme, libéralisme politique et économie matérialiste firent l'objet d'une même condamnation.

Une des conséquences de ce mouvement intellectuel fut le réveil du catholicisme. Le pape Pie VII sortait de prison avec l'auréole du martyre, et la plupart des princes abandonnèrent l'attitude anticléricale qui avait caractérisé le siècle des Lumières. L'Église était devenue la base de la reconstitution de l'ordre et de la hiérarchie et elle sut se renforcer, profitant de l'œuvre napoléonienne. Le despotisme de Napoléon avait en effet entraîné la disparition des Églises nationales, occasion que sut saisir le cardinal Consalvi pour affirmer la suprématie pontificale et réduire les Églises nationales à de simples émanations de Rome. Les jésuites furent restaurés dans leurs prérogatives et la piété connut un renouveau notable avec la multiplication des cultes et des pèlerinages.

Mais ce renforcement de l'Église fut en fait menacé par ses plus rigoureux défenseurs. L'alliance du trône et de l'autel, solution de cohabitation tant pour le souverain pontife que pour les princes, fut violemment attaquée par les plus zélés qui, comme Lamennais, estimaient que la religion était supérieure à toute autre institution humaine, même à la monarchie, et que cette dernière devait se soumettre et non s'allier. Cette intransigeance largement partagée par les membres de la Curie – dont le cardinal Pacca – contribua à faire perdre à Rome le capital de sympathie qu'elle avait recueilli après les épreuves. De plus, elle s'aliéna l'appui des catholiques plus modernistes.

Domination autrichienne

A Vienne, les grandes puissances, loin de vouloir totalement reproduire les situations d'avant la Révolution, avaient reconnu les transformations socio-économiques survenues jusqu'alors. Elles avaient accepté les redistributions foncières consécutives aux ventes des biens ecclésiastiques et domaniaux, et admis l'existence de constitutions ou la possibilité d'en concéder une ; il avait enfin été conseillé aux dirigeants de ne pas épurer l'administration et l'armée.

Dans l'Italie des Habsbourg, la situation fut assez contrastée. Le royaume de Lombardie-Vénétie créé le 7 avril 1815 fut l'exemple d'un gouvernement alliant des dirigeants absolutistes et une administration plus modérée dans laquelle on retrouva la volonté de confier des responsabilités aux classes productives, propriétaires terriens ou marchands. La structure de cette administration était similaire à celle du royaume d'Italie. Les structures judiciaires et foncières furent également héritées de la période napoléonienne et, exception parmi les États italiens, les relations avec l'Église demeurèrent marquées par un fort contrôle de l'État (nomination des évêques par l'Empereur et confirmation de la vente des biens ecclésiastiques). Malgré la mise en place de cette administration juste et honnête, malgré la volonté de ne pas introduire de nouvelles ruptures, malgré la relative modernité du fonctionnement étatique, le nouveau gouvernement de Lombardie-Vénétie fut largement contesté, tant par les élites que par de plus larges couches de la population.

En effet, sur deux points, l'administration autrichienne détériora la situation. D'abord, le service militaire obligatoire fut maintenu, non plus pour quatre ans mais pour huit ans, et la conscription fut plus étroitement surveillée et appliquée. Ensuite, les relations commerciales avec la France et le reste du monde subirent un coup d'arrêt suite à la mise en place de tarifs douaniers mettant l'économie de la Lombardie-Vénétie au service de l'Autriche. Venise se vit préférer Trieste comme port impérial ; quant aux commerçants lombards, ils furent coupés de leurs débouchés naturels de Lyon et Gênes.

S'ajouta à cela un sentiment généralisé de défiance et de refus de l'occupation étrangère. La présence de troupes – même si elle resta discrète –, la centralisation viennoise, l'idée de plus en plus répandue que l'Autriche exploitait financièrement la Lombardie-Vénétie pour couvrir le déficit du bilan impérial, tout cela contribua à la naissance de sentiments anti-autrichiens.

Mais si les nouveaux occupants ne réussirent pas à se gagner l'appui populaire en Lombardie-Vénétie, il en alla différemment dans le duché de Parme et dans le grand-duché de Toscane.

Dans le duché de Parme, Marie-Louise assistée du général Neipperg maintint la législation napoléonienne, à l'exception d'un nouveau code civil qui fit l'admiration de tous. Elle ne fit aucune concession à l'Église et au clergé, s'en tenant aux termes du Concordat. L'attention portée à l'instruction et à l'économie participait d'une vision illuministe prérévolutionnaire.

Le grand-duché de Toscane était le seul État italien pour qui l'intermède napoléonien n'avait pas représenté une fracture majeure. Si le code civil napoléonien fut aboli pour revenir au code léopoldin du XVIIIe siècle, il est remarquable de constater que ses améliorations furent maintenues : en particulier celles qui étaient dirigées contre les privilèges fonciers ou destinées à améliorer le commerce (abolition des fiefs et des *fideicommis*, institution du registre et du code du commerce, lois sur les hypothèques). Les jésuites n'eurent pas le droit de revenir en Toscane, la vente des biens ecclésiastiques fut confirmée, la liberté de commerce rétablie et la police fut moins sévère que dans les autres États.

Dans le reste des États italiens, les souverains restaurés et leurs cours avaient une incommensurable répugnance pour tout ce qui ressemblait, de près ou de loin, aux idées révolutionnaires. Dans ce cas, Metternich et les Anglais tentèrent de tempérer leurs volontés réactionnaires, comme à Naples où Ferdinand Ier fut prié de ne pas se lancer dans une sanglante chasse aux sorcières. Ce dernier accorda donc – de mauvaise grâce – l'amnistie, confirma les cessions de biens domaniaux et ecclésiastiques ainsi que les titres octroyés par Murat. Il garantit également l'accès à la fonction publique tant aux légitimistes qu'aux ex-partisans de Murat. Mais la réunion de la Sicile et du royaume de Naples allait provoquer quelques mécontentements dans la grande île. En effet, y fut appliquée la législation et l'administration napolitaines : la Constitution de 1812 fut abrogée, le gouvernement, l'armée et le drapeau siciliens abolis. Mais si les lois et l'administration en place ne différaient pas fondamentalement de ce que Naples avait connu sous Murat, cela représentait pour la Sicile une rupture majeure. Tout comme l'opération de démantèlement du féodalisme menée par Ferdinand Ier : les *fideicommis* furent supprimés, ainsi que les droits d'usage des communaux. Petit à petit, la volonté de revenir à un royaume de Sicile indépendant et régi par la Constitution de 1812 se fit jour.

En contrepartie de la centralisation administrative, la fiscalité fut équilibrée et supportable pour les populations jusqu'à la chute des Bourbons en 1860 : des taxes modérées, ne pesant pas trop sur les classes les plus défavorisées, mais un désintérêt marqué de l'État pour la régulation des dépenses publiques, même pour ce qui pouvait développer le commerce. D'ailleurs, la liberté d'action du gouvernement napolitain était beaucoup moins grande pour ce qui touchait au commerce extérieur et aux rapports avec l'Église. Il dut consentir des avantages douaniers à la Grande-Bretagne et à la France, ce qui provoqua le mécontentement des petits propriétaires terriens. Par ailleurs, Ferdinand Ier obligea son gouvernement à signer, en rupture avec la tradition prérévolutionnaire, un concordat.

Dans les États pontificaux, la puissance des plus réactionnaires eut raison des velléités du cardinal Consalvi de créer un véritable État et une administration. Le pape, souverain absolu, délié de toute obéissance au traité de Vienne dont il n'était pas signataire, porté par l'ultramontanisme ambiant, s'empressa d'éliminer toutes les traces de la période française. Toute la législation française fut abolie d'un coup ; les anciens tribunaux ecclésiastiques furent reconstitués et ils révisèrent les procès jugés sous Napoléon ; la justice féodale fut rétablie ainsi que l'Inquisition, le Saint-Office et le monopole d'État sur les denrées ; les biens ecclésiastiques non aliénés furent restitués et toutes les innovations françaises gommées : l'état civil, la vaccine, l'éclairage public. Quant aux juifs, ils regagnèrent leur ghetto que, depuis Paul III, ils avaient quitté fort peu de temps.

Mais ce retour en arrière s'avéra désastreux pour l'économie de l'État pontifical qui périclita dangereusement, dont l'instruction resta largement obscurantiste et qui vit la mendicité et la misère se développer de nouveau.

A Modène, comme dans le Piémont, on atteignit le summum de la politique réactionnaire. François IV de Modène abolit totalement la législation napoléonienne, remit en vigueur la vieille administration du XVIIIe siècle ; l'administration fut intégralement épurée de ceux qui avaient servi sous le royaume d'Italie et toutes les charges importantes furent réservées à la noblesse légitimiste. Les finances de l'État redevinrent les finances personnelles du prince, les jésuites furent accueillis à bras ouverts et les ordres religieux rétablis. Retour en arrière tel que Metternich menaça le petit État d'une rupture diplomatique.

Mais une restauration plus radicale fut effectuée en Piémont par Victor-Emmanuel Ier. Dès le lendemain de son arrivée à Turin, le 21 mai 1814, il décréta « l'observation des constitutions royales de 1770 ». Les codes napoléoniens furent remplacés par l'ancienne législation piémontaise, les juifs regagnèrent leurs ghettos, les Vaudois furent de nouveau l'objet de vexations et ceux qui avaient, de près ou de loin, collaboré avec les Français furent éloignés de toute responsabilité. Corporations et privilèges industriels furent rétablis.

L'appui de l'Église fut précieux pour le souverain et sa cour. Bien que la vente des biens ecclésiastiques fût, là encore, confirmée, les ordres religieux furent restaurés, les jésuites bien accueillis – ils se virent confier l'enseignement et la censure ; enfin un concordat fut signé, prévoyant la restauration des tribunaux ecclésiastiques. Victor-Emmanuel Ier tenta de s'attirer les sympathies populaires en faisant appel à l'attachement dynastique et aux qualités guerrières de la maison de Savoie. Mais cette politique « italienne » fut en partie obérée par l'alignement du Piémont sur la politique autrichienne, ce qui ne faisait pas partie de l'attitude traditionnelle des Savoie face à Vienne.

Le décalage existant entre ces restaurations parfois très dures et l'expérience des Lumières ou de la période française donna lieu à une opposition, ou plutôt à des oppositions qu'on retrouva dans toute l'Italie. Des oppositions, car elles recouvraient des attitudes et des aspirations différentes : une critique libérale ouverte et légaliste et des sectes démocratiques imbues de projets sociaux. L'une et l'autre subirent fortement l'influence des opposants français au régime de la Restauration.

C'est en Lombardie que l'opposition libérale fut la plus virulente. Elle était le fait d'une part de la bourgeoisie qui avait été assez gravement touchée du fait du fractionnement de l'Italie et du rétablissement des barrières douanières. Romantisme, volonté d'établir une constitution, revendication d'un grand marché unifié se mêlaient à une réelle fascination pour le progrès technique, le développement industriel, les idées anglo-saxonnes. Autour du journal *Le Conciliateur* qui en fut le porte-parole, on retrouva d'anciens fonctionnaires du royaume d'Italie comme Joseph Pecchio, Melchior Gioia ou G. D. Romagnosi.

Face aux Lombards, les libéraux toscans et piémontais apparaissaient moins modernes, moins progressistes. Les Toscans Capponi, Lambruschini ou Ridolfi restèrent assez isolés jusqu'en 1820, date à laquelle Vieusseux organisa son mouvement. Quant aux Piémontais, Cesare Balbo, Santorre di Santarosa, c'étaient de jeunes aristocrates qui, bien que fidèles à la dynastie de Savoie, avaient été écartés du pouvoir pour avoir pris part à l'intermède français. Ils demeuraient d'ardents défenseurs de l'histoire de leur État et voulaient réconcilier patriotisme et monarchie, les droits des peuples et l'amour de la patrie. Toutefois d'autres Piémontais comme Massimo d'Azeglio ou Silvio Pellico avaient préféré s'exiler à Milan.

Mais la plupart de ces libéraux se rendaient bien compte qu'ils n'avaient en définitive que fort peu de moyens d'action et ils se tournèrent avec intérêt vers les méthodes violentes et directes des organisations clandestines.

A Naples, dans les légations pontificales et au Piémont, les sociétés secrètes étaient nombreuses et actives. Les ramifications de ces sociétés secrètes dépassaient le seul cadre italien puisqu'elles touchaient la France, l'Allemagne et l'Espagne. Elles regroupèrent d'abord ceux qui avaient été le plus gravement lésés par la chute du régime napoléonien : militaires, fonctionnaires, propriétaires terriens, bas clergé, auxquels s'ajoutèrent les libéraux peu à peu tentés par des méthodes plus directes.

Les buts poursuivis étaient en fait peu homogènes. Ainsi, l'organisation de Filippo Buonaroti indiquait, selon les grades de l'initiation (inspirée des rituels maçonniques), des buts différents, complémentaires certes, mais de plus en plus radicaux. Les membres du grade inférieur étaient initiés jusqu'au serment de foi déiste, de fraternité et d'égalité ; le grade supérieur s'engageait à lutter pour une constitution républicaine unitaire fondée sur la souveraineté populaire ; enfin, le grade le plus élevé prêtait serment pour l'abolition de la propriété privée et la communauté totale des biens et du travail. Mais, pour le plus grand nombre, les buts de la « Fédération » de Buonarroti étaient tout simplement la guerre anti-autrichienne et la création d'un royaume constitutionnel dans le nord de l'Italie.

Une élasticité analogue existait dans les objectifs de la Charbonnerie, implantée dans le sud de l'Italie et tout particulièrement à Naples. La Charbonnerie s'était développée sous le gouvernement de Murat. La force de la secte était concentrée dans les provinces du continent où, à la haine pour la noblesse féodale, s'ajoutait le mécontentement provoqué par le concordat, la politique économique de Naples et son centralisme.

La Charbonnerie fut l'expression de la bourgeoisie provinciale qui avait émergé durant la période de Murat, qui s'opposait aux structures féodales tout en restant extrêmement réticente à une administration de type français. Elle était également largement diffusée auprès des petits propriétaires terriens, chez les marchands, les artisans, le bas clergé et les officiers de rang inférieur dans l'armée. Dans quelques régions, la Charbonnerie avait rallié les paysans. Les propriétaires terriens voyaient aussi en elle un moyen de défense contre les brigands : témoin, l'action du général Guglielmo Pepe qui, dès 1819, arma les propriétaires de la province d'Avellino et de Foggia.

Le programme politique des membres de la Charbonnerie, les *Carbonari* était assez vague mais tournait autour de la revendication d'une constitution comme seul contrepoids à l'absolutisme de Ferdinand. La constitution espagnole, plus démocratique que les constitutions sicilienne ou française, fut adoptée comme symbole.

La Charbonnerie, enfin, était moins organisée, moins hiérarchisée que l'organisation buonarrotienne, moins bien protégée aussi puisqu'elle fut infiltrée par la police dès 1817.

Les révolutions de 1820-1821

C'est dans ce contexte et autour de ces oppositions qu'éclatèrent les mouvements révolutionnaires de 1820-1821. Ils mettront en évidence la désunion des insurgés et le caractère archaïque de leurs revendications. Le départ de l'insurrection fut donné par la révolte espagnole des *comuneros*. Très vite, le mouvement s'étendit dans le royaume des Deux-Siciles où les militaires, sous le commandement du général Pepe, exigèrent de Ferdinand une constitution. Au Piémont, en janvier 1821, la garnison d'Alexandrie se souleva pour soustraire Victor-Emmanuel Ier « à la funeste influence de l'Autriche ». On retrouve là l'attachement dynastique des insurgés piémontais et la volonté d'indépendance caractéristique de l'histoire de la maison de Savoie. Le colonel de Santarosa, ami de Charles-Albert de Savoie-

Carignan, neveu et héritier possible du roi, apporta son soutien aux insurgés. Une constitution fut alors proclamée.

Les deux mouvements échouèrent à la suite d'interventions étrangères. Ferdinand des Deux-Siciles obtint l'appui des puissances de la Sainte-Alliance et les Autrichiens envahirent le royaume du Piémont en mars-avril 1821. Au Piémont, Victor-Emmanuel abdiqua, non pas en faveur de Charles-Albert qui semblait pencher pour les insurgés, mais en faveur de Charles-Félix, duc de Modène, qui désavoua la Constitution. Charles-Albert préféra l'exil à la désobéissance. Le 10 avril, les Autrichiens entrèrent dans Turin. La répression s'abattit sur le pays. Silvio Pellico, Confalonieri, des milliers de libéraux et de *carbonari* furent arrêtés ; ils furent autant à fuir le pays.

Les raisons de ce double échec résident en partie dans le caractère passéiste de ces mouvements. Ils souhaitaient davantage un retour au siècle des Lumières qu'ils n'annonçaient le Risorgimento. La bourgeoisie qui animait les mouvements avait connu son essor à la fin du XVIIIe siècle, puis avait profité de la période napoléonienne pour mettre en adéquation sa position socio-économique et ses responsabilités politiques. Dépossédée de ces responsabilités par la Restauration, elle avait cherché à mettre en place une constitution qui lui réserve une place correspondant à ses mérites. Ce n'étaient donc pas des romantiques exaltés mais des hommes des Lumières frustrés. En outre, seules les classes dirigeantes s'étaient lancées dans l'insurrection, négligeant les masses populaires qui, échaudées par les réformes et l'épisode français, en finissaient par regretter parfois l'Ancien Régime. Enfin, une autre raison de cet échec fut l'absence de cohérence présidant aux objectifs révolutionnaires. Les modérés réclamaient la charte française, les radicaux la Constitution espagnole de 1812 et le suffrage universel ; certains restaient attachés au principe monarchique (G. Pepe, Santarosa) à condition que les monarques soient « éclairés » et moins dépendants de Vienne, d'autres comme Confalonieri étaient républicains...

1831 : nouvelles tentatives

Les mêmes faiblesses apparaîtront lors des révolutions d'Italie centrale en 1831, à la suite de la révolution qui avait eu lieu en France en juillet 1830. Parmi les émigrés italiens à Paris, le désaccord s'installa d'emblée entre d'une part ceux qui envisageaient une monarchie constitutionnelle, pensant à Charles-Albert, au fils d'Eugène de Beauharnais ou au fils de Napoléon, et Buonarroti d'autre part, qui ne tenait que pour la solution républicaine. La plus grande confusion présida en fait à tous les projets des exilés italiens.

En 1831, le mouvement partit de Modène, dirigé par Ciro Menotti, un jeune homme d'affaires énergique et enthousiaste. Dès 1830, il avait fondé toute une série de noyaux révolutionnaires à Bologne, Parme, Mantoue et en Romagne. Le mot d'ordre en était « indépendance, union et liberté », suffisamment vague pour drainer de nombreux sympathisants. L'insurrection visait à établir une monarchie représentative dont le souverain devait être choisi à Rome. Pour ménager les catholiques, Menotti proposa d'ajouter une croix au drapeau tricolore qui avait été celui de la première république cisalpine ; il croyait à un appui populaire immédiat et spontané dès les débuts de l'insurrection. Enfin, il tenait absolument à ce que Rome devienne capitale.

Menotti avait méticuleusement préparé l'insurrection et elle éclata du 4 au 12 février 1831, bien qu'il fût arrêté le 3. A Bologne, Modène, Reggio et Parme, les gouvernements tombèrent sans résistance, témoignant de leur fragilité lorsqu'ils n'étaient pas soutenus par les Autrichiens. A Rome, le long conclave suivant la mort de Pie VIII et qui se terminait le 2 février donna aux conjurés les conditions idéales pour agir. L'insurrection se développa rapidement de Bologne jusque dans les Marches et les légations.

La révolution s'essouffla assez vite car les conjurés manquaient singulièrement de tout appui populaire, et surtout parce que le mot d'ordre d'unité, si cher à Menotti, s'avéra dénué de contenu face à la violence des rivalités municipales. Le maintien du vieil esprit des communes, le refus de céder sur des libertés municipales, des privilèges, des spécificités pour créer un État nouveau freina et empoisonna le mouvement. Et cela malgré la création le 4 mars d'un gouvernement des provinces unies d'Italie, qui n'était en réalité qu'une organisation très lâche laissant à chaque ville son indépendance. Lorsque l'Autriche, après avoir hésité à intervenir par crainte de complications internationales, se décida à attaquer, elle n'eut aucun mal à bousculer les troupes désunies. D'autant que ce fut le gouverneur de Bologne, ville appartenant au gouvernement des provinces unies d'Italie, qui désarma les troupes insurgées après ses premiers revers face aux Autrichiens.

Les échecs de 1831 marquèrent le déclin irréversible de la Charbonnerie, mettant fin à cette première partie de l'histoire de la formation de l'Italie unitaire. De nouveaux mouvements d'idées et une nouvelle génération allaient désormais œuvrer pour le Risorgimento.

1831-1849 : le temps des espérances mazziniennes

Les échecs des révolutions de 1821 et de 1831 allaient considérablement marquer la génération qui apparut alors sur la scène politique. Elle fut, pendant son exil, en contact avec les grands mouvements européens et elle essaya de comprendre l'insuccès des tentatives italiennes et d'imaginer les solutions qui pouvaient être mises en place. Deux modèles s'affrontèrent, ou plutôt se succédèrent : un modèle révolutionnaire et démocratique, celui de Giuseppe Mazzini, un modèle libéral et modéré qui se subdivisa en plusieurs courants, en fonction de l'importance accordée au pape ou à la puissance laïque, en l'occurrence la maison de Savoie.

Lorsque Charles-Albert de Savoie-Carignan accéda au trône du Piémont le 27 avril 1831, les espérances des milieux libéraux furent revivifiées. On se souvient en effet de ses velléités en 1821. Pourtant, en 1831, Charles-Albert était surtout partagé entre la haine de l'Autriche et la méfiance pour les milieux « subversifs » qui faisaient de l'Autriche un rempart indispensable. Il conserva la tradition du despotisme éclairé et tenta de réformer le Piémont dans ce sens. Il introduisit de nouveaux codes qui mirent fin au chaos législatif, créa un Conseil législatif chargé de conseiller le gouvernement, supprima les droits féodaux en Sardaigne et abaissa les tarifs douaniers. Il s'entoura d'hommes modérés et ouverts, ainsi Barbaroux et Caccia. Certes, le clergé restait très présent, les militaires dominaient la société et la classe dirigeante était empreinte d'un solide conservatisme, mais les idées nouvelles pénétrèrent peu à peu sous le gouvernement des modérés, renforçant l'antagonisme entre l'aristocratie et la bourgeoisie. C'est dans ce contexte que naquit le mazzinisme.

Giuseppe Mazzini était né en 1805, à Gênes. Grand romantique, il fut initié à la Charbonnerie en 1827 et connut un certain succès littéraire doublé d'un intérêt politique auprès des milieux éclairés toscans et piémontais. Il fut emprisonné « préventivement » pourrait-on dire en 1830 à Savone et, une fois acquitté, en 1831, eut le choix entre la relégation et l'exil. Il préféra l'exil et s'installa à Marseille.

C'est dans la cité phocéenne qu'il fit l'analyse des échecs de 1831 et en retira la conviction que la Charbonnerie n'était plus la solution adéquate pour l'Italie. A la même époque, il fit l'expérience du manque d'enthousiasme de Charles-Albert pour les idées de liberté et d'unité. Il lui restait donc à inventer et à mettre en place les idées et les mouvements qui répondraient à ses aspirations. C'est alors qu'il créa le mouvement Jeune Italie (*Giovine Italia*) qui était une société secrète implantée à Marseille possédant des ramifications à Gênes.

Le programme de Jeune Italie était assez simple. Selon Mazzini, les deux principaux obstacles à la liberté italienne furent, par le passé, les princes et les particularismes locaux. Il fallait donc choisir la République et l'unité. Ce programme devait faire l'objet d'une vaste entreprise d'éducation, seul moyen de régénérer la nation. Au-delà de ces objectifs, la conception mazzinienne était plus vaste, plus ambitieuse, plus romantique. La Troisième Rome, après celle des Césars et des papes, sera la Rome des peuples. La Troisième Rome devenait non seulement le symbole de l'indépendance et de l'unité italiennes, mais aussi celui de la destruction de la vieille Europe, celle de la Sainte-Alliance.

Mazzini tira de la tradition catholique l'image de la mission universelle de Rome mais lui assigna une nouvelle signification démocratique. Ce faisant, il offrait une alternative à la tradition intellectuelle et laïque qui, depuis Machiavel et Guicciardini, considérait que Rome était le principal obstacle à l'unité italienne.

Le mysticisme religieux qui baignait l'action de Jeune Italie – témoin sa devise « Dieu et Liberté » – fut un des éléments de désaccord avec le vieux Buonarroti, encore fort actif, et qui restait fidèle au rationalisme du XVIIIe siècle.

Sur le plan des méthodes, Mazzini n'avait plus confiance en l'action des sociétés secrètes. Il estimait qu'aucune révolution ne pourrait avoir lieu sans la participation des masses, mais inversement, les masses ne pouvaient faire la révolution seules, sans être guidées. D'où l'importance de l'éducation des populations. Entre 1833 et 1844, les théories mazziniennes trouvèrent un champ d'expérimentation, hélas bien décevant. En 1833, un premier complot fut découvert et Charles-Albert fit fusiller ou torturer les personnes compromises. Mazzini gagna la Suisse. De là, il prépara une nouvelle insurrection qui prévoyait une invasion de la Savoie par un corps de volontaires et le soulèvement de la flotte de Gênes provoqué par un capitaine de la marine sarde, Giuseppe Garibaldi. L'expédition échoua : le chef du corps de volontaires se laissa acheter et Garibaldi dut s'enfuir. Mazzini, traqué, dut parcourir la Suisse avant de s'enfuir à Londres en 1837. Le mazzinisme finit d'être discrédité par la malheureuse tentative des frères Bandiera contre la Calabre, en 1844, initiative d'ailleurs déconseillée par Mazzini.

La répression qui suivit les événements de 1833-1835 entraîna la désagrégation de *Giovine Italia*, l'exil de nombreux révolutionnaires en Angleterre, en Espagne, au Portugal ou en Amérique du Sud. Après 1844, le prestige de Mazzini avait été considérablement entamé par les échecs et il était contesté sur sa droite et sur sa gauche par des hommes comme Nicola Fabrizi, Luigi Carlo Farini ou Ricciardi.

La solution révolutionnaire semblait avoir vécu, et des

solutions de remplacement, plus modérées, faisaient leur chemin.

Solutions modérées

Les tentatives de Mazzini et des démocrates eurent comme première conséquence le renforcement de l'autorité des princes et des gouvernements. D'autant que tous, sauf le royaume de Lombardie-Vénétie et la Toscane, s'étaient écroulés au moment des émeutes de 1820-1821 et de 1831. Tous comptaient sur la présence autrichienne pour les rétablir et les protéger. Quant à Charles-Albert, il était revenu de ses sympathies libérales de 1821, préférant désormais appuyer le catholicisme légitimiste. Il isola donc le Piémont de la France et de l'Angleterre, seules puissances susceptibles de garantir son indépendance face à l'Autriche. Ce ne fut qu'après 1840, et après les vagues de répression qui s'étaient abattues sur les patriotes, que Charles-Albert dut réviser quelque peu sa position, constatant que tous les libéraux n'étaient pas forcément des révolutionnaires.

Si la défense de l'absolutisme politique fut la préoccupation constante des princes italiens, ils durent toutefois admettre la nécessité d'aligner leurs politiques économiques sur les nouvelles exigences internationales – à l'exception des États pontificaux qui, de ce point de vue, restèrent très en retard. Les intérêts de l'aristocratie terrienne et de la bourgeoisie se rapprochaient désormais considérablement, et les liens entre l'agriculture et le commerce étaient bien établis. Les avantages d'un marché unifié étaient clairs pour tout le monde, tout comme les désavantages représentés par les barrières douanières et les droits féodaux encore en place.

L'évolution vers une agriculture plus capitaliste fut appuyée par les gouvernants, nonobstant l'appauvrissement croissant des masses agricoles. Le développement industriel resta plus en retard, et même si les États tentèrent de l'encourager, les opérateurs privés faisaient preuve d'une mentalité pré-capitaliste bien ancrée. L'initiative des chemins de fer à partir de 1840, ou les encouragements au développement de l'industrie vinrent donc d'en haut. Et de toute façon, l'Italie restait à la traîne des autres pays européens.

La prise de conscience de ce retard poussa des petits groupes d'intellectuels modérés à faire pression, dans la plus pure tradition des Lumières, pour faire adopter des politiques économiques coordonnées et efficaces. Mais ces modérés pensaient que l'arriération économique des États italiens dérivait en premier lieu des effets inhibiteurs de l'autoritarisme politique ; leurs propositions, d'abord économiques, tendirent donc à se transformer peu à peu en des revendications politiques plus larges.

Ce fut entre autres le cas des libéraux toscans. Comme le gouvernement toscan était assez peu répressif, la Toscane accueillit après 1821 un certain nombre de réfugiés politiques du Sud (Guglielmo Pepe, G. Poerio) ou du Nord (Massimo d'Azeglio, Giuseppe Montani). En 1821, Gian Pietro Vieusseux, entrepreneur protestant d'origine suisse, créa à Florence *L'Antologia* qui allait regrouper ces mouvements de pensée.

L'Antologia se rattachait au cosmopolitisme des Lumières et ne prétendait pas être une expérience municipale. Vieusseux et ses amis Capponi, Ridolfi, Lambruschini, considéraient que la fonction de direction et d'ouverture de l'opinion publique italienne incombait à de petits groupes de lettrés, groupes qui pouvaient s'élargir à des membres de cette élite intellectuelle, de toute origine géographique. Ils étaient profondément convaincus du devoir de guider et d'éclairer l'opinion en diffusant ces idées progressistes qui auraient élevé le niveau de conscience des Italiens et préparé la classe dirigeante à de nouvelles réformes. La modernisation comme préalable à l'unité et à l'indépendance, voilà en gros le résumé de leurs croyances. Et pour eux, la modernisation passait aussi par l'éducation populaire. En effet, ce groupe toscan avait comme première préoccupation l'agriculture, et c'était là une de leurs particularités. Il fallait apprendre aux paysans de nouvelles méthodes, plus modernes, qui les feraient accéder à un niveau social leur permettant d'appréhender leur véritable intérêt. Mais en même temps, ces intellectuels toscans craignaient les effets dégradants d'une industrialisation à l'anglaise, trop rapide, et ils ne l'appelaient pas de leurs vœux ; ils croyaient à la suprématie de l'agriculture – et aux avantages de sa commercialisation –, du moins pour la Toscane.

Vieusseux et ses amis étaient également convaincus que les réformes économiques devaient découler de la volonté des gouvernants. Devant l'indifférence de ceux-ci, la position de *L'Antologia* se radicalisa, surtout après la révolution de juillet 1831, ce qui la fit interdire en 1833.

La position de Vieusseux face à l'industrialisation était alors partagée par de nombreux modérés. Tous, à la lumière de ce qui se passait en France ou en Angleterre, craignaient les conflits de classes. Même Cavour, qui était, parmi les modérés de son temps, celui qui avait le plus voyagé et le plus lu, subordonnait le développement du commerce et de l'industrie à celui de l'agriculture. Cattaneo fut le seul économiste qui défendit la théorie d'une prééminence absolue du commerce sur l'agriculture.

Les articles des revues et les mémoires qui fleurissent à l'époque témoignent à la fois de l'intérêt pour les réalisations techniques du reste de l'Europe – chemins de fer, canaux, nouvelles machines, progrès techniques dans le domaine industriel ou agricole... et d'une homogénéisation des centres d'intérêt des intellectuels de toute l'Italie. Ces hommes correspondaient de plus en plus entre eux et se forma petit à petit une opinion éclairée italienne. Toutefois, il existait des différences importantes entre les préoccupations des modérés lombards et piémontais concernant les avantages et les inconvénients d'un développement industriel, le refus de l'industrie moderne manifesté par une fraction des Toscans, plus en faveur d'un paternalisme agraire, et les intellectuels des États de l'Église et du royaume des Deux-Siciles qui réclamaient l'unification du marché intérieur et l'augmentation de la productivité agricole. On le voit, ces intérêts différents correspondaient clairement à des niveaux de développement socio-économique inégaux.

Pour les intellectuels modérés du Nord, dont Cavour, une des réponses possible au paupérisme que susciterait une industrialisation trop violente résidait dans la « charité légale ». Une autre proposition privilégiait le développement de l'instruction populaire, avec les crèches et les cours de *Lectures populaires* de Lorenzo Valerio, ainsi que le développement de l'épargne. Dans le Sud, et en particulier dans les États pontificaux, les intellectuels modérés étaient beaucoup moins optimistes quant à la solution caritative. La pauvreté généralisée les incitait à réclamer d'emblée des réformes économiques et sociales plus globales. Terenzo Mamiani se fit le porte-parole de ces revendications.

Pour Cavour, la réaction et la révolution étaient les deux principaux obstacles au progrès en Italie. L'un et l'autre mouvement se répondaient dans un cercle vicieux qu'il fallait briser par l'adoption de la politique du « juste milieu ». Mais le juste milieu était vaste et de nombreux courants allaient y trouver place.

La culture du Risorgimento

La vie intellectuelle italienne des années 1830-1845 fut particulièrement riche. Le passé municipal italien fut battu en brèche par d'innombrables œuvres littéraires, musicales, historiques, qui évoquaient la grandeur nationale et le passé glorieux. Dès 1817 Leopardi écrivait les *Canzone all'Italia*. G. B. Niccolini fit donner des drames historiques dont les thèmes étaient tirés de l'histoire italienne : *Antonio Foscarini* en 1827, *Arnaldo da Brescia* en 1843. Domenico Guerrazzi, homme politique engagé, rédigea des romans historiques qui eurent un immense succès : *la Bataille de Bénévent* en 1828, *le Siège de Florence* en 1836. Moindre succès toutefois que celui de Manzoni en 1827 avec *I promessi sposi (les Fiancés)* qui traitait de personnages appartenant aux classes populaires.

Ainsi, la musique fut-elle un des vecteurs les plus importants du sentiment national, et tout particulièrement celle de Giuseppe Verdi. L'opéra, né en Italie avec Emilio de'Cavalieri dès l'aube du XVIIe siècle (1600, *Rappresentazione di anima e di corpo*), puis porté à la perfection avec Monteverdi, demeurait toutefois encore statique et éloigné de la réalité. L'opéra romantique de Rossini, Donizetti ou Bellini fit de cette musique un spectacle populaire.

La nature même du théâtre en avait fait, durant les troubles libéraux, le lieu de rassemblement privilégié de ceux qui voulaient le départ des « occupants ». Les loges étaient propices aux rencontres politiques et aux complots, la grande mobilité des acteurs et chanteurs en tournée leur permettait de colporter idées et documents prohibés. Enfin, les compositeurs eux-mêmes commencèrent à se faire les hérauts de ce désir de liberté, et tout particulièrement Giuseppe Verdi.

En 1842, la Scala fit une ovation frénétique à *Nabuccodonosor*, dernière œuvre du compositeur : un chœur représentant le peuple hébreu opprimé par le tyran y chantait son espoir de liberté... La popularité de Verdi alla croissant tout au long de sa féconde carrière et plus tard, l'acclamation même de son nom signifiait pour les patriotes « *Vittorio Emanuele Re D'Italia* ». Notons toutefois que dans ces années du romantisme, la musique fut un vecteur privilégié de la contestation en Italie comme ailleurs. Ainsi, en 1830, la représentation de l'opéra *La Muette de Portici* du Français Auber, rappelant un épisode de la révolution napolitaine de 1647 donna le signal de la révolte dans la capitale parthénopéenne. Quant à la révolution belge de 1830 qui devait déboucher sur l'indépendance du pays, elle se déclencha aux accents de « Amour sacré de la Patrie »...

Dans ces mêmes décennies riches d'espoirs et de créativité tant artistique que politique se développa à Florence, vers 1850-1860, un mouvement pictural intéressant : les *Macchiaioli*. Opposés à l'académisme – leur peinture rappelle l'impressionnisme français par l'utilisation de la couleur et du contraste et surtout par la technique employée en « taches » –, ses tenants trouvèrent dans la bourgeoisie toscane émergente une clientèle avide d'art et de reconnaissance. Là encore, leur histoire artistique est très liée à l'histoire politique de la période puisque les *Macchiaioli* étaient pour la plupart des démocrates fervents, se réunissant dans la capitale toscane au Caffè Michelangelo qui devint le lieu de tous les artistes qui avaient participé aux campagnes de 1848. Nino Costa fut même un compagnon de Garibaldi. Telemaco Signorini entretint des liens étroits avec Corot,

Manet et Degas. Quant à Giovanni Fattori, il se fit le peintre des grandes batailles italiennes (Magenta, Custozza).

Nombre d'écrivains modérés identifièrent l'indépendance passée de l'Italie avec la papauté : ce fut le cas de Cesare Balbo dans son *Histoire d'Italie*, de Carlo Troya dans *l'Histoire des Lombards*. L'histoire italienne connut un regain d'intérêt dont témoigne également la multiplication des sociétés savantes et des publications comme *l'Archivio Storico Italiano* et la *Deputazione di storia patria*. Le succès de ces œuvres contribua à la formation d'une opinion modérée par delà les États. De la même façon, les congrès scientifiques permirent des contacts plus fréquents, annuellement à partir de 1839. Sous le couvert de sciences ou d'art, la vraie question qui était débattue était celle de l'avenir politique du pays.

Pourtant, les modérés étaient loin de constituer un parti dont le programme serait accepté par l'ensemble des entités régionales existantes. Ce fut Vincenzo Gioberti (1801-1852) qui donna les premiers éléments de ce programme avec son livre publié en 1843 à Bruxelles : *Del primato morale e civile degli Italiani*, plus connu sous le nom du *Primato*. Abbé, d'abord sympathisant des idées mazziniennes, Gioberti fut emprisonné en 1833, puis exilé ; il se détacha du républicanisme pour se tourner vers une pensée plus traditionnelle. Influencé par le catholicisme libéral, il essayait de concilier sur le plan théorique la religion avec la cause des peuples opprimés, la liberté et la primauté culturelle italiennes. Le *Primato* connut un énorme succès, malgré les difficultés de lecture dues à un style tortueux et alambiqué. Gioberti essaya dans ce livre d'offrir un programme de réconciliation nationale aux catholiques et aux modérés afin de trouver un axe commun à opposer aux républicains. L'idée d'unité fut repoussée par Gioberti comme anti-historique et peu réaliste « Supposer que l'Italie, divisée depuis tant de siècles, puisse se réduire pacifiquement à la domination d'un seul est pure démence ». En revanche, il appelait de ses vœux une confédération d'États italiens dont le pouvoir resterait aux mains des princes, aidés et conseillés par des aristocraties électives, c'est-à-dire une élite fondée sur l'intelligence et l'expérience. Mais la proposition fondamentale de Gioberti était de mettre cette confédération italienne sous la direction de son chef naturel, le pape, soutenu par la force militaire du Piémont. Cette proposition ouvrait la voie au néo-guelfisme, partagé par ceux qui voulaient que le pape joue un rôle dans le mouvement de réforme de l'Italie.

Toutefois, Gioberti restait muet quant aux conditions qui pourraient permettre à la papauté de reprendre la place éminente qui fut la sienne au Moyen Age – à la différence de Rosmini qui avait appelé à un renouvellement interne et complet de la papauté. Second point d'ombre : la présence autrichienne à laquelle Gioberti ne faisait pas allusion.

Pourtant, malgré ces lacunes qui réduisaient la portée de cet ouvrage, les idées de Gioberti firent leur chemin. Il déclencha bien sûr les critiques de ceux qui étaient totalement opposés à un rôle politique de l'Église (les néo-gibelins), de ceux qui pensaient qu'il était plus prudent de confier à la papauté un rôle de guide spirituel et de commencer par une réforme de l'Église (Cesare Balbo, Massimo d'Azeglio), et enfin des jésuites qui craignaient que toute libéralisation leur fasse perdre un peu de leur prééminence. Le conflit qui opposa Gioberti aux jésuites lui gagna en définitive les sympathies de milieux libéraux et laïques. Ainsi se créa un courant d'opinion, un mouvement qui s'appuyait pourtant sur des éléments assez faibles : une vision anachronique du rôle de la papauté et une affirmation pour le moins contestable d'un *Primato* italien. Le néo-guelfisme s'effondrera d'ailleurs en 1848 et Gioberti changera alors de position.

La réponse à la question de l'Autriche, c'est Cesare Balbo qui l'apporte en 1844 avec son ouvrage *Delle speranze d'Italia.* D'après Balbo, la guerre serait impensable pour chasser l'Autriche de la Péninsule. Il fallait au contraire tirer parti de la situation internationale et en particulier des développements de la question d'Orient. A la chute de l'Empire ottoman, l'Autriche pourrait s'étendre dans les Balkans à condition de céder en compensation la Lombardie au Piémont. Ce qui serait dans l'intérêt de l'équilibre européen, l'Autriche ne devant pas devenir trop puissante au regard du concert des nations. En attendant, les souverains seraient tenus d'adopter en solution transitoire un régime consultatif – et non pas constitutionnel –, de renforcer l'armée et la marine, de promouvoir l'activité économique et culturelle, de créer un réseau ferroviaire unifié et une union douanière. Le Piémont-Sardaigne devrait jouer un rôle décisif dans cette future fédération italienne. Les idées de Balbo n'étaient pas fondamentalement neuves. Ses théories internationales étaient déjà largement discutées dans les milieux éclairés piémontais, mais elles avaient l'avantage de prendre en compte la très grande dépendance de l'Italie vis-à-vis du reste de l'Europe et de s'inscrire dans la logique qui avait présidé à sa constitution : celle du traité de Vienne et de l'équilibre européen. Quant aux thèmes de l'unification du réseau ferroviaire et de la zone douanière, ils étaient au cœur des discussions des économistes et des politiques. Des politiques, car certains – comme le pape Grégoire XVI – refusaient le chemin de fer susceptible de colporter des idées nouvelles ; des économistes qui, tel le comte Petiti écrivit en 1845 un ouvrage montrant qu'un réseau cohérent de chemin de fer ne pouvait être construit en Italie que si la Péninsule était unifiée, du moins économiquement. Cavour lui-même rédigea en 1846 un article « Des chemins de fer en Italie » montrant l'importance du développement économique pour induire le développement politique.

A la même époque, Charles-Albert abandonnait un peu de son conservatisme forcené au contact de Massimo d'Azeglio. Aristocrate, militaire, essayiste et romancier, ce dernier allait dépasser les pensées de Balbo et de Gioberti pour poser, à partir de 1845, les vrais problèmes italiens. Après l'échec d'un soulèvement mazzinien en Romagne en 1845, il mit l'accent sur le caractère rétrograde et figé du gouvernement pontifical qui suscitait d'innombrables révoltes. L'exigence des réformes semblait patente. Il ne lui paraissait d'ailleurs pas impossible d'envisager une intervention piémontaise en Italie centrale. Il réussit par ailleurs à convaincre Charles-Albert du bien-fondé d'une confédération italienne débarrassée de l'influence autrichienne. En 1846, il publia *Programme pour une opinion nationale*, où, très concrètement et précisément, il proposait des mesures destinées à préparer une fédération italienne : modernisation des codes, unification des poids et mesures, loi sur la presse, système militaire commun à toute l'Italie, élection des conseils communaux et provinciaux. De plus, il prévoyait la nécessité d'une préparation militaire car, contrairement à Balbo, d'Azeglio ne pensait pas que l'Italie puisse compter sur l'Europe. La guerre contre l'Autriche lui semblait inévitable. Sur ce dernier point, à la veille de 1848, tous les réformistes, qu'ils soient modérés ou révolutionnaires, étaient d'accord.

Les révolutions de 1848 et l'échec de la première unification italienne

Le mouvement réformateur connut deux « coups de fouet » qui accélérèrent le processus révolutionnaire. D'abord l'élection du cardinal Mastai Ferretti sous le nom de Pie IX le 17 juin 1846 ; puis plus tard, en janvier 1848, la concession par Ferdinand II des Deux-Siciles d'une constitution à ses sujets. Ces deux coups de théâtre marquèrent le début du mouvement révolutionnaire modéré et de la tentative néo-guelfe de gouvernement.

Les dix-huit mois qui suivirent l'élection de Pie IX suscitèrent un vaste mouvement d'enthousiasme qui déborda les modérés. Pourtant, le nouveau pape avait pris le nom de Pie IX en souvenir de Pie VIII, pape persécuté qu'il avait personnellement rencontré, désireux d'affirmer symboliquement l'indépendance de la papauté de toute forme d'ingérence étrangère. Profondément religieux, Pie IX avait été évêque en Romagne durant les vingt années qui avaient précédé son élection, et il n'avait pu ignorer les terribles révoltes qui s'y étaient déroulées, ni ignorer les besoins de réformes dont souffrait l'État pontifical et que le soulèvement de Rimini en septembre 1845 avait mis en évidence.

Pourtant, les réformes qu'il mit en place furent modérées ; amnistie des prisonniers politiques, établissement d'une *Consulta* chargée de transmettre au pape les vœux de la population, nomination de commissions auxquelles participèrent quelques laïcs pour réviser les lois, construction d'un chemin de fer, restauration de l'éclairage public.

Mais la vague d'enthousiasme qui avait porté les actions de Pie IX força en quelque sorte la main aux autres souverains afin qu'ils accélèrent le mouvement des réformes. Ainsi, en novembre 1847, Charles-Albert, Léopold II de Toscane et Pie IX signèrent les préliminaires d'une union douanière, le roi de Sardaigne octroya une réforme communale basée sur l'élection censitaire et la liberté de la presse fut instaurée au Piémont et en Toscane. Toute une série de journaux virent alors le jour : *La Patrie* de Ricasoli, *L'Aube* de Giuseppe La Farina et *Il Risorgimento* créé par Cavour.

Alors que l'exaltation nationale déferlait sur l'Italie, se produisit un second coup de théâtre. Ferdinand II des Deux-Siciles, un des souverains les plus réactionnaires d'Italie, proche de l'Ancien Régime, accepta, après une révolte autonomiste à Palerme, d'accorder une constitution à ses sujets. Bien qu'il faille ramener ce projet de constitution à sa juste place – elle était très modérée –, cet exemple obligea les autres souverains à faire de même. Les 11 et 8 février 1848 Charles-Albert et Léopold II promirent à leur tour une constitution qui fut promulguée en mars. Au Piémont ce fut le fameux *Statuto* et, le 14 mars, le royaume de Sardaigne adoptait le drapeau vert-blanc-rouge apparu en 1796. Enfin, Pie IX se décida à son tour pour une constitution modérée du type de la Charte française révisée en 1830.

Alors que l'Italie exultait, le mouvement allait se trouver entraîné dans le grand tourbillon européen du printemps des peuples. Plus directement, ce sera la révolte viennoise de mars 1848 qui déclencha le soulèvement de Milan, débouchant sur les Cinq Jours (18-23 mars) et le retrait des troupes autrichiennes du maréchal Radetzky.

Quelques jours plus tard, Venise, sous la direction de Niccolo Tommaseo et de Daniele Manin, chassa les Autrichiens et proclama immédiatement la République. Les princes clients des Habsbourg s'effondrèrent à leur tour, à Modène et à Parme. Des gouvernements provisoires furent alors proclamés et les espoirs se tournèrent vers les monarques italiens et tout particulièrement vers Charles-Albert. Or ce dernier gardait d'abord en tête les intérêts dynastiques de la maison de Savoie et il n'entendait pas s'engager contre l'Autriche sans en tirer quelques gains. Il tenta de faire convoquer par le gouvernement provisoire de Milan une Assemblée constituante qui déciderait du rattachement de la Lombardie au Piémont. Or il existait à Milan une minorité fort remuante qui voulait plutôt mettre en place une république et qu'appuyait la diplomatie française, soucieuse de ne pas voir le pays flanqué d'un État fort en Italie du Nord. Pendant ces tractations, Radetzky avait eu tout le temps de se retirer en bon ordre et de préparer ses troupes. Toutefois l'annonce de premiers succès piémontais sur des troupes autrichiennes en avril suscitèrent un enthousiasme extraordinaire dans toute la Péninsule. Mazzini décida de collaborer au mouvement avant même que la question institutionnelle ne soit réglée, Garibaldi offrit ses services à Charles-Albert, l'opinion publique contraignit les princes italiens à envoyer des contingents soutenir l'armée piémontaise, même Pie IX dut s'incliner.

En juillet 1848, ces troupes remportèrent la bataille de Goito. Tirant partie de cette situation avantageuse, Charles-Albert chercha à en retirer quelques bénéfices politiques rapides. Des agents à sa solde ou ses troupes « incitèrent » les villes de Milan, Plaisance, Parme et Modène à voter leur rattachement au Piémont, tout comme les territoires vénitiens de Terre-Ferme et Venise. On pensait que Charles-Albert pourrait devenir, assez vite, roi d'Italie. Même les insurgés siciliens décidèrent le 10 juillet de rompre avec Naples et d'offrir la couronne de Sicile au second fils de Charles-Albert, le duc de Gênes.

Mais cette solution piémontaise à la question italienne se heurtait à des problèmes politiques et militaires. Les princes italiens commencèrent en effet à faire défection : ils n'avaient plus aucun intérêt à s'engager dans un conflit dont seul Charles-Albert allait tirer les bénéfices. Pie IX fut le premier à quitter l'alliance, pour des raisons éthiques, liées à la spécificité de sa position. Les troupes pontificales furent rappelées, suivies de près par les troupes napolitaines auxquelles Ferdinand II interdit de progresser. Aucune des deux armées n'obéit, mais le départ de Pie IX invalidait d'un coup la solution néo-guelfe qui aurait conféré au pape un rôle de leader politique.

Au même moment, Ferdinand II, qui avait lancé lui aussi le mouvement, par peur des radicaux, des troubles et des violences, décida de dissoudre le Parlement le 15 mai 1848 et s'ensuivirent les habituelles répressions.

Parallèlement, des difficultés militaires commencèrent à se poser. Désireux d'apparaître comme le seul libérateur de l'Italie du Nord pour ne pas avoir à en partager les fruits, Charles-Albert refusa toute aide provenant des volontaires lombards, des troupes alliées ou des milices garibaldiennes. C'est donc totalement isolé, en Italie comme en Europe, que Charles-Albert subit en juillet le choc de la contre-offensive autrichienne. Les villes vénitiennes de Terre-Ferme furent reprises et les Autrichiens firent leur jonction avec Radetzky, qui était resté à l'abri dans les places fortes du quadrilatère. Le 22 juillet, les Autrichiens rompirent le front sarde à Custozza ; la retraite commença et le 3 août 1848 Charles-Albert dut signer un armistice – dit armistice Salasco. Il s'engageait à se retirer dans ses anciennes frontières et à abandonner à l'Autriche le royaume lombardo-vénitien. Milan, de nouveau occupée, s'estima trahie par le Piémont.

Avec cette défaite, c'était la solution modérée qui avait failli : la solution qui devait reposer sur la volonté et l'accord des souverains. Pie IX, Léopold II et Ferdinand II avaient déjà abandonné la partie lorsque l'armistice Salasco fut signé. La solution révolutionnaire républicaine, la solution mazzinienne, semblait devoir alors s'imposer.

Dès l'automne 1848, Daniele Manin proclama de nouveau la République à Venise. Une insurrection à Florence imposa à Léopold II un gouvernement démocratique dirigé par Montanelli et Guerrazzi. Alors que Montanelli proposait de réunir une Assemblée constituante italienne, Léopold II effrayé préféra fuir la Toscane pour se réfugier à Gaète. A Rome, l'assassinat du ministre de Pie IX, Pellegrino Rossi, déclencha l'émeute des démocrates. Contraint de former un ministère acquis aux idées démocrates, le pape s'enfuit également à Gaète d'où il annula toutes les mesures prises par le nouveau ministère. Au même moment, une Constituante proclama la fin du pouvoir temporel et l'institution d'une République romaine dirigée par un triumvirat composé d'Aurelio Saffi, Carlo Armellini et Giuseppe Mazzini. Le Piémont fut également touché par la vague démocratique. On reprochait à Charles-Albert d'avoir privilégié les intérêts dynastiques face aux intérêts italiens et d'avoir mené une guerre désastreuse. C'est Gioberti qui, à Turin, se fit l'écho de ces griefs. Mais il pensait que tout espoir de régénération n'était pas totalement perdu, à condition que le roi s'appuie sans réserve sur les démocrates. Le 15 décembre, fut finalement nommé un gouvernement dirigé par Gioberti et dont le ministère de l'Intérieur était tenu par le démocrate Rattazzi. Le programme du gouvernement était on ne peut plus clair : obtenir l'indépendance de l'Italie par les armes, une fois des circonstances plus favorables établies ; former une confédération groupant tous les États italiens, élever le niveau de vie des classes les plus défavorisées. Mais ce programme fut contesté par le raz de marée démocratique mazzinien (donc plus radical) qui submergea la Chambre lors des élections du 30 décembre. Les mazziniens voulaient une reprise immédiate de la guerre et la formation d'une Italie une et indivisible. Gioberti, débordé sur sa gauche, dut démissionner le 21 février 1849.

Devant la pression de la Chambre, Charles-Albert ne tint pas compte des avis des militaires et dénonça l'armistice Salasco le 12 mars 1849. L'armée sarde, démoralisée et fort mal commandée, se fit bousculer sur le Tessin, puis écraser à Novare le 23 mars. Charles-Albert demanda un armistice, mais les conditions furent si dures qu'il abdiqua aussitôt en faveur de son fils Victor-Emmanuel II, alors âgé de 29 ans. Victor-Emmanuel accepta l'armistice qui aboutit au traité de paix du 6 août. Le Piémont renonçait à toute extension territoriale, à tout soutien à un mouvement révolutionnaire italien, et devait payer une indemnité de guerre colossale. Enfin, il ne dut qu'à l'intervention de la France de ne pas être occupé par l'Autriche.

A la suite de Novare, la répression s'abattit sur l'Italie.

Les villes lombardes révoltées furent reprises, l'Autriche intervint pour rétablir Léopold II sur son trône, Ferdinand II fit bombarder Messine avec une telle violence qu'il y gagna le surnom de *Re Bomba*. Palerme ne tarda pas à tomber. Rome, sous la houlette de Mazzini, résista héroïquement et ne se rendit que le 30 juin 1849. Ce furent les troupes françaises du général Oudinot qui prirent Rome, ouvrant ainsi la question romaine qui allait pendant vingt et un ans troubler les relations internationales. Venise enfin, défendue par Manin et Pepe, soutint le siège jusqu'au 26 août 1849, sous les bombardements autrichiens et ravagée par le choléra.

La révolution de 1848 avait donc échoué et la répression allait de nouveau s'abattre sur l'Italie. Certes, cette révolution avait révélé un singulier manque de cohésion de la part des Italiens. Manque de cohésion qui tourna même à la confusion la plus totale – à tel point que l'expression « *fare un quarantotto* » est passée dans la langue pour signifier semer la pagaille.

Les raisons de l'échec sont nombreuses : l'isolement italien dans le concert européen, l'absence d'union des révolutionnaires italiens, la méfiance des États les uns pour les autres, le réveil du campanilisme, l'ensemble renforcé par l'attitude expansionniste du Piémont. Pourtant, pour la première fois, on avait vu l'idée nationale faire l'objet d'un réel consensus dépassant les seules élites dirigeantes. L'échec des deux solutions envisagées, la solution néo-guelfe et la solution mazzinienne, fut riche d'enseignement. Ce ne seront donc pas les princes qui feront l'unité, mais un prince suffisamment fort pour s'imposer à ses pairs et pour organiser le peuple. Or cet État fort, les événements l'avaient mis en évidence : le Piémont. La bataille de Novare et l'exil de Charles-Albert après son abdication avaient donné à ce roi pourtant ambigu, faible et réactionnaire une aura que la légende amplifiera. Martyr de la cause nationale, il conféra par son sacrifice le rôle de guide à la maison de Savoie. Victor-Emmanuel II maintint la constitution libérale octroyée par son père (le *Statuto*) permettant à sa dynastie d'apparaître comme la championne des aspirations libérales et nationales du pays.

1850-1870 : le Risorgimento en marche

La réaction s'abattit donc sur l'Italie. Dans le duché de Modène, François V régna avec brutalité et nombre de libéraux préférèrent s'enfuir. A Parme, le duc Ferdinand-Charles III exerça une répression tellement violente qu'il fut assassiné en 1854. Léopold II, restauré en 1849, abrogea en 1852 la constitution qu'il avait lui-même octroyée.

Dans les États pontificaux, Pie IX avait pris comme secrétaire d'État le cardinal Antonelli, favorable au conservatisme autrichien. Malgré le rôle joué par les troupes françaises pour reprendre Rome aux républicains, Antonelli n'avait que méfiance pour la France et il ne tint pas compte des avis du général Oudinot, commandant du corps d'occupation français, incitant Pie IX à ne pas détruire toutes les institutions libérales mises en place précédemment. La France aurait voulu l'amnistie générale, la sécularisation de l'administration, le Code Napoléon et un gouvernement libéral. En réalité, ces requêtes ne furent pas acceptées par le pape. La question romaine était posée dans toute son ambiguïté : la France maintenait un corps expéditionnaire à Rome pour protéger l'indépendance du pape, entraînant une brouille avec les libéraux italiens ; mais le but de Louis-Napoléon, ignoré par le pape, était de permettre au corps expéditionnaire de faire pression sur le gouvernement pontifical pour qu'il renoue le dialogue avec les libéraux.

Dans le royaume des Deux-Siciles, le problème social restait crucial, surtout dans les campagnes. Entre *latifundia* et *microfundia*, les paysans n'y trouvaient de toute façon pas leur compte. Le gouvernement ne fit rien pour résoudre ce problème. Quant à la réintégration de la Sicile dans le royaume, elle fut obtenue par la force, ce qui entraîna conflits, complots et attentats.

Après la défaite de Novare, le Piémont traversa une crise intérieure grave. Le jeune roi Victor-Emmanuel II ne marquait pas beaucoup d'intérêt pour les problèmes politiques, leur préférant la chasse, la guerre et l'amour. Ce qui expliqua le rôle de tout premier plan joué par ses ministres d'Azeglio, Rattazzi ou Cavour.

Il s'était toutefois engagé à Novare à combattre les forces démocratiques. Effectivement, il réprima brutalement une révolte démocratique à Gênes en avril 1849, mais il continua de proclamer son attachement au *Statuto*. Il appela au gouvernement un ancien giobertiste, Massimo d'Azeglio, l'ami de son père qui l'avait autrefois convaincu du rôle que pouvait jouer la maison de Savoie dans l'unification de l'Italie. Ce rôle ne pouvait être joué pleinement que si la dynastie appliquait loyalement la Constitution, poursuivait les réformes, transformait profondément les structures de l'État afin de pouvoir appliquer ensuite ce modèle à l'ensemble de l'Italie.

Victor-Emmanuel craignit alors de se laisser déborder par la vague révolutionnaire, à l'extrême gauche, qui refusait de ratifier la paix de Milan et exigeait la reprise de la guerre, et par l'extrême droite qui préconisait l'état de siège et le retour de la censure. Ce fut donc pour éviter ce double danger que le roi fit venir d'Azeglio. Ce dernier n'hésita pas à dissoudre la Chambre et les élections donnèrent la victoire aux modérés. Il faut dire que le roi avait menacé de suspendre la Constitution si la Chambre restait ingouvernable. Quant à d'Azeglio, il multiplia les discours, suivi en cela par Cavour qui avait dans la Chambre dissoute une position de modérateur. L'un et l'autre déployèrent une ardente et efficace propagande en faveur de la voie moyenne, celle voulue par le roi. Avec la nouvelle Chambre modérée, le 9 janvier 1850 le traité de paix avec l'Autriche fut enfin signé.

Une nouvelle période commençait pour le Piémont. Le ministère d'Azeglio s'engagea sur la voie des réformes et Cavour, en 1850, entra au gouvernement où il cumula les portefeuilles de l'Industrie, de l'Agriculture, du Commerce et de la Marine avant d'y ajouter, en 1851, celui des Finances.

Dans un premier temps, d'Azeglio chercha à diminuer l'influence de l'Église sur l'État. En mars 1850, furent proposés des projets de lois comportant l'abolition des tribunaux spéciaux pour les membres ecclésiastiques (le for ecclésiastique), la soumission à l'autorisation gouvernementale des legs en faveur des couvents, la diminution du nombre de fêtes religieuses chômées. L'agitation fut extrême et malgré la tension forte entre Rome et Turin, les lois furent votées. Mais en mai 1852 un projet de loi instituant le mariage civil fut rejeté et Massimo d'Azeglio mis en difficulté. Il fut remplacé comme président du Conseil par Cavour. Pourtant celui-ci avait été éliminé du gouvernement en février 1852 à la suite d'une tentative de rapprochement avec le centre gauche de Rattazzi afin d'élargir la majorité gouvernementale (c'est ce qu'on appela le *connubio*, le mariage) ; ce qui avait provoqué la fureur du roi et de d'Azeglio, entraînant une crise gouvernementale et le départ de Cavour. Mais pour peu de temps... Il demeura ensuite au poste de président du Conseil presque sans interruption de 1852 jusqu'à sa mort en 1860.

Camillo Benso, comte de Cavour, était né en 1810 dans une famille aristocratique du Piémont. Il abandonna la carrière militaire pour étudier et voyager avant de commencer une carrière politique de libéral et modéré en 1840. Malgré des méthodes de gouvernement parfois peu conventionnelles, il s'avéra un parlementaire hors pair, un défenseur fidèle de la monarchie et de la Constitution, un opposant farouche à toute tactique révolutionnaire et un homme d'État attentif à l'opinion publique.

Si Cavour aspirait à l'unité, il savait qu'elle ne pourrait se faire sans guerre et que pour en tirer quelque succès, le Piémont devait être prêt moralement, politiquement, économiquement et diplomatiquement. Ce dernier point marquait bien l'évolution entre la période précédente symbolisée par le mot d'ordre « *Italia farà da sé* » (l'Italie se fera seule) et la conscience aiguë de Cavour de la dépendance de l'Italie vis-à-vis de l'Europe.

Il s'attacha donc dans un premier temps à renforcer le pouvoir du roi face à l'Église, puis à faire du Piémont un pays économiquement développé. Ne pouvant compter sur les seules ressources du royaume qui était encore pauvre, il fit appel à des capitaux étrangers ; français bien sûr avec la banque Rothschild qui fut très présente au Piémont, mais aussi anglais avec Baring et Hambro. Avec leur aide, il créa des établissements modernes de crédit comme la Caisse de Turin ou le Crédit mobilier des États sardes qui devaient mobiliser les capitaux du pays. Il dut par ailleurs emprunter à l'étranger.

Malgré les sacrifices consentis, le niveau économique du Piémont était nettement supérieur à celui des autres États italiens. Le commerce extérieur du royaume représentait en 1859 le tiers du commerce extérieur de l'Italie. Les moyens de communication s'étaient développés. Le réseau ferroviaire piémontais atteignait 800 km en 1859 et il était le premier d'Italie. Le trafic du port de Gênes surpassait celui de Venise et de Naples.

Cette amélioration des moyens de communication permit la croissance industrielle, le Piémont devenant la région la plus industrialisée d'Italie.

Parallèlement à cette action économique, Cavour se livra à un travail politique en profondeur consistant à rallier le plus grand nombre de partisans de l'idée nationale italienne à la solution piémontaise. Les échecs à répétition de Mazzini l'aidèrent indirectement puisqu'ils contribuèrent à invalider la solution démocratique, surtout après l'expédition manquée de 1857 où Carlo Pisacane débarqua en Sicile et se fit pourchasser et massacrer avec ses troupes par la population sicilienne. Cavour ouvrit donc le Piémont à tous les déçus du mazzinisme, aux réfugiés politiques, aux conspirateurs traqués par la police autrichienne. Il leur octroya les droits civiques et politiques, leur permettant ainsi d'entrer dans l'administration piémontaise. Cette façon audacieuse de penser l'Italie avant la lettre fut payante puisque d'anciens mazziniens se rallièrent au Piémont et le républicain vénitien Daniele Manin fonda en 1857 la Société nationale italienne dont le mot d'ordre est « L'Italie avec le roi sarde ». Ce parti recruta dans les milieux modérés et libéraux de toutes les grandes villes, préparant les points d'appui de l'avancée piémontaise.

Diplomatiquement, Cavour s'avéra également fin politique. S'il voulait mener à bien l'indépendance et l'unité italiennes, son objectif principal restait quand même l'expansion du royaume de Piémont. Il sut tirer parti des sympathies anglaises et de la place de la France qui apparaissait depuis l'avènement de Napoléon III comme la championne des nationalités. C'est dans ce contexte que s'inscrit l'intervention sarde en Crimée, en 1855. Fortement critiquée, difficilement défendable aux yeux de l'opinion publique, l'expédition fit 2 600 morts. Mais elle permit à Cavour de poser dans un mémorandum la question italienne devant l'ensemble des hommes d'État européens réunis au congrès de Paris. D'ambassades en antichambres, des bombes d'Orsini en pourparlers, l'initiative de Crimée déboucha en juillet 1858 sur l'entrevue de Plombières. Napoléon III décida alors d'aider à la constitution d'une Italie fédérale formée de quatre États : un royaume de Haute-Italie constitué autour des États sardes et regroupant la Lombardie, la Vénétie, les duchés de Parme et Modène et des terres pontificales de Romagne et des légations ; un royaume d'Italie centrale comprenant la Toscane et deux autres provinces pontificales ; un royaume d'Italie du Sud correspondant au royaume des Deux-Siciles et enfin un État du pape réduit à Rome et ses environs. En échange de ses territoires perdus, le pape recevrait la présidence de la confédération italienne et la France, pour ses bons services, annexerait Nice et la Savoie. Pour l'instant, Cavour était loin de vouloir réaliser l'unité totale de l'Italie derrière le Piémont, idée que d'ailleurs Napoléon III ne défendait pas, soucieux de ne pas avoir un grand royaume d'Italie à ses frontières.

Mais leurs espoirs allaient être dépassés par les événements des années 1859-1860.

Victoires italiennes et trahison française

Cavour renforça l'armée piémontaise et recruta un nombre considérable de volontaires dans toute l'Italie, dont Garibaldi, qui prit la tête de ces troupes italiennes. Parallèlement, la Société nationale italienne s'agitait sous la direction de Giuseppe La Farina. Mais les Autrichiens ne semblaient pas s'en émouvoir outre mesure et ne réagissaient pas devant ces préparatifs pour le moins hostiles. Finalement, en avril 1859, l'Autriche fit parvenir au Piémont un ultimatum l'enjoignant de désarmer en trois jours. D'avril à juillet 1859, l'alliance française fonctionna bien et la guerre contre l'Autriche vit les victoires françaises de Magenta et

Solferino qui scellèrent le sort des armes, ainsi que les victoires piémontaises de Palestro et San Martino. Les princes de Toscane, Parme et Modène s'enfuirent et Cavour envoya des commissaires pour assurer l'intérim du gouvernement. Mais ce fut alors que Napoléon III, qui craignait des répercussions internationales négatives pour la France, préféra signer l'armistice de Villafranca le 11 juillet, plutôt que de continuer à repousser les Autrichiens hors d'Italie. Le traité signé à Zurich quelques mois plus tard prévoyait la cession de la Lombardie au Piémont, mais les Autrichiens gardaient la Vénétie. Cavour n'avait même pas été consulté et, dégoûté, se retira dans sa terre de Leri d'où il continua à diriger officieusement la Société nationale italienne.

De juillet 1859 à avril 1860, ce fut d'une certaine manière la volonté des nations qui s'exprima. En effet, dans les États de Toscane, Parme, Modène... la Société nationale italienne avait pris de l'importance, surtout dans les rangs de la bourgeoisie. Elle se fit le porte-parole de leur demande d'annexion au Piémont : Bettino Ricasoli en Toscane, d'Azeglio à Bologne, Farini à Modène, délégués sur place comme commissaires extraordinaires, transmirent cette demande qui provenait d'Assemblées constituantes mises en place avant le retour des souverains légitimes imposés par l'Autriche. Mais Napoléon III était extrêmement réticent et ne voulait pas entendre parler d'annexion. Finalement, la position française se détendit un peu – sous l'influence britannique – et des plébiscites furent organisés dans les États italiens mais aussi à Nice et en Savoie. Les résultats furent clairs : Nice et la Savoie votèrent massivement pour le rattachement à la France, les États d'Italie centrale pour le rattachement au Piémont. Mais il ne faut pas oublier que la frange de population appelée à voter était très mince et ne représentait en tout cas pas les aspirations « populaires ».

La troisième phase de la constitution du royaume d'Italie fut plus confuse. En effet, le gouvernement turinois devait affronter, s'il voulait achever l'unité, des États constitués (les États pontificaux, le royaume des Deux-Siciles) qui tenaient solidement en mains territoires et populations. Toute intervention apparaîtrait désormais comme l'acte d'un envahisseur et non plus d'un libérateur. De plus, la position française n'était pas favorable à une déstabilisation de l'Italie, et Napoléon III risquait donc d'abandonner Turin face aux Autrichiens. Cavour et Victor-Emmanuel eurent alors l'habileté de tirer parti d'événements qui, au premier abord, ne dépendaient pas d'eux et les débordaient, pour les récupérer et apparaître comme rétablisseurs de l'ordre... à leur profit.

Pour commencer, ce fut l'expédition des Mille dirigée par Garibaldi contre le royaume de Naples. Imaginée par Crispi et les réfugiés siciliens de Turin, cette expédition avait pour but de provoquer une insurrection populaire dans le royaume des Deux-Siciles et de faire s'écrouler l'État en place. Garibaldi, héros populaire, prit la tête des opérations aux côtés de Crispi et de Nino Bixio. Partis de Gênes, ils mirent une semaine à atteindre Marsala, le 11 mai, où ils débarquèrent. Après une série de combats victorieux (dont Calatafimi), Garibaldi prit Palerme le 27 mai, libéra la Sicile puis se dirigea vers Naples.

L'ensemble de cette opération pourrait être qualifié de trompe-l'œil. En effet, feignant de désavouer l'expédition, le gouvernement de Turin l'appuyait en sous-main et lui fournissait des armes. Les Mille ne sont pas cette armée populaire qu'on a voulu décrire, mais surtout des bourgeois exilés, des notables, des couches moyennes. Enfin, la libération de la Sicile fut plus le fait de la bourgeoisie sicilienne dont les rêves d'autonomie semblaient enfin se réaliser, que des paysans qui, méfiants, firent l'objet d'attentions particulières, comme l'abolition de la taxe sur la mouture de grain. Il s'agit en fait d'une conquête piémontaise menée par armée garibaldienne interposée.

C'est alors que les problèmes commencèrent à se poser. En effet, si le royaume de Naples tomba facilement aux mains de Garibaldi, ce dernier commença à prendre quelques libertés avec ses officieux commanditaires, expulsant La Farina et Depretis de Sicile, frayant de nouveau avec ses anciens amis démocrates de 1848 (Cattaneo, Bertani, Sertori) et annonçant qu'il allait marcher sur Rome pour y faire proclamer Victor-Emmanuel roi d'Italie.

Extrêmement inquiets des conséquences internationales que pourrait avoir cette expédition hasardeuse, Cavour – qui était revenu au gouvernement – et Victor-Emmanuel firent alors preuve d'une grande habileté manœuvrière, s'érigeant en défenseurs du pape contre « l'attaque démocratique » qui le menaçait. En septembre, les troupes piémontaises envahirent les Marches, bousculèrent les troupes pontificales à Castelfidardo et marchèrent sur Naples. Garibaldi dut alors s'incliner et organisa des plébiscites dans le royaume de Naples et en Sicile. L'annexion fut demandée et le 26 octobre eut lieu la fameuse rencontre de Teano où Garibaldi, rencontrant Victor-Emmanuel, le salua comme roi d'Italie. Début novembre, les provinces pontificales des Marches et de l'Ombrie votèrent à leur tour l'annexion.

Le 18 février 1861, un parlement réunissant des représentants de tous les États annexés se réunit à Turin et proclama Victor-Emmanuel « Roi d'Italie par la grâce de Dieu et la volonté de la Nation ». Manquaient encore à l'Italie Rome et la Vénétie, mais Cavour ne vit jamais son œuvre achevée car il mourut le 6 juin 1861.

La laborieuse mise en place de l'Italie

Il fallut attendre encore neuf ans avant que l'unité complète de l'Italie ne se réalise enfin, dans les difficultés et les hésitations.

Avant même de penser à son expansion territoriale, le jeune royaume d'Italie connut des difficultés internes graves, politiques et économiques.

La mort de Cavour inaugura une vacance du pouvoir qui allait se révéler lourde de conséquences pour l'État italien. Moins doués que Cavour, moins habiles aussi, ses successeurs durent manœuvrer entre des écueils multiples. Pourtant, ils héritaient de la majorité issue du *connubio*, qui allait bientôt devenir la droite historique. Mais l'intransigeance de Ricasoli, la trop grande souplesse de Rattazzi – qui cherchera à faire agir Garibaldi en sous-main, rééditant sans succès l'expédition des Mille – provoquèrent leur chute en 1862 et en 1867. Le général La Marmora fit preuve de médiocrité tant dans le domaine civil que militaire et Marco

Minghetti se heurta aux Piémontais pour son passé hostile à l'unité. Ce fut finalement sous le gouvernement un peu pâlot de Giovanni Lanza que l'unité s'acheva.

Mais les difficultés les plus graves vinrent des territoires annexés. L'unification s'effectua dans le mécontentement et souvent dans la violence. Il faut dire que le parti piémontais, resté puissant à Turin, voyait dans l'Italie une conquête qui devait d'abord servir les intérêts turinois. Ce parti fut hostile aux chefs de gouvernement originaires d'autres régions, comme le Toscan Ricasoli ou le Bolognais Minghetti, et il imposa une majorité de Piémontais à la tête de l'État. Il s'opposa à Minghetti – partisan d'une large autonomie régionale – et obtint une lourde centralisation financière et administrative. Charles-Albert, puis Victor-Emmanuel avaient beaucoup gardé des institutions françaises qui avaient en théorie été abolies en 1815. Ils en avaient conservé la centralisation qui fut appliquée à l'ensemble du royaume. Celui-ci fut divisé en provinces, assez analogues aux départements français avec, à leur tête, un préfet dépendant du pouvoir central, et des conseils provinciaux composés de membres élus. Les provinces furent divisées en arrondissements (*circondari*), eux-mêmes divisés en cantons (*mandamenti*). Les communes avaient à leur tête des conseils municipaux élus par des électeurs censitaires et capacitaires, mais les maires étaient nommés par le gouvernement (loi Rattazzi du 23 octobre 1859). L'instruction publique fut également copiée sur le modèle français, sauf l'enseignement technique qui s'inspira du système autrichien. Le système judiciaire fut rénové en 1859 et le code pénal, de procédure civile et de procédure pénale, promulgué en 1860. Toutes ces transformations avaient été prévues en période de guerre, par le gouvernement et bien sûr sans aucune décision parlementaire. Il fut décidé, malgré les hésitations de Cavour, de les appliquer à l'ensemble du royaume.

Une des régions qui inquiétait le plus les Piémontais, et ce dès 1860, était l'ancien royaume des Deux-Siciles. Le danger pouvait venir aussi bien des partisans des Bourbons que des radicaux avec qui Garibaldi avait eu des contacts au cours de son expédition. Le Piémont y établit donc une rigoureuse centralisation administrative, envoya des fonctionnaires venus du Nord et donna à des Piémontais les concessions de chemin de fer de l'ex-royaume. Enfin, l'impopularité du nouveau régime fut à son comble lorsqu'il établit de nouveaux impôts, rétablit la conscription et réorganisa la police dans le plus pur style bourbonien. Le pays se ressentait davantage comme un pays occupé que fraîchement libéré. Se renforça alors le phénomène du brigandage, traditionnel dans cette région. Un brigandage où droit commun et contestation politique se mêlèrent dans une épopée souvent sanglante. L'ancien roi de Naples réfugié dans les États du pape subventionnait les brigands et leur donnait asile lorsqu'ils étaient pourchassés. Ce fut donc une véritable armée de 120 000 hommes qui fut envoyée sur place par Turin pour combattre les brigands dont on estimait le nombre à environ 80 000. Cette hostilité farouche à la centralisation donnera au théoricien anarchiste russe Bakounine, installé en Italie en 1864, une audience importante qui débouchera en 1867 sur la création à Naples de la première section italienne de l'Internationale ouvrière. C'est de la même lutte que naquirent également des sociétés secrètes qui agirent comme groupes de pression : la Camorra dans la région de Naples, la Mafia en Sicile. Si la Camorra existait depuis le XVIe siècle comme association de malfaiteurs, la Mafia naquit vers 1820-1840 et elle assurait le pouvoir des grands propriétaires sur leurs paysans lorsque les autorités de l'État ne les soutenaient plus. S'imposant par la terreur et l'intimidation, la Mafia devint anti-piémontaise vers 1860 car les « barons » redoutaient alors le vote d'une réforme agraire.

Dans le royaume, le malaise social persista car les conditions économiques ne s'amélioraient pas, bien au contraire. La guerre civile engagée dans le Sud greva lourdement les finances de l'État. Et à cet accroissement des dépenses ne correspondait pas une augmentation des rentrées. La levée brutale des barrières douanières provoqua la ruine de nombreuses entreprises qui vivaient d'un régime protégé et qui n'avaient pas eu le temps de s'adapter. La vente des biens de l'Église à partir de 1867 s'avéra un double échec : d'abord car les petits paysans à qui étaient destinées ces terres ne surent pas en profiter et d'autre part car cette opération mobilisa la quasi-totalité des capitaux nationaux. On ne constata pas d'accroissement significatif du commerce. Le budget, grevé par la mise en place d'une administration plus lourde, par l'accroissement des dépenses de l'État et par le poids de la guerre, fut continuellement en déficit, dans des proportions inquiétantes.

Pour combler ce déficit, Quintino Sella, ministre des Finances, eut massivement recours à l'impôt direct et indi-

L'Unité italienne

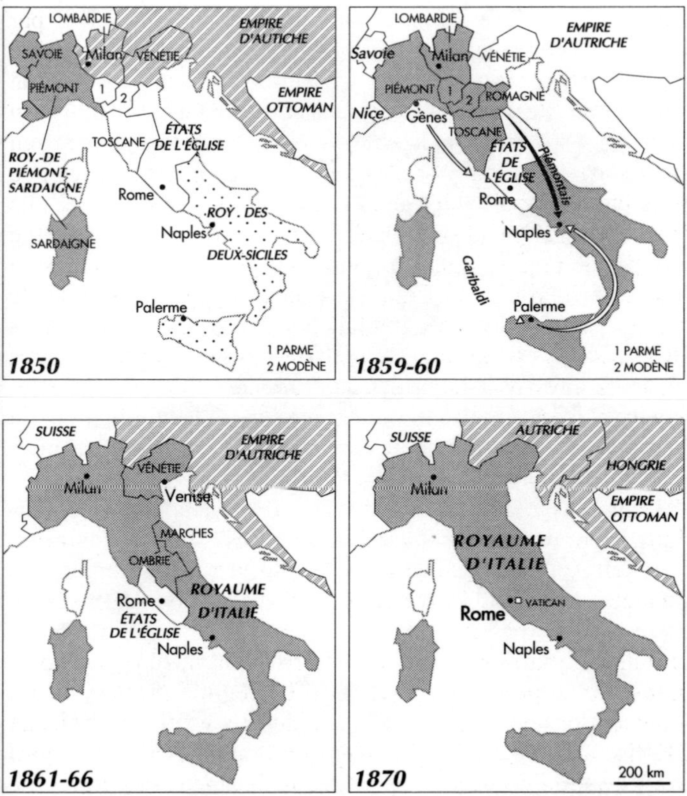

rect. Il rétablit même l'impôt sur la mouture (le *macinato*) qui, détesté, avait été supprimé.

A ces difficultés s'ajouta la détérioration des relations avec la France au sujet de la question romaine. Depuis 1860, Napoléon III s'opposait fermement à toute intervention à Rome, et le maintien d'une garnison française dans la Ville éternelle concrétisait ce refus. En 1862, la France contraignit le gouvernement Rattazzi à arrêter Garibaldi à l'Aspromonte, alors que ce dernier s'apprêtait à marcher une

L'Italie contemporaine

nouvelle fois sur Rome, sous la bienveillante attention des Turinois. En 1864, la France signa avec l'Italie la convention de septembre qui entraîna l'Italie à se choisir Florence comme capitale, à mi-chemin entre Turin qui marquait trop la domination piémontaise et Rome qui était interdite. Enfin, ce fut encore un Français qui dispersa les chemises rouges de Garibaldi à Mentana en 1867, lors d'une ultime expédition... Dernière humiliation, les Italiens reçurent de Napoléon III la Vénétie en 1866.

Enfin, ce fut presque dans la honte que se fit la prise de Rome, le 20 septembre 1870. Les Italiens durent en effet profiter de la débâcle militaire française contre la Prusse pour pénétrer par la porta Pia et envahir la ville sous les ordres du général Cadorna. Un plébiscite fut organisé le 2 octobre, donnant une forte majorité pour l'annexion. Enfin, le 9 novembre, la Chambre proposait que Rome devienne capitale du royaume d'Italie. Le roi attendit pour s'installer à Rome que le Parlement eût voté la loi des Garanties (13 mai 1871) réglant le statut du Saint-Siège. L'État italien reconnaissait au pape sa qualité de souverain et son inviolabilité, la possession des palais du Vatican et du Latran, de la Chancellerie et de Castelgandolfo, une dotation confortable de 3 225 000 lires par an ; il garantissait la libre tenue des conclaves et des conciles. Pie IX, qui s'était déjà manifesté en 1864 par la publication du *Syllabus* – dénonçant les erreurs du monde moderne – et de l'encyclique *Quanta cura*, répondit par l'encyclique *Ubi nos* qui rejetait la loi des Garanties, lançait l'excommumcation majeure contre les spoliateurs du Saint- Siège et refusait tout contact avec l'État italien qu'il refusait de reconnaître. Le prisonnier du Vatican ouvrait la question catholique.

L'« Italietta » de 1870 à 1922

La proclamation de Rome comme capitale de l'Italie représentait symboliquement l'achèvement de l'aventure commencée des décennies auparavant. Mais tout n'était pas réglé pour autant. Comme le disait Massimo d'Azeglio, « Nous avons fait l'Italie, maintenant nous devons faire les Italiens... Et pour faire l'Italie avec les Italiens, il ne faut pas être pressé ». Les problèmes de fond demeuraient : l'inachèvement de l'unité politique, administrative, institutionnelle, économique et culturelle. Dans ce vaste pays, les institutions du petit royaume sarde étaient appliquées sans nuance et la classe dirigeante restait extrêmement mince.

Dans la nouvelle Italie s'opposaient le Nord et le Sud, les villes et les campagnes, les catholiques et les laïcs, l'élite et la masse. Autant de lignes de clivage qui recoupaient des aspirations différentes et souvent contradictoires. Il fallait réussir « l'hégémonie », comme l'écrira Gramsci. Ces inadéquations nombreuses rendirent la tâche tellement difficile que l'on peut parler d'échec de l'État libéral, dans la mesure où l'expérience s'acheva avec le fascisme.

Vie politique jusqu'en 1900 : naissance d'un divorce

De 1861 à 1876, ce fut donc la droite historique [1] qui resta

1. Il faut noter que les notions de droite et de gauche sont, à cette

au pouvoir, siégeant au Parlement qui se transféra de Turin à Rome. On ne peut pas considérer que le Parlement italien ait été élu démocratiquement, tant la base électorale était étroite. Les 443 membres du Parlement furent choisis par 300 000 électeurs sur 20 millions d'Italiens. Les catholiques étaient exclus, le pape leur ayant interdit de se présenter aux élections. Le Parlement se divisa en deux : la droite et la gauche. La droite était formée d'un bloc de députés piémontais héritiers de Cavour auxquels s'ajoutaient des sympathisants du reste de l'Italie. La gauche rassemblait des mazziniens, d'anciens républicains convertis à la solution piémontaise et des garibaldiens. Durant les quinze premières années de gouvernement, l'électorat très restreint ramena systématiquement la droite au pouvoir. Ce qui ne donna pas pour autant la stabilité au pays, puisque huit présidents du Conseil se succédèrent, chacun tentant à sa façon de gérer l'héritage cavourien, tout comme les treize gouvernements qui défilèrent. Ce fut donc la droite qui, on l'a vu, appliqua à l'Italie tout entière le modèle administratif piémontais, lui-même hérité de la France.

Agostino Depretis et la gauche

En 1876, la gauche arriva au pouvoir sous la direction d'Agostino Depretis, et elle y resta près de trente ans. Pourtant, le gouvernement de Marco Minghetti venait d'annoncer que le déficit de l'État italien était résorbé. Mais le déficit de l'État intéressait peu les hommes de la gauche. Leurs programmes électoraux s'inquiétaient davantage des questions sociales, des classes populaires, et ils appelaient de leurs vœux un électorat plus large et plus représentatif : ils défendaient les thèmes de la gauche mazzinienne, un peu affadis par seize ans d'unité. Ceux-ci relayaient surtout les

---

période de l'histoire italienne, assez éloignées de ce qu'elles recouvrent en France. Les limites entre les partis sont extrêmement floues. La droite historique est l'héritière de la tradition cavourienne. Elle a fait l'unité de l'Italie. La gauche regroupe d'anciens républicains, désormais ralliés à la solution piémontaise mais davantage conscients des problèmes sociaux.

préoccupations de couches nouvelles, souvent méridionales, qui voulaient participer au développement italien.

Dès l'arrivée au gouvernement d'Agostino Depretis, une réforme électorale fut votée, portant le nombre d'électeurs à deux millions. L'une des préoccupations fondamentales de Depretis était le maintien d'un bon fonctionnement parlementaire. Prévoyant l'émergence de nouvelles classes plus agitées et revendicatives, il préféra « rassembler des majorités provenant de tout bord ». Afin de former de larges coalitions au-dessus des partis, il mit en application ce qu'on baptisa le transformisme [1], mode de gouvernement qui était à l'opposé du système anglais pourtant considéré comme un modèle. Toutefois, ce système qui allait à terme se révéler pervers, correspondait en 1876 à une analyse assez juste de la situation politique. Une classe dirigeante étroite et passablement hétérogène se devait de gouverner le pays face à deux types d'« ennemis » : l'Église et les masses populaires. Pour y arriver, il fallait que cette classe dirigeante reconnaisse au moins les intérêts qu'elle avait en commun. Mais il est vrai aussi que les pratiques du transformisme, ainsi que les pressions gouvernementales exercées sur les électeurs, faussèrent totalement le jeu parlementaire et privèrent l'Italie de toute expérience démocratique. L'action de la gauche fut pourtant importante : la loi Coppino sur l'enseignement en 1877 posa les principes d'une école élémentaire gratuite, laïque et obligatoire pour tous les enfants de six à neuf ans, la loi électorale de 1882 augmenta le corps électoral, et l'abolition du *macinato* mit fin à un impôt exécré.

Francesco Crispi : une ambition internationale

A la mort de Depretis en 1887, Francesco Crispi devint président du Conseil, charge qu'il conserva jusqu'en 1896 –

1. Le terme de transformisme remonte à un discours électoral d'octobre 1876 dans lequel Depretis avait souhaité « la transformation des partis » et la création d'un bloc parlementaire dépassant les distinctions traditionnelles de droite et de gauche. Le terme « transformisme » fut employé péjorativement pour désigner les hommes politiques renonçant à leurs convictions pour rallier pragmatiquement les coalitions de Depretis.

à l'exception de la période février 1891-décembre 1893. Ancien républicain, mazzinien, compagnon de Garibaldi en Sicile, il exerça pourtant le pouvoir d'une manière très anti-démocratique. Les principaux traits de son action furent la fidélité à l'Allemagne, l'ambition coloniale, l'appui aux nouvelles classes moyennes terriennes et industrielles, une grande intolérance pour l'opposition et des tendances dictatoriales assez marquées. Pourtant, c'est plus dans les paradoxes qu'il faut rechercher l'originalité de Crispi. Nationaliste fervent, il lia le destin de l'Italie à celui de l'Allemagne ; démocrate, mais en même temps impérialiste, soucieux d'intégrer politiquement les masses, il ne comprit pas les transformations sociales qui bouleversaient l'Italie. Il résume « l'alliance naissante du capitalisme agro-industriel et d'une petite bourgeoisie sensible au mirage du césarisme ». Le fascisme ne se trompa pas en voyant chez Crispi un précurseur du régime.

Crispi donna un souffle nouveau à la vie politique italienne. Certes, il adopta le transformisme cher à son prédécesseur, après avoir lui-même qualifié ce système « d'inceste politique ». Mais il mit en place nombre de réformes efficaces. Cumulant les portefeuilles des Affaires étrangères et de l'Intérieur, Crispi réforma les gouvernements locaux. Le suffrage fut étendu aux élections locales et l'élection des maires fut introduite dans la plupart des villes. Il créa le ministère des Postes et des Télégraphes, réforma la fonction publique, s'appuya sur Zanardelli, ministre de la Justice, pour instituer un nouveau code pénal, créer des tribunaux administratifs et accorder un droit de grève limité. Il renforça l'exécutif en légiférant par décrets, réduisant le rôle du Parlement à une chambre d'enregistrement des projets de loi préparés par le gouvernement.

Les oppositions

Mais c'était en dehors du Parlement et des milieux politiques que les transformations les plus radicales s'opéraient en Italie. L'opposition à l'État devenait de plus en plus virulente, les idées nouvelles, celles du socialisme progressaient. Au début des années 1880, une opposition existait, mais mal organisée et très divisée. Les anarchistes étaient présents dans le Sud, la Sicile vit se développer le mouvement des *Fasci* dans les années 1890, violemment réprimé par Crispi en 1895. Dans le Nord, existait une tradition radicale depuis les années 1850. Le socialisme avait commencé de s'implanter en Romagne où Andrea Costa fonda en 1881 un parti des travailleurs (*Partito Operaio italiano*) et un journal, *L'Avanti*. Ce parti eut même deux élus aux élections de 1882. Mais cet embryon d'organisation politique du monde ouvrier n'était pas marxiste. C'est seulement après 1890 qu'Antonio Labriola et d'autres intellectuels se penchèrent sur l'étude du marxisme et qu'ils commencèrent à envisager la formation d'un parti socialiste. Malgré des oppositions nombreuses, le congrès ouvrier de Milan préconisa en 1891 la création d'un parti socialiste. En 1892, Turati, Labriola, Treves et Prampolini fondèrent le *Partito dei Lavoratori italiani*, ancêtre du parti socialiste italien qui fut créé en 1895. La même année, il obtint douze sièges au Parlement et développa son *Programma minimo* qui rallia le mouvement démocratique. Mais ce PSI était d'emblée un parti ambigu : créé par des intellectuels, il n'encadrait pas les masses populaires qui avaient tendance à agir spontanément et violemment, et qui se sentaient peu concernées par l'action parlementaire de députés qu'elles n'avaient pas élus – le droit de vote restant l'apanage d'une minorité. Crispi réprima souvent assez violemment les mouvements ouvriers, que ce soient les marbriers de Carrare ou les faisceaux siciliens.

Du côté des catholiques, l'action politique restait limitée, Pie IX leur ayant interdit de participer à la vie politique. Pourtant, sous l'influence du catholicisme social allemand, Giuseppe Toniolo prôna une organisation corporative du monde du travail, idée reprise dans *Rerum novarum* en 1891. Un mouvement catholique social se développa donc en Italie sous la direction de l'Œuvre des Congrès.

La politique extérieure de Crispi fut marquée du sceau des ambitions coloniales. On connaît les tentatives italiennes en Abyssinie, en Érythrée et en Somalie. Mais la révolte de Ménélik, ras d'Éthiopie, en 1896 déboucha sur la terrible défaite des Italiens à Adoua. Cet échec eut raison de la carrière politique de Crispi.

A la chute de Crispi, le mouvement socialiste gagna en confiance et en popularité. Le roi échappa de peu à un attentat et des troubles éclatèrent dans tout le pays. En 1898, le pays semblait au bord d'une nouvelle explosion : le général Pelloux écrasa une révolte dans le Sud et la moitié du royaume fut placée sous la loi martiale. Les incidents les plus terribles éclatèrent à Milan où la troupe tira sur la foule, laissant plus de cent tués. Cette période fut qualifiée de « Terreur blanche ».

Le gouvernement de transition de Saracco semblait annoncer le retour au calme, mais en juillet 1900 le roi Humbert Ier fut assassiné à Monza par un anarchiste qui voulait venger les événements de Milan. C'est alors que Giolitti apparut sur la scène politique.

Une Italie unifiée à plusieurs vitesses

L'arriération du royaume d'Italie par comparaison avec le reste de l'Europe était patente en 1870. La société restait majoritairement rurale, et plus de 60 % des Italiens vivaient – ou plus exactement survivaient – en travaillant la terre. La santé de l'agriculture était donc un facteur déterminant et l'état des lieux n'avait rien de rassurant. Le sénateur Jacini remit un rapport de quinze volumes, *L'inchiesta agraria*, faisant le point sur l'agriculture italienne des années 1880. Il dépeignit un secteur économique qui n'avait que très marginalement progressé depuis le Moyen Age et qui demeurait caractérisé par d'énormes inégalités entre les régions. Inégalités dans la fertilité du sol, dans la structure de la propriété foncière, dans l'existence ou non d'un capitalisme agraire, dans la sophistication des techniques employées et dans le montant des salaires, fermages et métayages.

L'agriculture la plus avancée se trouvait dans le Nord du pays. Dans les plaines aux sols fertiles, les fermes étaient déjà entrées dans l'ère du capitalisme agraire avec de vastes parcelles, des propriétaires bien formés, des techniques avancées et des salaires corrects pour les ouvriers agricoles.

Mais malgré ces conditions favorables, l'agriculture septentrionale rencontrait des problèmes importants liés aux variations cycliques et surtout à la concurrence étrangère. Les régions collinaires du Nord connaissaient d'autres types de problèmes dus à la pauvreté du sol et à l'absence de techniques adéquates. Les petits propriétaires qui y étaient majoritaires menaient une existence misérable et devaient généralement migrer pour apporter des compléments à leurs revenus.

En Italie centrale, le métayage était largement répandu (*mezzadria*), et la moitié de la récolte revenait au propriétaire. Dans ce cas, outre le problème d'équité qui se posait, il était clair que ce système ne conduisait pas l'agriculture sur la voie du capitalisme. Les métayers n'avaient pas assez d'argent pour investir et les propriétaires n'avaient aucune bonne raison de le faire. Mais les métayers restaient mieux lotis que les quelque 100 000 paysans sans terre qui cherchaient à se louer au gré des saisons et du bon vouloir des exploitants. Plus on se rapprochait du Sud, plus la situation devenait difficile. Autour de Rome, dans l'*Agro Romano*, dominaient les *latifundia* qui appartenaient soit à l'Église, soit à des aristocrates. Les propriétés étaient complètement négligées et seulement 10 % de la terre était cultivée, généralement par des fermiers qui la louaient et l'exploitaient avec une main-d'œuvre travaillant dans des conditions très dures. Plus au sud, la côte adriatique, mal irriguée, restait infestée par la malaria ; dans les terres, les *latifundia* en friche se succédaient à perte de vue, sur une terre grillée par le soleil et ravagée par la déforestation. Le métayage était pratiqué dans les Abruzzes, en Molise, en Campanie et en Sicile avec quelques petits propriétaires vivant en autarcie. Les seules régions un peu avancées se situaient le long de la mer Tyrrhénienne, mais c'était l'exception. Le tableau général reflétait plutôt une très grande pauvreté et un immobilisme encouragé par le cynisme et le désintérêt des propriétaires. La faiblesse des investissements en témoigne. A cela s'ajoutaient la taille souvent minuscule des exploitations (moins d'un hectare) et l'absence d'un réseau de transports modernes susceptible de désenclaver l'Italie. Mais de toute façon l'essentiel de la production du pays était le blé, durement concurrencé dans l'Europe de l'Ouest des années 1880 par les États-Unis et la Russie.

Dans les villes, les conditions de vie étaient meilleures. La révolution industrielle n'ayant pas encore touché l'Italie, les artisans et les commerçants composaient la majorité des populations urbaines. Rome devenue capitale connut un véritable bouleversement avec l'arrivée de milliers de fonctionnaires piémontais. Pendant presque dix ans, ceux-ci vécurent dans des conditions précaires, dans leur vie privée comme dans leur vie professionnelle, puisqu'il fallut attendre le même laps de temps avant que les ministères abandonnent enfin les anciens couvents réaménagés pour s'installer dans des édifices officiels construits à cet effet.

Le retard industriel de l'Italie était également préoccupant, surtout à l'aube d'une Europe engagée dans la révolution industrielle depuis parfois plus d'un demi-siècle. Pour l'essentiel, l'industrie n'avait pas dépassé le stade de la manufacture et elle était encore le fait de paysans qui travaillaient à domicile durant les mois d'hiver – surtout dans le textile – ou encore de journaliers agricoles qui, à la morte saison, s'engageaient dans la mine ou sur les chantiers. Considérée comme une simple ressource d'appoint, l'industrie employait 80 % de femmes. Dans ce secteur aussi, on peut invoquer, pour expliquer ce retard, l'absence de fer et de charbon, la rareté des capitaux et le manque d'infrastructure. Pourtant la nécessité de transformer l'Italie en pays industrialisé n'avait évidemment pas échappé aux réformateurs et, au moment de l'unité, des progrès avaient déjà été accomplis, posant les bases du développement futur. Ils résultaient surtout de l'action des gouvernants et des capitaux étrangers : investissements britanniques en Sicile et en Vénétie, français au Piémont et à Naples, allemands ou suisses en Lombardie, belges à Rome. Ce fut ce capital étranger qui permit le développement des chemins de fer ou des tramways, des installations de gaz, l'expansion de l'industrie navale ou du textile. Noyaux modernes dans une industrie globalement archaïque, ils constituèrent un tremplin. A condition que parallèlement aux choix politiques, la société bouge elle aussi un peu.

On peut qualifier la société italienne à la fin du XIXe siècle de traditionnelle et archaïque. La condition paysanne, on l'a vu, restait très dure. Les journaliers avaient du mal à trouver du travail et s'employaient environ 150 jours par an, les petits fermiers survivaient avec difficulté sur leurs minuscules lopins de terre, les fermiers et les métayers se voyaient sans cesse menacés d'expulsion. Le pain, la galette ou la *polenta* composaient l'ordinaire d'une alimentation peu variée où la viande et le lait constituaient l'exception. Le logement était très pauvre et les paysans dormaient l'hiver avec les bêtes pour trouver un peu de chaleur. Face à cette misère, la révolte demeura endémique mais, de plus en plus, on partit. A la ville d'abord où les grands travaux exigeaient une main-d'œuvre nombreuse et peu qualifiée. Mais là encore, les conditions de vie restaient pénibles.

Les classes dirigeantes étaient très éloignées de cette misère. Malgré leur hétérogénéité, les intérêts des classes dirigeantes restaient communs. L'aristocratie avait amorcé son déclin au XVIIIe siècle et il serait d'ailleurs difficile de parler *d'une* aristocratie en Italie, tant le fossé était profond entre les grands propriétaires terriens, oisifs et peu conscients des transformations du monde – comme le prince Salinas du *Guépard* – et les nobles laborieux et entreprenants du Nord de l'Italie (Cavour, Ricasoli, d'Azeglio). Cette noblesse active tendait à se rapprocher des hommes nouveaux issus de la bourgeoisie et qui avaient commencé à jouer un rôle politiquc sous Napoléon Ier : officiers, fonctionnaires, médecins, journalistes ; ils représentaient la « force démocratique ». Ce fut donc entre ces trois groupes que se déroula le jeu du pouvoir après l'unité. Mais le peuple n'y participait toujours pas.

Toutefois, les gouvernements de la droite historique jusqu'en 1876, puis de la gauche, s'attachèrent à créer les conditions d'un décollage économique. La première étape fut constituée par l'unification du marché avec la levée des barrières douanières. L'unification monétaire suivit puisqu'aux quatre principales monnaies (la lire piémontaise, la lire toscane, le florin autrichien et le ducat napolitain) on substitua entre 1861 et 1870 la lire piémontaise. Homogénéisation des finances publiques, et en particulier de la dette en 1861.

De 1861 à 1880, les nouveaux dirigeants tentèrent de créer une infrastructure industrielle. C'est de l'État que vint l'impulsion. Au premier rang des investissements : le chemin de fer. Il y avait 1 623 km construits en 1861 ; en 1900, ce sont 16 053 km qui traversaient l'Italie. L'État italien avait pris l'initiative mais dut vite se replier sur les capitaux étrangers. Le second secteur d'intervention de l'État concerna les constructions navales, indispensables au commerce. Enfin les routes, les adductions d'eau, les installations du gaz furent le fait de compagnies étrangères.

Parallèlement, l'État assura l'essentiel du financement de l'infrastructure industrielle par trois moyens complémentaires : tout d'abord l'impôt – l'un des plus lourds d'Europe –, ensuite les bénéfices tirés de la confiscation des terres domaniales et ecclésiastiques, et enfin l'emprunt qui, à partir de 1885, fut souscrit en Italie et non plus à l'étranger.

Certes, la création de l'Italie économique ne s'était pas déroulée dans le contexte le plus favorable : crise économique aux États-Unis en 1866, puis concurrence accrue des mêmes États-Unis dans le domaine agricole, suivie de la grande dépression européenne à partir de 1880.

La crise agricole des années 1880 qui frappa durement la production de blé, de maïs mais aussi des mûriers à soie eut des conséquences importantes, Car l'agriculture, jusque-là secteur dynamique de l'économie italienne, prit alors un retard qui paralysa toute initiative. Le Mezzogiorno paya le plus lourd prix à la crise, et c'est du Sud que partirent révoltes et émigration. L'émigration toucha 135 000 personnes en 1888, trois fois plus qu'en 1861. Quant aux révoltes, elles étaient endémiques mais une cause nouvelle se fit jour en 1889 : la guerre tarifaire avec la France qui gênait les exportations de vins siciliens. Ce fut dans ce climat de mécontentement que le tout jeune parti socialiste appela à la création des faisceaux de travailleurs siciliens, surtout composés d'ouvriers agricoles. Leur révolte sera réprimée en 1894-1895.

Ce fut à la même période que le mouvement d'industrialisation s'amorça en Italie sous l'influence de conditions favorables. Les capitaux, plus nombreux, se détournèrent de l'agriculture pour s'investir dans l'industrie. A la base de ces progrès on trouvait les puissantes industries textiles, notamment celle du coton, fortement concentrée. Les industries métallurgiques, bénéficiant du fer de l'île d'Elbe et de la protection de l'État, se développèrent également. Mais les autres secteurs connurent une croissance moins rapide. Les industries mécaniques restaient gênées par le problème de formation des cadres. Pour tenter de protéger cette jeune industrie encore fragile, l'Italie établit en 1887 un tarif protectionniste extrêmement rigoureux. Mais il marqua le début d'une guerre tarifaire avec la France qui se révéla ruineuse, contribuant à faire des années 1888-1894 les plus noires de l'économie italienne.

Les conséquences politiques de ces difficultés économiques, on l'a vu, se traduisirent par une agitation sociale qui put laisser craindre, à la fin du siècle, une révolution italienne. Les successeurs de Crispi, Di Rudinì (mars 1896-juin 1898) et Pelloux (juin 1898-juin 1900) ne parvinrent pas à inventer une formule politique permettant de tenir compte des masses, de plus en plus conscientes de la situation et mieux organisées. Ce fut donc à Giolitti qu'incomba la tâche difficile d'obtenir l'accord de la bourgeoisie du Nord pour mettre en place une nouvelle solution politique qui donnât satisfaction tout à la fois à la bourgeoisie et à la nation « élargie ».

L'Italie giolittienne de 1900 à 1914

On parle de période giolittienne pour caractériser les années 1900-1914 bien que Giovanni Giolitti (1842-1928) n'ait pas toujours été président du Conseil. Mais en général, lorsque des hommes comme Luzzatti ou Fortis étaient à la tête du gouvernement, c'était bien Giolitti qui agissait en coulisses.

Rappelons que les hommes qui dirigèrent l'Italie pendant cette période appartenaient à une nouvelle génération politique. Ils n'avaient pas connu l'Italie pré-unitaire et considéraient le Risorgimento avec respect, certes, mais non pas sans un certain recul. Cela leur permit de poser mieux, plus clairement, certains problèmes majeurs comme l'intégration des catholiques ou le sort du Mezzogiorno.

Le roi Victor-Emmanuel III accompagna cette évolution aux côtés de Giolitti. Agé de 31 ans lors de l'assassinat de son père, c'était un homme timide et réservé, plus ouvert qu'Humbert Ier aux problèmes économiques et sociaux. Toutefois, ce fut l'attachement à la maison de Savoie et la volonté absolue de vouloir la maintenir à la tête de l'Italie qui dicta, en définitive, les choix les plus cruciaux de son règne : l'entrée en guerre et son attitude face au fascisme.

Giolitti était inscrit au groupe politique de la « gauche constitutionnelle », mais ne respectait guère les étiquettes. Essentiellement pragmatique, il choisissait ses collaborateurs pour leur compétence et leur dynamisme, plus que pour leurs sympathies politiques. Giolitti lui-même fut honnête – malgré le scandale de la Banca romana en 1882 qui avait failli anéantir sa carrière –, mais il couvrit sans état d'âme des pratiques de corruption, de clientélisme, d'intimidation qui le firent accuser par G. Salvemini, jeune député socialiste, d'être le ministre de la « *mala vita* », de la pègre.

Le néo-transformisme giolittien correspondait à l'héritage de Depretis et de Crispi adapté aux circonstances nouvelles. « Ni réaction, ni révolution » fut un slogan qui ne pouvait que plaire à la classe dirigeante. Le but de Giolitti fut donc d'intégrer à la vie politique italienne des masses jusqu'alors inorganisées, privées de droits politiques et non représentées dans les assemblées parlementaires. Parmi ces masses, tant les socialistes que les catholiques furent pris en considération. C'est ainsi qu'en 1912 une réforme électorale doubla le nombre des électeurs, ce qui amena au Parlement 52 socialistes et 50 catholiques. Que ces opposants siègent à la Chambre n'inquiétait aucunement Giolitti qui considérait, non sans raison, qu'il était préférable d'attirer l'opposition sur un terrain bien balisé et dont les règles du jeu étaient établies par avance, plutôt que de la laisser se manifester dans le pays par des bouffées de violences et des émeutes incontrôlables. Il agit donc avec les députés socialistes comme avec le reste des parlementaires, pratiquant une politique de « donnant-donnant », cédant sur certaines de leurs revendications et demandant en échange leur appui lorsqu'il avait besoin d'une large majorité (ainsi lors de la guerre de Libye).

De la même façon, Giolitti ne prit pas de front les associations ouvrières lors des grèves ou des crises : il préférait attendre que le mouvement pourrisse de lui-même, et que les forces syndicales se divisent de plus en plus entre réformistes et radicaux. Ce qui ne manqua pas d'arriver.

Ce consensus idéologique mou caractérisa le mode de gouvernement giolittien. Il favorisa indéniablement la stabilité politique, mais entraîna dans son sillage le clientélisme, la corruption, la « *mala vita* ». Surtout, le système giolittien fut loin d'initier à l'apprentissage de la démocratie l'ensemble des Italiens, même s'il s'attacha à assimiler catholiques et socialistes.

Les relations entre l'Église et l'État connurent une inflexion notable dans les premières années du siècle. L'anticléricalisme recula et ne constitua plus « une fin, en soi ». Giolitti essaya donc de faire de l'intégration des catholiques un des volets de sa politique néo-transformiste.

Pourtant, la position du Saint-Siège était pour le moins empreinte de réticences. Après l'ouverture qu'avait représentée le pontificat de Léon XIII avec, entre autres, la promulgation de *Rerum novarum* en 1891, les catholiques avaient évolué. Mais Pie X, élu en 1903, s'attacha à dénoncer avec vigueur les « erreurs pullulantes », à savoir le modernisme et la démocratie. Malgré le succès croissant que connurent les mouvements démocrates-chrétiens, sous l'impulsion de Filippo Meda et de don Romolo Murri, et malgré l'opposition de ces derniers à l'État libéral, manchestérien, responsable des maux sociaux de cette fin de siècle – de ce point de vue ils se rapprochent des socialistes –, le Saint-Siège leur avait toujours été hostile.

Avec *Graves de communi* en 1901, Léon XIII insistait sur

le caractère apolitique que devait prendre la démocratie chrétienne ; Pie X agit avec plus de brutalité : en 1904, il prononça la dissolution de l'Œuvre des Congrès qui prônait la constitution d'un parti démocrate-chrétien indépendant de l'Église. L'année suivante fut créée l'Action catholique dont les dirigeants, choisis parmi les plus conservateurs, étaient soumis au clergé.

Si le mouvement de l'Œuvre des Congrès ne survécut pas à la rupture avec le Saint-Siège, le flambeau fut repris par don Luigi Sturzo, dirigeant de l'Action catholique et ami de Romolo Murri. Celui-ci, aspirant à la création d'un grand parti catholique populaire, préféra commencer par des actions communales, moins susceptibles de lui attirer les foudres de sa hiérarchie. Respectueux des enseignements pontificaux, il fut récompensé de sa patience lorsque, après la guerre, Benoît XV l'autorisa à fonder un parti catholique indépendant, le parti populaire italien.

Pour l'État libéral italien, l'opposition irréductible de Pie X à ces catholiques démocrates-chrétiens avait été une fort bonne affaire. Le pape avait en effet aidé le gouvernement à se débarrasser d'adversaires farouches, susceptibles en outre de recueillir auprès des masses une large audience.

Inversement, devant la poussée socialiste qui inquiétait les classes dirigeantes et les classes moyennes, l'Église apparaissait de plus en plus comme une garantie de stabilité et d'ordre.

Une alliance « objective » de ces deux pôles se réalisa lorsqu'en 1904, à la suite de grèves extrêmement dures (dont une grève générale en septembre), le pape donna à des candidats catholiques l'autorisation tacite de se présenter pour contrer le péril rouge. Le *non expedit* fut donc atténué par la possibilité faite aux catholiques de se présenter à des élections pour des « raisons particulièrement graves ». La peur de la révolution en était une...

Le processus fut achevé en 1913 lorsque l'établissement du suffrage élargi (presque universel...) rendit indispensable l'alliance entre les partis de gouvernement et les catholiques pour maintenir une majorité, et que fut signé le « pacte Gentiloni ». Ce pacte permettait à des candidats libéraux d'avoir l'appui des voix catholiques s'ils s'engageaient à défendre des projets inspirés des principes chrétiens. L'intégration des catholiques avait donc réussi, déclenchant à gauche une flambée très dure d'anticléricalisme.

Face au mouvement ouvrier, Giolitti manœuvra également avec habileté. D'une part, il s'attacha à améliorer les conditions sociales de la classe ouvrière agraire et urbaine ; d'autre part, il exploita la division des socialistes et des syndicalistes, récupérant les plus modérés d'entre eux.

En 1901 furent donc adoptées d'importantes lois sociales : lois sur les accidents du travail, sur le travail des femmes et des enfants, le repos hebdomadaire, les retraites, etc. Parallèlement, Giolitti essaya de mettre en place des mutualités, des coopératives, des fédérations de métiers organisées et dirigées par l'aristocratie ouvrière qui avait ainsi ses entrées dans l'État libéral.

Quant au PSI, composé pour une bonne partie d'intellectuels, professeurs, avocats, journalistes, il était susceptible de céder partiellement aux chants des sirènes de la politique sociale giolittienne, adoptant des positions plus réformistes. Autour de Turati et de Bissolati se constitua une tendance modérée, prête à collaborer pour faire adopter le *Programma minimo* ; ce programme minimum devait permettre une transformation graduelle de la société grâce à la mise en place d'une législation sociale, du droit d'association et de grève, de l'établissement d'un impôt progressif sur le revenu, du suffrage universel, de l'octroi d'une indemnité parlementaire, etc. Au sein du mouvement, ces réformistes se heurtèrent aux intransigeants dirigés par Enrico Ferri et Arturo Labriola. Cette tendance appela à des grèves extrêmement dures qui débouchèrent sur des défaites de la classe ouvrière, si bien qu'elle fut désavouée au congrès de Florence en 1908. Les réformistes triomphèrent pour quelques années.

Les mêmes clivages se retrouvèrent dans le mouvement syndical italien. La création de la CGL (*Confederazione generale del Lavoro*) en 1906, au congrès de Milan, marqua la victoire des réformistes sur les anarcho-syndicalistes. Elle regroupa près d'un demi-million de travailleurs. Face à elle, anarchistes et républicains se regroupèrent autour d'Enrico Leone dans l'Union syndicale italienne, forte de 100 000 membres.

Mais cette « pacification » de la classe ouvrière allait se révéler de courte durée et entraîner des effets pervers. Le syndicalisme trop intégré, le socialisme trop tiède redonnèrent une certaine audience aux dirigeants « révolutionnaires » comme Lazzari ou Benito Mussolini, dans les années 1910-1912. Parallèlement, des actions syndicales « sauvages » et la recrudescence du syndicalisme révolutionnaire influèrent sur le PSI. En 1912, les réformistes, jugés trop conciliants envers le gouvernement dans l'épisode de la guerre de Libye, se virent exclus du parti au congrès de Reggio-Emilia. Lazzari en devint le chef et *L'Avanti* fut confié à Mussolini. Les tendances maximalistes du PSI étaient désormais ancrées.

Les lézardes du système

Pourtant, si 1912 vit l'apogée du système giolittien, c'est au même moment qu'apparurent les lézardes les plus graves, celles qui allaient entraîner sa chute. La radicalisation du parti socialiste, la dénonciation virulente du pacte Gentiloni par l'extrême gauche et les libéraux anticléricaux fragilisèrent le régime. Mais surtout le libéralisme était contesté par un mouvement qui obtenait une audience croissante : le nationalisme.

Le mouvement nationaliste, largement renforcé par la guerre de Libye, exaltait les pulsions instinctives, l'élan vital et la volonté de puissance destinés à redonner à l'*Italietta* un peu de cette force qui semblait lui manquer. Oriani en fut le précurseur, assignant à l'Italie un destin qu'il voulait impérial. Ce fut Corradini qui reprit ces doctrines pour les organiser. Il appliqua à la politique le darwinisme – la lutte pour la vie – et fut à l'origine de la distinction entre nations ploutocratiques et nations prolétaires. L'Italie, nation prolétaire, devait se faire une place au soleil en utilisant ses forces démographiques. Or l'Italie, permettant à ses citoyens d'émigrer, les laissait peu à peu perdre ce qui faisait leur force : l'italianité. Conquête et colonisation permettraient de résoudre ce dilemme. L'Association nationaliste italienne et son organe *L'idea nazionale* contribuèrent à diffuser ces idées.

Un autre mouvement nationaliste se développa à Florence et s'exprima dans *La Voce*, autour de Giovanni Papini et de Giuseppe Prezzolini. Ils insistèrent sur l'aspect culturel du nationalisme et refusèrent d'entrer dans le jeu politique.

Enfin, Marinetti et D'Annunzio se firent également les porte-parole de ce nationalisme épris de guerre, de vitesse, de violence et de modernité, rejetant tout ce qui représentait la culture classique. Le mouvement regroupa autour de quelques politiques des peintres, des poètes, des sculpteurs.

Malgré des effectifs assez maigres, les nationalistes jouèrent un rôle important car ils obtinrent l'appui de certains milieux d'affaires. Ils regroupèrent une coalition hétérogène composée d'intellectuels et d'une petite bourgeoisie composite. Mais ils ne constituaient pas en 1914 une réelle menace pour le système.

Le giolittisme tomba, victime d'une érosion de cette machine gouvernementale fragilisée par les nombreux compromis qu'elle avait dû faire pour se maintenir. En mars 1914, Giolitti se heurta à l'opposition de la gauche et des conservateurs lorsqu'il demanda une augmentation des impôts pour compenser l'effort de guerre en Libye. Devant ce refus, il adopta sa tactique habituelle, qui consistait à se retirer, à désigner au roi son successeur, en l'occurrence Salandra, et à attendre que les circonstances lui soient plus favorables. Les événements de l'été 14 allaient permettre à l'équipe de Salandra de se maintenir en place et, derrière lui, la fraction nationaliste de la bourgeoisie.

Évolution sociale, blocages politiques

Il fallut dans un premier temps réorganiser totalement le système bancaire italien qui s'était écroulé durant les années noires de 1890 à 1894. La Banque d'Italie fut réorganisée en 1893, prenant le pas sur les banques des autres anciens États (Banque de Sicile, Banque de Naples). En ce qui concerne les banques privées, peu avaient survécu au naufrage de la décennie précédente. Ce fut le capital allemand qui procéda au sauvetage, ajoutant un volet économique à la Triple Alliance. La banque allemande Bleichröder (appartenant à l'ancien banquier du chancelier Bismarck) reconstitua à Milan en 1894 la Banca commerciale italiana et un autre groupe de banques allemandes forma à Gênes la Banca di credito italiano sur les ruines de la Banca generale. La part importante du capital allemand dans les banques et, par conséquent dans l'industrie italienne (compagnies de navigation, armement), ne sera évidemment pas sans conséquence en 1914.

Cette réorganisation du système bancaire permit un assainissement des finances publiques italiennes. Le budget de l'État parvint enfin à l'équilibre en 1898. La lire fut alors considérée comme une monnaie forte et Giolitti décida en 1903 de convertir la dette publique. Les bases de l'expansion économique européenne étaient dès lors posées et la Péninsule profita d'une conjoncture favorable qui permit son « décollage industriel ».

Si la situation stagna jusqu'en 1900, la période 1900-1915 témoigna d'une reprise assez vive. Toutefois, ce fut l'agriculture qui demeura le secteur fondamental, fournissant plus de la moitié du PNB. Or elle restait aussi l'un des plus difficilement modernisables, ce qui explique la faiblesse du revenu national italien par tête en 1915, comparé à celui de la France ou de l'Angleterre. Le secteur tertiaire continua la progression déjà entamée jusqu'en 1900. Quant au secteur industriel c'est lui qui se développa de la façon la plus impressionnante. A l'origine de cette mutation, l'apport de capitaux provenant dorénavant aussi de l'Italie ; et surtout les débuts d'une révolution énergétique qui permit désormais au pays d'utiliser l'énergie hydraulique. A Tivoli fut créée la plus ancienne des centrales hydroélectriques fournissant la capitale. L'aménagement des fleuves italiens s'accéléra et l'Italie fournissait en 1915 2,5 milliards de kWh d'origine hydraulique. Le reste provenait encore du charbon importé.

Dans le secteur industriel, les industries anciennes comme le textile, les mines ou les industries alimentaires – celles qui avaient fondé le développement industriel italien – ne connurent plus après 1900 qu'une croissance au ralenti. Mais elles restaient les premières en termes de production et de main-d'œuvre. Les industries comme la chimie, la métallurgie différenciée ou la sidérurgie connurent une croissance importante. C'est la période de naissance des géants italiens comme l'Ansaldo ou Breda – qui existaient auparavant mais qui prirent alors la taille qu'on leur connaît –, Olivetti fondée à Ivrea en 1908, ou la FIAT (Fabbrica italiana automobili Torino) créée par Giovanni Agnelli en 1899 à Turin. Quoique notable, ce développement n'en resta pas moins fragile et largement dépendant des puissances étrangères.

Ces mutations de l'économie allaient bien entendu avoir une incidence certaine sur l'évolution de la société. Les classes dirigeantes bénéficièrent de cette industrialisation, tandis que les conditions de vie des ouvriers, si elles s'amélioraient, n'en demeuraient pas moins extrêmement difficiles. Quant à la paysannerie, surtout celle du Sud, elle composa le camp des vaincus de la révolution industrielle.

Les premières années du XXe siècle furent celles de la Belle Époque, mais aussi celles de l'*Italietta*. La Belle Époque, ce fut bien sûr la création musicale italienne qui déferla sur l'Europe. Verdi continua d'être populaire surtout lorsqu'il s'associa avec Arrigo Boito pour composer *Otello* en 1887 et *Falstaff* en 1893. Giacomo Puccini, avec *La Bohème* (1896), *Tosca* (1900) et *Madame Butterfly* (1904), fit se presser toute l'Italie pour assister aux représentations dirigées par Arturo Toscanini et interprétées par Enrico Caruso, précurseur des Victor de Sabata, Tullio Serafin, Tito Gobbi et, aujourd'hui, Luciano Pavarotti. *Cavalleria rusticana* de Pietro Mascagni connut également un immense succès. L'opéra devint véritablement l'art de prédilection des Italiens. Mais si en la musique s'incarna le talent italien, l'architecture, elle, ne devait pas donner des résultats à la hauteur des espérances. Le réaménagement de Rome, en particulier, conçu par les Piémontais comme un symbole de la victoire de l'Italie sur la papauté, se révéla particulièrement contesté. La spéculation immobilière empêcha toute élaboration d'un plan régulateur cohérent – et la ville souffre encore aujourd'hui de cette carence –, des ministères furent construits à la hâte dans les styles les plus divers (ministère des Finances) le long de la via XX Settembre et des monuments imposants écrasèrent la Ville éternelle. Ainsi le palais de justice de Guglielmo Calderini, voulu par Zanardelli, énorme édifice néo-baroque construit sur des alluvions, au bord du Tibre, ou encore le désastreux monument à Victor-Emmanuel – ou Vittoriano –, œuvre de Giuseppe Sacconi et dont l'édification dura de 1885 à 1911. Érigé sur le Capitole, il assène au promeneur la gloire de Victor-Emmanuel II, Père de la Patrie, dans un style rhétorique, un néo-classicisme imposant et froid. Ni la taille du monument, ni la couleur de la pierre – trop blanche – ne sont adaptées au contexte romain. Et les Piémontais durent se résoudre au fait que les dimensions colossales de la statue du roi – un banquet de dix personnes se tint dans le ventre du cheval lors de l'inauguration... – ne suffisaient pas à donner à Victor-Emmanuel II la stature d'un très grand roi. Il fallut donc attendre que la dépouille du soldat inconnu y soit transférée en 1919 pour que le monument retrouve une certaine dignité nationale. Ce qui ne l'empêcha pas d'être jugé – mais acquitté – très récemment par un jury d'architectes, d'hommes politiques et d'intellectuels dont certains n'hésitaient pas à réclamer sa destruction.

Toute la classe dirigeante ne profita pas de l'expansion. Une petite fraction demeura volontairement en dehors du mouvement comme l'aristocratie « noire », celle qui restait indéfectiblement fidèle au Saint-Siège et qui refusa toute collaboration avec l'État libéral ; mais ce ne fut qu'une minorité. Dans l'ensemble, l'aristocratie italienne participa au développement italien, soit en formant l'entourage du roi au Quirinal – celle qu'on appelle l'aristocratie « blanche » – soit, pour de nombreux propriétaires du Sud, en investissant dans les industries septentrionales. Enfin, une part de la grande bourgeoisie enrichie se tourna vers la propriété foncière et constitua de grands domaines exploités de façon intensive dans la plaine du Pô, en Émilie. Ils formeront le groupe des « agrariens » qui, au lendemain de la guerre, financeront le fascisme.

Parmi les gagnants de l'industrialisation, on compte bien

sûr la grande industrie et la haute finance. Les Agnelli, Pitelli, Olivetti, Perrone constituèrent d'impressionnantes fortunes et fondèrent des dynasties industrielles qui perdurent jusqu'à aujourd'hui.

Si cette classe dirigeante tendit à s'unifier culturellement, des divergences d'intérêt continuaient à se manifester en son sein. D'abord l'opposition entre agrariens du Sud, exportateurs de produits agricoles et par conséquent libre-échangistes, et industriels du Nord généralement protectionnistes. Ensuite l'opposition entre grand et moyen capital-industrie lourde et biens de consommation. La guerre allait aggraver ces disparités et fragiliser le système.

Les classes moyennes profitèrent diversement de cette expansion économique. Certains en tirèrent les fruits, comme l'aristocratie ouvrière, ou les instituteurs, les fonctionnaires, les membres des professions libérales. Ces couches nouvelles s'intégrèrent au régime tout en restant sur sa gauche : ils recherchaient une démocratisation accrue et nourrirent les rangs de la gauche constitutionnelle, des radicaux et des républicains.

D'autres en ressortirent appauvris et aigris. La classe moyenne traditionnelle des petits rentiers, des petits agriculteurs, des artisans, s'estima lésée par cette révolution industrielle menée par le capitalisme libéral, et donc par le régime parlementaire qui en était l'instigateur. Ils se retrouvèrent dans des mouvements anticapitalistes, antiparlementaires, au sein des groupes nationalistes et du syndicalisme révolutionnaire.

Quant aux masses populaires, elles connurent une amélioration sensible de leur sort en ce début de XXe siècle. Les conditions de vie s'améliorèrent, le revenu moyen par habitant tripla en Italie entre 1860 et 1915. Mais les disparités régionales demeurèrent criantes. La paysannerie pauvre du Midi ne profita que peu du progrès économique. D'autre part, la condition du prolétariat italien restait une des plus dures d'Europe. Mal payé, supportant des journées de travail très longues, avec des garanties minimales d'emploi, l'ouvrier italien était loin derrière le Français ou l'Allemand. Et si Giolitti s'attacha, on l'a vu, à mettre en place une législation sociale honorable, elle resta fort peu appliquée.

Dans cette Italie au tableau économique contrasté, mais finalement assez positif, une ombre demeure, et de taille : le problème méridional. Le problème existait déjà sous Cavour ou Crispi, mais il n'avait pas fait l'objet d'une réflexion particulière. Ce fut au début du XXe siècle, sous l'influence d'historiens, de géographes, d'économistes ou d'écrivains (Giovanni Verga) que l'opinion publique italienne réalisa l'ampleur de la question posée : comment réduire le fossé entre cette Italie du Nord dynamique et le poids mort que représentait le Mezzogiorno ? On a pu dire que le Nord avait construit sa puissance économique sur le dos du Sud, en particulier par la pression fiscale. Et le résultat était là : dans le Sud, un revenu par tête inférieur de moitié à celui du Nord, des rendements agricoles misérables, des taux de mortalité impressionnants, bref le sous-développement.

Pour y pallier, il fallait investir massivement. Ces sommes ne venaient pas de la bourgeoisie industrielle du Nord, plus intéressée par des investissements rentables à court ou moyen terme, ni de la noblesse méridionale qui préférait placer ses capitaux dans les industries septentrionales. Quant à l'État, il ne disposait pas des fonds nécessaires pour intervenir massivement. De plus, il n'était pas vraiment sollicité par les élites méridionales qui, souvent restées fidèles aux injonctions du Saint-Père, ne votaient pas. Dans ces conditions, les gouvernements imposèrent sans difficulté des solutions qui allaient dans le sens des intérêts septentrionaux : fiscalité pesant sur la propriété foncière, mesures protectionnistes.

Divers événements contribuèrent à braquer le projecteur italien sur le Mezzogiorno : catastrophes naturelles (éruption du Vésuve en 1906, tremblements de terre de Catane et de Messine), scandales de la Mafia en Sicile et de la Camorra à Naples. Une enquête parlementaire fut réclamée par Zanardelli en 1902 et le rapport qui fut publié à l'issue de ce travail permit à Giolitti de poser à la Chambre la question méridionale. Celui-ci fit adopter à partir de 1904 une série de mesures en faveur du Mezzogiorno.

Des lois portant sur l'aménagement du Basilicate, de Naples, de la Calabre et de la Sardaigne furent votées. Allégements fiscaux et travaux publics devaient aider ces régions à améliorer leur sort. Puis, en 1906, Giolitti fit adopter par le Parlement des mesures portant sur l'ensemble du Midi. En plus des allégements fiscaux, de la construction d'infrastructures routières et ferroviaires, du reboisement, de l'éducation, la région de Naples fut dotée d'un projet d'industrialisation. Ces efforts donnèrent des résultats : le trafic du port de Naples augmenta de 60 % et 88 usines nouvelles furent créées dans la zone industrielle de la capitale méridionale.

Toutefois, les mesures prises furent appliquées avec irrégularité et certaines d'entre elles accrurent les inégalités existantes. Ainsi les exemptions fiscales bénéficièrent davantage à la grande propriété latifundiaire qu'aux petits propriétaires. Le rythme d'expansion des provinces méridionales resta décevant et nombreux furent ceux qui préférèrent émigrer. L'émigration culmina sous l'ère giolittienne et toucha, de 1861 à 1914, une dizaine de millions de personnes. Elle a sans aucun doute constitué pour l'Italie une soupape de sûreté dans un pays où l'accroissement démographique était fantastique. Elle a contribué aussi à la diffusion de la présence italienne dans le monde. Mais pour les nationalistes, et avec eux Mussolini, ces départs représentèrent une véritable amputation qu'il fallait endiguer ou utiliser pour mettre en place un nouvel empire.

La politique extérieure italienne

Les mutations intérieures de l'Italie eurent quelques répercussions sur sa politique extérieure. En 1896, l'Italie se rapprocha de la France après des années de rancunes, de guerres douanières et d'affrontements politiques. Le départ de Crispi ne fut évidemment pas étranger à ce changement de cap. L'Italie continua toutefois à jouer un rôle d'intermédiaire entre la Triplice, à laquelle elle appartenait, et la France. Mais en voulant jouer sur les deux tableaux, l'Italie risquait de se décrédibiliser. Parallèlement à ces « tours de valse » dans les bras français, puis allemands, l'Italie tenta de s'affirmer avec sa politique coloniale qui avait été brisée par le désastre d'Adoua. Elle se lança donc dans l'aventure libyenne en septembre 1911, entrant en guerre contre l'Empire ottoman. L'entreprise fut plutôt populaire sauf chez le jeune Salvemini qui se demanda pourquoi on allait se battre pour un « puits de sable » et chez Mussolini qui manifesta bruyamment contre la guerre. La guerre dura plus longtemps que prévu, fut extrêmement coûteuse et apporta peu de véritables satisfactions. La paix d'Ouchy en octobre 1912 y mit un terme : le sultan conservait en tant que Commandeur des croyants l'autorité religieuse sur les populations de Tripolitaine et de Cyrénaïque, mais ces deux provinces étaient provisoirement annexées à l'Italie qui occupait également et temporairement Rhodes et le Dodécanèse.

Lourd bilan : politiquement, car Giolitti se retrouva aux prises avec l'opposition socialiste et l'agitation nationaliste ; économiquement, car la guerre avait coûté fort cher.

La Grande Guerre et ses conséquences

En 1914, l'Italie fut en proie à de graves difficultés. Le ralentissement de l'activité économique se doubla d'une flambée d'agitation sociale extrêmement violente. En juin, de véritables « jacqueries » éclatèrent en Émilie et en Romagne, suivies de vols, de pillages et d'incendies des églises et des demeures des grands propriétaires. Dans le Sud, l'agitation ne fut pas sans rappeler les faisceaux de 1893. Après les régions agricoles, le mouvement gagna les villes. A Ancône, la grève générale fut lancée par Malatesta et Pietro Nenni. De là elle gagna toutes les grandes villes : Bologne, Ravenne, Ferrare... et, après de violents affrontements avec la troupe, le drapeau rouge fut hissé et la République proclamée à Ancône et à Bologne. Cette « semaine rouge » apparut à la classe dirigeante comme les effets d'une radicalisation du PSI et la conduisit à envisager la mise en sommeil provisoire du jeu parlementaire. C'est alors qu'éclata l'annonce de l'attentat de Sarajevo.

L'Italie adopta la neutralité. Il faut dire que ses relations avec l'Allemagne et l'Autriche s'étaient dégradées. Les ambitions italiennes sur Trieste inquiétaient l'Autriche et le comportement brutal de ces mêmes Autrichiens envers des populations italiennes vivant à Trieste irritait. Pour finir, l'Italie n'avait pas été officiellement informée de la préparation de l'ultimatum serbe. L'annonce de la neutralité italienne fut en général bien accueillie dans la Péninsule, tant par les giolittiens que par les socialistes, par les catholiques que par les démocrates – qui ne voulaient pas entrer en guerre contre une France républicaine. Mais les nationalistes et certains dirigeants comme Sonnino y étaient hostiles. Pour ce dernier, la victoire des Empires centraux allait être rapide et l'Italie se fermait la porte à toute politique extérieure de quelque envergure en persistant dans sa neutralité.

Comme tout le monde croyait à une guerre courte, aucune des puissances belligérantes ne s'inquiéta vraiment de cette neutralité italienne. Après la bataille de la Marne, pourtant, la guerre de position s'installant, l'ouverture d'un second front devenait importante. A ce moment-là, l'hypothèse d'une intervention aux côtés des Empires centraux semblait exclue, mais le choix demeurait entre une intervention aux côtés de l'Entente ou le maintien de la neutralité. Économiquement, l'Italie dépendait étroitement de l'Allemagne, tant pour l'industrie que pour la banque, ce qui n'incitait pas à l'intervention avec l'Entente. L'opinion publique demeurait quant à elle profondément neutraliste : catholiques, socialistes et libéraux modérés, mais chacun pour des raisons radicalement différentes. Les catholiques parce qu'ils craignaient une victoire de la France républicaine et anticléricale, les socialistes au nom de l'internationalisme, les libéraux car, depuis la Libye, ils connaissaient le prix de la guerre. Et les milieux d'affaires neutralistes dissimulaient plutôt derrière cette façade des sentiments pro-allemands.

Les interventionnistes pour leur part étaient essentiellement issus de deux grands groupes. D'une part, les nationalistes qui suivaient Corradini espérant de la guerre une éventuelle régénération de l'Italie. Ils hésitaient entre un engagement aux côtés des Empires centraux ou de l'Entente. En dernière analyse, l'engagement avec l'Entente apparaissait comme le plus intéressant pour les Italiens. D'autre part, les éléments démocratiques radicaux, républicains et socialistes réformistes, qui mêlaient des sentiments anti-autrichiens par irrédentisme, et pro-français par amour de la démocratie, souhaitaient hâter le processus de démocratisation de l'Italie. Ce que la défaite des Empires centraux pouvait entraîner. Quelques groupes dissidents du PSI derrière Mussolini ou Pietro Nenni défendaient également l'entrée en guerre. La bataille diplomatique et financière pour emporter la décision fut menée avec célérité. Camille Barrère, alors ambassadeur de France à Rome, s'attacha à créer en Italie un courant francophile mais aussi à tenter de détacher l'économie italienne de la puissance allemande.

Si l'on considère la situation objective de l'Italie, les interventionnistes avaient peu de chance de l'emporter. Et pourtant, trois éléments ont sans doute joué en faveur de l'engagement. D'abord la situation économique et sociale de l'Italie qui restait, depuis 1914, explosive. Une guerre brève et victorieuse aurait pu permettre de rétablir un gouvernement plus autoritaire. Ensuite, les avantages diplomatiques que l'Italie avait négociés fin avril 1915 et qui débouchèrent sur le traité de Londres. Enfin, le poids d'activistes pro-interventionnistes qui, manipulés en sous-main par Salandra, feignaient de soumettre le gouvernement à la pression de la rue. D'Annunzio prononça des discours enflammés, Mussolini chassé du PSI fonda le Faisceau autonome d'action révolutionnaire. Les villes étaient l'une après l'autre le théâtre d'agitations interventionnistes. jugeant la situation trop tendue, Salandra démissionna le 13 mai, laissant au roi la décision finale. En fait, le roi était déjà acquis à l'idée d'une intervention. Le 24 mai, la guerre fut déclarée à l'Autriche. Et pourtant, les neutralistes étaient majoritaires. Mais cette décision fut le fait de trois hommes : Victor-Emmanuel III, Salandra et Sonnino. Par peur de la subversion des « rouges », pour préserver la couronne, et par « égoïsme sacré », au mépris des aspirations du peuple italien.

Une guerre subie

Le pays n'était absolument pas prêt pour la guerre. L'armée ne disposait ni de la préparation, ni du matériel nécessaires à une guerre moderne. Elle n'avait aucune artillerie et ne disposait que d'une centaine de mitrailleuses. Enfin, les officiers de réserve ou d'active étaient peu nombreux, sous le haut commandement du général Cadorna, un officier piémontais qui se révéla médiocre stratège et piètre meneur...

Dans un premier temps, seule la supériorité numérique appartenait aux Italiens. Pour pénétrer en Autriche, deux voies d'accès s'ouvraient : la vallée de l'Adige vers Trente et le Brenner, et celle de l'Isonzo qui commandait la route de Trieste. Cadorna choisit l'Isonzo et lança de juin 1915 au printemps 1916 cinq offensives frontales en direction de Gorizia et de Trieste, ne dépassant la frontière que de trente kilomètres et sacrifiant des dizaines de milliers de combattants. Gorizia est restée tristement célèbre par une fort belle chanson « *Gorizia, tu sei maledetta...* » (Gorizia, tu es maudite). Le 15 mai 1916, les Autrichiens lancèrent une expédition punitive qui faillit être couronnée de succès. Pourtant, en juillet, Cadorna franchit enfin le fleuve et s'empara de Gorizia après la sixième bataille de l'Isonzo. En 1917, le cours de l'Isonzo marquait la frontière des combats et les offensives se suivirent et se ressemblèrent par leur cortège de morts : 200 000 hommes en deux mois dans l'été 1917. Comme en France, mutineries et désertions se multiplièrent tandis que l'arrière se révoltait à son tour.

Ce fut alors que l'armée italienne subit, le 24 octobre 1917, la terrible défaite de Caporetto. Le front fut enfoncé de 50 kilomètres et les pertes italiennes furent considérables. Cadorna se rendit particulièrement impopulaire en invoquant la « lâcheté » des troupes alors qu'il était seul responsable de ce désastre. Il fut remplacé par le général Diaz, et l'armée tint le Piave, aidée par des divisions franco-britanniques. Mais Caporetto avait galvanisé l'effort national, tant le souvenir de l'occupation autrichienne était encore vif. Les premiers mois de 1918 virent l'armée opérer un spectaculaire redressement et après dix longs mois d'offensives et contre-offensives, les Italiens remportèrent le 29 octobre la victoire de Vittorio-Veneto. Le reflux autrichien fut immédiat et le 4 novembre l'armistice fut signé à Villa-Giusti.

L'effort de guerre avait été terrible : plus de 700 000 morts, des régions ravagées, le pays ruiné. Et tous ces sacrifices consentis pour des gains très en deçà des espoirs italiens. En effet, Wilson avait refusé de reconnaître la validité des traités secrets passés durant la guerre (traités de Londres et de Saint-Jean-de-Maurienne) qui consentaient à l'Italie des gains territoriaux. La représentation italienne à Versailles composée d'Orlando et de Sonnino ne fut pas assez efficace pour exiger de revenir sur ces points. Pourtant, en Italie, l'agitation nationaliste menée par D'Annunzio se déchaînait, en janvier 1919 se créait le groupe des *Arditi*, rassemblant les hommes des troupes de choc, les braves parmi les braves. L'affaire de Fiume contribua à tendre encore plus la situation : Fiume, ville peuplée d'Italiens, mais dont les environs étaient slovènes, était occupée depuis novembre 1918 par les troupes italiennes et par un contingent français. En avril 1919, alors qu'Orlando se débattait à la conférence de Paris, les Italiens de Rome élirent un Conseil national qui indiqua la volonté de Fiume de rester sous la domination du gouvernement de Rome. Gabriele D'Annunzio avait en outre formé un bataillon de volontaires pour appuyer les revendications italiennes sur la ville. Aidé par la droite conservatrice et nationaliste, le *comandante* trouva également à l'extrême gauche un soutien massif. Anciens combattants, démobilisés sans travail, *Arditi*, mais aussi anarchistes et syndicalistes interventionnistes : la clientèle de D'Annunzio était assez proche de celle du premier fascisme. Ils affluèrent à Fiume en une petite armée de 20 000 hommes. Le 20 septembre 1919, D'Annunzio proclama Fiume capitale de la « régence du Quarnaro », se fit attribuer les pleins pouvoirs puis, en septembre 1920, fit adopter une constitution faisant de Fiume un État indépendant fondé sur le corporatisme. Mais la population de Fiume commençait à se lasser de l'occupation extravagante du *comandante* et le gouvernement, inquiet des éléments subversifs qui entouraient D'Annunzio, signa un traité avec la Yougoslavie, à Rapallo, en novembre 1920, faisant de Fiume une ville libre sous le contrôle de la Société des Nations.

Le fascisme naquit juste après Fiume, épisode qui avait

cristallisé un certains nombre d'éléments précurseurs : la popularité d'une formule politique liant sentiment national et préoccupations sociales, la faiblesse de l'État et les possibilités de compromis, la nécessité d'une organisation politique disciplinée.

A Versailles, l'Italie avait obtenu quelques gains conséquents dans le Nord du pays avec l'annexion du Haut-Adige et le report de la frontière nord jusqu'au Brenner, mais Wilson demeura intraitable quant à l'Istrie orientale, la Dalmatie et la ville de Fiume. Aucun des territoires promis à l'Italie en 1915 ne fut reconnu. Alors naquit en Italie le thème de la Victoire mutilée, de la domination de « l'impérialisme bancaire étranger » contre l'Italie, nation prolétaire...

Les troubles de l'après-guerre et la montée du fascisme

La fin de la guerre marqua le début d'une grave crise économique qui frappa l'Italie de plein fouet. L'emprunt, l'augmentation de l'impôt et l'inflation apparurent comme les seuls remèdes de l'État à une crise qui était une crise industrielle de reconversion.

Ces difficultés économiques et financières se traduisirent au plan social par une révolte prolétarienne extrêmement dure, encouragée par la révolution russe, qu'on a appelé le *Biennio rosso* (les deux années rouges), et qui déboucha sur un mouvement de réaction des classes possédantes qui s'appuyèrent, pour se défendre, sur le fascisme.

Les campagnes furent les premières à bouger. Dès juillet 1919 dans le Latium, dans le Sud puis dans la vallée du Pô, des paysans revenus du front occupèrent, drapeau rouge en tête, les terres des *latifundia*. Le gouvernement Nitti autorisa l'occupation de ces terres en échange de garanties de mise en culture. Parallèlement, fermiers et *braccianti* (journaliers) s'organisèrent en coopératives et en syndicats pour négocier leurs salaires. Le parti populaire italien de don Sturzo, plus particulièrement son aile gauche, prit en charge ces nouveaux groupements. Les résultats restèrent en fait modestes, la superficie des terres « occupées » ne dépassant pas 180 000 hectares, mais cela suffit pour que les agrariens mettent en place des milices privées pour récupérer leurs terres.

Dans les villes, le mouvement débuta au printemps 1919 par une série de grèves sauvages provoquées par la vie chère et il s'ensuivit le pillage de centaines de magasins et de dépôts de vivres à Forli, à Milan et à Florence où se constitua une république des Soviets qui dura trois jours. Après une accalmie, les grèves reprirent au début de 1920 et en août plusieurs centaines d'usines furent occupées. Ce fut la « grévomanie » qui déboucha sur l'arbitrage de Giolitti. Cet arbitrage se fit en défaveur des ouvriers et, au début 1921, l'offensive prolétarienne s'achevait. Au même moment, les classes possédantes commencèrent à se regrouper et à s'organiser, créant la Confédération générale de l'industrie (Confindustria) et la Confédération générale de l'agriculture (Confagricoltura). Mais surtout, c'est de ce moment que les industriels et les agrariens commencèrent à utiliser les services des fascistes pour démanteler organisations paysannes et ouvrières. C'était la preuve qu'ils n'avaient aucune confiance dans les possibilités d'action de l'État libéral italien. Les structures politiques héritées de l'unité explosaient dans le contexte totalement neuf de l'après-guerre.

Une des solutions aurait pu résider dans un changement constitutionnel et dans la révision du *Statuto* de 1848. Sur ce projet se fondaient les espoirs de tendances diverses tels que le parti républicain, la franc-maçonnerie, l'Union socialiste de Bonomi et Bissolati, les *fasci* et les deux grandes centrales syndicales, la CGL et l'*Unione italiana del Lavoro*. Mais le projet fut enterré par Orlando, puis par Nitti. Les partis s'affrontèrent donc dans un cadre inchangé. Seulement, les partis gouvernementaux – à la tête desquels Giolitti fit sa rentrée en 1919 – se trouvaient désormais confrontés d'une part au parti populaire italien de don Sturzo, parti catholique regroupant un large éventail de tendances politiques, et d'autre part au parti socialiste qui regroupait 200 000 adhérents en 1919. Mais comme le PPI, le parti socialiste était très divisé entre réformistes et maximalistes. Une troisième tendance regroupant Antonio Gramsci, Palmiro Togliatti et Angelo Tasca autour de la revue turinoise *Ordine Nuovo*, formera, après le congrès de Livourne en 1921 le parti communiste.

Les gouvernements de l'après-guerre reposaient sur des coalitions trop fragiles pour tenir plus d'un an. Les élections de mai 1921 amenèrent une chambre ingouvernable. Giolitti quitta le pouvoir le 1er juillet, laissant le régime en pleine crise et la voie libre au fascisme.

Le fascisme était en effet apparu avec violence sur la scène politique depuis 1919, quoique restant marginal jusqu'en 1920. Mouvement ambigu, il rassemblait des anciens combattants et des membres de la petite bourgeoisie, à la croisée de mouvements aussi différents que le nationalisme, l'anarchisme, le syndicalisme révolutionnaire et le blanquisme. Les futuristes, dont Marinetti, appuyèrent également le mouvement dès son origine. Ce fut à l'initiative de Benito Mussolini que se tint à Milan, le 21 mars 1919, une réunion qui déboucha sur la constitution d'un groupe baptisé les Faisceaux de combat. Le 23 mars, cette organisation devint nationale : « les Faisceaux italiens de combat ». Une réunion houleuse vit la présentation du programme politique où se mêlaient revendications nationales et socialisantes, voire anarchisantes. Mais ayant inquiété certains des futuristes et des nationalistes par l'extrémisme de ses positions à la réunion de Piazza San Sepolcro, Mussolini resta ensuite assez discret et multiplia, dans les mois suivant, les déclarations rassurantes.

Benito Mussolini, né en 1883 en Romagne, près de Forlì, réunissait dans son itinéraire politique les différentes composantes de ce premier fascisme. Proche du syndicalisme révolutionnaire jusqu'en 1914, il fut interventionniste de gauche de 1915 à 1918, puis nationaliste à partir de 1919. On se souvient qu'il avait été rédacteur de *L'Avanti* puis, à partir de 1914, de son journal *Popolo d'Italia*. D'origine très modeste, il noua avec la classe dirigeante une alliance contre nature, destinée à lui permettre de financer son organisation, alors que la classe dirigeante voyait en lui un auxiliaire utile dont elle pourrait aisément se débarrasser.

Les débuts du mouvement fasciste furent laborieux. Certes, des *fasci* se constituèrent dans la plupart des villes autour de Dino Grandi, Dumini, Italo Balbo. Mais les fonds manquaient (le sénateur Giovanni Agnelli cessa de verser des subsides en 1920) pour cause de programme trop subversif. Cependant, l'échec de D'Annunzio à Fiume allait drainer la clientèle du *comandante* vers Mussolini et la vague révolutionnaire de 1920 inquiéta considérablement les classes dirigeantes. Une alliance se noua à l'automne 1920 entre industriels, banquiers et agrariens – adeptes d'une contre-révolution préventive – et les fascistes ; elle était dirigée contre leurs adversaires communs, les socialistes et les syndicalistes de la CGL. Quant à Giolitti, il pensait pouvoir utiliser un temps le fascisme puis le normaliser assez facilement.

Les escouades (*squadre*) fascistes passèrent donc à l'action, d'abord dans les campagnes. Les exactions commises contre les paysans, les organisations rurales (bourses du travail, coopératives, ligues agraires), malgré leur violence – c'est alors que se rendit tristement célèbre l'usage du *manganello,* le gourdin, et de l'huile de ricin –, ne donnèrent lieu qu'à une honteuse « neutralité » de l'État. La police ne se manifesta jamais pour mettre fin à des violences débouchant souvent sur des incendies, des destructions, des lynchages et dans bien des cas sur mort d'homme. Les interventions des pouvoirs publics n'eurent lieu que lorsque se manifestait un début de résistance de la part des paysans. Giolitti, en outre, en profita pour dissoudre les municipalités socialistes d'une centaine de villes dont Ferrare, Bologne et Modène. Pour Mussolini, il fallait saisir l'occasion suscitée par cette terreur blanche. Il décida donc de placer son parti sur l'échiquier du parlementarisme et aux élections de 1921, trente-cinq fascistes furent élus, dont le futur Duce. Cette entrée des fascistes au Parlement n'inquiétait pas outre mesure Giolitti qui pensait pouvoir les intégrer comme il l'avait fait avec les socialistes. Mais Mussolini, lui, pensait déjà à prendre le pouvoir, et il exposa le 21 juin 1921 son programme politique en des termes rassurants : une politique extérieure agressive assortie de la promesse de satisfaire les revendications ouvrières, l'éloge de l'économie libérale, le maintien de la propriété privée, etc. Le seul problème, c'était l'indiscipline complète et la violence permanente entretenue par les *ras* [1] fascistes dans les provinces. Farinacci à Crémone, Grandi à Bologne, Balbo à Ravenne continuaient de faire régner la terreur, discréditant les efforts de Mussolini pour rendre le fascisme plus présentable. D'autant que les violences squadristes commençaient à susciter des résistances efficaces : les *carabinieri* et l'État ne laissaient plus les fascistes agir en toute impunité, et leur infligeaient même leurs premiers revers.

Mussolini essaya de rassembler ses *ras* autour d'un programme très éloigné des tendances du syndicalisme révolutionnaire de 1919. Un compromis fut rendu possible autour de la création d'un grand parti national fasciste en novembre 1921. Ce parti allait constituer le fer de lance de la prise de pouvoir par Mussolini. Le fascisme avait déjà considérablement changé depuis 1919. Opposé naguère au capitalisme, il mettait désormais ses bandes armées à son service et concevait un programme qui ne pouvait que lui convenir : État fort, économie libérale, opposition à la classe ouvrière.

La résistible ascension de Benito Mussolini

L'arrivée au pouvoir des fascistes en octobre 1922 résulta certes de leur volonté et de leur organisation, mais surtout de la conjonction d'une décomposition de l'État et de la faiblesse du roi. Depuis la démission de Giolitti le 1er juillet 1921, l'Italie n'était plus gouvernée. Toutes les tentatives faites pour contrer les violences fascistes en 1921 et en 1922 se révélèrent non seulement des échecs, mais surtout elles contribuèrent à prouver qu'il n'y avait plus d'État en Italie, et que face à la subversion fasciste, le gouvernement ou les autorités locales ne pouvaient que céder. Seulement, les partis de gouvernement n'avaient pas pris conscience de cet état de fait et ne parvinrent jamais à s'entendre afin de contrer le mouvement de Mussolini.

Restaient les forces populaires qui, par leur nombre et leur organisation, pouvaient encore faire obstacle aux fas-

1. Le *ras* était, à l'origine, le nom des chefs éthiopiens qui fut ensuite donné aux chefs fascistes, dès les années 20.

cistes. Les organisations ouvrières tentèrent donc au début de 1922 une alliance, et en juillet décidèrent la grève générale. Turati la proclama « grève légalitaire » puisqu'elle était destinée à lutter contre la subversion. L'échec fut total. Le fascisme se substitua à l'État dans la lutte contre les grévistes et il s'implanta dans les ex-fiefs socialistes. Le PNF fit savoir au gouvernement qu'il lui donnait 48 heures pour rétablir l'ordre après le début de la grève générale, sinon le fascisme se chargerait de « sauver l'État ». De fait, la violence se déchaîna le 2 août et les fascistes envahirent les villes, contraignant par la violence les ouvriers à retourner à l'usine. Des bâtiments furent incendiés et le 3 août, la CGL et l'UIL durent donner l'ordre de reprendre le travail. Désormais les squadristes régnaient en maîtres sur le pays et Mussolini n'avait plus qu'à se pencher pour ramasser le pouvoir italien. Cela lui prit trois mois.

Durant ces trois mois, Mussolini s'attacha à paralyser les réactions de la classe politique en multipliant les tractations avec Nitti et Salandra qui espéraient revenir au pouvoir grâce à la nouvelle force du fascisme. A la cour, le duc d'Aoste et la reine-mère Marguerite étaient acquis au fascisme et Mussolini déclara que le fascisme, bien que républicain, respecterait la monarchie si celle-ci restait neutre. Dans le même temps, il préparait le scénario d'une insurrection qui devait lui donner le pouvoir. Ils furent quatre à préparer la Marche sur Rome : le général De Bono, Italo Balbo, Michele Bianchi et De Vecchi. Malgré la minutie de sa préparation, la réalisation du plan, elle, laissa à désirer. Le 27 octobre 1922 constitua une journée de grande confusion dans toute la Péninsule : les autorités civiles laissèrent le pouvoir aux militaires qui négocièrent avec les squadristes. Dans l'ensemble de l'Italie, les fascistes s'emparèrent des leviers de commande d'un État désemparé. La Marche sur Rome, le 28 octobre, s'effectua dans la même confusion. 26 000 fascistes mal armés se dirigèrent vers la capitale. A Rome, la garnison de 28 000 hommes aurait pu sans aucune difficulté arrêter les squadristes. Mais Mussolini avait surtout l'intention de faire pression sur le gouvernement, tactique qui fut couronnée de succès. Le marché était simple :

démission de Facta ou prise de Rome par les fascistes. Le président du Conseil, Facta, proposa au roi de décréter l'état de siège, mais ce dernier, craignant pour sa couronne, refusa. Facta démissionna et le roi proposa alors un gouvernement Salandra à participation fasciste, que Mussolini rejeta. Soutenu par les milieux d'affaires de la Confindustria et de la Confagricoltura, il demanda la présidence du Conseil. Ce qui lui fut accordé le 29 et le 30. Les fascistes – qui étaient restés bloqués aux environs de Rome ! – pénétrèrent dans la capitale pour célébrer la réussite de l'« insurrection ».

Le fascisme comblait ainsi le vide politique de l'État libéral moribond, mais comme il était lui-même vide de tout programme solide de gouvernement, il allait devoir agir vite.

Le ventennio fasciste

Arrivé au pouvoir, Mussolini n'en était pas moins dans une situation fragile puisque le roi ou la Chambre pouvaient à tout moment le désavouer par un vote de méfiance. Il continua donc de jouer sur deux tableaux : aux classes dirigeantes et à l'opinion publique il promit la modération, la normalisation et le rétablissement de la paix sociale ; à l'opposition il imposa la violence, pratiquant l'intimidation et la menace, souvent suivies d'effets.

Du premier ministère Mussolini aux lois fascistissimes

Le premier ministère Mussolini se présenta comme un ministère d'union nationale puisque les seuls fascistes appelés étaient des fascistes « présentables » ; le cabinet était composé de nationalistes, de démocrates-sociaux nittiens, de giolittiens, de proches de Salandra et de quelques monarchistes comme Diaz ou Thaon di Revel. Seuls les socialistes et les communistes restaient donc exclus de cet « amalgame » ; quant à l'opinion publique, lasse de l'inefficacité de l'État et des luttes parlementaires stériles, elle suivait Mussolini sans pourtant être fasciste.

A l'ouverture des Chambres, en novembre 1922, il se heurta à l'opposition courageuse de socialistes modérés comme Matteotti et Modigliani, et à celle de Turati qui protestèrent aux cris de « Vive le Parlement ! ». Mais cela n'empêcha pas les libéraux, les socialistes indépendants et les populaires de voter la confiance à Mussolini, puis les pleins pouvoirs.

Promesses de normalisation, persistance de la violence

1923 ne fut pas, comme les promesses du président du Conseil avaient pu le laisser croire, une année de normalisation. Bien au contraire. Les violences fascistes atteignirent alors une ampleur jamais vue. C'était dû en partie au malaise du PNF : les *ras* qui redoutaient de se voir supplantés par les organes légaux de gouvernement comme les préfets et la police, résistèrent à Mussolini et s'attachèrent à entretenir la violence et les troubles, ce qui représentait le seul moyen de conserver leur pouvoir. Farinacci, Brandimarte, Misuri attisèrent sans arrêt les antagonismes, organisant expéditions punitives, lynchages, mises à mort. De surcroît, les *ras*, véritables chefs féodaux, s'opposèrent les uns aux autres pour la domination de villes ou de régions : rien qu'à Rome, ils étaient cinq en lutte ouverte pour le pouvoir local (Bottai, Calza Bini, Candelori, Foschi et Igliori).

Les violences se multiplièrent donc, contre les catholiques à Brescia, entre bandes fascistes rivales à Rome ou à Venise, entre fascistes et nationalistes à Gênes. Trois jours durant, Brandimarte livra Turin aux *squadre* qui firent vingt-deux morts.

Or Mussolini ne réagit pas à ces exactions, considérant en apparence que les fascistes représentaient le bras séculier de l'État, chargé de le débarrasser des opposants. Cette identification implicite du parti et de l'État se renforça en 1922-1923 lorsque Mussolini mit en place des organes fascistes parallèles à ceux de l'État. Il créa d'abord le Grand Conseil du fascisme en décembre 1922, composé de membres de la direction du PNF, du secrétaire de la fédération des corporations syndicales fascistes, des ministres membres du PNF et des hauts fonctionnaires essentiels à la bonne marche de l'État. Le Grand Conseil remplaçait *de facto* le gouvernement et prenait les décisions politiques à sa place. Ensuite, le Grand Conseil créa la Milice volontaire pour la sécurité nationale (MVSN) qui ne prêtait pas serment au roi. Enfin, pour tourner le problème posé par le pouvoir des *ras*, et pour affirmer son emprise sur le territoire, le fascisme créa des commissaires politiques qualifiés de « préfets volants », recrutés précisément parmi les *ras* : Baroncini, Farinacci. Ils disposaient d'une autorité supérieure aux autorités locales. C'était un État en miniature, un véritable État fasciste avec gouvernement, armée et administration.

Mussolini tenta également d'absorber les autres forces politiques ou syndicales susceptibles de s'opposer au PNF, ou tout simplement de le concurrencer.

Cet état de fait ne tarda pas à susciter une inquiétude légitime parmi ceux qui avaient accepté la solution proposée par Mussolini, sur la base de ses déclarations au Parlement. Au printemps 1923, les populaires rompirent avec le fascisme. Nitti le critiqua violemment et les manifestations royalistes se multiplièrent. Devant cette fronde, Mussolini réagit très vite en faisant préparer par le député Acerbo une nouvelle loi électorale selon laquelle la liste ayant obtenu 25 % des voix se verrait automatiquement attribuer les deux tiers des sièges. Proposition qui, en définitive, satisfaisait tous ceux qui, lassés par l'ingouvernabilité de la Chambre, l'imputait à l'échec de la proportionnelle. Malgré l'aspect suicidaire de cette décision, le Parlement accepta cette loi. Des élections furent fixées au 6 avril 1924. Pour s'assurer de sa victoire, Mussolini établit une liste nationale, le *Listone*, dans laquelle figurèrent des non-fascistes, des libéraux ex-populaires, des anciens combattants. Face au *Listone*, l'opposition demeura fidèle à sa stratégie de divisions. D'innombrables listes se présentèrent aux élections en ordre dispersé. Ce qui contribue à expliquer le succès de la liste de Mussolini qui obtint 65 % des voix, obtenant les deux tiers des sièges. Quant aux opposants, ils se retrouvèrent totalement éclatés en diverses tendances rivales et par conséquent dispersés à la Chambre.

Pourtant l'affaire Matteotti allait, pour un temps, remettre en cause ce processus bien huilé qui semblait acheminer inexorablement Mussolini vers la dictature.

L'affaire Matteotti

Ce fut lors de l'ouverture de la session de la Chambre, le 24 mai 1924, que le député Matteotti, suivi par une foule d'orateurs, prononça un violent réquisitoire contre le régime, proposant l'invalidation des députés du *Listone*. Or, le 10 juin 1924, Matteotti fut enlevé et on attribua très vite cet enlèvement à des fascistes aux ordres du directeur de la Sûreté générale, De Bono. Mussolini fut rapidement accusé de complicité et sommé de s'expliquer. Le 27 juin, les députés d'opposition décidèrent de se « retirer sur l'Aventin », autrement dit de ne plus assister aux séances tant que la Milice ne serait pas dissoute. Fut alors lancée une vaste et courageuse campagne d'opinion, de presse, de pression sur la police et les magistrats pour les inciter à condamner enfin les exactions fascistes. Lors du procès des assassins de Matteotti – dont le corps ne fut retrouvé qu'en août –, le parti socialiste unitaire se constitua partie civile et les responsables furent dénoncés vigoureusement. Ces actions furent largement approuvées par une opinion publique qui, jusque-là, s'était surtout fait remarquer par sa passivité, son « apolitisme », ou par une certaine sympathie pour Mussolini. Ce furent des jours noirs pour le fascisme. Les effectifs du PNF fondirent, les députés qui, comme Giolitti, Orlando ou Salandra, avaient jusque-là appuyé l'action de Mussolini se retournèrent contre lui. Mais si ce dernier connut un désarroi profond devant un retournement de situation aussi rapide, il gardait toutefois des atouts importants. Atouts à la Chambre, d'abord, où sa majorité était d'autant plus affirmée que l'opposition s'était retirée. Atouts liés également à l'impasse dans laquelle s'enfermait le mouvement de l'Aventin. Celui-ci, profondément légaliste, se cantonna dans une position de principe, s'appuyant sur une vaste campagne d'opinion, mais ne fit jamais appel à l'ensemble du pays, ce qui aurait été le seul moyen de débloquer la situation. Quant au roi, sa passivité joua en faveur du président du Conseil. Dès 1925, Mussolini passa à la contre-offensive et posa les bases d'un État véritablement fasciste.

Il commença par jeter le masque et, le 3 janvier 1925, prit ouvertement fait et cause pour les excès squadristes et menaça le pays d'une épreuve de force. Celle-ci s'engagea immédiatement. Federzoni, devenu ministre de l'Intérieur, s'attaqua à la presse – les journaux furent saisis quotidiennement –, aux organisations et cercles politiques, et ordonna l'arrestation d'une centaine d'hommes politiques et de journalistes. La justice de son côté tirait désormais ses ordres de Rocco et s'attacha à libérer tous les fascistes détenus ou condamnés. Le *ras* de Crémone, Farinacci, fut nommé à la tête du PNF, signe d'un durcissement du parti. Sa mission était double : radicaliser le PNF en éliminant toutes les tendances révisionnistes trop tièdes ou trop opportunistes, et briser les oppositions à l'extérieur. Une terrifiante vague de violence déferla sur l'Italie dans la plus complète impunité. En 1925 et 1926, les partis d'opposition furent attaqués ouvertement par le fascisme. Les journaux furent frappés les premiers et l'organisation de la presse se fit désormais sous l'égide du PNF. Les associations furent menacées après l'attentat commis en novembre 1925 par le député socialiste Zamboni, qui servit de prétexte à l'élimination du parti socialiste unitaire et de la franc-maçonnerie. Les syndicats ne furent pas dissous mais totalement vidés de leur substance. Les syndicats fascistes obtinrent en effet le monopole de la représentation syndicale et devinrent les seuls interlocuteurs du patronat.

Les chefs de l'Aventin se dispersèrent. Certains, comme Nitti, Salvemini, Gobetti, s'expatrièrent, d'autres passèrent à la clandestinité. Le 9 novembre 1926, tous les députés de l'opposition furent déchus de leur mandat. L'opposition avait vécu et avec elle, toute réelle vie politique en Italie.

La mise au pas du pays

Parallèlement, l'Italie devenait un État où les principes démocratiques étaient éliminés au profit du principe d'autorité : pouvoir personnel du chef, pouvoir de l'appareil de répression aux mains de l'exécutif, pouvoir enfin du régime sur les opinions. Mussolini devint chef du gouvernement le 24 décembre 1925, l'initiative parlementaire fut supprimée et en décembre 1926, Mussolini était autorisé à légiférer. La dictature d'un seul individu présidait désormais aux destinées de l'Italie. En novembre 1926, le ministre de la justice Alfredo Rocco fit voter un train de lois appelées les lois « fascistissimes ». Elles achevèrent de gommer toute trace de liberté en Italie. Les journaux antifascistes furent supprimés, le délit d'opinion institué par la loi. L'application de ces lois fut confiée à deux organismes nouveaux : l'OVRA (Organisation volontaire pour la répression de l'antifascisme) et un tribunal spécial de défense de l'État. Ce tribunal se rendit tristement célèbre par les innombrables condamnations de chefs de l'opposition à la déportation aux îles Lipari ou à Ponza. Face à cette instauration de la dictature fasciste, Turati, Nenni, Togliatti gagnèrent l'étranger. L'encadrement des masses au service d'un État dictatorial et nationaliste était en cours. Mais, à part le nationalisme, le fascisme n'avait pas d'autre programme que de se maintenir au pouvoir, pas d'orientation à long terme, si ce n'est, peut-être, dans l'esprit de Mussolini.

L'économie fasciste : du libéralisme au dirigisme

Il n'y avait pas non plus de pensée économique du fascisme. Là encore, l'opportunisme allait s'imposer. Or Mussolini était arrivé au pouvoir avec l'aide de la Confindustria et de la Confagricoltura. Il nomma donc en 1922 l'économiste De Stefani au ministère des Finances, inaugurant la phase libérale de la politique économique fasciste. Pour résoudre la crise économique, De Stefani s'attaqua d'abord au démantèlement de l'appareil dirigiste hérité de la guerre. Libération des prix et des loyers, fin de la réforme agraire marquèrent cette période ainsi que la remise en cause de certains secteurs nationalisés comme le monopole d'État de fabrication des allumettes ou de l'exploitation du réseau téléphonique. Une politique très rigoureuse d'équilibre budgétaire fut poursuivie, entraînant une réduction drastique des dépenses de l'État.

Enfin, l'on prit des mesures pour encourager les investissements italiens et étrangers. La réforme fiscale de 1923 en constitua la pièce maîtresse, liquidant les surtaxes de guerre sur les hauts salaires et établissant un impôt progressif sur le revenu.

Cette politique obtint des résultats positifs : le revenu national par tête passe de 1 375 lires (période 1916-1920) à 2 786 lires pour la période 1921-1926. Le chômage avait considérablement baissé et les salaires avaient augmenté. Mais d'autres problèmes subsistaient : d'abord le coût des importations de blé lorsque les récoltes étaient mauvaises ; ensuite une très forte montée des prix liée à la relance économique. Enfin, la lire se déprécia sur les marchés mondiaux. De Stefani tenta de prendre un certain nombre de mesures interventionnistes afin de bloquer le mouvement de dépréciation de la monnaie. Ce fut au prix d'un ralentissement des affaires qui provoqua son renvoi sous la pression des milieux économiques. Il fut donc remplacé par Volpi, ancien président de l'Association italienne des sociétés par actions. Celui-ci commença par résoudre le problème des dettes et se fit rouvrir par les États-Unis et la Grande-Bretagne le marché des capitaux. Grâce à cela, l'Italie contracta un emprunt de 100 millions de dollars auprès de la banque Morgan afin de renflouer la lire et de reconstituer les réserves de la Banque d'Italie.

Mais les difficultés entraînées par la phase libérale de l'économie italienne incitèrent Mussolini à inaugurer en 1925-1926 une phase dirigiste.

L'État fasciste jusqu'en 1939

En 1927, le cadre institutionnel de l'État fasciste était fixé et il ne connut plus que des modifications mineures. Le fascisme apparut dans de nombreux pays comme un exemple de réussite, en comparaison des résultats mitigés de l'*Italietta*. Mais à partir de 1936, le régime se durcit et l'ambition de Mussolini de calquer l'expérience fasciste sur le modèle nazi entraîna une décadence rapide [1].

Le régime fasciste se caractérisait donc par l'importance

1. Il faut noter que subsiste un débat pour l'interprétation de ce tournant totalitaire de 1936-1937. La volonté de Mussolini de mener à bien une « révolution culturelle » qui aurait retrouvé l'esprit républicain, religieux et anti-bourgeois du premier fascisme pourrait en être à l'origine, comme l'a montré Renzo de Felice dans sa biographie consacrée à Mussolini. Ce qui atténuerait l'idée selon laquelle seule l'imitation de l'Allemagne aurait présidé aux ambitions du Duce.

du pouvoir accordé à Mussolini, une dictature personnelle, qui s'appuyait sur un parti unique et tout-puissant. Pourtant, en 1927, le roi avait encore un pouvoir non négligeable dans la mesure où les anciennes institutions issues du *Statuto* n'avaient jamais été abrogées. Il pouvait ainsi révoquer le Premier ministre, maintenir son autorité sur la Cour des comptes, la Cour de cassation et le Conseil d'État ; enfin, en tant que chef de l'armée, il bénéficiait de la fidélité des maréchaux Diaz, Badoglio et Caviglia – par ailleurs assez réticents vis-à-vis du fascisme. Quant aux deux Chambres, elles existaient toujours et leur pouvoir de contrôle n'avait pas été totalement supprimé. De plus, les sénateurs étaient choisis par le roi ce qui aurait pu donner au Sénat une certaine latitude. Il n'en fut rien, le roi n'ayant jamais eu la volonté de s'opposer au régime. En réalité, la Chambre demeura une chambre d'enregistrement, sans aucune volonté de discussion.

Les institutions légales ne constituaient plus qu'un paravent masquant à peine la réalité du pouvoir. Pour Mussolini, et il l'exprima dans sa *Dottrina del Fascismo*, l'État constituait une entité supérieure aux individus. Le fascisme et la nation devaient s'identifier totalement l'un à l'autre et le rôle du fascisme consistait donc à combattre toute force susceptible de diviser la nation, qu'il s'agisse de l'Église ou des partis.

Concrètement, Mussolini cumulait les titres de chef de gouvernement, de Premier ministre et de secrétaire d'État, et il était seul responsable devant le roi de l'exercice du pouvoir exécutif. Il se contentait généralement de l'en informer. Par ailleurs, la loi Rocco lui avait conféré le pouvoir exclusif de l'initiative des lois, et la possibilité de légiférer par décrets-lois.

Petit à petit, une sorte de culte se développa autour du Duce, les portraits, statues, peintures à son effigie se multipliant à l'envi, le rendant omniprésent dans la vie italienne. Sa propagande fut remarquablement organisée par le PNF et sa légende contribua à renforcer son image de demi-dieu. Il tenta également de marquer la nouvelle ère fasciste en changeant le calendrier qui débutait désormais en 1922. L'organisation de rassemblements, de fêtes – les anciennes fêtes de l'Italie unifiée étant peu à peu remplacées par les nouvelles fêtes fascistes –, de cortèges et de défilés contribua à développer ce culte du chef, cheville ouvrière de l'encadrement des masses italiennes.

Les institutions fascistes se renforcèrent en même temps que le pouvoir personnel de Mussolini s'accroissait. Le Grand Conseil du fascisme devint l'organe suprême du nouvel État. Les pouvoirs exorbitants de cette institution accrurent la confusion, voulue et entretenue, entre le parti et l'État. La Milice connut un succès considérable mais fut toujours considérée avec suspicion par l'armée qui y voyait, non sans raison, un concurrent dangereux. Quant à l'administration communale, elle fut réorganisée afin que le fascisme en ait le contrôle complet : préfets et sous-préfets furent désormais nommés par le ministre de l'Intérieur, et des podestats, nommés par le gouvernement, administraient les villes.

Le rôle du PNF

Enfin, quelle devait être la place du PNF dans l'État, une fois son rôle d'appui pour la prise du pouvoir achevé ? En effet, une rivalité latente existait entre le parti et l'État. Question rendue d'autant plus délicate que le gonflement des adhésions après 1926 délaya les convictions, et que la révélation de certains scandales déconsidéra le parti. Il fallait donc l'épurer, tâche dévolue à Giuriati qui fit passer le nombre d'adhérents d'un million à 660 000 membres. Mais il préféra abandonner cette tâche en 1931, remplacé par Achille Starace. Effacé, dévoué à Mussolini, celui-ci laissa le flot des adhésions se gonfler de nouveau et surtout ne fit pas d'ombre aux hiérarques fascistes qui gardèrent leur pouvoir politique intact.

Pourtant, la nature même du PNF n'était pas claire : parti de masse ou parti d'élite ? La question restait entière, même si la conception élitiste finit par l'emporter. Les cadres de l'État durent assez vite, s'ils voulaient conserver leur emploi, s'inscrire au parti. D'où le nom de *tessera del pane* (« carte de pain ») donnée à la carte du PNF [1]. La classe dirigeante

1. Le PNF étant lui-même surnommé Par Nécessité Familiale, ce qui indique assez clairement la motivation politique des adhérents !

traditionnelle s'identifia très vite, par force ou par choix, à la majorité des membres du parti.

L'armée d'élite que devait constituer le parti avait pour mission l'encadrement des masses et le contrôle des esprits. Pour encadrer la population, deux démarches complémentaires furent menées de front : d'une part la fascisation des cadres, d'autre part la création d'organismes parallèles au parti chargés « d'occuper » tant la vie publique que privée des Italiens.

De 1922 à 1928, la fonction publique, la magistrature, la diplomatie furent épurées et ne restèrent en place que ceux qui manifestaient clairement leur attachement au parti. Quant aux masses, elles furent prises en charge par des organisations parallèles au parti. Les enfants furent enrôlés dans l'ONB (*Opera nazionale Balilla*) qui eut dès 1931 le monopole sur la jeunesse. Fils de la Louve, Balilla, Petites Italiennes puis jeunesses fascistes marquent les étapes de cet enrégimentement. En 1936, ce sont cinq millions de jeunes qui appartenaient à ces organisations auxquelles l'adhésion était quasiment devenue obligatoire. En 1937, elles passèrent sous la direction du parti (alors qu'elles dépendaient auparavant du ministère de l'Instruction publique) et furent regroupées au sein de la GIL (*Gioventù italiana del littorio*). L'activité fut alors tout entière tournée vers l'endoctrinement et la préparation à la guerre. La GUF (Groupe universitaire fasciste) échappa toutefois à ce laminage intellectuel et physique. Destinée à fournir les intellectuels du régime, l'organisation encouragea dans une certaine mesure la discussion et l'esprit critique, fabriquant ainsi parfois ses propres contradicteurs.

L'âge adulte eut lui aussi ses activités sous la houlette du parti, au sein d'associations professionnelles ou syndicales et de l'*Opera nazionale Dopolavoro* qui regroupait 4 600 000 adhérents en 1939. L'Italien moyen ne pouvait que difficilement échapper au parti : dans son travail, dans ses loisirs, pour ses enfants, refuser de s'inscrire ou de participer signifiait se marginaliser et se retrouver implicitement suspect. Dans ces conditions, il est évidemment difficile de faire aujourd'hui la part entre l'attachement réel au fascisme et le suivisme des Italiens.

D'autant qu'il est également difficile d'apprécier les « résultats » de la propagande fasciste. Dino Alfieri se vit confier le ministère de la Presse et de la Propagande devenu en 1937 le ministère de la Culture populaire (le *Minculpop*). C'était la clé de voûte du régime et les fascistes accordaient une très grande importance au contrôle sur les esprits. Ce ministère était chargé de la presse, de l'éducation, de l'Université. Si cette dernière ainsi que l'instruction primaire rallièrent les sympathies fascisantes, l'enseignement secondaire résista davantage au nivellement des esprits voulu par le régime.

« Cultura fascista »

Mussolini créa également en 1926 l'*Accademia d'Italia* pour contrebalancer l'influence de la traditionnelle *Accademia dei Lincei* qui restait assez imperméable aux idées fascistes. Le refus de Benedetto Croce d'y participer ainsi que divers autres problèmes retardèrent son inauguration qui n'eut lieu qu'en 1929. Mais des hommes éminents tels que Pirandello, Marinetti, Goacchino Volpe ou Marconi y siégèrent.

Le monde des arts était largement dominé par le régime, les politiques de construction allant bon train. Mussolini apporta son appui à la fois aux rationalistes et aux architectes plus traditionnels dans la mesure où ils mettaient leur art au service du régime. La gare de Florence de Michelucci, la maison du *Fascio* de G. Terragni à Côme, la, construction de la ville de Savoia illustrent bien les réalisations des architectes modernistes. En revanche, Rome fut presque entièrement livrée à Marcello Piacentini, grand maître de l'architecture des « arches et des colonnes », néo-classicisante et destinée à rappeler la grandeur antique. Rome fut soumise à des destructions terribles (*il piccone*) afin de percer des artères larges et imposantes destinées à accueillir foules et défilés. Ainsi, la via dei Fori Imperiali de la place de Venise au Colisée date de la période mussolinienne, ainsi que la via della Conciliazione qui, déchirant le tissu médiéval du Borgo, perça cette énorme artère qui relie le château

Saint-Ange et Saint-Pierre de Rome. La place du mausolée d'Auguste, le stadio dei Marmi avec ses rangées de statues participent du même courant. Dans le centre historique de Rome, ces bouleversements urbanistiques entraînèrent des déplacements massifs de populations qui furent mal relogées à l'extérieur de la ville dans des banlieues, ou *borgate*, insalubres qui, bien que provisoires, survécurent après la guerre. Enfin, malgré la qualité des architectes employés à cette tâche, le quartier de l'EUR (Esposizione Universale di Roma), à mi-distance entre Rome et la mer, ne fut pas achevé : l'Exposition devait se tenir en 1942 ! Les bâtiments des Archives, le palazzo della Civiltà Romana ou la cathédrale y offrent d'excellents exemples de l'architecture mussolinienne. En peinture, les styles les plus divers furent utilisés, du futurisme à l'académisme le plus traditionnel. Cette relative « liberté » constitue une différence fondamentale avec le régime nazi où tout art moderne fut assimilé à un art « dégénéré ». Les De Chirico, Morandi, Soffici, Sironi donnèrent à l'Italie des œuvres remarquables, malgré la pesanteur du régime. Néanmoins, l'essentiel de la « création » italienne se borna à louer le régime et son chef. Enfin le fascisme eut l'habileté d'utiliser comme moyens de propagande les deux nouveaux instruments qui étaient à sa disposition : la radio et le cinéma. La radio devint monopole d'État en 1927 et elle allia divertissement et propagande « lourde ». Mais le Duce ne prisait pas particulièrement les discours radiodiffusés, préférant le contact direct avec les foules. C'est le sens des nombreux meetings de la piazza Venezia où Mussolini, de son balcon, entretenait avec la foule un dialogue extraordinaire. L'obsession du régime pour la forme physique déboucha naturellement sur la valorisation du sport. Le CONI (Comité olympique italien) passa directement sous la tutelle du PNF. Fort d'une politique d'État efficace, le sport italien connut des victoires spectaculaires dans les domaines du football, du ski et du cyclisme notamment, renforçant la fierté nationale.

La littérature italienne de la période fut bien représentée par des auteurs comme Luigi Pirandello (prix Nobel en 1934) ou encore Italo Svevo (de son vrai nom Ettore

Schmitz). Ce dernier mourut en 1928, unanimement salué par l'intelligentsia européenne (Joyce, Larbaud...) mais peu connu en Italie même. Son œuvre se rattachait dans son ensemble davantage à la littérature de la *Mitteleuropa* – il était originaire de Trieste – et son dernier livre, *la Conscience de Zeno*, en 1923, n'est pas sans rappeler par certains aspects la recherche des « hommes sans qualités » chers à Musil.

Quant à Pirandello – dont l'attachement au fascisme ne fut que de circonstance –, il fut considéré comme un des rénovateurs de la prose italienne, tant dans le roman que dans le théâtre. La poésie, elle, trouva ses rénovateurs avec Ungaretti et Eugenio Montale.

La période fasciste vit aussi les débuts du jeune Alberto Moravia qui publia en 1929 *les Indifférents*, premier livre d'une longue série qui verra le développement de ce thème cher à l'auteur romain : celui d'une bourgeoisie hypocrite et pervertie car indifférente à la violence du fascisme. Plus tard, *le Conformiste* reprendra ce thème avec force.

Au total, l'art de la période est un art contrasté : conformisme et attachement au régime, contestation rampante ou au contraire engagée (Vittorini, *Conversation en Sicile*, 1941) et, parfois, création et originalité. C'est là, indéniablement, une des particularités du régime mussolinien.

Le cinéma, enfin, « *l'arma più forte* » fut largement utilisé par la propagande. Le reportage cinématographique acquit alors ses lettres de noblesse, et d'ailleurs, la plupart des grands cinéastes du néo-réalisme d'après-guerre avaient travaillé à l'institut LUCE. Quant au cinéma lui-même, soumis à la censure, il donna lieu à la production de films à la gloire du régime, certes, mais aussi à des péplums ou des films de divertissement (les « téléphones blancs »). *Scipion l'Africain* de Carmine Gallone, ou *Condottieri* de Luis Trenker représentèrent sans doute les « monuments » du cinéma fasciste mais ils constituent une exception. Dans l'ensemble, le cinéma produit durant la période fasciste fut un cinéma lénifiant, représentatif des idéaux d'une petite bourgeoisie attachée aux valeurs traditionnelles.

La dégradation économique

On l'a vu, les problèmes posés par la phase libérale de l'économie italienne débouchèrent en 1925 sur la « reprise en main » par Mussolini de l'économie. La non-intervention prônée par Volpi et défendue par les milieux d'affaires laissa place à une politique interventionniste, plus volontariste.

Mussolini voulait absolument que l'Italie ait une monnaie forte. Il s'engagea donc avec Volpi dans une politique de déflation rigoureuse. En même temps, des mesures autoritaires visèrent à réduire la consommation. Les industries durent se fournir prioritairement en minerais nationaux, les importations de grain furent contingentées, etc. Des économies furent également réalisées au niveau administratif. La bataille de la monnaie italienne se conclut par un redressement spectaculaire, la lire étant désormais à parité avec le franc. Mais cette politique de prestige brisa en fait le redressement économique que l'Italie commençait à opérer. Les importations diminuèrent, ce qui était le but poursuivi, mais les exportations aussi, ainsi que la production. Le chômage reprit au moment même où le reste de l'Europe connaissait un décollage.

La décision de défendre la lire impliquait donc de réduire les importations. Cela voulait dire produire ou fabriquer sur place ce qu'on ne faisait plus venir de l'étranger. C'est ainsi que s'engagèrent les grandes « batailles » économiques. La première débuta en 1925 : ce fut la « bataille du blé ». Il s'agissait de mettre fin aux considérables sorties de devises qu'entraînait l'importation de blé. Appuyée par une propagande extrêmement active, elle donna des résultats intéressants : la production augmenta de 50 % et l'Italie put se suffire à elle-même. Le même type d'effort se déroula pour d'autres denrées alimentaires. Produire plus impliquait également une mise en culture de terres jusque-là en friche : ce fut l'objet de la bonification intégrale lancée en 1928. La Maremme toscane, les marais Pontins, la basse plaine du Pô furent ainsi cultivés, aménagés, équipés de routes, de villages de colons, de villes.

Parallèlement une politique de grands travaux fut lancée afin de résorber le chômage : construction de ponts, de tunnels, des premières autostrades ou de bâtiments dans les grandes cités.

L'économie fasciste passa donc entre 1925 et 1928 d'une économie libérale à une économie dirigiste. Mais ce ne fut qu'en 1930 que le Duce théorisa *a posteriori* ce que la nécessité lui avait fait choisir comme programme économique : l'autarcie.

La crise des années 30 toucha l'Italie d'abord par une chute vertigineuse des exportations, qui entraîna une baisse des prix de gros et donc un effondrement de la production. Un accroissement du chômage s'ensuivit, l'Italie recensant 1,3 million de chômeurs en 1933. Les agriculteurs, les ouvriers, les employés et même les fonctionnaires furent affectés. Banques et entreprises connurent alors des difficultés et elles se tournèrent vers l'État. Des souscriptions furent lancées pour sauver des entreprises en difficulté, le contribuable étant évidemment largement sollicité.

Mais la crise n'infléchit pas pour autant la politique mussolinienne : les prix italiens étaient de plus en plus élevés par rapport aux prix mondiaux, d'autant que la livre et le dollar avaient été dévalués. L'État fasciste ne se décida qu'en 1936 à dévaluer la lire mais trop faiblement. Et il continua à mener une politique de déflation qui, comprimant le marché intérieur, aggravait les effets de la crise. Comme en 1926, il fallait donc renforcer la tendance autarcique de l'Italie pour poursuivre cette ligne économique. Trois types de mesures furent prises : des droits de douanes prohibitifs, un contrôle des changes extrêmement rigoureux et enfin des accords de *clearing* avec la Bulgarie, la Roumanie et l'Allemagne pour maintenir un flux commercial minimal sans sorties de devises.

Cet isolement réalisé, l'emprise de l'État sur l'économie s'accentua. Mais ce ne fut pas le résultat d'une action concertée. Le processus répondit à la demande d'aide des entreprises qui déboucha sur des prises de participations majoritaires de l'État (Banca Commerciale Italiana). La création de l'IRI (*Istituto per la Ricostruzione Industriale*) en 1933 correspondait à ce fonctionnement. Pour permettre aux banques de retrouver des liquidités, l'État leur rachetait leurs participations industrielles, voire leurs propres actions. A partir de là, l'État qui gérait désormais un énorme portefeuille de titres dont personne ne voulait créa une série de holdings : Società finanziaria telefonica, Finmare, qui contrôle les lignes de navigation, etc. L'État était devenu capitaliste. L'IRI représentait le lien existant entre l'État et le capitalisme italien.

La guerre d'Éthiopie donna naissance à la mise en place d'une économie de guerre, autrement dit d'une autarcie renforcée. Les rationnements frappèrent très tôt les Italiens, dès 1935. Mais surtout l'Italie chercha à s'assurer une indépendance économique dans tous les domaines clés : l'énergie (création de l'AGIP pour le pétrole, de FACI pour le charbon et de l'AMMI pour les métaux), les produits de synthèse, l'agriculture.

Le bilan économique reste mitigé : c'est une réussite si l'on compare l'état économique de l'Italie en 1939 à celui de l'Italie post-unitaire. La période fasciste a véritablement permis la mise en place d'une infrastructure moderne et a préparé le décollage de l'après-guerre. Mais au vu des ambitions du fascisme, les résultats obtenus demeurèrent très en deçà de ceux escomptés.

« Normalisation » et consensus

Reste à savoir si le projet mussolinien d'uniformisation, d'endoctrinement, d'omniprésence du parti dans la population se réalisa effectivement. Il est probable que, de 1926 à 1936, le fascisme connut de belles heures en Italie et on a pu parler à cet effet d'un « consensus » autour du régime. En revanche les années de l'immédiate avant-guerre et l'alignement sur l'Allemagne nazie marquèrent le renforcement du totalitarisme, la reprise de la contestation et, à terme, le délitement du régime.

Peu de temps après la victoire définitive du Duce, le gouvernement put se prévaloir d'un succès remarquable : la normalisation des rapports avec l'Église. Cela conféra au régime une popularité réelle auprès de nombreux Italiens. Avant l'arrivée de Mussolini au pouvoir, des tentatives de rapprochement avaient déjà eu lieu entre le Saint-Siège et l'État italien. Le régime fasciste en récolta les fruits.

Lorsqu'il arriva au pouvoir, Mussolini mesura la puissance du catholicisme dans le pays et se livra à une série de gestes améliorant la situation de l'Église. Mais le PPI restait l'objet des attaques fascistes, ainsi que l'Action catholique dans la mesure où ces organisations manifestaient l'ingérence de l'Église dans le domaine temporel. Ce fut d'ailleurs autour de ce binôme – liberté spirituelle de l'Église, mais renonciation à toute action temporelle – que Mussolini tenta un rapprochement avec le pape. En effet, dans la mesure où le fascisme avait un projet global pour la société, il était exclu que d'autres organisations puissent le concurrencer. Mais c'était oublier que la religion était, elle aussi, un projet global de société.

Dans l'immédiat, le nouveau pape, Pie XI, élu en 1922, nourrissait quelques sympathies à l'égard du fascisme. Hostile à la fois au communisme et au libéralisme, il voyait dans le fascisme une solution intermédiaire face à laquelle il était envisageable de faire quelques concessions afin de normaliser les relations interétatiques. Les négociations entamées en 1926 débouchèrent en février 1929 à la signature des accords du Latran. Ils prévoyaient la reconnaissance par l'Italie de la propriété et de la puissance souveraine du Saint-Siège sur la Cité du Vatican, et en échange le Vatican renonçait au pouvoir temporel et reconnaissait le royaume d'Italie, avec Rome comme capitale et la maison de Savoie comme dynastie régnante. C'était une victoire de l'Italie sur le Vatican. En compensation des territoires perdus par le Saint-Siège, une convention financière lui accordait une substantielle indemnité.

Mais le concordat conférait à l'Église des avantages indéniables. En effet, l'État garantissait son indépendance et lui assurait sa protection : indépendance pour la nomination des évêques, dans laquelle le gouvernement n'intervenait plus, protection juridique des personnes et des biens. Enfin, le concordat trancha en faveur de l'Église en ce qui concerne le mariage religieux qui revêtit désormais la même valeur que le mariage civil. Dans le domaine de l'éducation, l'enseignement religieux fut réintroduit. Si les concessions faites restent importantes, les bénéfices furent considérables pour le régime du Duce qui acquit, pour un temps, la respectabilité que lui conféraient ses liens avec la religion. Pourtant, des nuages allaient très bientôt obscurcir ces relations quasi idylliques.

Il y a bien eu durant ces quelques années de consensus une réelle emprise du fascisme sur l'opinion. Mais il faut dire que toutes les associations et partis politiques d'opposition étaient interdits, la presse jugulée, la culture et la population étroitement encadrées et que la propagande se faisait de plus en plus obsédante. Le régime pouvait toutefois se prévaloir de réels succès, surtout mesurés à l'aune des années précédentes. La question romaine était réglée, le monde du travail, remanié sous une forme corporatiste, traversa une période assez calme. Les grandes batailles économiques donnèrent aux Italiens le sentiment, après des années d'*Italietta*, « de jouer enfin dans la cour des grands ». Enfin, l'image du fascisme à l'étranger n'était pas mauvaise, hormis bien sûr dans les milieux communistes ou socialistes. La « synthèse mussolinienne » fit en effet l'admiration de Lloyd George, de Winston Churchill, de Gandhi. Et, en 1935, Mussolini vengea enfin avec la conquête de l'Éthiopie la défaite d'Adoua. On comprendra l'acceptation, voire l'enthousiasme, d'une partie importante du peuple italien pour ce régime.

L'opposition, quant à elle, restait affaiblie. Socialistes libéraux et républicains constituèrent en 1922 une Concentration antifasciste qui fut surtout active à l'étranger. Le mouvement *Giustizia e Libertà* animé par Carlo Rosselli préconisait pour sa part la voie insurrectionnelle ; mais les actions entreprises par *Giustizia e Libertà* (attentats, sabotages...) débouchèrent sur le démantèlement du réseau par la police. Les deux mouvements, la Concentration et *Giustizia e Libertà*, ne réussirent pas à se mettre d'accord pour mener une action commune. Restait, face au fascisme, le parti communiste. Celui-ci s'était doté dès 1922 d'une structure clandestine et il ne fut donc pas pris de court lorsque survint la dissolution des partis en 1926. Une direction extérieure était animée par Palmiro Togliatti à Paris, une direction interne existait en Italie et il conservait des moyens d'action comme la presse clandestine et la reconstitution à son profit, en 1927, de la CGL qui avait été dissoute. Mais fidèles à la tactique « classe contre classe » imposée par Moscou, les communistes refusèrent tout accord avec la Concentration. Ceux qui, conscients du caractère absurde de cette tactique dans le contexte italien, auraient voulu constituer un grand front antifasciste furent exclus du parti entre 1928 et 1931, dont Angelo Tasca et Ignazio Silone.

Ce ne fut pas la réorganisation de l'opposition qui entraîna le déclin du fascisme dans les années suivant 1935, mais bien davantage les faiblesses internes au régime et la rivalité qu'établit Mussolini avec son « concurrent » nazi, entraînant une surenchère intenable pour l'Italie.

Projet mussolinien et fascination pour l'Allemagne : la marche à la guerre

Si le déclin du régime apparut clairement dans les années 1936-1940, des signes avant-coureurs se percevaient déjà. Le durcissement de plus en plus notable du régime de Mussolini, son alignement sur l'Allemagne qui contribua l'adoption de mesures racistes contribuèrent à élargir une opposition qui ne vint pas des mouvements traditionnellement attachés à l'antifascisme. Quant à l'opinion publique, le consensus dont elle gratifiait le régime jusqu'alors se délita peu à peu.

L'absence d'une véritable doctrine fasciste donnait une importance toute particulière à la personnalité du chef du régime, à ses intuitions, ses ordres. Or c'est à cette époque (1936-1937) que Mussolini nourrit l'idée d'une révolution culturelle fasciste qui renouerait avec les idéaux du début des années 20. Mais la santé déclinante du Duce entraîna des décisions de plus en plus contradictoires, des coups de tête, des attitudes irréfléchies. Le cap n'était plus tenu. Parallèlement, la vacance de l'autorité favorisa la reprise des intrigues entre Galeazzo Ciano, gendre du Duce, le clan Petacci (autour de Clara Petacci, la maîtresse du Duce) et les dignitaires du régime.

La mégalomanie croissante de Mussolini le poussa aussi à entretenir avec le roi, dont il ne supportait pas la présence car elle lui portait ombrage, des relations de plus en plus tendues, à tel point que les milieux monarchistes redoutèrent un coup d'État. La Chambre des députés, pourtant ravalée au rôle de simple chambre d'enregistrement, fit également l'objet de mesures de rétorsion... qui se soldèrent par sa suppression en 1939. Elle fut remplacée par la Chambre des faisceaux et des corporations qui regroupait le Conseil national du PNF, le Conseil national des corporations, le Duce et les membres du Grand Conseil du fascisme.

Enfin, l'Italie tenta d'imiter l'Allemagne nazie dans son rêve de formation des surhommes. L'homme nouveau, l'homme fasciste devait être rapide, efficace, viril. Les défilés militaires se firent au pas de l'oie, rebaptisé pour l'occasion *passo romano* (le pas romain), le tutoiement devint obligatoire, les fascistes durent se soumettre à des épreuves sportives... C'est ainsi que l'on vit des hiérarques bedonnants courir aux côtés du Duce ou encore se livrer péniblement à des courses de haies. L'exploit tournait au ridicule. Ce qui ne serait rien si ce « style nouveau » n'avait correspondu en réalité à un raidissement du régime ; le parti se fit de plus en plus omniprésent, les organisations parallèles passèrent sous sa direction, la Charte de l'école publiée en 1938 transforma l'enseignement en une machine de propagande et le passage par la GIL et la GUF devint obligatoire. Les zones de liberté se restreignaient comme une peau de chagrin. Mais surtout, après avoir durement critiqué l'Allemagne nazie, la fascination exercée par Hitler contribua à mener le fascisme sur un terrain qui lui était relativement étranger : le racisme.

En 1938, un Manifeste de défense de la race réalisé sous l'égide d'un groupe de savants et édité par le *Minculpop*, affirma le principe de l'inégalité des races et l'appartenance des Italiens à la race aryenne. Le PNF se chargea de diffuser largement ces vues et le 1er septembre 1938 on créa un Conseil supérieur pour la démographie et la race qui s'employa à prendre toute une série de mesures discriminatoires. Les Juifs étrangers se virent interdire les écoles italiennes ;

les Juifs italiens furent exclus de l'enseignement, des académies, des instituts scientifiques, artistiques et littéraires, de l'armée, des administrations centrales, des banques et assurances etc. Les mariages entre Juifs et Italiens furent interdits.

Toutefois, il y eut un hiatus entre la lettre de la loi et son application. Le régime fasciste ne passa que tardivement à la persécution ouverte. D'autre part, les Juifs médaillés, mutilés, adhérents du fascisme aux périodes difficiles furent exemptés. Enfin, populations et administrations ne firent pas de zèle pour appliquer ces lois. Pourtant, les listes étaient prêtes pour l'occupation allemande et nombre de Juifs italiens préférèrent s'exiler.

Cette copie de l'Allemagne nazie sans programme cohérent, le durcissement du régime, tout cela contribua à faire naître de nouvelles forces d'opposition. Ce ne fut pas de l'antifascisme historique que naquit cette opposition : trop faible, trop divisé, souvent exilé, il n'avait pas grande latitude d'action. Ce fut des forces qui, jusque-là, étaient alliées au régime, qu'elle naquit. Les catholiques d'abord. Le conflit se noua dès les lendemains des accords du Latran : en effet, le catholicisme et le fascisme, doctrines prétendant englober la totalité de l'homme, ne pouvaient que s'affronter. L'un et l'autre voulaient régenter la vie spirituelle des individus et ils se trouvèrent très vite en concurrence. Toutefois, dans un premier temps, l'un et l'autre essayèrent de conserver les avantages acquis. C'est ainsi que l'offensive lancée en 1931 par Giuriati contre les organisations de jeunesse catholiques s'attira une réponse violente du Saint-Siège. L'encyclique *Non abbiamo bisogno* condamna vigoureusement la « statolâtrie » du fascisme, mais en définitive Giuriati quitta la direction du PNF et Pie XI réorganisa les associations de jeunesse catholiques. Toutefois, ces organisations catholiques continuèrent d'exister et contribuèrent à former les élites démocrates-chrétiennes de l'après-guerre, celles qui allaient arriver en remplacement de la classe dirigeante fasciste.

Mais le rapprochement avec le nazisme, dont la doctrine raciste avait été condamnée en 1937 dans *Mit brennender*

Sorge, allait ternir de nouveau les relations entre fascisme et catholicisme, et la tension deviendra encore plus vive en 1938 avec l'adoption de la législation raciale. En février 1939, la rupture semblait imminente, mais Pie XI décéda et son successeur, Pie XII, fut beaucoup plus enclin à la « diplomatie ». Mais si le fascisme dut à ce nouveau pape de ne pas être condamné, la publicité des querelles avait contribué à détacher du fascisme une fraction non négligeable de l'opinion catholique.

Le même détachement marqua les milieux libéraux fidèles à la monarchie. Dès 1930 naquit un mouvement de résistance, l'Alliance nationale, regroupant des démocrates-sociaux proches de Benedetto Croce. Arrêtés rapidement, les membres du mouvement n'eurent pas le temps d'agir mais ils étaient représentatifs d'une opinion libérale effrayée par le rapprochement avec le nazisme, l'agressivité internationale du régime et l'attitude de plus en plus antimonarchiste du Duce.

Enfin, au sein des milieux fascistes aussi, le fossé grandissait entre les aspirations du premier fascisme révolutionnaire et le fascisme-État. Corrompu et conformiste, il entraîna une désillusion profonde chez les jeunes, ceux-là mêmes qui devaient porter l'espoir du régime. L'ensemble de ces contestations, contradictions, désillusions allait rallier à l'opposition une partie de l'opinion publique, celle qui, « apolitique », avait suivi les grandes vagues de fond.

Le fascisme avait donc répondu aux aspirations de la classe dirigeante issue du Risorgimento : il avait rétabli les liens avec l'Église, il avait donné un empire à l'Italie, il avait maté la classe populaire. Mais le totalitarisme, qui n'était perçu que comme un moyen transitoire pour établir le régime, s'avérait devenir une fin en soi. Or ce durcissement du régime, lié à l'alignement sur l'Allemagne, allait entraîner le divorce avec l'opinion. Il faut donc bien parler d'échec de la fascisation du régime. L'échec du régime viendra, lui, avec la guerre.

L'Italie dans les guerres

Après une période de normalisation des relations avec les démocraties qui dura jusqu'en 1935 (il ne faut pas oublier que Mussolini fut l'unique chef d'État à s'opposer par la force à une tentative hitlérienne, en l'occurrence le premier Anschluss, contre l'Autriche, en 1934), l'Italie s'engagea dans l'aventure impériale en Éthiopie puis, devant les réactions hostiles de ses alliés de la veille, bascula dans les bras de l'Allemagne. Désormais, chacun des deux États avait délimité son champ d'expansion « naturel » : la Méditerranée pour l'Italie, qui avait auparavant des vues sur l'Europe centrale et balkanique, et l'Europe orientale pour l'Allemagne. Le comte Ciano fut l'instigateur de ce rapprochement et ce fut sur ses conseils que Mussolini entreprit le rapprochement Rome-Berlin.

La première étape en fut la guerre d'Espagne qui débuta en 1936. Allemagne et Italie y intervinrent conjointement, mais l'Italie le fit de façon beaucoup plus massive que l'Allemagne. En mars 1937, 70 000 hommes partirent avec un matériel considérable ; au même moment, Franco ne pouvait aligner que 25 000 hommes... Durant l'année suivante, les échanges italo-allemands s'intensifièrent ; Mussolini revint fasciné de son voyage en Allemagne (septembre 1937) où il prit la parole à Berlin devant 800 000 personnes. Le 6 novembre 1937, l'Italie adhéra au pacte anti-Komintern signé en 1936 par l'Allemagne et le Japon.

Mais l'Anschluss du 11 mars 1938 que Mussolini dut entériner donna lieu en Italie à un concert de protestations venant même des milieux dirigeants fascistes. Face à cette levée de boucliers, Mussolini tenta une fois encore de se rapprocher des démocraties et signa avec la Grande-Bretagne les « accords de Pâques ».

Devant le risque de perdre l'Italie comme alliée, Hitler proposa en mai 1938 une alliance militaire. Mais tant Ciano que Mussolini, conscients de l'impréparation militaire de l'Italie et du rôle de « suiveur » auquel elle serait réduite, temporisèrent tout en tenant officiellement un discours des plus bellicistes. A Munich, Mussolini soutint les propositions allemandes tout en suggérant un compromis. Au sommet de sa popularité après Munich, il redéfinit ses buts expansionnistes et commença par déclarer caducs les accords passés avec la France en 1935, réclamant à nouveau la Tunisie, Djibouti, la Corse, Nice et la Savoie.

Mais, incapable de satisfaire sur le moment ses objectifs méditerranéens, Mussolini se tourna d'abord vers l'Albanie qui était déjà un semi-protectorat. Le roi Zog Ier fut contraint d'accepter l'ultimatum italien et Victor-Emmanuel III fut proclamé roi d'Albanie.

Les pourparlers en vue de la signature d'un pacte italo-allemand se poursuivaient, mais Ciano eut l'incroyable légèreté de laisser les Allemands préparer seuls le projet. Signé le 22 janvier 1939 à Berlin, le pacte d'Acier impliquait nécessairement la marche à la guerre : Mussolini avait signé un document qui liait l'Italie au destin allemand, sans lui laisser aucune solution de rupture. En 1939, Mussolini, sur la foi des déclarations de Ribbentrop, pensait que la guerre n'aurait lieu qu'en 1942. Or au cours de l'été, le problème de Dantzig devenant de plus en plus épineux, Ciano rencontra Ribbentrop qui lui annonça que le Führer avait décidé de résoudre par les armes le problème polonais. Ciano, furieux et convaincu d'avoir été berné, chercha à persuader Mussolini qu'il fallait dénoncer le pacte. Le Duce préféra une échappatoire qui soumettait l'entrée en guerre de l'Italie à la fourniture par l'Allemagne d'armements que cette dernière n'était pas en mesure de livrer. Hitler reconnut donc la neutralité italienne. Cette position fut parfaitement acceptée par la majorité des Italiens qui y virent un début de recul par rapport à l'Allemagne nazie qui ne jouissait d'aucune popularité. Pourtant, le Duce, lui, restait inébranlablement germanophile. Face à une opinion hostile, à un roi désapprobateur, à Ciano opposé à cette entrée en guerre, aux militaires qui le mettaient en garde, le 10 juin 1940, en pleine déroute française, Mussolini déclara la guerre aux démocraties « ploutocratiques et réactionnaires de l'Occident ». Il signait, à terme, la fin du régime fasciste.

Les buts de guerre italiens restaient vagues, mais ils

s'orientaient vers un domaine qui en 1940 n'intéressait pas l'Allemagne : la Méditerranée et l'Afrique. Pourtant, les moyens que l'Italie pouvait aligner pour mener cette guerre, « sa » guerre, étaient largement insuffisants. Que ce soient les matières premières, l'acier, le pétrole ou encore les réserves financières ou les stocks, l'Italie n'avait presque rien et elle dépendait de l'Allemagne.

Même impréparation dans le domaine des armes. L'armée était équipée du fusil modèle 1891, de très peu d'armes automatiques, de canons de 75 et de 100 qui avaient été pris à l'Autriche après la Première Guerre mondiale. La DCA était inexistante et les chars inadaptés aux exigences de la guerre éclair. L'aviation manquait d'appareils modernes et surtout de pilotes. La seule arme à peu près satisfaisante en 1940 était la marine. Elle comprenait des cuirassés, des croiseurs et des sous-marins, mais elle ne comptait aucun porte-avions.

Quant au haut commandement italien, il n'adhérait qu'avec réticence aux buts de guerre définis par Mussolini, convaincu que l'Italie n'avait pas les moyens de ses ambitions ; mais par peur ou par servilité, il ne fit jamais connaître ouvertement ses critiques au Duce.

De 1940 à 1942, l'Italie ne remporta aucune victoire décisive, bien au contraire. Le désastre aurait même été total si l'armée allemande n'avait volé au secours des troupes italiennes, mises à mal en Grèce, en Yougoslavie, en Libye et en France. Quant à l'Empire italien d'Afrique orientale, il fut perdu définitivement dès mai 1941. De plus, l'ouverture du front à l'Est relativisa considérablement pour Hitler l'importance des opérations méditerranéennes. Il n'envoya plus de matériel, de carburant ou d'hommes à partir de fin 1941. Mussolini, de son côté, décida d'envoyer un corps expéditionnaire italien de 220 000 hommes sur le front russe. Bien peu en revinrent, décimés par l'Armée rouge et par le froid. Les relations entre les deux États étaient devenues terriblement inégales.

Ces échecs militaires contribuèrent à alimenter au sein de la population italienne un mécontentement croissant. Elle supportait d'autant plus mal les restrictions et les privations, que celles-ci étaient dues à une guerre dont les Italiens ne voulaient pas et qui se traduisait uniquement par des défaites.

Le prix de la guerre se révéla insupportable pour un pays comme l'Italie dont l'économie, en temps de paix, était déjà fragile. Afin de combler le déficit croissant du budget de l'État, les impôts nouveaux se multiplièrent. Le manque de matières premières conduisit à des réquisitions et à la réglementation de l'utilisation des matériaux « stratégiques » (cuivre, fer, étain, nickel). L'usage du papier fut limité, ainsi que la consommation d'électricité. Drastiques aussi, les restrictions alimentaires : en 1942, la ration ordinaire de pain fut fixée à 150 grammes par jour (250 pour les travailleurs) et la ration semestrielle de pommes de terre établie à quinze kilos par personne. Mais ces mesures ne servirent à rien : la production italienne s'effondra et la ration en calories des Italiens atteignait à peine 50 % de celle des Allemands en 1942.

Pour tenir ce front intérieur qui se décomposait de plus en plus, Mussolini mobilisa le parti fasciste ; mais cette tentative de reprise en main tourna court, les dirigeants du parti se succédant sans jamais tenir leurs engagements. Les relations entre Mussolini et les hiérarques se tendirent et le Duce essaya de mener à bien une « relève » des anciens dirigeants par les jeunes. Ainsi, la nomination en décembre 1941 de Vidussoni à la tête du PNF : parfaitement inconnu, il n'avait pour lui que sa jeunesse (26 ans) et ses blessures en Éthiopie. Mais les classes d'âge les plus jeunes n'étaient pas plus attachées au fascisme que leurs aînés, ce qui explique la rapide décomposition du régime dès les premiers mois de l'effondrement militaire.

La fin du régime

La défaite italienne se dessina clairement de l'automne 1942 à l'été 1943. L'armée italienne subit des pertes colossales sur le front de l'Est, sans que ce sacrifice fût d'ailleurs reconnu par Hitler qui fustigea le manque de combativité des Italiens. En Afrique, la contre-offensive alliée contraignit les Italiens à capituler en mai 1943 à Tunis. L'Afrique du Nord désormais aux mains des Anglo-Américains, le territoire italien était directement menacé. Ce qui se concrétisa par le débarquement allié en Sicile le 9 juillet 1943. Palerme fut prise le 22 juillet sans aucune difficulté et, dans l'ensemble, la grande île ne manifesta pas de volonté de résistance : bien au contraire, les Siciliens accueillirent les Alliés comme des libérateurs.

Mussolini, conscient du désastre qui se préparait, rencontra Hitler à Feltre le 19 juillet 1943. Mais au lieu de lui annoncer que l'Italie n'avait d'autre issue que de signer une paix séparée, ce qui était le vœu de l'état-major italien, il laissa l'initiative à Hitler. Le jour même, Rome fut bombardée par les Alliés.

La période qui précéda la chute du régime fut extrêmement confuse. Si l'antifascisme traditionnel, exilé, ne joua qu'un rôle secondaire, le parti communiste, qui était resté présent en s'infiltrant dans les milieux ouvriers et dans les syndicats fascistes, exerça une pression importante. En mars 1943, une vague de grèves organisées par les communistes en Lombardie et au Piémont entraîna 300 000 ouvriers. Les syndicats fascistes perdirent alors toute représentativité.

C'était la preuve que le régime mussolinien pouvait s'écrouler et une intense activité politique se déploya. De son côté, Mussolini disgracia le personnel politique sur lequel il s'était jusqu'alors appuyé (Ciano devint ambassadeur auprès du Saint-Siège, Bottai, Grandi, Thaon di Revel perdirent leurs portefeuilles) et ce fut un squadriste de la première heure qui reprit le parti en main. D'innombrables complots se nouèrent, tournant autour du roi sur lequel on comptait pour se débarrasser de Mussolini légalement, en le révoquant de son poste de président du Conseil. Bonomi et Orlando, des hommes politiques de l'Italie libérale, furent contactés et autour de Bonomi se constitua un véritable cabinet fantôme. Il prit contact avec des démocrates-chrétiens comme Alcide De Gasperi et des socialistes.

Les militaires n'étaient pas en reste : les maréchaux Badoglio et Caviglia restaient en contact avec le roi qui espérait secrètement placer l'un des deux à la tête du gouvernement. Mais le roi, trop timoré, répugnait à provoquer un coup de force. Il aurait préféré une solution « légaliste », dans le cadre du Grand Conseil du fascisme.

Le 25 juillet

Or au sein de l'organe suprême du fascisme, certains hiérarques complotaient également. Dino Grandi, Bottai, Federzoni et même Ciano désiraient que l'Italie sorte du conflit et ils se disaient prêts à renverser le Duce si celui-ci s'y refusait. Grandi prépara pour la réunion du Grand Conseil prévue le 24 juillet une motion – qu'il avait d'ailleurs soumise à Mussolini – demandant le rétablissement de toutes les fonctions normalement assumées par le roi, le Grand Conseil, le gouvernement et le Parlement et proposant que le roi prenne le commandement des armées. Mais Mussolini était convaincu que cette démarche ne présentait aucun danger et ce fut sans inquiétude qu'il vit le Grand Conseil accepter la motion Grandi le 24 juillet. Il demanda pour le lendemain une audience au roi, assuré de sa docilité. Or le roi, averti du vote du Grand Conseil, l'assimila à une mise en minorité parlementaire de Mussolini et désigna secrètement Badoglio comme président du Conseil. Lorsque Mussolini se présenta à l'audience royale le 25 juillet, il fut abasourdi d'apprendre que le roi l'avait remplacé à la tête du gouvernement. Arrêté à la sortie de la villa royale, il fut immédiatement mis au secret. Quant à la milice et au parti, ils ne firent rien pour tenter un soulèvement. Ce ne fut donc pas une insurrection populaire qui eut raison du régime, mais l'action de ceux qui, hommes politiques ou militaires, avaient soutenu le régime depuis ses débuts.

La tâche de Badoglio s'avéra extrêmement délicate : il lui fallait à l'intérieur se prévenir de toute éventuelle tentative de coup d'État venant des fascistes comme de la gauche. A l'extérieur, il devait manœuvrer avec précaution pour éviter une intervention directe des troupes allemandes. Le point crucial se révéla d'ailleurs être le problème extérieur : comment faire sortir l'Italie de la guerre sans provoquer une réaction immédiate des Allemands ? Ces derniers avaient déjà renforcé leurs troupes en Italie du Nord et autour de

Rome. Les pourparlers s'engagèrent entre Alliés et Italiens : les Alliés ne voulurent pas entendre parler d'un renversement d'alliance mais exigèrent une capitulation sans condition. Ils acceptèrent toutefois la demande de débarquement au nord de Rome afin de barrer la route aux troupes allemandes. Mais si l'armistice fut effectivement signé le 3 septembre 1943, le débarquement eut lieu non pas vers Rome, où les Allemands étaient trop nombreux, mais à Salerne. A l'annonce de l'armistice le 8 septembre, Badoglio, le roi et le prince héritier n'eurent que le temps de fuir en territoire allié car les troupes allemandes déferlaient sur la Péninsule. Fin septembre, les deux tiers de l'Italie étaient aux mains des Allemands. Rome, déclarée ville ouverte à la demande du Saint-Siège, fut occupée par les troupes du Reich. L'Italie allait durant deux ans être déchirée par la guerre : la guerre des armées étrangères et la guerre civile.

La République sociale de Salò

Dès l'armistice du 8 septembre, Hitler avait voulu reconstituer un gouvernement fasciste dirigé par Mussolini. Il parvint donc à faire enlever celui-ci le 12 septembre par un commando dirigé par Otto Skorzeny. Mussolini apprit qu'un gouvernement fasciste en exil composé de Farinacci, Alessandro Pavolini et son fils, Vittorio Mussolini, avait lancé un appel en son nom. Installée à Salò, sur les rives du lac de Garde, la République sociale – c'était le nom pris par le gouvernement fasciste en exil – dont les principaux chefs étaient Pavolini, Buffarini-Guidi et Renato Ricci tenta donc pendant dix-neuf mois de mener une action politique et militaire. La composition d'une armée « républicaine » fut laissée aux soins du maréchal Graziani, mais celui-ci se heurta à ses collègues de la police et de la milice qui essayaient également de recomposer leurs troupes. La mise en place de cette armée fut donc chaotique et inefficace, d'autant plus que les jeunes gens préféraient déserter et gagner le maquis plutôt que de se laisser enrôler.

Le programme économique et social de la République sociale était empreint d'un certain « retour aux sources », d'une volonté de revenir à des origines plébéiennes. Mais les moyens d'action restaient faibles, les résistances nombreuses et le projet de « socialisation » des entreprises et des terres fut remis jusqu'au début 1945. La poignée de « durs » qui entouraient Mussolini exigea la punition des « traîtres du 25 juillet ». En janvier 1944 s'ouvrit à Vérone le procès des hiérarques qui avaient voté la motion Grandi. Ciano et d'autres hiérarques qui avaient été arrêtés furent condamnés à mort et exécutés. Les autres furent condamnés à mort par contumace.

Mais ce procès fut une sanglante mascarade, tout comme la République sociale. Dominé totalement par l'Allemagne, Mussolini n'eut aucun moyen de riposte ou de négociation. Il dut s'incliner devant l'allié d'hier et accepter les décisions allemandes de massacrer ses compatriotes lors de représailles à des attentats perpétrés contre les troupes allemandes.

La résistance italienne

En même temps que se formait la République de Salò, soit immédiatement après l'armistice du 8 septembre, un mouvement de résistance naquit en Italie. Cette résistance italienne rassembla plusieurs « types » de résistants.

D'abord les « partisans », au départ d'anciens soldats de l'armée régulière qui, en l'absence d'ordres de la part du gouvernement Badoglio, passèrent au maquis pour échapper à la captivité ou à la déportation en Allemagne. Des soldats anglais et américains prisonniers de guerre en Italie et libérés le 8 septembre vinrent également grossir le maquis en attendant l'arrivée de leurs compatriotes. Enfin, les réfractaires à la conscription ou au travail forcé en Allemagne rejoignirent également leurs rangs. Cette masse d'hommes fut organisée par les comités antifascistes fondés après le 25 juillet. Disposant des armes que les soldats de l'armée italienne avaient apportées avec eux, ces résistants cherchèrent d'abord à combattre les armes à la main contre les fascistes et les Allemands. A leur tête, des communistes comme Luigi Longo, des hommes du parti d'action, républicains issus de *Giustizia e Libertà*, comme Riccardo Lombardi ou Ferruccio Parri. Dès l'automne 1943, ils organisèrent les premières actions de sabotage, les premières attaques de convois allemands. En contact permanent avec les armées anglo-américaines, ces troupes de partisans bénéficièrent d'une aide en armes et en matériel qui leur permit de seconder efficacement la progression des troupes alliées.

Dans les villes se formèrent dès septembre 1943 les Groupes d'action populaire, spécialisés dans le terrorisme urbain contre les Allemands ou les fascistes.

La résistance en Italie du Nord et du Centre se constitua très vite en organismes politiques, sorte d'autorité parallèle au régime fasciste. Une des difficultés de ces groupes résidait dans leurs divergences politiques : socialistes, communistes, monarchistes et républicains étaient rassemblés sous une même bannière. Pourtant, des comités antifascistes s'organisèrent, coordonnant leurs actions. En juin 1944 fut créé le Commandement général des volontaires de la liberté composé des cinq chefs de partisans représentant les différentes tendances politiques assistés d'un conseiller militaire, le général Raffaelle Cadorna, et de deux commandants-adjoints, Luigi Longo et Ferruccio Parri. Ainsi organisée, la résistance se montra d'une efficacité accrue et les Allemands se livrèrent à une répression atroce comme à Sant'Anna di Stazzema en août 1944 ou à Marzabotto en septembre 1944, massacres comparables à celui d'Oradour-sur-Glane.

Fin 1944, l'état-major allié accepta de collaborer avec le Comité de libération nationale de Haute-Italie (CLNAI), lui fournissant armes et matériel, à charge pour lui de protéger le potentiel économique de la région et d'y maintenir la loi jusqu'à l'arrivée des troupes anglo-américaines. Quelques jours plus tard, le gouvernement italien de Badoglio délégua au CLNAI ses pouvoirs en zone occupée. Fort de cette légitimité, le CLNAI déclencha sans difficulté l'insurrection d'avril 1945 qui permit aux Alliés de libérer la région. Le rôle de la résistance italienne permit en bonne partie à l'Italie d'apparaître aux côtés des démocraties à la fin de la guerre, alors qu'elle l'avait commencée dans le camp des fascismes. De cette position découlera le statut de l'Italie à l'issue du conflit.

Résistances, gouvernement Badoglio et commandement allié

L'Italie voulait en effet apparaître dans le camp des vainqueurs et non dans celui des vaincus à l'issue du conflit. Pour cela, il lui fallait déclarer la guerre à l'Allemagne, ce qu'elle fit le 13 octobre 1943, mais aussi aligner troupes et matériel. Or pour l'armement, elle dépendait totalement des Alliés, Et parmi ceux-ci, Churchill ne voulait absolument pas voir rétablie une puissance italienne qui continuerait de gêner la Grande-Bretagne dans ses desseins méditerranéens, voire africains. Le fossé se creusa entre la position américaine, plutôt favorable à l'Italie, et la position anglaise, franchement hostile.

Parallèlement, un affrontement débuta entre le gouvernement en exil présidé par Badoglio et les antifascistes revenus d'exil qui autour de Benedetto Croce et du comte Sforza constituèrent à Naples un Comité de libération nationale (CLN). En janvier 1944, un congrès des comités d'Italie du Sud exigea l'abdication du roi comme condition à l'entrée des antifascistes au gouvernement. Churchill réagit violemment en rappelant qu'il ne reconnaissait comme interlocuteurs que le roi et Badoglio avec qui il avait signé l'armistice. Une période de tension extrêmement vive entre Alliés et antifascistes s'ensuivit, à laquelle le retour du leader communiste Palmiro Togliatti mit fin. Celui-ci réclama d'abord la constitution d'un gouvernement d'union nationale pour chasser les Allemands et un compromis fut élaboré. Le roi devait confier ses pouvoirs au prince-héritier qui serait désigné comme lieutenant-général du royaume une fois Rome libérée. Les six partis antifascistes acceptèrent d'entrer dans le gouvernement d'union nationale présidé par Badoglio, mais non sans réticence.

Quelle Italie pour l'après-guerre ?

Rome fut libérée le 4 juin 1944 et Victor-Emmanuel III transmit ses pouvoirs au prince-héritier. Les partis antifascistes exigèrent alors le départ de Badoglio et formèrent un nouveau gouvernement sous la direction d'Ivanoe Bonomi. Ce gouvernement Bonomi posa en réalité à l'Italie les problèmes cruciaux de son devenir.

Redeviendrait-elle l'Italie libérale d'avant 1922 ou bien serait-elle radicalement transformée ? Trois débats servirent de catalyseurs : d'abord le problème de l'épuration. Celle-ci fut menée avec beaucoup de mollesse par le gouvernement Bonomi tant les critères d'appréciation et de sanctions étaient difficiles à établir. Le reste des antifascistes contestèrent ce laxisme. Le gouvernement Bonomi avait d'autre part prévu de confier provisoirement les terres incultes aux coopératives paysannes. Les propriétaires firent preuve d'une extrême mauvaise volonté, et l'administration d'une lenteur calculée. Ce projet de réforme agraire mécontenta deux groupes : les libéraux, inquiets qu'on porte atteinte à la propriété ; les partis de gauche, furieux de cet échec. Enfin, la question des institutions empoisonna davantage encore les relations au sein du gouvernement. Bonomi, attaché à l'institution monarchique, déclara qu'il estimait tenir son poste du lieutenant-général du royaume – le prince-héritier – et non du CLN. Le parti d'action [1] et les socialistes annoncèrent immédiatement leur retrait mais le gouvernement fut sauvé par les libéraux et les démocrates-chrétiens attachés à la monarchie et par les communistes qui refusèrent de poser le problème institutionnel avant la libération complète du pays.

Ainsi, on retrouvait l'Italie semblable à celle de 1922. Mais si les forces conservatrices semblaient encore en place, il existait des forces révolutionnaires (parti socialiste, parti d'action, parti communiste), bien appuyées par la résistance en Italie du Nord.

En avril 1945, l'offensive militaire alliée doublée des opérations de partisans en Italie du Nord conduisit à l'effondrement du front. Mussolini fut arrêté et fusillé le 28 avril par les partisans, ainsi que Clara Petacci, sa maîtresse, et une quinzaine de hiérarques dont Pavolini. Le 2 mai les troupes allemandes se rendirent. Le CLNAI installa partout des administrations provisoires, annonçant une transformation radicale de la société et de la politique en Italie du Nord.

1. Nom donné à la fraction du parti républicain issue du mouvement « Justice et Liberté ».

Mais Togliatti, dans un discours du 21 mai prononcé à Milan, annonça que le parti communiste italien avait décidé de transformer la société italienne par la voie légale, la pratique parlementaire et la participation au gouvernement du CLN. Il n'y eut donc pas de révolution en Italie. Mais les structures qui avaient rendu le fascisme possible étaient toujours en place.

L'Italie aujourd'hui

L'après-guerre fut indéniablement un passage difficile pour l'Italie, mais peut-être moins que prévu. En 1947, un accord international priva le pays de ses possessions en Afrique, dans le Dodécanèse, à Fiume et en Istrie. Mais l'Italie garda le Sud du Tyrol réclamé par l'Autriche et qui devint le Haut-Adige, Trieste et, en dépit des ambitions françaises, le Val d'Aoste.

De plus, les États-Unis et la Grande-Bretagne fournirent une aide économique conséquente pour panser les premières plaies de l'après-guerre. Le pays était dévasté, l'économie minée par l'inflation et le chômage. Toutefois, l'action des partisans en Italie du Nord avait réussi à éviter les destructions massives que les nazis envisageaient de faire subir à l'infrastructure industrielle. D'une certaine façon, on pourrait presque dire que l'Italie s'en sortait mieux vaincue en 1945 que victorieuse en 1918, du moins matériellement.

La République italienne

Le problème crucial qui se posait d'entrée de jeu était celui du régime politique. Selon l'interprétation que l'on pouvait faire du fascisme, les réponses divergeaient. Pour ceux qui, comme Croce, estimaient que le fascisme avait constitué un moment aberrant, une parenthèse dans l'histoire italienne, la solution consistait évidemment à en effacer les traces et à restaurer l'Italie libérale d'avant 1922. Pour ceux qui, comme les communistes, les socialistes ou le parti d'action, pensaient que le fascisme était précisément le produit de la décomposition de cet État libéral, il fallait faire en sorte que cela ne puisse jamais se reproduire et passer à une transformation radicale des structures. Cette question avait de fortes connotations régionales : la Résistance était un mouvement qui avait pris toute son ampleur dans le Nord, et la majorité des partisans étaient des hommes de la gauche. Par conséquent, les demandes de changement les plus radicales venaient du nord du pays. Le Sud quant à lui demeurait un bastion bien plus conservateur où l'ordre ancien était demeuré intact et où l'influence de l'Église restait pesante.

Il n'est donc pas surprenant que l'impulsion radicale, révolutionnaire pourrait-on dire, soit venue du nord. Or au printemps 1945, les virtualités révolutionnaires étaient une réalité. Sous le gouvernement de Ferruccio Parri, leader du parti d'action, les partisans de Haute-Italie prirent possession de nombreuses entreprises, expropriant les propriétaires accusés de collaboration avec les Allemands ou avec les fascistes de la République de Salò, leur substituant des « conseils de fabrique », ou conseils d'usine, gérés par les ouvriers et au sein desquels les patrons n'avaient plus qu'un rôle de conseillers techniques. Le gouvernement Parri fit alors décider une « épuration financière » destinée à punir tous ceux qui avaient gagné de l'argent durant la période fasciste : presque toutes les entreprises italiennes étaient visées et menacées. A l'automne, Parri élabora un nouveau plan économique prévoyant un impôt sur le capital et des avantages aux petites industries. Ces projets inquiétèrent tant les possédants italiens que les fonctionnaires de la Commission alliée qui contrôlait l'Italie du Nord. Celle-ci obtint la dissolution des conseils d'usine ainsi que le retrait de toute responsabilité au Comité de libération de la Haute-Italie. Forcé de démissionner en novembre 1945, Parri céda la place à Alcide De Gasperi, leader démocrate-chrétien et premier président du Conseil catholique depuis l'unité.

Désireux de stabiliser l'opinion et de rassurer les autorités alliées, De Gasperi décida le 1er janvier 1946 que des fonctionnaires de carrière remplaceraient dans les administrations – telles que les préfectures ou la police – les autorités nommées par les Comités de libération. Par ailleurs, le Haut-Commissariat pour les sanctions contre le fascisme fut dissous ; ce qui signifiait clairement qu'il n'y aurait pas de remplacement des élites, mais bien restauration de l'ancienne classe dirigeante.

Toutefois, l'avenir du régime dépendait largement des élections du 2 juin 1946 qui visaient à donner à l'Italie une Assemblée constituante. Pour la première fois, les femmes participaient au scrutin. En même temps qu'ils votaient pour la Constituante, les Italiens devaient se prononcer par référendum afin d'indiquer si l'Italie resterait une monarchie ou deviendrait une république. En dépit de toutes les prévisions, 54 % des Italiens se prononcèrent pour la solution républicaine. Humbert II, en faveur de qui Victor-Emmanuel III venait d'abdiquer, abandonna donc son trône et partit en exil.

En ce qui concerne la Constituante, les démocrates-chrétiens obtinrent 31 % des suffrages, loin devant les socialistes (20 %) et les communistes (19 %). Quant au parti d'action, il disparut pratiquement au cours de ce scrutin. Le parti dit de L'*uomo qualunque* (de monsieur Tout-le-Monde), créé par le journaliste Guglielmo Giannini, regroupant les fonctionnaires du Sud gênés par les purges antifascistes et développant un discours démagogique d'hostilité aux partis politiques, obtint quand même, malgré les relents fascisants de sa campagne, 30 sièges sur 556.

Le gouvernement du CNL était bien fini et se mettait en place le cadre politique qui allait perdurer durant les années suivantes : trois grands partis dominant une multitude de rassemblements plus petits.

Les débats concernant la Constitution durèrent près de deux ans. Sur le papier, la gauche dominait l'Assemblée mais les différends étaient profonds entre le parti socialiste de Pietro Nenni et le PCI de Togliatti, en particulier dans le contexte international de la guerre froide. En janvier 1947, le PSI se divisa et Giuseppe Saragat, socialiste pro-américain, fonda le parti social-démocrate italien (PSDI) ; dans ces conditions, la Démocratie chrétienne (DC) restait maîtresse du jeu, à la tête d'une coalition regroupant les trois principaux partis, plus le PRI (parti républicain italien). Mais en mai 1947, sous la pression conjointe du Vatican et des États-Unis – dont l'Italie avait terriblement besoin pour obtenir l'aide économique nécessaire au redressement du pays –, De Gasperi exclut du gouvernement les communistes et leurs alliés socialistes.

La division de la gauche toucha également le monde syndical. La CGIL, reconstituée en 1944, regroupait tous les syndicats italiens. A la suite d'une série de grèves extrêmement violentes dirigées contre le plan Marshall, la CGIL éclata. Communistes et socialistes gardèrent le contrôle de la CGIL, la DC créa une nouvelle organisation qui prit en 1950 le nom de Confédération italienne des syndicats de travailleurs (CSIL) et les partis laïques du centre gauche (sociaux-démocrates et républicains) fondèrent l'Union italienne du Travail (UIL).

Les résultats des travaux de l'Assemblée constituante donnèrent naissance à une Constitution qui ressemblait beaucoup à l'ancienne Constitution libérale, le roi en moins. A la tête de l'État, le président de la République était élu pour sept ans par le Parlement, mais la réalité du pouvoir revenait au Conseil des ministres et aux Chambres – Chambre des députés et Sénat – désormais élues au suffrage universel direct. Le président du Conseil était désigné par le président de la République et responsable devant les Chambres. Étaient prévues une Cour constitutionnelle et un Conseil supérieur de la magistrature. La DC insista pour inclure dans la Constitution les accords du Latran de 1929 qui garantissaient à l'Église des avantages considérables. On peut se demander pourquoi les communistes votèrent en faveur d'une Constitution qui leur ressemblait si peu. La réponse réside en partie dans la tendance de Togliatti à pratiquer le compromis, mais aussi dans les déclarations pourtant un peu vides du texte constitutionnel garantissant la souveraineté du peuple, le droit à l'emploi, à l'éducation, la suppression des *latifundia*.

L'Italie de De Gasperi : les débuts du « règne » démocrate-chrétien

La Constitution prit effet le 1er janvier 1948. Le premier président de la nouvelle République italienne fut Luigi Einaudi, un économiste, ancien directeur de la Banque d'Italie. C'était un libéral qui n'appartenait pas à la DC. Les premières élections parlementaires se déroulèrent le 18 avril et le grand vainqueur fut indéniablement la DC qui, avec 48 % des voix, avait largement profité de la peur du « rouge » provoquée par la crise tchécoslovaque. Quant au Front populaire démocratique du PCI et PSI réunis, il obtint 31 % des suffrages. La DC pouvait, si elle le voulait, diriger seule le pays. C'était d'ailleurs le vœu de la Curie romaine. Mais De Gasperi était opposé à une cléricalisation de la vie politique italienne et il constitua donc un cabinet de coalition avec les libéraux, les républicains et les sociaux-démocrates.

Alcide De Gasperi resta au pouvoir sans interruption de 1948 à 1953. Ses gouvernements, fondés sur des coalitions, posèrent les bases de la vie politique de l'après-guerre. Il réussit à maintenir le pouvoir de la DC grâce à une grande habileté politique, un art consommé de la négociation et une politique des « arrangements » qui ressemblait beaucoup à un transformisme adapté au XXe siècle. Il n'y eut pas de changement radical en Italie pendant cette période : l'État ne toucha à aucun des privilèges acquis, l'Église et l'administration étant particulièrement préservées.

De 1949 à 1953, on assista à ce qu'il faut bien appeler l'échec du centrisme tenté par De Gasperi. De Gasperi, pour qui « la démocratie-chrétienne est un parti du centre qui évolue à gauche », restait un homme ouvert au progrès social mais d'une grande prudence, partagé entre l'aile gauche de la DC qui aurait voulu des transformations plus radicales (ainsi, Dossetti qui se sépara du parti) et les forces réactionnaires souvent appuyées par l'Église. Le climat de guerre froide donna un second souffle aux mouvements d'extrême droite et l'amnistie de 1946 permit à certains anciens fascistes de créer le MSI (Mouvement social italien) qui, bien qu'acceptant le jeu démocratique, n'en demeurait pas moins violemment nationaliste, opposé au parti communiste et au pluripartisme ainsi qu'au suffrage universel et aux libertés individuelles. Almirante, son premier secrétaire, se proclamalt républicain et révolutionnaire, selon la terminologie qui avait été celle de la République de Salò. A partir de 1950, le MSI s'orienta vers une politique d'alliance avec les partis d'extrême droite traditionnels. En 1948 se reconstitua à l'initiative d'Alfredo Covelli et d'Achille Lauro le parti national monarchique. Dans la mesure où la restauration de la monarchie restait formellement exclue par la Constitution, il s'agissait surtout d'un groupe de pression d'extrême droite bien implanté dans le Mezzogiorno.

Mais il était beaucoup plus inquiétant de noter le renforcement de l'aile droitière de la DC autour de Mario Scelba et de Giuseppe Pella qui reprochaient à De Gasperi de ne pas mettre le PCI hors la loi et de se lancer dans des réformes agraires – même limitées. Pour De Gasperi, la situation était d'autant plus difficile à gérer que l'Église et l'Action catholique appuyaient cette aile droite. Or la DC, mal organisée sur le plan local, devait toute sa propagande au clergé qui pouvait se substituer aux bureaux du parti. Aux élections administratives de 1952, la puissance des fascistes à Rome était telle que la DC ne pouvait remporter les élections sans leur appui. Alliance que Luigi Gedda, président des comités civiques de l'Action catholique, recommanda avec insistance à De Gasperi qui refusa. Ce fut donc très affaibli politiquement que ce dernier se présenta aux élections de 1953 ; la DC perdit en effet une quarantaine de députés et De Gasperi préféra se retirer.

La reconstruction

Le défi le plus lourd lancé au nouveau gouvernement concernait bien sûr la reconstruction économique. Le pays restait à prédominance rurale, mais les conditions de vie demeuraient difficiles, les banlieues des villes conservant les traces des *borgate* de la période fasciste qui, de provisoires, tendaient à durer... L'industrie rescapée de la guerre était très obsolète et, après des années de fascisme et de protectionnisme, devait affronter des problèmes considérables pour s'adapter à la paix et à l'internationalisation croissante des échanges. La plupart des entreprises étaient minuscules, 90 % d'entre elles employant au maximum cinq personnes. Le chômage frappait durement la population active avec plus de deux millions de sans-travail. A cela s'ajoutait la question du Sud qui avait empiré, posant désormais, outre le problème économique, un énorme problème politique et social.

Toutefois, des atouts existaient et les circonstances furent favorables. D'abord, l'Italie reçut une aide importante de la part des États-Unis, en partie dans le cadre du plan Marshall, ce qui permit de soutenir la lire, de développer une sidérurgie efficace et des cimenteries, et d'atténuer les privations de l'après-guerre. La stabilité de la monnaie donna confiance aux Italiens, ce qui en retour leur permit d'opérer les investissements nécessaires au financement du développement national. Enfin, on découvrit du gaz naturel dans la vallée du Pô. Cette découverte donna lieu à une des plus singulières aventures industrielles de l'après-guerre. Elle fut le fait d'Enrico Mattei, un homme passionnant et intrigant. Chargé de liquider l'Agence d'exploration pétrolière mise en place par Mussolini, il continua en fait, de son propre chef, à prospecter – contre l'avis de ses supérieurs. Et il finit par trouver des gisements de méthane susceptibles de fournir enfin à l'Italie l'énergie bon marché qui lui manquait si cruellement. Mais Mattei poussa plus loin sa découverte. Résistant aux pressions américaines et industrielles, il établit le monopole italien pour l'exploitation du méthane et bâtit l'énorme Ente nazionale Idrocarburi (ENI) qu'il dirigea d'une manière autocratique et toute personnelle, se plaçant au-dessus des lois et du Parlement, jusqu'à sa mort en 1962 dans un mystérieux accident d'avion.

L'Italie fut également aidée dans son redressement économique par une source d'énergie d'un type un peu particulier : les énormes ressources en main-d'œuvre du Sud qui se déplacèrent en masse vers les industries du Nord, apportant avec elles un travail bon marché. De surcroît, nombre de ces travailleurs avaient été artisans et eurent donc assez peu de difficultés à s'adapter aux transformations des techniques industrielles.

La croissance économique fut forte (6 % par an) – une des plus élevées dans le monde. Mais le système économique restait des plus éclectiques. Libéralisme et intervention de l'État se côtoyaient. L'énorme holding d'État, l'IRI, établie pendant le fascisme, resta en place et continua de contrôler une part importante de l'économie qui comportait les lignes aériennes (Alitalia), les voitures (Alfa Romeo), des bateaux, le BTP, des machines-outils et, secteurs cruciaux entre tous, les banques et institutions de crédit qui pouvaient fournir des prêts à un taux d'intérêt raisonnable.

Pourtant, à la différence de la France, où l'on trouve aussi un vaste secteur d'État, l'Italie n'envisagea jamais une « planification » permettant d'inscrire le projet économique italien dans une perspective globale. Les intérêts privés représentés par la Confindustria étaient là-dessus en parfait accord avec les doctrines libérales chères aux principaux partis au pouvoir. Le résultat fut que les déséquilibres s'accentuèrent alors que l'économie se redressait. La coupure Nord/Sud n'en est qu'un exemple. Lorsqu'en 1955 le ministre du Budget, Vanoni, démocrate-chrétien de gauche, fit voter un plan qui portait son nom, prévoyant un développement harmonieux du pays par toute une série de mesures, la droite de la DC et la Confindustria s'arrangèrent pour neutraliser complètement ses propositions.

Ce libéralisme connaissait des limites certaines lorsqu'il s'agissait de protéger l'industrie italienne en plein développement. Mais dans le cas de l'Italie, les mesures protectionnistes ne s'avérèrent pas contre-productives : elles permirent un développement des exportations qui contribua à établir les positions italiennes sur les marchés étrangers. De plus, les revenus du tourisme en constant accroissement permirent au pays d'importer les technologies dont il avait besoin pour sa croissance sans s'exposer à un déficit de la balance des paiements.

Mais le développement de l'Italie se faisait à double vitesse et le problème du Sud était de plus en plus aigu. Si les migrations vers le nord avaient permis d'alimenter à bas prix ces industries en développement, les coûts humains et sociaux étaient élevés. Quelques tentatives furent faites dans les années 50 pour pallier ces déséquilibres. La *Cassa del Mezzogiorno* fut fondée pour encourager les investissements destinés aux infrastructures dans le Sud. Le ministère des Industries nationalisées, créé en 1956, avait pour rôle d'orienter 60 % des investissements d'État vers le Mezzogiorno. Dans l'ensemble, des sommes énormes furent déversées dans le Sud, mais souvent de manière incohérente, sans coordination préalable, ce qui aboutit à des aberrations. Si l'on ajoute à cela la corruption et le détournement des fonds d'État, on comprend que le Sud en profita peu.

Le choix européen, le choix américain

Mais il faut porter au crédit de De Gasperi la place qu'il sut rendre à l'Italie au plan international. Aidé par son ministre des Affaires étrangères, le républicain Sforza, il donna à l'Italie ce statut de membre à part entière de l'alliance occidentale et appuya la construction européenne. L'Italie rejoignit l'OTAN en 1949 et se plaça en position pour devenir membre de la CECA en 1952, puis de la CEE en 1957. Témoin de cet enthousiasme européen, le traité de constitution de la CEE porta le nom de la capitale italienne.

Le prix que l'Italie paya pour cette stabilité politique et ce développement économique fut indéniablement l'immobilisme social. Le projet le plus « audacieux » en la matière fut peut-être la réforme agraire de 1950 qui prévoyait de redistribuer quelques centaines de milliers d'hectares de terres en friche à des petits propriétaires.

La DC, la droite, le centre droit et les autres...

Les élections de 1953 virent donc un net recul de la DC qui ne comptabilisa que 40 % des votes, mettant fin à la carrière politique de De Gasperi. Son départ, suivi de sa mort une année plus tard, laissa un vide considérable dans la vie politique italienne. La continuité de sa politique fut assurée par une noria de gouvernements entre 1953 et 1960 : Pella, Fanfani, Scelba, Segni, Zoli, Tambroni, mais avec moins d'inspiration que par le passé. Avec le départ de De Gasperi, la voie était ouverte à l'aile droite de la DC dont les principaux dirigeants Pella, Scelba et Segni se succédèrent à la présidence du Conseil. Incapables de résister aux pressions des catholiques ou des classes dirigeantes, ils s'enlisèrent dans un immobilisme parfois teinté de relents fascistes. Ainsi, en 1959, le maire démocrate-chrétien de Rome, Urbano Cloccetti, dont la majorité au conseil communal dépendait des néo-fascistes, refusa de célébrer le quinzième anniversaire de la libération de Rome par les Américains.

La DC continua une politique de clientélisme active, se servant de l'énorme secteur public pour distribuer postes et prébendes. Mais si les hommes changeaient, il ne faudrait pas en conclure à une instabilité politique : bien au contraire. Le personnel gouvernemental et administratif resta remarquablement stable, mais l'envers de la médaille fut l'indifférence à peu près générale des Italiens pour leur gouvernement. Trop de stabilité, trop de déjà-vu, de déjà-entendu, l'impression qu'au fond la classe politique se succédait à elle-même amena une désaffection généralisée : au milieu des années 50, un sondage révéla que 40 % des adultes ignoraient le nom du président du Conseil et on estima à 1 500 le nombre d'Italiens qui lisaient les pages politiques des journaux.

Le monde politique italien, bien que sclérosé, commença à évoluer dès 1953-1954. Il est vrai que la conjoncture internationale était à la détente et que le rapprochement graduel des États-Unis et de l'URSS influençait les vies politiques européennes.

Le PCI, exclu du gouvernement par De Gasperi dès 1947, n'en conservait pas moins sur le terrain une formidable organisation et un nombre impressionnant de militants. Bien que détenant avec les socialistes un tiers des sièges à l'Assemblée, il ne réussit jamais à se positionner comme une véritable alternative gouvernementale, tout en bénéficiant d'un assez large consensus de la part des anticléricaux et du soutien de compagnons de route tels que Pasolini, Visconti, De Sica, Moravia, Levi et Guttuso. Mais là où le PCI obtint de réels succès, ce fut au niveau local. Bologne, Gênes, Florence, Milan, Turin se donnèrent des maires communistes et l'administration du PCI apparaissait comme honnête et sage comparée aux grandes villes du Sud dirigées par la DC (ainsi Naples telle qu'elle fut décrite dans le film *Main basse sur la ville*). Mais la latitude d'action était entamée par le fractionnement déjà mentionné du monde syndical en trois ; le PCI ne conservait que le contrôle de la CGIL.

Le parti socialiste avait été fragilisé par la scission du PSDI. Il maintint son électorat à 12-14 % durant les années 1950. Devant cette situation d'affaiblissement, Pietro Nenni fit savoir en 1953 qu'il était prêt à participer à une expérience gouvernementale d'ouverture à gauche avec la DC. Il fallut dix ans pour que cette proposition aboutisse mais, en attendant, le PSI se détacha de plus en plus du PCI, salué pour cela par Mgr Roncalli – le futur Jean XXIII.

La démocratie-chrétienne, quant à elle, se scindait en différentes tendances. Celle de droite, soutenue par l'Église et disposée aux concessions avec les mouvements d'extrême droite – voire néo-fascistes –, fut de plus en plus combattue par celle de gauche. En réalité, les choses furent plus complexes puisqu'on trouvait, parmi les opposants à la ligne droitière, les grands holdings d'État menacés par le libéralisme intégral prôné par la Confindustria en accord avec la droite de la DC. Ce mouvement des holdings d'État trouva en la personne d'Amintore Fanfani un soutien au sein de l'aile gauche de la DC. Soucieux de questions sociales, Fanfani envisagea en 1954 une collaboration, certes temporaire, avec les forces du centre gauche, y compris les socialistes nenniens. Or à la même époque il fut nommé au poste de secrétaire général et sa tendance l'emporta au sein de la DC.

L'ouverture à gauche, qu'elle soit doctrinale ou tactique, apparaissait comme une nouvelle sorte de transformisme permettant d'intégrer dans la vie politique des masses qui en étaient jusque-là exclues. Mais en 1959 l'expérience Fanfani échoua face à une coalition hétéroclite composée de petits agriculteurs mécontents, de milieux d'affaires opposés à l'intervention gouvernementale dans le domaine économique, de l'Action catholique. Le secrétariat général dont Fanfani démissionna en 1959 fut occupé par Aldo Moro.

Avec le départ de Fanfani, c'était également pour les plus conservateurs des démocrates-chrétiens la fin d'une tendance qui leur semblait trop aventuriste. Autour de Moro se forma une tendance centriste de la DC, au programme très modéré. Mais le système se bloqua en 1960 lorsque l'alliance objective entre DC et néo-fascistes apparut trop ouvertement. Une série de manifestations ébranla le pays, des violences se produisirent et on déplora une dizaine de morts. Ce fut sur cette grave crise politique que se refermèrent les années 50, marquant l'échec des tentatives de gouvernement démocrate-chrétien orienté à droite.

Miracle économique et transformations sociales : naissance d'une Italie ?

Les années 1960 furent pour leur part marquées par le double sceau du « miracle économique » italien et de la longue marche vers l'ouverture du centre politique à gauche. Mais surtout, il semble bien que c'est à cette période qu'on peut commencer à parler réellement d'une Italie. Et si l'on a vu l'Italie se former politiquement, économiquement, c'est à cette décennie que remonte l'uniformisation des modes de vie, des loisirs, qui permet peut-être de dire que l'Italie s'était enfin réalisée.

Le redressement économique de l'Italie remontait à la décennie précédente. Mais ce qui se passa de 1959 à 1962 apparut véritablement miraculeux. Cette période posa les bases de la position que l'Italie allait tenir au sein du monde industrialisé jusqu'à aujourd'hui. Le décollage avait commencé auparavant, grâce à certains facteurs extérieurs comme l'aide américaine, la main-d'œuvre bon marché et docile – il n'y eut aucune grève à la FIAT de 1954 à 1962... – et la politique de l'État. Le produit intérieur brut doubla entre 1951 et 1963 et la production industrielle fit plus que tripler. Cette explosion économique était largement tournée vers l'exportation et les grands noms de l'industrie italienne se firent connaître dans le monde entier : FIAT, Olivetti, Montecatini-Edison... La structure de l'industrie italienne, encore constituée de petites ou moyennes entreprises, s'avéra également dans ce contexte un point positif : capable d'évolution rapide, de bien « coller » au marché, de fournir une sous-traitance de bonne qualité, elle sut accompagner le « boom » des scooters, des machines à laver et des réfrigérateurs. Une nouvelle génération d'industriels était née : de culture et d'instruction limitées, c'était aussi une génération résolue et audacieuse qui sut quitter l'Italie pour aller dans le monde entier à la recherche de produits et de techniques modernes. C'était les « nouveaux riches » de province, de Bergame, Vérone et Trévise, de Ravenne, Prato ou Pistoia. Le développement économique s'accompagna d'une désertion massive des campagnes : 20 % seulement de la population restait rurale à la fin des années 60.

Les années du « miracle » furent décisives dans le domaine des modes de vie, des loisirs : les transformations touchèrent la culture, la famille, les divertissements. Certes, cette transformation ne fut pas uniforme mais de grandes tendances peuvent être relevées. De 1950 à 1970, le revenu par tête augmenta en Italie plus vite que dans toute l'Europe occidentale, à l'exception de la RFA. Sollicitées par une publicité jusqu'alors inconnue, les familles italiennes commencèrent à se muer en consommatrices : en 1958, 12 % des familles possédaient un téléviseur, elles sont 49 % en 1965. Sur la même période, les possesseurs de réfrigérateurs passèrent de 13 % à 55 %. Quant aux automobiles privées, elles augmentèrent de 342 000 à 4 670 000... La télévision était un monopole d'État – comme partout ailleurs en Europe – et le poids de la démocratie-chrétienne s'y fit sentir, parfois pesamment. Les programmes d'éducation religieuse étaient nombreux et les traces d'anticommunisme courantes dans les commentaires journalistiques. La tentative de contrôler la publicité fut extrêmement claire. Devant choisir entre le déferlement de la publicité américaine ou l'interdiction totale de publicité comme l'avait fait la BBC, la RAI inventa une forme étrange de « réclame » : tous les messages publicitaires furent rassemblés en un programme d'une demi-heure appelé *Carosello*. En 1960, trois ans après son lancement, *Carosello* était le programme de télévision le plus suivi !

Avec le succès croissant de la télévision, les salles de cinéma connurent un déclin assez lent mais apparemment irréversible. Pourtant, le cinéma demeura un des loisirs favoris des Italiens, surtout le dimanche.

Le cinéma italien de l'après-guerre fut sans doute jusqu'à la fin des années 70 l'art le plus représentatif de la Péninsule. Dès la fin de la guerre, Rossellini tournait *Rome ville ouverte* avec Anna Magnani, puis *Païsa*, sorte de reportage-fiction fascinant dans l'Italie dévastée par la guerre. Dès 1942, Visconti tournait *Ossessione*, considéré comme le premier film néo-réaliste, suivi en 1948 par *le Voleur de bicyclette* de De Sica et par une vague artistique qui allait faire la renommée du cinéma italien.

Depuis 1957 (*le Cri*) Michelangelo Antonioni traquait le mal-être des individus et des couples, l'incommunicabilité des humains et la faillite des sentiments, servi par des acteurs extraordinaires comme Monica Vitti (*l'Avventura, la Notte*), jusqu'à *Identification d'une femme*.

Quant à Luchino Visconti et Federico Fellini, ils demeurent les géants du septième art transalpin. L'année 1960 vit la sortie de deux films très différents mais également remarquables : *la Dolce Vita* de Fellini qui traitait des nouveaux riches romains – déclenchant une polémique et une condamnation de l'Église – et *Rocco et ses frères* de Visconti racontant la dramatique histoire d'une famille du Sud émigrant à Milan. Les deux thèmes sont à l'image de cette Italie en pleine mutation.

Dans le domaine littéraire, le plus grand succès de ces années fut *le Guépard* de Tomasi di Lampedusa. Mais plus significatifs peut-être furent les premiers livres de poche lancés par Mondadori en 1965. Enfin, les années 60 furent les années de la voiture : Fiat 600 (le *Topolino*), puis Fiat 500 permirent à des milliers de familles de se déplacer le dimanche pour aller à la mer ou à la campagne. Le temps des « *gite* », les sorties dominicales en tramway des années 40, était désormais révolu.

Mais ce fut également durant cette période que l'Italie commença à être défigurée. La spéculation immobilière effrénée – qui continua jusque dans les années 80 – provoqua de véritables désastres. Sans plan régulateur, sans ordre et sans remords, l'Italie urbaine des promoteurs s'étendit dans des grands ensembles, privés des infrastructures les plus élémentaires, plantés au milieu des champs et des terrains vagues. Les côtes italiennes furent massacrées, polluées, et enlaidies à tout jamais. Les collusions entre les municipalités et les constructeurs furent nombreuses, souvent dénoncées, jamais punies.

Mais le miracle économique italien eut aussi ses oubliés. Les ruraux en particulier car le miracle italien fut d'abord industriel. Il précipita le déclin de l'agriculture dans l'économie du pays. Les paysans réclamant avec force une réforme agraire, les démocrates-chrétiens en proposèrent une en 1950, préparée par Antonio Segni. Le projet fut en fait très modéré : une partie seulement des grands domaines devait être expropriée dans certaines régions (delta du Pô, Pouilles, Lucanie, Molise, Maremme, Calabre, etc.). Les propriétaires étaient indemnisés en bons du Trésor et les paysans devaient rembourser l'État par annuités. Par ailleurs, l'État se chargeait de la bonification des terres, de la fourniture d'une partie du matériel et de l'enseignement technique. Mais la réforme se révéla vite insuffisante : les grands propriétaires avaient généralement vendu les terres les moins bonnes, et le choix des familles bénéficiaires constitua en réalité une formule de clientélisme destinée à attacher à la DC de nouveaux électeurs. Le nombre trop élevé de parcelles distribuées les rendaient non viables. Enfin, la réforme se fondait sur la situation traditionnelle de campagnes en état de surpeuplement endémique. Or les années 50 furent marquées par une vague d'exode rural d'une ampleur encore inconnue et près de la moitié des paysans qui avaient reçu des lots les revendirent. Dès lors, le gouvernement changea de stratégie et en 1959 adopta le Plan vert qui, grâce à des subventions et des crédits, devait permettre aux exploitants de développer leur activité. Mais la différence de niveau de vie entre la campagne et la ville demeurait encore très importante.

Les tensions de la croissance

Le gouvernement Tambroni avait donc dû démissionner en 1960 sous la pression de la rue, et Aldo Moro, alors secrétaire général de la DC, envisagea sous l'influence de Fanfani l'ouverture du gouvernement à gauche. Des expériences de gouvernement de centre gauche eurent lieu au niveau municipal à Milan, Gênes et Florence. Mais l'Église et l'Action catholique de Gedda firent fortement pression sur Aldo Moro pour stopper ce processus. Ce dernier trouva un allié inattendu pour soutenir ses projets : le pape Jean XXIII. En 1961, le pontife marqua une volonté d'ouverture très nette, accueillant solennellement Fanfani au Vatican et publiant l'encyclique *Mater et magistra* qui condamnait vigoureusement le libéralisme et les inégalités sociales, et par conséquent la politique de droite menée jusque-là par la DC. Concrètement, le pape invita fermement l'Action catholique à se cantonner dans des œuvres spirituelles et à abandonner la politique.

Cet appui incita la démocratie-chrétienne à infléchir ouvertement son programme à gauche, ce qui fut entériné au congrès de Naples en 1962. Fanfani forma un nouveau gouvernement excluant libéraux et démocrates-chrétiens de droite et qui reposait sur la gauche de la DC, les républicains et le PSDI. Quant au PSI, il manifesta une « abstention favorable » et participa au programme du centre gauche qui prévoyait l'institution des quatorze gouvernements régionaux prévus par la Constitution, un programme de développement de l'école, l'abolition du métayage, l'adéquation entre développement économique, justice sociale et harmonisation urbaine, la nationalisation des industries électriques et le maintien de l'Italie dans l'OTAN.

Mais nonobstant cette collaboration, les socialistes restaient en dehors du gouvernement. Leur intégration fut le fait de la détente internationale et de l'attitude de l'Église (*Pacem in terris*, 1963) : après les élections de 1963 les socialistes acceptèrent d'entrer dans un gouvernement présidé par Aldo Moro et dans lequel Pietro Nenni occupa la place de vice-président du Conseil.

La fin du miracle : modernisation économique et crise sociale

De 1962 à 1971, le gouvernement du centre gauche s'attacha à mettre en œuvre le programme en sept points qui avait été élaboré en commun. Des mesures importantes furent prises dans le domaine économique : la nationalisation des industries électriques eut lieu à l'automne 1962, un plan quinquennal prit effet en 1966 – avec beaucoup de difficultés –, le métayage fut aboli en 1965. L'autre grand train de réformes fut d'ordre politique : une première offensive anti-Mafia fut lancée en 1963, mais le point le plus important du programme restait la réforme régionale. Celle-ci fut progressivement mise en place de 1968 à 1970.

Malgré ces réalisations, le centre gauche connut de réelles difficultés. Avec l'entrée de Pietro Nenni au gouvernement, une crise politique profonde affecta les deux principaux partis : la DC et le PSI. Logiquement, la gauche du PSI menée par Lelio Basso et Vittorio Foa refusa la collaboration avec la DC et créa le parti socialiste italien d'unité prolétarienne (le PSIUP). Quant à la droite de la DC, elle manifesta sa mauvaise humeur en menaçant de refuser l'investiture au gouvernement Moro. Ce fut *l'Osservatore romano*, organe du Vatican, qui mit en garde les dirigeants contre toute scission du parti démocrate chrétien. Si cette unité fut apparemment maintenue, la DC était en réalité divisée en neuf tendances antagonistes.

Le gouvernement d'Aldo Moro (jusqu'en 1968) dut affronter deux obstacles : d'abord le ralentissement de la croissance économique et ensuite les crises sociales engendrées par les rapides transformations de l'Italie.

La récession économique s'amorça après 1962. Beaucoup des facteurs favorables qui avaient permis le remarquable développement des années précédentes n'existaient plus : la réserve de main-d'œuvre bon marché s'était amenuisée, les syndicats devenaient plus actifs. Comme les salaires augmentaient, le prix des marchandises italiennes devint moins compétitif sur le marché international et la croissance des exportations se ralentit considérablement. Toutefois, la modernisation de l'économie italienne se poursuivait, marquée par les concentrations impressionnantes réalisées par les holdings d'État. L'ENI, l'IRI et l'ENEL (électricité) devinrent des géants industriels. Au même moment, une bonne partie de la bourgeoisie, inquiète de l'arrivée des socialistes au gouvernement, transféra une part considérable de ses capitaux en Suisse. Cette fuite des capitaux entraîna un sérieux déficit de la balance des paiements de 1961 à 1972.

L'explosion

De 1962 à 1968, les gouvernements de centre gauche avaient échoué dans leur réponse aux exigences nombreuses d'une Italie en pleine mutation. Lançant des réformes sans vraiment les terminer, ils avaient fait naître l'espoir du changement tout en l'étouffant. A partir de 1968, un immense mouvement de contestation sociale explosa et l'organisation de la société fut remise en cause dans son ensemble. Parti de l'université, le mouvement se diffusa dans les usines puis dans l'ensemble du corps social.

En 1967 et 1968, le mouvement étudiant bouleversa la vie politique italienne. Les causes de la révolte étudiante en Italie ressemblent beaucoup à celles qui agitèrent la France à la même époque. La mise en place à partir de 1962 d'un enseignement de masse – l'école devint obligatoire jusqu'à 14 ans – incita des milliers de jeunes des classes moyennes à poursuivre leurs études à l'université. Or l'université n'était pas prête à accueillir le doublement d'effectifs qui s'ensuivit : de 268 000 étudiants en 1961, on était déjà en 1968 à 500 000. Outre cette pression numérique, le système universitaire était déjà en état avancé de décomposition : bâtiments universitaires surchargés dès avant la crise, professeurs peu nombreux et souvent absents, leur charge horaire s'élevant à seulement 52 heures d'enseignement par an. Les examens se déroulaient presque tous à l'oral ce qui renforçait un sentiment d'arbitraire dans les notations. Le système de bourses était insuffisant, de nombreux étudiants devaient travailler tout en poursuivant leurs études, et beaucoup accumulaient les échecs aux examens. Mais comme il n'y avait pas de limites de temps pour obtenir la *laurea*, certains traînaient à l'université pendant des années.

Seulement 44 % des étudiants obtenaient leur *laurea*, mais même obtenue, celle-ci ne débouchait pas forcément sur un emploi.

Ces conditions matérielles difficiles se greffaient sur un terreau fertile pour les révoltes. Peu fascinés par les valeurs de la société de consommation qui s'étaient imposées durant les années 60, ces étudiants préféraient les héros rebelles et les poètes maudits. En outre, beaucoup refusaient les deux orthodoxies dominantes de l'Italie du miracle : le catholicisme et le communisme. Au sein même de ces deux mouvements, des divergences, des interprétations nouvelles apparaissaient. L'Église de Jean XXIII tournée vers les problèmes sociaux, les analyses marxistes des publications *Quaderni rossi ou Quaderni Piacentini* ouvrirent aux catholiques et aux communistes des horizons nouveaux. 1968 fut sans doute, plus qu'une révolte contre la condition de vie estudiantine, une révolte éthique. Sur fond de guerre du Viêt-nam, de révolution culturelle et de tiers-mondisme, les événements de 1968 surprirent une société italienne plongée dans une somnolente satisfaction.

Le mouvement étudiant italien s'agita bien avant le mouvement français. Dès l'automne 1967, les premiers troubles éclatèrent et ils durèrent jusqu'au printemps 1968. La première université à bouger fut celle de Trente, suivie par l'université catholique de Milan en novembre 1967, puis celle de Turin. La contestation s'étendit à toute l'Italie de décembre 1967 à février 1968, y compris dans les lycées. Mais à la différence de la France, les enseignants ne se joignirent pas à leurs élèves.

L'occupation de l'université de Rome en février 1968 marqua un tournant. La police intervint pour évacuer les locaux et les étudiants décidèrent d'aller occuper la faculté d'architecture, isolée dans la villa Borghèse. La police chargea et des affrontements violents connus sous le nom de la « bataille de Valle Giulia » se déroulèrent. Le mouvement commença à décroître au printemps 1968 et les élections politiques de mai provoquèrent une diversion définitive. Les troubles continuèrent tout au long des années 1970, mais jamais avec la même intensité que cette année-là.

L'automne 1969 restera connu comme « l'automne chaud » de l'Italie. Le pays affronta une énorme vague de grèves, d'occupations de locaux et de manifestations, particulièrement dans le Nord du pays. Le mouvement avait débuté en 1967 avec les grèves des chantiers navals à Gênes et à Trieste. Pour la première fois, les grandes centrales syndicales étaient dépassées par leurs troupes. En 1968, les premiers troubles apparurent dans des industries où les syndicats étaient faibles. Des mouvements spontanés de colère et de révolte éclatèrent, dont le plus célèbre secoua l'usine Marzotto en Vénétie. Au printemps 1968, les syndicats décrétèrent une grève générale qui eut un succès inespéré. L'exemple de l'échec français et de la prudence du PCF apparut aux étudiants qui étaient décidés à « aller vers le peuple » comme l'erreur à ne pas commettre. Pour dépasser le PCI, un nombre important de mouvements révolutionnaires vit le jour à l'automne 1968, sous le nom de Nouvelle Gauche, rassemblant intellectuels et prolétaires. Ces groupuscules attirèrent jusqu'à l'automne 1969 un grand nombre d'ouvriers et dans beaucoup d'usines, les syndicats traditionnels furent débordés par la base.

Les résultats de cette lutte ne furent pas négligeables. Les salaires augmentèrent rapidement et en 1972 des heures de formation payée furent assurées. Mais surtout, en 1975, fut établie la *Cassa Integrazione Guadagni* qui régulait les licenciements économiques : 80 % du salaire étaient garantis aux ouvriers mis à pied. Les ouvriers licenciés pouvaient venir à l'usine, ne pas y travailler et repartir avec la quasi-totalité de leur salaire. Enfin, en 1975 fut également instaurée la fameuse *Scala mobile* qui indexait automatiquement les salaires au coût de la vie et qui fut abandonnée en 1992.

Mais les transformations mal maîtrisées, les rancœurs de l'après-68 et le blocage du système politique ouvrirent la voie aux années difficiles, aux « années de plomb », de 1973 à 1980.

Les années de plomb : le blocage

Le monde capitaliste fut frappé en 1973 par une crise économique d'une ampleur telle qu'elle ne peut être comparée qu'à la crise de 1929. Les pays producteurs de l'OPEP décidèrent unilatéralement à l'automne 1973 une augmentation de 70 % des prix du pétrole. Pour l'Italie, qui venait de devenir une des grandes nations industrialisées dans le monde, mais qui n'avait pas encore eu le temps de consolider cet acquis, le choc fut terriblement rude. L'Italie dépendait à 75 % du pétrole pour son approvisionnement énergétique. La récession débuta dès 1974, marquée par quatre phénomènes concomitants : une inflation élevée, une extension du secteur souterrain de l'économie, une diminution de la production et une augmentation du déficit public.

De ces manifestations, le développement du travail au noir fut sans doute la plus caractéristique de l'Italie. L'économie italienne avait déjà une importante tradition de production sur une petite échelle à laquelle s'ajoutaient de nombreuses petites entreprises, souvent illégales, effectuant des travaux qui étaient auparavant réalisés dans les grandes usines, ou produisant des biens pour les secteurs traditionnels de l'économie. Les avantages pour les entrepreneurs étaient nombreux : pas de syndicalisme, des salaires assez bas, pas de charges sociales. C'était donc surtout les catégories les moins protégées du monde du travail, les femmes et les jeunes, qui travaillaient au noir, souvent à mi-temps et à domicile.

Cette économie souterraine, bénéficiant de coûts de fabrication assez bas et de profits élevés, se révéla être un appui non négligeable pour l'économie italienne de cette période. Bien entendu, il n'existe pas de statistiques totalement fiables sur ce secteur par définition opaque, mais les recensements estiment à une fourchette de quatre à sept millions le nombre de personnes employées illégalement en 1979. L'état réel de l'économie italienne était donc beaucoup moins catastrophique que les statistiques officielles ne l'indiquaient.

Le compromis historique

Politiquement, une des initiatives les plus marquantes de ce début des années 1970 vint du PCI. En 1972, Enrico Berlinguer fut élu à sa tête. D'origine sarde, d'une très grande honnêteté, il décida d'en finir avec l'immobilisme du PCI sur la scène nationale. Dans une série d'articles publiés en 1973, il lança l'idée du compromis historique avec la DC et le PSI. Ce rapprochement, qui peut apparaître comme le mariage de la carpe et du lapin, était dicté par la peur d'un coup d'État lancé par la droite, à l'image de ce qui venait de se passer au Chili, et qui pouvait être crédible si l'on se rappelle que le terrorisme de droite avait déjà frappé à Piazza Fontana, à Milan, faisant seize morts. La crise économique, de surcroît, raidissait la droite réactionnaire dans une stratégie de tension. D'abord défensive, l'alliance proposée par Berlinguer était au fond extrêmement ambitieuse et reposait sur le postulat que morales catholique et communiste, également opposées au capitalisme et au libéralisme sauvages, pouvaient trouver un terrain d'entente. Mais un des éléments du raisonnement de Berlinguer était erroné : il avait en effet mal jugé la Démocratie chrétienne qui n'était plus le parti neuf de l'après-guerre, susceptible d'évoluer à gauche, mais un parti de gouvernement usé et compromis, sorte d'État dans l'État, conservateur et capitaliste. Projet ambitieux, donc, que celui du compromis historique mais qui d'emblée souffrait de quelques ambiguïtés, lourdes de conséquences.

Au même moment, le mouvement syndical était de plus en plus réduit à une position défensive par les difficultés de l'économie. Ce qui accrut la rigidité des structures et la centralisation. Mais le mouvement syndical restait actif, surtout dans le Nord de l'Italie où des formes nouvelles d'opposition ouvrière se mirent spontanément en place.

Le caractère de plus en plus défensif du mouvement ouvrier commençait à poser problème aux groupes révolutionnaires nés à la fin des années 1960. De plus, la tentative de rapprochement du PCI avec la DC interdisait à ces groupes de lui faire confiance pour les représenter aux élections. Par conséquent, ils durent réfléchir à leur place spécifique par rapport aux institutions, aux syndicats, aux élections. Or la seule réponse qu'ils surent trouver fut l'accentuation du caractère de parti de leur organisation. Les leaders des groupes se prirent de plus en plus au sérieux : Sofri devint secrétaire de *Lotta Continua* en 1973 et Aurelio Campi, secrétaire d'*Avanguardia operaia* en 1974.

Mais bien que plus hiérarchisés et plus autoritaires, les groupes révolutionnaires ne perdirent pas pour autant de leur importance. Forte dans la plupart des grandes villes, cette tendance pouvait mobiliser de 20 à 30 000 personnes et son service d'ordre s'affrontait régulièrement avec les escouades de jeunes néo-fascistes. Ces années virent fleurir la culture alternative, avec les expériences théâtrales de Dario Fo au palazzina Liberty de Milan, mêlée à la diffusion des drogues douces. Les premiers films de Nanni Moretti (*Ecce Bombo*) ont montré avec humour ces micro-sociétés révolutionnaires lorsqu'en pleine décadence, elles se résumaient à une logorrhée interminable, la parole se substituant à l'action. Cet état d'impuissance croissant généra un phénomène qui allait embraser l'Italie des années de plomb : le terrorisme rouge, par opposition au terrorisme noir des néo-fascistes qui endeuilla l'Italie en perpétrant les attentats de Piazza Fontana à Milan en 1969, du Rome-Munich en 1974 qui fit 12 morts, et surtout l'horrible massacre de la gare de Bologne en 1980 qui tua 84 personnes.

Pour nombre de militants, les groupuscules révolutionnaires « nouveau style » n'offraient plus aucune réelle possibilité d'action. Ils décidèrent donc de mettre au premier plan le seul moyen qui leur restait : la lutte armée, une action violente et illégale qui aurait mis en évidence les contradictions du capitalisme, rendant inévitable l'affrontement final entre exploitants et exploités. Les fondateurs des « brigades rouges » venaient de milieux très différents et d'expériences idéologiques diverses : Renato Curcio et Mara Cagnol étaient d'anciens maoïstes, tandis que d'autres venaient de groupes catholiques. Beaucoup appartenaient à la petite et moyenne bourgeoisie, certains comme Giangiacomo Feltrinelli, du *Gruppo di Azione Partiguiana*, étaient issus de la très haute bourgeoisie.

Un double modèle habitait les terroristes italiens : l'expérience des *guerilleros* d'Amérique du Sud, comme les *tupamaros*, et la Résistance italienne des années 1943-1945. Révolte organisée de la jeunesse pour une cause juste : voilà ce qui sous-tendait leur organisation. Mais les mouvements manquaient terriblement d'homogénéité, de capacité d'analyses sociales et ils se coupèrent très vite de la réalité, se contentant d'une rhétorique de la terreur qui transparaît dans la teneur des communiqués qu'ils émettaient.

Au début des années 1970, les premières actions des BR (brigades rouges) furent de la propagande armée autour de Milan et de Turin. La première personne enlevée par eux fut Idalgo Macchiarini, de Siemens. Il fut relâché au bout de vingt minutes.

Le *Gruppo di Azione Partigiana* de Feltrinelli, qui était l'autre groupe terroriste, restait beaucoup plus théorique, ce qui n'empêcha pas son fondateur de sauter en mars 1972 avec la bombe qu'il installait sur un pylône à haute tension, à Segrate, près de Milan.

Au début de 1974, les BR changèrent de méthode. Le 18 avril, ils enlevèrent un juge de Gênes, Mario Sossi, pendant 35 jours, ce qui leur permit d'accéder à une notoriété nationale.

Après cet enlèvement, la police commença à contrôler les mouvements terroristes et multiplia les arrestations. Des affrontements entre brigadistes et forces de l'ordre firent plusieurs morts, des deux côtés. En juin 1976, Mara Cagnol, une des fondatrices des BR, fut tuée.

La société évolue

Les années 1970 en Italie furent aussi les années du féminisme, comme dans nombre d'autres pays européens, mais avec plus de force car la situation des femmes italiennes restait encore très archaïque par rapport au reste de l'Europe ou aux États-Unis. L'expérience politique de nombreuses étudiantes en 1968-1969, la place croissante des femmes dans le monde du travail et dans l'action syndicale changèrent les données du problème. Après 1975, le mouvement des femmes acquit une dimension nationale. Deux phénomènes furent à l'origine de ce développement : d'abord la crise économique qui fit prendre conscience à de nombreuses femmes du poids réel qu'elles avaient dans « l'économie familiale ». Cette prise de conscience varia considérablement selon l'âge, le milieu social, les régions, mais il n'en demeure pas moins que les femmes furent présentes dans toutes les luttes sociales : pour le logement, pour l'implantation des services sociaux dans les quartiers, etc., reprenant, après quelques années, le rôle de *pasionaria* de la vie quotidienne tenu par Anna Magnani dans l'*Onorevole Angelina.*

Le second phénomène qui permit au mouvement féministe d'acquérir cette audience fut la multiplication des groupes féministes après 1970. Le féminisme italien, mais pas seulement lui, a toujours oscillé entre les deux pôles antagonistes de la revendication de l'égalité avec les hommes et, en même temps, de la revendication de l'altérité féminine. Les groupes féministes des années 70 mirent surtout l'accent sur ce deuxième aspect, travaillant autour de la psychanalyse, de la théorisation et de la littérature féminine. Plutôt que d'attendre la révolution pour libérer la femme, ces groupes insistaient sur la libération quotidienne de la femme dans ses rapports avec les enfants, avec les hommes, au foyer et au travail, préparant une transformation ultérieure, plus radicale et définitive.

Le mouvement le plus actif fut le MLD (*Movimento di liberazione delle donne*), très fortement lié au petit parti radical qui, au milieu des années 1970, se fit le défenseur des droits civiques. Le MLD réunit des revendications concernant l'égalité (dans les écoles et au travail) à d'autres qui cherchaient à renforcer l'autonomie des femmes (droit des femmes à disposer de leur corps grâce à la pilule et à l'avortement). La première grande manifestation de femmes eut lieu à Rome le 6 décembre 1975 et à partir de 1976 le mouvement se développa considérablement, entraînant des scissions entre les différents groupes. Ces divisions furent oubliées le temps de la lutte pour le droit à l'avortement à partir de 1975.

En 1975, le droit de la famille fut finalement réformé, instaurant l'égalité entre les conjoints, ce qui mettait fin à la suprématie du mari sur son épouse.

L'alliance PCI-DC : solidarité nationale et terrorisme

Des horizons nouveaux semblèrent pouvoir s'ouvrir avec les résultats des élections de 1975 et 1976. La campagne électorale se déroula dans un climat de violence, d'affrontements entre néo-fascistes et groupements révolutionnaires qui entraînèrent la mort de plusieurs personnes. Dans ce contexte, Fanfani choisit de présenter la DC comme le parti de la loi et de l'ordre et Berlinguer, condamnant la corruption et le clientélisme des municipalités DC, qualifia le PCI de « parti aux mains propres ».

Les résultats des élections régionales de 1975 donnèrent au PCI 33 % des voix – soit six points de mieux qu'aux élections précédentes –, le PSI améliora également son score avec 12 % des suffrages. La DC en revanche perdit 2 % avec 35 % des voix. Ces élections régionales provoquèrent un séisme dans les assemblées municipales et régionales. PSI et PCI s'accordèrent rapidement pour former des « *giunte di sinistra* » (des conseils de gauche) dans toutes les grandes villes à l'exception de Bari et de Palerme.

Ce fut une rude période pour la DC qui préféra remplacer Fanfani par Zaccagnini, en même temps qu'éclatait le scandale Lockeed qui allait éclabousser des dirigeants démocrates-chrétiens et sociaux-démocrates et que des élections anticipées se préparaient pour 1976, le gouvernement étant de moins en moins bien assuré.

Parallèlement, le PCI développait les thèses de l'eurocommunisme, et donc d'une voie européenne vers le socialisme qui saurait se détacher du modèle soviétique. Cela provoqua des réactions extrêmement négatives de la part des États-Unis qui voyaient avec inquiétude se préciser la menace d'un gouvernement socialo-communiste en Italie. La nouvelle campagne électorale se déroula encore sur fond d'assassinats et d'affrontements.

Les résultats du 20 juin 1976 furent à l'image de cette radicalisation croissante de la vie politique : le PCI avait encore amélioré son score avec 34,4 %, la DC se maintenait à 38,7 %, mais tous les autres partis avaient perdu des voix, y compris le PSI qui passa de 12 à 3 %. Le PCI était désormais dans une position de force qu'il n'avait jamais eue auparavant.

Mais Berlinguer restait convaincu du bien-fondé d'un compromis avec la DC, compte tenu de l'hostilité des États-Unis, de l'instabilité économique et de la violence permanente entretenue par les groupuscules d'activistes. Bien sûr, nombre de communistes et d'hommes de gauche y étaient opposés, convaincus que le pays avait absolument besoin de changement et de réformes. Mais, alors que pour la première fois se présentait la possibilité d'établir une alternative solide à la DC, Berlinguer choisit le transformisme et, au PSI, le jeune Craxi juste élu à la tête du parti décidait de détacher les socialistes du PCI afin de se renforcer. Le nouveau gouvernement dirigé par Giulio Andreotti bénéficiait de la bienveillance des communistes et des socialistes, et en échange ces derniers, qui ne participaient pas au gouvernement, demandaient à être consultés sur la mise en place du programme de gouvernement. Les deux gouvernements Andreotti d'août 1976 à janvier 1979 reçurent le nom de « gouvernements de solidarité nationale ». La DC, sous la houlette d'Andreotti et de Moro, espérait réussir dans ce nouveau contexte ce qui avait été réalisé avec le PSI dans les années 60 : l'amener sans violence et sans trouble à participer au gouvernement, après l'avoir passablement « anesthésié ». Les vieilles recettes du transformisme semblaient toujours à l'ordre du jour.

En réalité, les gouvernements de solidarité nationale durent consacrer l'essentiel de leur énergie non pas à de profondes réformes voulues par les communistes, mais à la lutte contre le terrorisme. A la fin des années 70, les deux faits qui contribuèrent à la radicalisation du terrorisme italien furent d'une part l'échec patent des groupuscules révolutionnaires aux élections de 1975, ce qui leur fermait définitivement toute voie « légale », d'autre part la rupture entre le PCI et la couche des étudiants qui avaient souvent voté pour la première fois en 1976 et qui se sentaient trahis par le compromis historique, d'autant plus qu'une fois dans la coalition gouvernementale, le PCI devint un des plus ardents défenseurs de l'ordre public et de la répression policière. Les communistes générèrent ainsi un terrible paradoxe : en voulant prévenir l'extension de la violence, leur politique créait en réalité un terrain plus fertile pour le terrorisme. Il faut ajouter à cela l'incroyable laxisme dont fit preuve la police dans la lutte anti-terroriste de ces années 1976-1977. Était-ce parce que le danger semblait écarté, ou bien s'agissait-il d'une manipulation permettant au climat politique de s'alourdir davantage encore, ne laissant plus au PCI qu'une marge de manœuvre très étroite ?

L'année 1977 fut extrêmement agitée : le mouvement de 1977 regroupa deux tendances. Une tendance « créative » et spontanée, essentiellement tournée vers la dérision et le refus de la société industrielle, et une tendance « autonome » et militarisée qui voulait utiliser la violence pour se battre contre l'État. Cette seconde tendance était représentée et théorisée par Toni Negri et Oreste Scalzone. A Rome, à Bologne, puis dans toute l'Italie des troubles éclatèrent, provoquant des affrontements entre forces de l'ordre et manifestants au cours desquels des coups de feu furent tirés. Mais l'échec de ce mouvement allait marquer la fin de l'activisme révolutionnaire, d'autant que le drame de l'affaire Aldo Moro finissait de jeter l'opprobre sur une partie du mouvement révolutionnaire.

L'affaire Aldo Moro

Les brigades rouges n'étaient pas restées inactives au cours des années 1976-1978 : policiers, journalistes et magistrats constituaient les cibles d'attentats qui firent plusieurs dizaines de morts en deux ans. Le 16 mars 1978, Aldo Moro fut enlevé. Les Italiens furent profondément choqués par cet enlèvement qui marquait le summum d'une spirale de violence, sorte de malédiction de la vie politique italienne que certains faisaient remonter au premier fascisme. Pendant 54 jours, les BR gardèrent Moro au secret, demandant en échange de sa libération celle des brigadistes arrêtés par la police. Mais le vrai dilemme qui se posait était de savoir si l'État devait traiter avec les terroristes. Les socialistes guidés par Craxi estimaient que des pourparlers devaient être ouverts, cet acte d'humanité devant renforcer la démocratie. Les communistes y étaient opposés. Eugenio Scalfari, directeur du jeune quotidien *La Repubblica*, appuya les communistes dans un éditorial fameux : « La décision est terrible à prendre car il s'agit de sacrifier la vie d'un homme ou de perdre la République. Malheureusement, pour les démocrates, il n'existe aucun doute sur le choix qui doit être fait ». Les démocrates-chrétiens étaient légitimement divisés mais, ne voulant pas laisser au PCI le monopole de la fermeté, Andreotti, la mort dans l'âme, décida de ne pas traiter. Le 9 mai 1978 Aldo Moro fut assassiné et son corps retrouvé via Caetani, dans le centre de Rome, à égale distance du siège du PCI et du siège de la DC.

Ce drame provoqua des dissensions graves au sein du mouvement terroriste, mais le nombre des assassinats continua d'augmenter dans les deux années qui suivirent : il y eut 29 assassinats en 1978, 22 en 1979 et 30 en 1980. Parmi les victimes, Guido Rossa, ouvrier communiste, le professeur Bachelet et le jeune journaliste du *Corriere della Sera* Walter Tobagi. Les terroristes, cependant, étaient de plus en plus isolés et la nomination de Carlo Alberto Della Chiesa pour coordonner l'offensive anti-terroriste allait sonner le glas du mouvement. La loi permettant aux « *pentiti* » (c'est-à-dire ceux qui se repentaient et acceptaient de livrer des informations à la police) de bénéficier de remises de peine fut votée et s'avéra un succès.

Les réformes concédées

Même si les gouvernements de solidarité nationale eurent comme priorité la lutte contre le terrorisme, ce ne fut pas leur seule activité et certaines réformes furent votées, à l'instigation du PCI qui avait mis beaucoup d'espoir dans cette collaboration politique.

La principale réforme voulue et obtenue par le PCI fut, en juillet 1975, celle des régions. Celles-ci obtinrent enfin les pouvoirs, l'autonomie financière et la responsabilité dans des domaines essentiels comme la santé ou l'aménagement du territoire.

Le syndicalisme devint plus réformiste et pour la première fois entrepreneurs, syndicats et gouvernement s'attachèrent ensemble à relever l'économie italienne. Les résultats économiques furent satisfaisants mais les syndicats souffrirent de ce compromis et la désaffection des travailleurs à leur égard ne tarda pas à se manifester.

Une loi importante fut également votée transformant radicalement l'attitude de l'État envers les maladies mentales. Une longue bataille avait été engagée pour fermer les asiles et les hôpitaux psychiatriques, débouchant en mai 1978 sur le vote d'une loi qui permettait de réinsérer les malades mentaux dans leur famille et dans la société par le biais d'antennes psychiatriques délocalisées. Mais le résultat ne fut pas à la hauteur du projet. Trop souvent, les asiles une fois fermés, les structures qui devaient les remplacer manquèrent. La charge des malades retomba alors sur les familles avec des conséquences parfois tragiques.

En novembre 1978 fut institué un système de santé national, projet dont on parlait depuis 1948. Mais si le projet fut très ambitieux, les résultats furent là aussi décevants. En particulier, le déséquilibre Nord-Sud ne put jamais être comblé.

Quant à la loi sur l'avortement, elle fut finalement votée après une partie de ping-pong parlementaire en mai 1978.

Les années des gouvernements de solidarité nationale eurent deux conséquences importantes. Le mouvement révolutionnaire de la fin des années 1960 avait en réalité conduit, à l'opposé de ses intentions initiales, à une vague de réformisme. Il n'y eut, durant les années 1976-1979, aucun lien entre protestation et réforme, aucun espace d'entente ou de négociation. L'absence de médiation politique en fut également la cause.

Deuxième point, l'attitude du PCI envers la DC fit sous-évaluer le rôle des socialistes sur la scène politique. Ce dont Bettino Craxi ne tarda pas à profiter.

Au début de 1979, les communistes avaient fait les comptes et avaient tiré les leçons de leur participation aux gouvernements de solidarité nationale. Lorsque le 31 janvier 1979 le gouvernement Andreotti donna sa démission, les communistes annoncèrent qu'ils retournaient dans l'opposition. Et de fait, aux élections de juin 1979, le PCI passa de

34,4 à 30,4 % des voix, le PSI augmenta un peu, la DC se maintint à la baisse et le grand vainqueur fut le parti radical de Marco Pannella qui passa de 1,1 % à 3,5 %...

En novembre 1979, Berlinguer annonçait la nouvelle ligne du PC : la solution d'alternative démocratique, soit l'alliance avec le PSI pour renverser la DC.

Les années 80

Par contraste avec les années 1970, les années 1980 apparaissent assez calmes. Le déclin de l'Église catholique semble un peu freiné par la personnalité charismatique de Jean Paul II, malgré les aspects souvent terriblement rétrogrades de sa politique. Les problèmes économiques continuèrent au début des années 80, l'Italie connut une inflation bien supérieure à celle des autres pays européens. Toutefois, après 1983 et la mise en place du gouvernement Craxi (PSI-DC), l'économie redémarra avec une rapidité telle qu'on a pu parler de second miracle économique. La croissance s'accéléra, l'inflation ralentit, les déficits publics se comblèrent. Le poids de l'économie souterraine resta important – autour de 20-30 % du revenu national. Les nouveaux *condottiere* italiens se nomment Carlo de Benedetti et Raul Gardini tandis que les vieilles dynasties des Agnelli ou Pirelli restent toujours en place.

1987 fut pour l'Italie l'année du « dépassement » : pour la première fois de son histoire, le produit national italien dépassait officiellement celui de la Grande-Bretagne. L'Italie était devenue une des premières puissances économiques. Ce n'était plus « le plus développé des pays les moins développés ».

Pourtant, cette économie demeure fragile. Le clivage Nord-Sud reste préoccupant ; la guerre du Golfe a montré la dépendance italienne vis-à-vis du pétrole ce qui, en l'absence d'un choix nucléaire, fragilise l'économie. L'économie de transformation qui fait la force de la Péninsule induit sa fragilité, c'est-à-dire sa dépendance dans le domaine des matières premières.

L'incurie de la bureaucratie reste pesante et paralysante. Le déficit public est énorme, le système de protection sociale insuffisant et injuste, le réseau bancaire archaïque. Le terrorisme a sans doute disparu mais une des plaies italiennes demeure le poids et la violence de la Mafia, de la Camorra, de la N'Dranghetta qui continuent de terroriser et de racketter impunément l'Italie du Sud sans que l'État semble pouvoir agir. Les assassinats de nombreuses personnalités officielles, juges, policiers et jusqu'au préfet de Palerme, Della Chiesa en 1983, ou encore le juge Giovanni Falcone en 1992, montrent assez la puissance de ces organisations dont les liens avec certaines fractions de la DC ne cessent d'être dénoncés avec vigueur.

Quant au système politique, il n'a pas vraiment bougé. Les acteurs changent – à l'exception de la DC –, mais le fonctionnement demeure désespérément le même. La présidence de Sandro Pertini de 1978 à 1985 a été un moment positif de la vie politique italienne. Mais les scandales de la P2 ont secoué la DC dont les résultats électoraux ont chuté en 1983 à 33 %, avec une légère reprise en 1987. Le parti démocrate-chrétien a tenté de maintenir son mode de gouvernement en s'alliant avec d'autres formations, mais le jeu est devenu tellement délicat qu'il dut accepter que la présidence du Conseil soit confiée à des leaders tels que Giovanni Spadolini du parti républicain et surtout Bettino Craxi de 1983 à 1987, écrivant ainsi une nouvelle page de l'histoire du transformisme.

Quant au PCI, il n'est toujours pas entré au gouvernement. Les communistes sont restés forts au niveau local mais leur part nationale a décliné au début des années 1980, pour remonter après la mort de Berlinguer en 1983 avant de s'écrouler à 26,6 % en 1987. Les nouveaux leaders Alessandro Natta et, depuis 1988, Achille Occhetto doivent résoudre le problème de leur attitude vis-à-vis de la DC. Son changement de nom en PDS (*Partito democratico della sinistra*) et les polémiques qui l'accompagnèrent n'ont pas contribué à la sortir de son isolement.

Le MSI, parti néo-fasciste, continue de recueillir 5 à 6 % des voix et la surprise de ces années 80 finissantes vient de l'émergence – durable ? – du parti des Verts, et surtout des

Ligues régionales dont le programme remet en cause cette unité italienne si durement acquise.

Par défaut, la DC a donc consolidé son emprise sur le pouvoir et en 1987 elle a récupéré la présidence du Conseil avec Giovanni Goria puis Ciriaco de Mita. Le poids des régions s'est accentué depuis la loi de 1975 et dans les années 80, elles gèrent près de 20 %o du budget national.

Comme souvent en Italie, la politique passe et se succède à elle-même alors que la culture continue d'être florissante. Après un passage à vide qui vit néanmoins le triomphe du western « spaghetti » (Sergio Leone), le cinéma italien renaît. Certes, Fellini, Dino Risi, Ettore Scola ont tourné avec bonheur, mais des voix nouvelles se sont fait entendre avec Nanni Moretti ou Daniele Lucchesi. Une critique féroce et souvent drôle des travers de la société ou de la politique italiennes préside souvent à leurs scénarios. Témoin, le film de Lucchesi présenté à Cannes en 1991, *le Porteur de serviette* – dans lequel joue d'ailleurs Nanni Moretti.

La littérature italienne de plus en plus systématiquement traduite en français a produit un des plus grands best-sellers de ces dernières années : *le Nom de la rose*, d'Umberto Eco. Professeur de sémiotique à Bologne, essayiste et désormais romancier, Eco a réussi la prouesse de faire d'un livre érudit un prodigieux roman policier au cœur du Moyen Age. Il a fait la synthèse des goûts de ses contemporains : celui de l'histoire, d'abord – et tout particulièrement de la période médiévale – et celui du « polar ». Alberto Moravia, quant à lui, a continué d'écrire jusqu'à sa disparition, inspiré de plus en plus par le sexe, « dernier moyen de communication ».

Une partie de la production littéraire italienne (Tondelli, par exemple) repose encore aujourd'hui sur l'héritage de Pier Paolo Pasolini. Celui-ci, disparu tragiquement en 1975, avait commencé sa carrière d'écrivain en 1955 avec *Ragazzi di vita*, suivi d'*Una vita violente* en 1959. Peintre amoureux de la marginalité romaine, il avait su décrire ces « ragazzi », les mauvais garçons qu'il filma ensuite dans *Mamma Roma*. Le Pasolini cinéaste de *l'Évangile selon saint Matthieu* ou de *Uccellacci e Uccellini* rejoint celui des *Contes de Canter-*

bury ou du *Décameron* par le goût de la contestation, de la provocation dont il ne se départ jamais, provocation tant dans la manière de filmer que dans les thèmes abordés. Assassiné en 1975 sur la plage d'Ostie, il demeure peut-être le symbole d'une marginalité italienne qui, dans les années 70, commençait seulement à s'affirmer.

Parmi les domaines les plus vivaces de la création italienne, il faut citer la mode et le design. Le design italien dont l'épicentre est Milan a inspiré une large part de la production européenne. Quant à la mode milanaise, elle concurrence très fortement la haute couture parisienne ainsi que le prêt-à-porter français. L'ascension de Milan a débuté en 1968-1969 lorsque le styliste Missoni décida de présenter sa collection aux États-Unis. Ensuite Cerruti ouvrit une boutique à Paris, suivi de Mariuca Mandelli – fondatrice de Krizia. Petit à petit, les créateurs délaissèrent Florence, et Armani, Ferré, Versace ou Valentino suivirent ce mouvement. Souvent ces entreprises gardent une structure familiale fortement appuyée sur les artisanats locaux : ainsi Fendi, Krizia ou Benetton.

Si le prêt-à-porter, le cinéma ou la littérature apparaissent aujourd'hui parmi les exemples les plus frappants de la modernité italienne, on ne saurait en dire autant de la télévision.

En effet, allumer un poste de télévision au-delà des Alpes implique souvent la contemplation de nombreuses jeunes personnes plus ou moins dénudées, de spectacles de variétés d'un goût parfois douteux ou d'innombrables feuilletons américains de série B. Parmi les blondes personnes, il faut citer Raffaella Carrà, l'une des présentatrices les plus populaires d'Italie, atteignant des audiences de sept millions de personnes. Capable d'inviter des personnalités du monde politique pour leur poser accessoirement quelques questions de fond entre un groupe folklorique, des chanteurs rock et des jeux, sans que les intéressés s'en offusquent – loin de là –, elle a longtemps été « la » star de la télévision italienne.

Certains shows ont été pour l'Italie de véritables événements de masse. Ainsi, à la fin des années 80, *Quelli della notte* de Renzo Arbore a tenu des millions d'Italiens devant leur récepteur jusqu'à des heures fort tardives, à tel point que la vie économique du pays s'en est trouvée quelque peu bouleversée... *Colpo Grosso* obtient, elle, une audience importante grâce à ses concours de strip-tease de couples – souvent mariés – qui se voient pour les meilleurs d'entre eux récompensés.

La télévision italienne est divisée entre trois chaînes d'État (RAI 1, DC-RAI 2 socialiste et RAI 3 communiste) et d'innombrables chaînes privées dont l'empire de Sua Emittenza, Berlusconi (Canale 5, Italia 1, Rete 4...) qui, depuis son arrivée à la présidence du Conseil, ne cesse de s'étendre. L'Italie fut le premier pays à mettre en place des télévisions locales et des chaînes à péage. Très vite télévisions locales et privées ont été dominées par les programmes proposés par Berlusconi, essentiellement composés de feuilletons américains et de variétés ainsi que de films de qualité, toutefois saucissonnés par de longues plages de publicité.

Dans le domaine de la musique, l'américanisation se fait également sentir. Les hit-parades européens et américains tendent à se ressembler de plus en plus, à s'uniformiser. L'Italie garde toutefois une bonne production dans le domaine de la variété, comme en témoigne la popularité du Festival de San Remo. Lucio Dalla, Morandi, Riccardo Cocciante, Francesco De Gregori, Loredana Bertè, Milva jouissent d'une grande popularité dans leur pays et, pour certains d'entre eux, à l'étranger. Ainsi Gianna Nannini, la rockeuse siennoise – sœur du coureur automobile – a fait unc partic dc sa carrière en Allemagne, avant d'être reconnue dans son pays ainsi qu'en France.

Enfin, on ne saurait parler de cette Italie contemporaine sans évoquer le « calcio », le football qui a fait vibrer le pays tout entier lors du Mondial de 1990. Sport populaire entre tous, capable de diviser le pays avec violence – surtout lorsque les matchs opposent clubs du Sud et clubs du Nord –, capable de couper des villes en deux (ainsi la *Lazio* et la *Roma*, clubs romains l'un et l'autre mais que tout sépare) mais aussi capable de réunir l'Italie tout entière autour des joueurs de la *Squadra Azzura*. On a tout dit du football : qu'il compensait l'unité inachevée, qu'il était un ersatz d'une vie politique défaillante... Générant l'équivalent du tiercé français (le *totocalcio*), il est sujet de conversations, de discussions, d'empoignades, de scandales et d'émotions, y compris en 2002 avec une élimination contestable lors du Mondial asiatique, suivi par un report inédit du championnat pour des questions de droit de retransmission. Toujours la télévision...

L'Italie vers le troisième millénaire [1]

Les quelque dix années qui sont présentées ici, en clôture – provisoire – de ce volume sont, à bien des égards, des années décisives pour l'Italie, politiquement et économiquement. Le coup de tonnerre de 1993 a vu l'implosion de l'ancien système bipolaire italien (DC-PCI) tandis que le monde politique et industriel était fortement secoué par une vaste opération d'assainissement menée par les juges, l'opération « Mains propres » (*Mani Pulite*). Les gouvernements Berlusconi, Dini, Prodi et D'Alema se succédèrent, avant le retour de Berlusconi en 2001. Mais, dans le temps de cette recomposition politique, l'économie italienne résistait bien et permettait au pays d'entrer dans l'Europe monétaire, au prix d'ailleurs d'un effort fiscal consenti par la population et d'un redressement spectaculaire des finances publiques.

Le tremblement de terre

En avril 1992, l'Italie connut les dernières élections législatives régies par la loi électorale proportionnelle qui avait été adoptée par la République, à la chute du fascisme. Ce système électoral avait permis un dualisme Parti communiste italien – Démocratie Chrétienne, sans possibilité d'al-

1. Voir S. Cassese (dir.), *Portrait de l'Italie actuelle*, La Documentation française, Paris, 2001 ; J. Georgel, *L'Italie au XX*e *siècle (1919-1999)*, La Documentation française, Paris, 1999 ; M. Lazar, I. Diamanti (dir.), *Politique à l'italienne*, PUF, Paris, 1997 ; M. Lazar, *Silvio Berlusconi : le retour ?* dans *Politique internationale*, été 2000, n° 88, p. 127-137 ; M. Lazar, *Berlusconi, an I*, dans *Politique internationale*, été 2002, p. 271-281.

ternance au gouvernement. La DC dominait la vie politique depuis 1948. Entre les deux monolithes de la vie politique du pays, de plus petits partis comme le PSI passèrent de l'alliance avec le PC, à un rapprochement avec la DC, après 1963. D'autres partis du centre, plus petits, se partageaient avec la DC les portefeuilles ministériels. En avril 1992, les résultats des élections furent qualifiés de véritable « tremblement de terre » (*terremoto*) : en effet, la Démocratie Chrétienne passa, pour la première fois de son histoire, sous la barre des 30 % et le PCI, devenu depuis 1991 le PDS (Parti démocratique de la gauche) n'obtint que 16,5 % des voix, tandis que l'aile gauche du PDS, *Rifondazione Comunista*, obtenait 5,8 % des voix. La recomposition du pays passait aussi par les surprenants résultats de la ligue lombarde, créée tout récemment par Umberto Bossi, un sénateur largement inconnu, dont le style atypique amusait encore. Après une campagne menée autour de thèmes largement populistes (rejet de la classe politique, création d'un État fédéral et abandon du « fardeau » du Sud par le Nord du pays (où l'on travaille et où se crée la richesse nationale)), la *Lega Nord* obtint près de 9 % des suffrages exprimés. Ce bouleversement du paysage politique donna naissance à une démocratie de l'alternance, désormais fondée sur des coalitions, et non plus sur de massives formations partisanes et idéologiques.

Après ces élections, il incomba au socialiste Giuliano Amato de prendre la tête d'une coalition fragile et hétéroclite, qui avait mis près de deux mois pour s'entendre sur le nom d'un leader. Giuliano Amato, socialiste, proche de Craxi, avait été appelé par Luigi Oscar Scalfaro (le Président) à former un gouvernement alors que la situation était terriblement difficile : la lire avait été dévaluée de 30 %, la dette publique était énorme, l'opération *Mani Pulite* décapitait la classe politique, le renforcement de la *Lega Nord* se poursuivait inexorablement et la Mafia assassinait Giovanni Falcone et Paolo Borsellino. Pourtant, le gouvernement Amato réussit en septembre 1992 à imposer une économie de 93 000 milliards de lires (46 milliards d'euros), la privatisation des grandes entreprises à participation étatique et parvint à un accord avec les syndicats sur la modération salariale. Pourtant, ce gouvernement ne dura pas bien longtemps et le 22 avril 1993, Amato dut démissionner à la suite d'une crise économique grave (la lire fut dévaluée de 3,5 %) et d'une crise judiciaire qui ne faisait que commencer. Devant ces difficultés, le président de la République italienne, Luigi Oscar Scalfaro, décida de confier le gouvernement à un « technicien » incontesté, Carlo Azeglio Ciampi, ancien gouverneur de la Banque d'Italie. Une de ses premières décisions fut de mettre fin au système électoral italien qui bloquait complètement le pays.

A cette époque (1992-1993), deux séismes ont donc bouleversé l'Italie. D'abord, l'opération « Mains propres » (*Mani Pulite*) qui décapita littéralement la classe politique italienne, ensuite le renforcement de la lutte anti-Mafia qui allait également avoir des répercussions sur la vie politique, contribuant d'ailleurs à renforcer le dégoût des électeurs pour la classe dirigeante.

L'opération *Mani Pulite* débuta en février 1992. Deux magistrats milanais, Antonio di Pietro et Gherardo Colombo, au cours d'une assez banale enquête sur une affaire de corruption dans les marchés publics, débusquèrent un influent membre du Parti socialiste italien, Mario Chiesa alors qu'il recevait un pot-de-vin consistant de la part d'un entrepreneur. Mario Chiesa, confondu, décida de parler et reconnut que ces pratiques étaient répandues dans l'ensemble des partis politiques, et ce depuis très longtemps. Pour travailler dans les marchés publics, les entrepreneurs devaient payer des *buste* (enveloppes) extrêmement consistantes aux décideurs et à un certain nombre d'intermédiaires. Ainsi, il s'est avéré que le prix du kilomètre de chemin de fer à Milan revenait à 80 milliards de lires avant l'opération *Mani Pulite* et à 45 milliards de lires après..., ce qui donne une idée de l'ampleur des sommes détournées. En temps normal, ce genre d'enquête aurait été étouffée et soigneusement oubliée. Mais cette fois-ci, les juges milanais n'hésitèrent pas à profiter des relais offerts par une presse que la situation politique, moins monolithique, rendait plus indépendante, et de l'opinion publique, prête à emboîter le pas. Les conséquences furent considérables et un véritable raz-demarée judiciaire balaya presque toutes les formations politiques.

Le 2 avril 1993, 1 116 informations judiciaires visant 2 500 personnes étaient en cours. Parmi celles-ci, 152 parlementaires mis sur la sellette, et 1 356 arrestations effectuées. La classe politique fut littéralement décimée. Le PSI fut le parti politique le plus durement incriminé, par le nombre et par le niveau des personnages touchés : Bettino Craxi écopa ainsi de huit ans et demi de prison mais préféra s'exiler en Tunisie ; quatre ministres, le maire de Milan... La Démocratie Chrétienne n'était pas en reste : Andreotti, Forlani, De Mita et Goria, tous anciens présidents du Conseil, des ministres, sénateurs, députés furent également impliqués. Certains partis s'en tiraient mieux, comme le PDS. Du côté des entreprises, les secteurs publics furent mis en cause, ainsi que des pans entiers du secteur privé. Ferruzzi-Montedison-Enimont, le deuxième groupe industriel du pays, s'effondra ; le monde de l'aviation, de la pharmacie, de la banque furent touchés, ainsi que les grandes enseignes du para-public (ENI, IRI). Certains des inculpés choisirent le suicide : ainsi le président de la faculté de pharmacie de Naples ou encore Raul Gardini, *Il Contadino* (le paysan), président de Ferruzzi. Les figures de proue du capitalisme italien des années 80, Carlo De Benedetti, Silvio Berlusconi et Giovanni Agnelli furent alors tous inculpés.

Au même moment, un homme occupait les premières pages des journaux, à la fois comme inculpé dans l'opération *Mani Pulite*, mais aussi pour ses relations présumées avec la Mafia. Il s'agit de Giulio Andreotti, démocrate-chrétien, sept fois président du Conseil entre 1972 et 1992. On l'a vu, dans les années 80, le juge Giovanni Falcone et Paolo Borsellino avaient lancé une première offensive, couronnée de succès, contre la « Pieuvre ». Mais l'appui de l'État commença à faiblir à la fin des années 80, laissant Falcone et Borsellino de plus en plus exposés. Et, en 1992, la Mafia assassina à Palerme Giovanni Falcone le 23 mai 1992, puis Paolo Borsellino le 19 juillet. Pour la première fois, la population manifesta son indignation, rendant la classe politique responsable de l'assassinat des deux juges.

Contraints d'agir, les dirigeants italiens mirent la Sicile en état d'urgence. Et, coup de théâtre, le 22 octobre 1992, un repenti, Buscetta, ouvrit pour la première fois la possibilité de mettre en évidence les liens entre Mafia et pouvoir politique, ces liens que tous dénonçaient, que tous pressentaient mais que personne ne pouvait (ne voulait ?) encore mettre en évidence. Il affirma que S. Lima, député européen, ancien maire démocrate-chrétien de Palerme, abattu le 12 mars 1992, était en réalité l'intermédiaire entre la Mafia et Giulio Andreotti. Peu après, les liens entre de très hauts responsables des services secrets italiens, responsables de la lutte anti-Mafia, et la Mafia elle-même, furent mis en évidence. Enfin, Toto Riina, un des plus hauts chefs de l'organisation mafieuse, qu'on croyait en fuite à l'étranger, fut arrêté en Sicile en janvier 1993. Il fallut attendre le 27 mars 1993 pour que Giulio Andreotti fasse officiellement l'objet d'une information judiciaire et, à partir de ce moment, les soupçons se précisèrent : Toto Riina et Buscetta impliquèrent sérieusement l'ancien homme fort de la DC avec la Mafia. Pourtant, dans un premier temps, il ne ressortira rien du jugement de Giulio Andreotti. En avril 1999, à la suite de deux procès-fleuves, deux peines de quinze ans de réclusion et la perpétuité furent requises contre lui, mais « l'inoxydable », comme l'appellent ses détracteurs, est toujours là. Pourtant, en 2002, il a été durement condamné mais a décidé de faire appel.

Il n'empêche, ce tournant de 1992-1993, ce furent en définitive les Italiens qui le proclamèrent en votant massivement, le 18 avril 1993, par référendum, pour que les choses bougent. Un nouveau mode de scrutin fut adopté pour le Sénat : 82,7 % des suffrages exprimés étaient en faveur du scrutin majoritaire et les élections municipales de juin 1993, qui pour la première fois dans l'histoire de la République, virent les maires élus directement, donnèrent des résultats encore plus contrastés. Le pays fut divisé entre la Ligue lombarde au nord, le PDS au centre et l'alliance DC/Néo-fascistes au sud. Les partis charnières (DC et PDS) apparaissaient désormais laminés au profit des extrêmes, notamment la DC passant de 15 % à 8 % des suffrages. Le MSI (qui deviendra *Alleanza Nazionale* en 1994) dépassa à

Rome et à Naples les 30 % sous la conduite d'Alessandra Mussolini. En revanche, le PDS l'emporta à Gênes, Naples, Venise, Trieste, Rome, Turin, Ancône, Ravenne et Catane et la *Lega* de Bossi sortit victorieuse au Nord du pays.

La défaite des ex-grands partis entraîna un éclatement accru en différents regroupements et, alors qu'on comptait 12 formations politiques avant les élections, on passa à 24 au début de 1994, à la veille des nouvelles élections législatives. Ces élections se déroulèrent selon un nouveau mode de scrutin établi par la loi du 3 août 1993, mode de scrutin qui tentait de ménager système proportionnel et système majoritaire. En effet, 75 % des membres de la Chambre des députés étaient élus au suffrage majoritaire dans le cadre de collèges uninominaux, et 25 % selon un mécanisme proportionnel. Le but de ce type de scrutin visait à établir des gouvernements stables. En réalité, la nouvelle loi n'eut pas les résultats escomptés : on assista à l'établissement d'une alternance droite/gauche dans le gouvernement du pays – ce qui ne s'était plus vu depuis des décennies – et de nouveaux regroupements se constituèrent au-dessus des anciens partis : les coalitions. Virent ainsi le jour le Pôle des Libertés (centre-droit) de Silvio Berlusconi et l'Olivier (centre gauche) de Romano Prodi.

Berlusconi, acte I

Devant les très grandes difficultés rencontrées par le gouvernement Ciampi, la dissolution du parlement fut prononcée par le Président, Luigo Oscar Scalfaro, le 14 janvier 1994. Les nouvelles élections étant prévues pour les 27-28 mars 1994. Se présentèrent donc dans la bataille électorale trois coalitions : d'abord, la coalition de 8 formations de la gauche incluant le PDS, *Rifondazione Comunista*, les Verts, etc. Au centre, la coalition *Patto per l'Italia* rassemblait 5 groupements et enfin, à droite, divisée entre *Forza Italia*, le groupement de Silvio Berlusconi et, à ses côtés, mais bien individualisés, l'ex MSI devenu *Alleanza Nazionale* et Umberto Bossi avec la *Lega Nord*. C'est la droite qui remporta les élections avec la majorité absolue à la Chambre et une quasi-majorité au Sénat. La DC, devenue entre-temps le PPI (Parti populaire italien) n'obtint que 11,1 % des suffrages (1/3 de ce que la DC avait obtenu 2 ans auparavant).

L'apparition de *Forza Italia* fut sans aucun doute la plus grande surprise de ces élections. Avec un nom qui rappelait davantage l'univers sportif que politique, des moyens médiatiques déjà impressionnants, l'utilisation du marketing politique encore totalement ignoré – voire méprisé – par les partis traditionnels, et la personnalité de Silvio Berlusconi, connu surtout pour sa stature – contestée – d'homme d'affaires et ses premiers démêlés avec la justice, c'est un vote de refus de la politique classique qui porta vers lui les votes modérés des classes moyennes. En outre, *Forza Italia* était alors un mouvement totalement italien qui n'avait aucun pendant en Europe, à la différence des PDS et PPI qui représentaient les versions transalpines de larges mouvements européens.

Toutefois, la situation politique de la droite à la Chambre impliquait que les trois formations (*Forza Italia*, *AN* et la *Lega*) gouvernent ensemble : avec respectivement 138, 110 et 118 sièges, et une majorité absolue de 316 voix à la Chambre, le calcul était simple. Ils étaient liés pour garder le pouvoir, malgré des programmes sensiblement divergents et des alliances purement circonstancielles. Après plus d'un mois de consultations, le gouvernement Berlusconi fut enfin composé, le 10 mai 1994. Sur ses 26 membres (8 *Forza Italia*, 4 *Lega Nord*, 5 *Alleanza Nazionale*, 4 centristes, 3 sans étiquette), 23 n'avaient aucune expérience de gouvernement, et ils étaient pour la plupart des chefs d'entreprise dont les intérêts privés étaient parfois directement liés aux affaires de l'État. C'est d'ailleurs sur ce point qu'éclata le premier scandale provoqué par le président du Conseil lui-même, Silvio Berlusconi. La réforme de la RAI était déjà à l'ordre du jour du gouvernement Ciampi, mais la nouvelle équipe au pouvoir tenta d'infléchir les termes de ce remodelage de manière à donner à l'empire télévisuel de Silvio Berlusconi une puissance qu'il n'avait pas encore. Une campagne de presse et d'opinion se déchaîna, bloquant un temps le processus de réforme. De fait, Silvio Berlusconi ne séparait pas sa fonction politique de ses responsabilités entrepreneuriales, pratiquant une confusion des genres qui, si elle avait ému en 1994, semble moins déranger l'opinion italienne aujourd'hui. Il n'hésita pas à réunir avocats de la Fininvest (l'empire financier qu'il dirige) et les membres de son gouvernement pour tenter de trouver une issue à ses démêlés avec la justice. En outre, Silvio Berlusconi avait été mêlé de près aux malversations de Bettino Craxi, dont il était proche. Une proposition d'assouplissement du régime de la détention provisoire proposé en juillet 1994 par le ministre de la Justice, Biondi, fut immédiatement perçue par l'opinion comme une faveur faite aux politiques et aux hommes d'affaire corrompus qui étaient proches des nouveaux cercles du pouvoir. A cette occasion, Berlusconi fut désavoué par ses alliés, Umberto Bossi et Giancarlo Fini qui s'opposèrent à cette proposition. Les résultats ne se firent pas attendre : la lire s'effondra et le président du Conseil dut s'incliner. A cet échec patent, s'ajoutèrent de nombreuses gaffes et maladresses de Silvio Berlusconi, peu habitué aux subtilités byzantines du jeu politique. Mais, plus grave, le désaveu croissant d'une partie de la population face aux mesures qu'il préparait. Un plan d'austérité du budget assorti de « menaces sur les retraites » entraîna immédiatement une grève générale et trois millions d'Italiens dans la rue le 14 octobre 1994. Face à la pression répétée des syndicats et des manifestants, le gouvernement dut modifier ses projets de réforme.

L'accumulation des troubles sociaux, de la suspicion pesant sur *Sua Emittenza*, et, au bout du compte, l'absence de respect pour ses promesses électorales, tout cela entraîna un retour de bâton assez fulgurant. Aux élections municipales de novembre-décembre 1994, *Forza Italia* passa de 30 % des suffrages à 8 %... Les alliés d'hier, Bossi et Fini quittèrent le navire, Umberto Bossi allant même jusqu'à déposer une motion de censure contre le gouvernement auquel il appartenait... Le 21 décembre le président du Conseil démissionna, non sans avoir violemment accusé Bossi, qualifié de traître. C'était le premier échec de cette improbable coalition qui était condamnée à rester alliée pour pouvoir gouverner.

Il était impossible de renvoyer après sept mois les électeurs aux urnes et le chef de l'État eut donc recours à un gouvernement présenté comme apolitique, composé de techniciens, sous la direction de Lamberto Dini, ancien ministre du Trésor du gouvernement précédent, ancien dirigeant du FMI et ancien directeur général de la banque d'Italie. Homme intègre et incontesté dont on espérait que ses contacts dans les milieux financiers internationaux aideraient à consolider la position inquiétante de la lire.

Un gouvernement de technicien (Lamberto Dini)

Dès le 13 janvier 1995, Lamberto Dini présenta son gouvernement. Très rapidement, il dut affronter des problèmes considérables laissés pendants durant le gouvernement Berlusconi. Tout d'abord le problème économique ; on l'a vu, proposé mais bloqué en 1994, le plan d'austérité dut prendre en compte le régime des retraites qui, extrêmement favorable aux salariés, pesait considérablement sur le budget du pays ainsi que la santé économique du pays se préparant au passage à la monnaie unique.

Le problème des retraites fut un des premiers chantiers du gouvernement Dini. Il parvint à un accord avec les syndicats en mai 1995. Toutefois, lorsqu'il démissionna le 11 janvier 1996, après avoir obtenu le vote de la loi de finances, les autres projets restaient inachevés : réforme électorale visant à éliminer la proportionnelle, mise en place d'une législation antitrust, ou encore la réforme de l'État, véritable serpent de mer de la vie politique italienne...

Pendant la période de transition que représenta le gouvernement Dini, droite et gauche se recomposèrent. Romano Prodi, « *il professore* », économiste de l'université de Bologne et ancien membre de la Démocratie Chrétienne, lança l'idée d'une coalition de centre gauche baptisée l'Olivier. Essentiellement conçu comme une machine de guerre contre Berlusconi, l'Olivier réunissait le PDS, une fraction du PPI et d'autres partis modérés. En face, Berlusconi continuait sa carrière d'homme d'affaires tout en rassemblant ses forces. Opération qui s'avérait difficile car ses alliés d'hier, Umberto Bossi et Gianfranco Fini, tentaient de profiter de son incertaine position judiciaire pour lui ravir le leadership de la droite. Umberto Bossi s'employait à resserrer les rangs de la *Lega Nord* en déployant une communication politique basique mais efficace. On commence alors à parler de la Padanie, et le mot se répand dans le langage courant pour qualifier la région « inventée » de Vénétie-Lombardie-Piémont. Quant à Gianfranco Fini, il est engagé au sein de sa formation politique dans une lutte avec les anciens « extrémistes » néo-fascistes du MSI pour tenter de donner à *Alleanza Nazionale* une respectabilité détachée du passé, plus moderniste et plus crédible.

Romani Prodi et le passage de l'Italie vers l'Europe

En février 1996, de nouvelles élections législatives furent convoquées, et les blocs se formèrent. L'Olivier faisait « le plein » avec le PDS (maintenant mené par Massimo D'Alema), les alliés de Lamberto Dini, une fraction du PPI et quatre autres mouvements. Toutefois, *Rifondazione Comunista* et son dirigeant Fausto Bertinotti gardèrent leur indépendance. A droite, le Pôle des Libertés regroupait *Forza Italia*, une fraction du PPI et *Alleanza Nazionale*. En position d'observateurs la *Lega* et le mouvement *Flamme tricolore* (fascistes extrémistes de l'ex MSI). Ce fractionnement des regroupements entraîna les résultats suivants, le 22 avril 1996 : l'Olivier avait 284 sièges, le Pôle des Libertés 246, la *Lega Nord* 59 et *Rifondazione Comunista* 35. C'était la première alternance de l'histoire parlementaire de l'Italie. Pourtant, ces coalitions restaient fragiles, et là encore des recompositions apparaissaient toujours possibles, d'autant que, pour obtenir la majorité absolue, Romano Prodi avait besoin des voix de Fausto Bertinotti. Dans le camp opposé, c'est l'incontrôlable Umberto Bossi qui continuait à réclamer l'indépendance de la Padanie. Finalement le gouvernement Prodi, relativement « contenu » en nombre de ministères fut formé à la mi-mai. Les « grands ministères » furent confiés à des personnages non pas « apolitiques » mais qui jouissaient d'une réputation incontestable : on retrouvait donc Lamberto Dini aux Affaires étrangères et Giuliano Amato au Budget.

Indéniablement, le grand tour de force du gouvernement Prodi fut de faire passer à l'Italie le cap incertain de l'entrée dans l'Europe de Maastricht. Les quatre critères de Maastricht s'avérèrent extrêmement contraignants pour le pays, mais les Italiens se montrèrent au fond bien plus « européens » qu'on ne pouvait l'attendre, bien décidés à ne pas rester à la remorque d'une Europe économique. Les chiffres, en 1994, sont éloquents : l'inflation annuelle est de 4,5 % alors que le traité n'admet que 2,7 % ; les taux à long terme sont à 11,3 % alors qu'ils devraient ne pas dépasser 7,8 %, le déficit public, en théorie fixé à 3 % atteint 10 % et le montant de la dette publique, fixée à 60 % du PIB est de 119 % du PIB. Un travail de titan pour le gouvernement en place, en l'occurrence, à ce moment-là, celui de Lamberto Dini. Le reste de l'Europe restait extrêmement sceptique quant à la capacité de l'Italie de satisfaire aux critères de convergence exigés pour passer, en 2000, à l'euro. Il lui fallut réduire de manière drastique les dépenses de l'État, trouver de nouvelles ressources. Dès la fin 1994, les efforts consentis ont permis de réduire l'inflation, les taux à long terme et le déficit public alors que la dette publique, elle, passait à... 124 % du PIB. L'année 1995 ne vit pas d'amélioration notable et le temps pressait. Lamberto Dini prit alors à bras le corps le problème des retraites qui grevait le budget, avec un nombre d'abus que des rapports officiels épinglèrent avec force : deux mois de vacances annuels pour les fonctionnaires italiens, une fraude fiscale démesurée, 3 millions de fausses pensions d'invalidité versées. Avec un nombre de retraités supérieur au nombre d'actifs, un nombre considérable de faux retraités (qui continuent en réalité à travailler « au noir ») et une dépense annuelle de 74 000 milliards de lires, la situation était devenue intenable sans compter 30 000 pensions qui continuaient d'être versées à des personnes décédées. Au total 15,4 % du PIB englouti dans les pensions de retraite.

Malgré ces réformes, lorsque Romano Prodi arriva au gouvernement, les Italiens étaient encore loin du compte. Au printemps 1997, des mesures drastiques furent donc adoptées et le déficit public passa de 6,7 % à 2,7 % en deux ans. Le peuple italien fut le seul en Europe à accepter de payer un « impôt européen » qui rapporta 12 500 milliards de lires, efforts qui satisfirent les membres de la Commission européenne, ceux-ci choisissant de fermer les yeux sur certains aspects de ce redressement économique qui pouvait passer pour un nouveau « miracle » italien. Cependant, les difficultés restaient immenses, difficultés économiques, jugulation de la croissance, marché intérieur affaibli. Pour donner le dernier coup de collier, Prodi dut compter avec l'appui de *Rifondazione Comunista* qui joua alors le rôle de gardien du temple de l'État social. C'est d'ailleurs sur le problème des acquis sociaux et sur le report de la réduction du temps de travail que *Rifondazione Comunista* refusa de voter le projet de loi de finances pour 1998. Ce refus et l'échec obstiné des négociations contraignirent Prodi à démissionner le 9 octobre 1997. Devant l'absurdité de cette situation, l'opinion publique réagit avec une véhémence totalement inconnue jusqu'alors, et le siège de *Rifondazione Comunista* fut submergé de messages, fax, appels téléphoniques condamnant cette politique du pire. Devant cette pression d'« en bas », Bertinotti fit marche arrière et accepta de voter la loi de finances, en échange de promesses sur les 35 heures et sur les retraites. Pourtant, au moment de la loi de finances suivante, en octobre 1998, *Rifondazione* refusa à nouveau son appui. Cette fois-ci, le gouvernement Prodi tomba pour une seule voix et ce fut à la principale composante de la majorité, le PDS, de prendre la présidence du Conseil sous la houlette de Massimo D'Alema, son fringuant dirigeant. Mais la lire avait rejoint le SME qu'elle avait quitté en décembre1992, et en mai 1998, l'Italie avait été autorisée à entrer dans le club des États membres de l'euro. Quant à Romano Prodi, il devenait, à l'unanimité, président de la Commission européenne : reconnaissance bien méritée.

D'Alema, un gouvernement acrobatique

Pour la première fois, un communiste – ou ancien communiste – se trouvait être à la tête du gouvernement. Mais ce gouvernement était composé de tendances qui restaient très éloignées les unes des autres : l'Olivier en faisait bien sûr partie, ainsi qu'une fraction des ex-communistes dirigée par Armando Cossuta – ennemi juré de D'Alema – et d'anciens démocrates-chrétiens emmenés par Francesco Cossiga, ancien président de la République italienne. Les sept formations composant le gouvernement n'avaient donc pas grand-chose en commun et les affrontements se succédèrent, courant 1999. Pourtant l'habileté de D'Alema se fit jour durant des crises assez aiguës, telles que celle avec la Turquie – l'affaire Ocalan –, ou encore les négociations sociales, autour des deux grands problèmes demeurés intacts : le chômage et la situation du Mezzogiorno.

Toutefois, c'est dans le domaine des réformes constitutionnelles que Massimo D'Alema se heurta à de fortes difficultés et c'est sans doute dans ce domaine qu'il a commis une erreur stratégique majeure. Le rêve d'une Seconde République avait bercé la classe politique depuis 1993, mais le défilé trop rapide des gouvernements avait empêché toute continuité dans ce processus délicat et fondamental. En janvier 1997, D'Alema nomma une commission de 70 membres composée de députés et de sénateurs (la Bicamérale). Mais il commit l'erreur de poser alors Silvio Berlusconi – qui apparaissait comme un homme politique fini après la défaite de son parti et ses inextricables démêlés avec la justice – comme le seul réel interlocuteur de l'opposition. Cette situation permit d'abord à Berlusconi de retrouver un crédit qu'il avait perdu, et en juin 1998, lui donna l'occasion de saborder la Bicamérale et ses travaux. Pourtant, en mars 1999, le Conseil des ministres adopta un projet de révision de la Constitution qui renforçait considérablement le rôle et les prérogatives des régions.

En 2000, après une défaite aux élections régionales, Massimo D'Alema préféra se retirer, laissant la porte ouverte à de nouvelles élections législatives menées alors que Giuliano Amato était revenu à la présidence du Conseil. En 2000, les regards étaient, il faut le dire, plutôt tournés du côté du Vatican où Jean Paul II, diminué mais toujours d'une activité incroyable, présidait au grand Jubilé de son pontificat. Ce fut l'occasion, pour la ville de Rome, d'un considérable effort de restauration et de modernisation, mettant d'ailleurs en avant son maire, Francesco Rutelli, qui allait prendre la tête de la coalition de l'Olivier. Le « nettoyage » de la Ville éternelle – prévu sur deux ans – entraîna des campagnes de travaux publics jamais vues depuis le *ventennio* fasciste : la Rome ocre du XIXe siècle fut balayée par les enduits beiges, vert pâle, blancs plus caractéristiques, il faut le dire, des XVIIe et XVIIIe siècles. Mais qu'importe, la ville semble « propre »... Le palais Farnèse, restauré sous la houlette de l'ambassadeur de France en Italie, provoqua une polémique où les avis « éclairés » se mêlèrent à une gallophobie toujours sous-jacente ! En outre, il fallut créer les infrastructures nécessaires pour l'accueil de millions de pèlerins – surtout italiens – et du million de jeunes – de tous les pays – au moment des JMJ. Tunnels, parkings pour les cars, élargissement des principales voies d'accès, ce gigantesque chantier se déroula dans les polémiques les plus virulentes, entre archéologues, urbanistes, ingénieurs, etc. Le moindre des paradoxes de ce Jubilé ne fut pas celui de voir la mairie de gauche travailler « au service » du Vatican. Un temps, même si la politique restait présente, tous les regards étaient tournés vers Rome, oubliant un peu le quotidien des « affaires ».

Pourtant, les cartes étaient en cours de redistribution et les élections législatives de mai 2001 virent le retour en force de Silvio Berlusconi. Il faut sans doute s'arrêter un instant sur les raisons d'une défaite, celle du centre gauche, et la signification d'une victoire, celle de la coalition de droite rassemblée autour de *Sua Emittenza*.

Le deuxième Berlusconi

On a parlé en mai 2001 d'un véritable plébiscite pour les forces de la *Casa delle Libertà* menée par Berlusconi. C'est sans doute exagéré, si l'on s'en tient au nombre de voix exprimées ; c'est en revanche exact si l'on garde à l'esprit la configuration de la Chambre des députés. Ces résultats furent d'abord la marque d'une érosion de la gauche italienne qui avait gouverné sans interruption depuis 1996. Malgré d'indéniables réalisations qu'il faut mettre au crédit de ces gouvernements (l'entrée dans l'Europe, le redressement de la lire, le début de la réforme de l'État), l'Olivier resta fortement divisé entre des tendances opposées, souffrant également, après le départ de D'Alema et durant la campagne électorale, d'une véritable crise du *leadership*, partagé entre Giuliano Amato, alors président du Conseil, et Francesco Rutelli, le jeune et dynamique maire de Rome, choisi autant pour ses qualités télégéniques que pour ses capacités politiques. La volonté du centre gauche durant ces élections législatives de jouer sur le même terrain que son adversaire, en utilisant toutes les ressources du marketing politique, a d'ailleurs eu sur une partie plus « politisée » de l'électorat – anciens communistes en particulier – un effet pervers non négligeable. C'était en effet perçu comme l'acceptation par la gauche de rabattre le débat politique à un niveau zéro. Enfin, on pourrait également dire que l'Olivier est parti battu avant même la campagne électorale, usé par les dissensions internes et incapable de se mobiliser sur un nouveau programme modernisateur, malgré les résultats tout à fait satisfaisants qu'il avait obtenus. Toutefois, du point de vue de l'opinion, ces résultats avaient été rendus possibles par l'application d'une politique d'austérité et de diminution des dépenses publiques qui apparaissait de plus en plus lourde à supporter.

Du côté de Silvio Berlusconi, la volonté de revenir sur la scène politique alliée à des erreurs tactiques de ses adversaires permit ce résultat. Berlusconi qui apparaissait, on l'a dit, évincé de la vie politique après 1996, avait fait son retour dans la vie politique grâce, paradoxalement, à D'Alema qui lui avait mis le pied à l'étrier dans la Bicamérale. Mais c'est surtout par rapport à ses alliés d'hier que le *Cavaliere* dut manœuvrer avec habileté, en créant d'abord un vrai et grand parti politique, *Forza Italia*, qui renoua avec les grandes formations politiques des années 60-80, en plus moderne, il est vrai. En reprenant le dialogue avec la *Lega Nord*, *Alleanza Nazionale* et les partis ex-démocrates-chrétiens et en leur imposant des thèmes de campagne sur lesquels d'ailleurs, l'opposition, en mal d'inspiration, dut également s'aligner : sécurité, impôts, travail, immigration.

En outre, si l'on doit insister sur la campagne elle-même, et l'indéniable habileté en matière de communication politique de Silvio Berlusconi – soutenue par l'immense empire télévisuel qui est le sien –, il ne faut pas oublier que le « matraquage » ne fonctionne que s'il répond à des attentes de fond. Or, pour de nombreux observateurs, Berlusconi a su attirer l'attention – et les votes – de catégories de la population jusqu'alors délaissées : les petits entrepreneurs du Nord et du Nord-Est de l'Italie, longtemps des piliers de la Démocratie Chrétienne, attirés « sentimentalement » par le parti de Bossi mais en désaccord avec ses options antieuropéennes qui vont à l'encontre de leurs intérêts. Ils ont trouvé en Berlusconi un homme d'affaires qui pouvait comprendre leurs aspirations, leurs inquiétudes et qui avait su leur parler – même si, *a priori*, il n'y a pas beaucoup de points communs entre l'empire industriel de la Fininvest et les petites entreprises familiales de dix-vingt personnes implantées en Vénétie. La seconde population qui a bien réagi est celle des personnes âgées, inquiètes de l'immigration, peureuses quant à l'avenir, téléphages convaincues qui ont trouvé dans le discours politique de la *Casa delle Libertà* un écho à leurs préoccupations.

Les cinq missions de la *Casa delle Libertà* élaborées durant la campagne électorale restaient concrètes : modernisation et réorganisation de l'appareil d'État, réforme de la Constitution, révision des lois, grands travaux publics et développement du Mezzogiorno, et les stratégies proposées pouvaient difficilement déplaire : diminution des impôts, réduction de la bureaucratie, politique sociale, défense de l'environnement, lutte contre la criminalité et plan pour l'école. Ajoutons que le tollé général venu de l'étranger et relayé par les supports internationaux les plus autorisés, mettant en cause l'honnêteté du candidat Berlusconi et pointant sur le conflit d'intérêts existant entre sa position publique et sa position d'entrepreneur, a eu comme effet pervers d'exaspérer nombre d'Italiens, fatigués d'être considérés comme des mineurs politiques à l'échelle européenne.

Le gouvernement Berlusconi ne perdit pas de temps, et on a beau jeu de remarquer que nombre des mesures prises allaient clairement dans le sens des intérêts du président du Conseil, toujours sous le coup de mises en examen diverses et nombreuses. La suppression des droits de succession, l'autorisation de rapatriement des capitaux, l'éponge passée sur des irrégularités comptables, la diminution de l'impôt sur les sociétés, les incitations fiscales à investir, la répression plus forte de la délinquance : il est clair que si le président de la Fininvest y trouvait son compte, ce fut également le cas d'une partie de son électorat. En outre, une politique de grands travaux fut lancée (pont sur le détroit de Messine) mais quelques sujets beaucoup plus délicats commencent à poser problème : les mesures en faveur de l'école privée, la réforme de la magistrature – destinée à faire taire les juges –, les conflits sur l'immigration entre les anti (comme la *Lega Nord*) et les petits entrepreneurs qui ont besoin de main-d'œuvre, ainsi que des positions en politique étrangère qui ont surpris (la déclaration de la supériorité de l'Occident sur l'Islam a été, au fond, plutôt bien reçue, même si elle a été condamnée dans les milieux diplomatiques et internationaux).

Enfin, les manifestations les plus visibles de l'opposition à Berlusconi proviennent des réactions aux mesures sociales. Au début de 2002, le président du Conseil présenta un projet de réforme de l'article 18 du code du travail – remettant en cause la possibilité pour les salariés licenciés de manière abusive de revenir travailler dans leur entreprise – qui provoqua la réaction immédiate du syndicat le plus puissant, la CGIL, dirigée jusqu'en septembre 2002 par Sergio Cofferati. Le 30 mars une gigantesque manifestation fut organisée, suivie le 16 avril par une grève générale, entraînant le retrait du projet de loi. D'ailleurs Cofferati apparaît bien comme un possible prochain leader de l'opposition de gauche. L'opposition vint aussi des milieux « intellectuels » et, animées par Nanni Moretti, des grandes manifestations s'organisèrent dans des lieux à haute valeur symbolique comme le palais de Justice de Rome.

Au total, il est vrai que, si l'opposition paraît encore divisée et laminée, les forces de la *Casa delle Libertà* ne semblent pas, c'est le moins qu'on puisse dire, soudées. Il s'agit bel et bien d'une nouvelle coalition. Certes, Umberto Bossi et son mouvement n'ont plus les forces nécessaires pour faire tomber le gouvernement, mais, sur des questions de fond (réformes économiques, réforme de la RAI, politique européenne), les divergences restent fortes.

Il est évidemment impossible de faire aujourd'hui des pronostics sur l'Italie de Silvio Berlusconi. Les inconnues demeurent : quel sera le temps de recomposition du centre gauche italien ? Comment résistera la coalition au pouvoir face à des divergences réelles (sur la politique de privatisation de l'économie, sur l'immigration, sur le Mezzogiorno, sur l'Europe) ? Enfin, si Silvio Berlusconi a incontestablement « appris le métier » depuis 1994, comment se comportera-t-il face à une opposition qui ne peut aller que grandissant, face à des syndicats et à une société civile de plus en plus méfiante ? Comment vont se résoudre ses démêlés avec la justice ?

Mais l'expérience italienne, qui apparaissait encore bien isolée en 2001, se trouve aujourd'hui enserrée dans les expériences de la plupart des pays européens : y a-t-il encore une spécificité de la droite italienne, ou bien, après l'Europe socialiste des années 80, se retrouve-t-elle à l'unisson d'une Europe des droites apparemment soudée derrière le credo libéral ? De ce côté-ci des Alpes, il faut dire que l'électrochoc des présidentielles a, paradoxalement, beaucoup atténué la condamnation du « régime » berlusconien que les Français menaient jusqu'alors sans grand discernement.

Immigration et société

Dix ans après la première version de cet ouvrage, il y a sans aucun doute eu des changements importants dans la société italienne. Sa structure démographique continue à vieillir de manière inquiétante, mais un nouveau facteur est entré en ligne de compte, facteur qui a un poids social et économique : l'immigration. Terre de départs des décennies durant, l'Italie est devenue, à la fin des années 70, une terre d'accueil ou de passage. Au début, il s'agissait de petits groupes de Philippins – qui se consacraient souvent aux travaux domestiques bien encadrés par des communautés catholiques – ou encore des Tunisiens employés dans la pêche. Quelques centaines de milliers de personnes vers 1980. La législation sur l'immigration était alors quasiment inexistante. Au milieu des années 80, l'augmentation de cette population devint patente et les chiffres avancés tournaient alors autour de 400 000 à 800 000 personnes. Un certain nombre de problèmes commencèrent à être pointés par les observateurs : travail au noir, délinquance... et une série de lois furent alors passées pour tenter de juguler cette arrivée. L'impression d'urgence fut renforcée par les innombrables tentatives des clandestins albanais de rejoindre l'Italie par la mer, dans des conditions souvent inhumaines, et, pour certains d'entre eux, aboutissant à de tragiques naufrages. La presse se fit le relais de cette « invasion » et la nécessité de donner un cadre législatif apparut de plus en plus pressante. Ce qui fut fait en 1986, en 1990, en 1995 et en 1998 (loi Turco-Napoletano). Aujourd'hui, les chiffres officiels donnent une présence étrangère d'environ 3 % de la population italienne (6 % en France).

Mais, plus important que les chiffres bruts, la nature de cette immigration. Contrairement aux idées reçues, c'est désormais clairement une immigration liée à la demande de main-d'œuvre : ainsi, le Nord-Est, qui ne trouve pas sur place les bras nécessaires à ses industries, est une des terres d'accueil les plus attractives : en 1999, 54 % des immigrés en situation régulière se trouvaient au nord, 29 % au centre et 17 % dans le Mezzogiorno. En outre, aucune communauté d'origine ne prédomine nettement.

Dans un contexte démographique où l'on prévoit que 26 % de la population sera âgée de plus de soixante-cinq ans en 2025, il est probable que la politique d'immigration, acceptée et maîtrisée, deviendra une ressource économique de poids pour l'Italie. Les projections prévoient 10 % de population d'origine étrangère en 2025 et il s'agira, entretemps, de définir une politique d'intégration claire (droits sociaux, droits politiques, accès à la citoyenneté...). Aujourd'hui, les cartes sont brouillées par l'existence d'une très importante immigration clandestine, fortement liée à la prostitution, à la criminalité organisée et au trafic de drogue (l'immigration albanaise étant le plus souvent présentée comme la plus violente). En outre, le débat politique sur l'immigration témoigne d'un désaccord profond entre les positions fortement xénophobes de Umberto Bossi et la politique plus pragmatique de Silvio Berlusconi dont le gouvernement vient, en 2002, de régulariser la situation de plusieurs centaines de milliers de personnes. Il s'agit là d'un dossier délicat car l'opinion publique, dans son ensemble, s'est révélée particulièrement hostile à ces arrivées comme à ces intégrations, au risque de réactiver – en Vénétie comme, fait nouveau, dans les Marches – un repli identitaire régionaliste.

Une Italie européenne ?

Paradoxalement, alors que le reste de l'Europe s'intéresse davantage à la Péninsule, que ce soit pour ses trésors artistiques de mieux en mieux valorisés, ou pour sa vie politique (il est indéniable que le nom de Silvio Berlusconi ou celui, avant lui, de Romano Prodi, sont connus d'une partie de l'opinion publique), il semble que la vie culturelle de la péninsule soit, elle, moins dynamique que par le passé. Le cinéma italien en serait un bon exemple : il a pratiquement disparu des écrans et, si la *Mostra* de Venise reste un événement cinématographique important, c'est d'abord pour célébrer les stars américaines. Il y a eu, dans ce désert, une exception de taille : *La vita è bella* de Roberto Benigni, qui obtint même l'Oscar du film étranger à Hollywood. Mais c'est une comète, un *unicum*. Nanni Moretti, pour sa part, s'implique désormais davantage dans la vie politique et l'ancienne génération reste bien discrète.

La littérature italienne qui fut honorée – dans la polémique – lors du dernier Salon du livre de 2001 à Paris, produit encore des valeurs sûres, comme l'inclassable Camillieri, ou, Tondelli, Erri De Luca et Rosetta Loy. Mais il est difficile de parler d'une véritable littérature italienne, tant les inspirations sont diverses, éclatées et, au fond, assez peu « repérables ». Sur le front télévisuel, à l'exception d'émissions polémiques (comme *L'Ottavo nano*, au moment des élections de 2001) qui ont eu un immense succès d'audience, on assiste plutôt à une mise au pas et à un nivellement par le bas. Des présentateurs connus, hostiles au gouvernement de Silvio Berlusconi, comme Raffaele Santoro ou Enzo Biagi, ont été récemment remerciés. Il est sûr que la « lotisation » de la RAI au profit des partis gouvernementaux, alliée à la mainmise de Silvio Berlusconi chef d'entreprise sur les chaînes privées entrave considérablement la liberté de l'information. Quant aux grands quotidiens, leur indépendance devient de plus en plus problématique. Il ne s'agit pas de crier au loup, mais de constater que les conditions de la démocratie, conçue dans ses paramètres contemporains, c'est-à-dire ceux de l'information, ne sont pas bien respectés en Italie.

Il n'est pas facile de conclure, tant les inconnues sont nombreuses. le budget 2003 de Silvio Berlusconi vient d'être présenté : le président du Conseil a annoncé le temps des « sacrifices pour tous ». Les objectifs de la loi de finances : « Limitation des dépenses publiques, réduction de la pression fiscale pour stimuler la consommation et les investissements. » Le volet fiscal de la réforme promise lors de la campagne électorale devrait voir le jour, avec une non-imposition pour les plus bas revenus et des diminutions progressives de taux pour ceux se situant en dessous de 30 000 euros. Ce dispositif pourrait concerner 28 millions de personnes. C'est un point indéniablement positif pour le gouvernement, d'autant qu'il s'assortit d'un « concordat fiscal », à destination des particuliers et des PME, et dont le Trésor espère une rentrée de 8 milliards d'euros. Les contribuables se verraient proposer un mini-redressement forfaitaire, contre la garantie de ne pas être poursuivis.

Mais Antonio D'Amato, président de la Cofindustria, l'équivalent du Medef français, se déclare insatisfait de ce projet de budget. Le gouvernement a en effet décidé de supprimer un certain nombre d'allègements fiscaux pour les sociétés, au lieu d'accorder de nouvelles baisses comme promis dans un pacte signé par le candidat Berlusconi. Les trois principales confédérations syndicales critiquent vivement ce budget d'austérité, où la santé est soumise à un tour de vis, et où le Sud reste le parent pauvre. Comment réussir à sauvegarder l'équilibre italien avec un déficit des comptes publics proche de 2,3 % du PIB : l'Europe s'inquiète de voir l'Italie frôler la barre des 3 %...

Enfin, les responsables des régions, à qui davantage d'autonomie et donc de crédits avaient été promis dans le cadre de la réforme du fédéralisme, s'insurgent : le prochain budget va geler certains transferts d'impôts, de l'échelon national aux collectivités, prévus dans le cadre du « fédéralisme fiscal ». Des responsables régionaux menacent de réduire les services de transport ou de santé si les crédits n'arrivent pas.

Les discussions autour du projet de loi de finances ont révélé des désaccords profonds entre les ministres d'Alliance nationale, de Forza Italia et du centre droit : désaccords dont on ne peut dire aujourd'hui s'ils auront un impact sur l'homogénéité du ministère. Et donc sur la stabilité politique du pays.

Conclusion

L'Italie et son peuple, tels qu'ils apparaissent aujourd'hui aux yeux du monde, sont à la fois les produits d'une très longue histoire et le résultat de bouleversements récents, opérés à l'échelle du dernier demi-siècle.

La prégnance de la longue durée et la superposition des strates culturelles, le voyageur les rencontre à chaque pas de son périple, pour peu qu'il prenne le temps de regarder et de comparer. S'il parcourt, ne serait-ce que cette moitié de Sicile qui, par Syracuse et Catane, relie Agrigente à Messine – là où pourtant le *terremoto* et les colères de l'Etna n'ont cessé durant des siècles de transformer villes et villages en champs de ruines – il découvre mille témoignages de cette « concordance des temps » : vestiges de temples et de théâtres antiques à Agrigente et Taormina, églises médiévales, cités néo-classiques, entièrement reconstruites après le tremblement de terre de 1783, comme Noto ou Raguse, urbanisme moderne introduit au début du siècle par les « Piémontais », marques encore bien vivantes, à Gela et à Augusta, d'une industrialisation sauvage venue avec le pétrole. A Rome, il y a peu d'années encore, il pouvait voir évoluer le soir, au Trastevere, des troupes de « saltimbanques » – danseurs, chanteurs, jongleurs, acrobates – en tous points comparables à celles que Bartolomeo Pinelli, peintre du *popolino romano* de l'époque pré-risorgimentale, a mis en scène dans ses gravures et dans ses toiles, et pas très éloignées de celles qu'ont représentées il y a près de deux mille ans les mosaïstes de Pompéi.

A l'aune du temps long se mesurent également les présents que le monde italique a faits à l'histoire de l'Europe : l'idée de l'État et de la « chose publique » appliquée à l'échelle de notre continent et de ses marges méditerranéennes et orientales, la notion de « citoyenneté » étendue par l'empereur Caracalla à tous les hommes libres qui résidaient dans l'Empire, le droit écrit et codifié, l'universalisme romain transmis à l'Église catholique et aux résurgences médiévales de l'Empire chrétien, la résurgence de la cité antique et le triomphe de l'autonomie municipale entre le Xe et le XIVe siècle, l'invention des « hommes d'affaires » et la diffusion, dans tout l'Occident, de leurs pratiques commerciales et financières, le mécénat des princes et des prélats, et bien sûr l'immense patrimoine intellectuel, littéraire et artistique que l'Italie s'est constitué au fil des siècles et qui forme aujourd'hui un élément essentiel de notre identité européenne.

Voilà pour le passé lointain. A l'échelle de l'histoire contemporaine, l'Italie – et c'est une autre leçon qu'elle nous donne – aura été à plusieurs reprises le pays des « miracles ». Miracle de sa naissance comme État-nation, unifié autour du petit royaume piémontais par une poignée de patriotes et de visionnaires : ceci, dans une Europe hostile à tout ce qui pouvait modifier l'équilibre des puissances et l'ordre conservateur restaurés par le congrès de Vienne. Miracle de l'émergence au début de ce siècle d'une nouvelle puissance européenne exigeant sa « place au soleil » dans un environnement international peu favorable à ses entreprises. Miracle de la renaissance d'un peuple humilié et meurtri, après deux décennies de dictature totalitaire et après les épreuves de la guerre, de l'occupation allemande, des combats pour la libération et de la guerre civile. « Miracle économique » qui a transformé durant les « trente glorieuses » un pays exsangue, en proie à la disette et à la délinquance généralisée, en une nation industrielle moderne : l'une des sept puissances les plus riches du monde, aujourd'hui devançant le Royaume-Uni par son produit intérieur brut et talonnant la France par la place qu'elle occupe sur le tableau des principaux indicateurs du développement. Miracle politique enfin qui a fait que la démocratie italienne, a résisté aux tentations autoritaires des « années de plomb », même si les péripéties de 2001-2002 laissent à nouveau planer le doute d'une confiscation du pouvoir par l'exécutif et d'une contestation radicale.

Sans doute serait-il abusif de parler, comme on l'a fait parfois, d'un « modèle italien » qui constituerait d'une certaine façon une clé ouvrant l'étroit passage par lequel nos sociétés, en crise depuis vingt ans, pourraient retrouver un paysage serein. Le « moins d'État » prôné par certains, et la flexibilité effectivement très grande de l'économie italienne ont certes permis à celle-ci de traverser sans trop de casse les années 1980-2000. Mais le prix social et politique de cette souplesse a été lourd et les problèmes que posent aujourd'hui au peuple italien la faiblesse des pouvoirs publics et leur incapacité à relever les grands défis de l'heure – l'intégration et la modernisation du Midi, la révolte du Nord nourrissant le succès des « ligues », le chômage, la délinquence ordinaire, la corruption, l'immigration sauvage générant la xénophobie et le racisme, le cancer mafieux, etc. – paraissent difficilement surmontables dans le court terme.

Est-ce à dire qu'au moment où se concrétise le rêve des pères de l'Europe, on puisse imaginer que l'Italie, depuis toujours considérée comme l'une des « meilleurs élèves de la classe européenne », serait incapable ou indigne de prendre dans la Communauté renforcée la place qui lui revient ? Ce serait oublier que ce vieux peuple et que cette jeune nation de l'Europe ont toujours su tirer parti dans le passé, et notamment à l'époque contemporaine, de leurs carences et de leurs faiblesses. Celles qui tenaient à la pauvreté même du pays au lendemain de la guerre – l'Italie a été l'un de ceux qui ont retiré le plus de l'aide intérimaire jusqu'en 1947, puis du plan Marshall – à l'abandon négocié de ses territoires d'outre-mer, ce qui lui a évité les déboires et les drames de la décolonisation, à l'absence d'un « messianisme » international lourd à porter pour une puissance de second rang. Celles d'autre part qui relevaient de handicaps apparents, transformés par les Italiens en atouts intérieurs et extérieurs ; un surpeuplement nourrissant le flux migratoire dont les contreparties positives ont été l'établissement de liens étroits et durables avec les « colonies » lointaines, devenues depuis marchés pour les hommes d'affaires transalpins, un poids, longtemps jugé trop lourd, des campagnes et des petites cités provinciales, aujourd'hui considéré comme un facteur d'équilibre et de modernité, la médiocrité des ressources énergétiques classiques, stimulant la recherche des énergies nouvelles, etc.

Celles enfin qui se rattachent à ce que certains, considèrent comme une absence de civisme, conséquence peut-être de la manière dont s'est faite l'unité de la Péninsule : unité tardive, plaquée sur une constellation de petits États et de républiques municipales, et unité imposée d'en haut et, souvent par la force, à une fraction importante de la population.

En effet, s'il est vrai qu'il existe dans l'Italie de la fin du siècle une permanence très forte du régionalisme et du « campanilisme », dont témoignent aussi bien l'émergence des ligues que l'attachement manifesté à l'égard de la petite patrie à travers un phénomène de société aussi caractéristique de l'esprit du temps que peut l'être le *calcio*, pourquoi faudrait-il que ces signes d'un relâchement des liens qui ont fait la force de l'État-nation soient considérés comme les indices d'un déclin ? Pourquoi la valorisation de la région – d'ailleurs perceptible dans d'autres pays que l'Italie – ne serait-elle pas au contraire interprétée positivement, à l'heure où s'esquisse la mise en place d'une Europe du XXIe siècle, à la fois comptable du patrimoine apporté par chacun des États-membres et tournée vers une autre forme de communauté humaine et de citoyenneté ?

N'est-ce pas déjà Mazzini, ce rêveur fou de nation et d'Europe, qui écrivait il y a cent cinquante ans :

« Pourquoi ne naîtrait-il pas d'une troisième Rome, la Rome du peuple italien, dont il me semblait entrevoir les indices, une troisième et plus vaste unité qui, harmonisant la terre et le ciel, le Droit et le Devoir, adresserait non plus aux individus, mais aux peuples, une parole d'Association révélant aux hommes libres et égaux leur mission ici-bas ? »

Chronologie

Avant Jésus-Christ

753 : Date traditionnelle de la fondation de Rome par Romulus

753-617 : Quatre premiers rois de Rome (Titus Tatus, Numa Pompilius, Tullius Hostilius, Ancus Marcius)

616-510 : Les Étrusques à Rome (Tarquin l'Ancien, Servius Tullius, Tarquin le Superbe)

509 : Début de la République romaine et expansion romaine dans le Latium

494 : Première sécession de la plèbe à Rome. Retrait sur l'Aventin

367 : Lois liciniennes ; renforcement du pouvoir de la plèbe

264-241 : Première guerre punique

225 : Invasion de l'Italie par les Gaulois ; bataille de Télamone

218-202 : Seconde guerre punique

149-146 : Troisième guerre punique ; destruction de Carthage

133 et 123-122 : Tribunats des Gracques

112-105 : Guerre de Jugurtha

101 : Victoire de Marius sur les Cimbres et les Teutons

91-89 : Guerre sociale

81-79 : Dictature de Sylla

60 : Premier triumvirat (Pompée, Crassus, César)

50 : Jules César franchit le Rubicon

43 : Second triumvirat (Octave, Antoine, Lépide)

31 : Bataille d'Actium

Après Jésus-Christ

14 : Mort d'Auguste

27 av. -68 ap. J.-C. : Empereurs julio-claudiens

64 : Incendie de Rome par Néron
69-117 : Empereurs flaviens
79 : Éruption du Vésuve
117-193 : Empereurs antonins
193-235 : Les Sévères
286 : Dioclétien institue la tétrarchie
303-305 : Persécution des chrétiens
312 : Bataille du Ponte Milvio, conversion de Constantin
324-337 : Constantin empereur, fondation de Constantinople
476 : Le dernier empereur d'Occident, Romulus Augustule, est déposé. Odoacre devient roi d'Italie
490-552 : Royaume ostrogoth d'Italie
535-540 : Reconquête byzantine sous les ordres de Bélisaire
554 : Pragmatique Sanction
568-774 : Royaume lombard d'Italie
590-604 : Pontificat de Grégoire le Grand
700-720 : Construction des abbayes de Farfà, San Vincenzo al Volturno, San Salvatore al Monte Amiata et Montecassino
773-774 : Charlemagne conquiert l'Italie
827 : Invasion de la Sicile par les Arabes
876 : Début de la reconquête byzantine dans le Sud
903 : Première charte d'*incastellamento*.
962-973 : Othon Ier, premier empereur germain
1061-1091 : Conquête de la Sicile par les Normands
1071 : Fin de la présence byzantine à Bari, prise par les Normands
1081 : Henri IV envahit l'Italie
1084 : Sac de Rome par les Normands
1085 : Mort de Robert Guiscard
1088-1089 : Urbain II pape
1130 : Roger II devient roi de Sicile
1155 : Frédéric Barberousse couronné empereur
1176 : Barberousse battu par la Ligue lombarde à Legnano
1183 : Paix de Constance ; établissement des communes
1216-1223 : Fondation de l'ordre des Dominicains et des Franciscains
1237 : Défaite de la Ligue lombarde face à Frédéric II
1260 : Sienne bat Florence ; Charles d'Anjou envahit l'Italie
1282 : Vêpres siciliennes
1301 : Achèvement du Palazzo Vecchio à Florence
1303 : Boniface VIII arrêté à Anagni. Exil de la papauté à Avignon

1310-1340 : Construction du palais des Doges à Venise
1314-1321 : Dante écrit la *Divine Comédie*
1337 : Mort de Giotto
1347 : Cola di Rienzo à Rome
1348-1349 : La Peste noire ravage l'Italie
1348-1353 : Boccace écrit le *Décameron*
1377 : Grégoire VII regagne Rome
1378-1415 : Le Grand Schisme
1420 : Retour de Martin V à Rome
1442 : Alphonse d'Aragon prend Naples aux Angevins
1452-1519 : Léonard de Vinci
1469 : Laurent de Médicis prend le pouvoir à Florence
1464-1533 : Michel-Ange Buonarroti
1483-1520 : Raphaël
1494 : Charles VIII envahit l'Italie ; les Médicis sont expulsés de Florence
1498 : Savonarole est brûlé
1499 : Louis XII envahit l'Italie
1508-1512 : Michel-Ange peint les plafonds de la Sixtine
1513 : Jean de Médicis devient pape sous le nom de Léon X
1527 : Sac de Rome par les troupes du connétable de Bourbon
1534-1549 : Paul III Farnèse
1545-1563 : Concile de Trente
1559-1580 : Emmanuel-Philibert, duc de Savoie
1571 : Lépante
1618-1648 : Guerre de Trente Ans
1633 : Condamnation de Galilée
1647-1648 : Révoltes à Naples et à Palerme
1713 : Traité d'Utrecht. Fin de la domination espagnole
1737 : François de Lorraine remplace les Médicis à Florence
1785-1873 : Alessandro Manzoni
1796-1797 : Première campagne d'Italie de Bonaparte
1797 : Traité de Campoformio
1798 : République parthénopéenne de Naples
1799 : Expulsion des Français par les Autrichiens et les Russes
1800-1801 : Seconde conquête napoléonienne
1801-1802 : République italienne
1805 : Royaume d'Italie
1808 : Joachim Murat roi de Naples ; les troupes françaises prennent Rome
1813-1901 : Giuseppe Verdi
1815 : Congrès de Vienne : restauration de l'absolutisme

1820-1821 : Révoltes à Nola, Avellino et Naples, puis au Piémont. Échec des révolutionnaires

1831 : Mazzini fonde *Giovine Italia* ; révoltes à Modène et à Bologne. Accession de Charles-Albert au trône de Savoie

1843 : Publication du *Primato* par V. Gioberti

1846-1878 : Pie IX

1847 : Charles-Albert, Léopold II de Toscane et Pie IX signent les préliminaires d'une union douanière

1848-1849 : Première guerre d'indépendance. Charles-Albert abdique en faveur de Victor-Emmanuel II

1849 : République romaine

1859-1860 : Le Piémont annexe une partie de l'Italie du Nord Nice et la Savoie deviennent françaises

1861 : Victor-Emmanuel II roi d'Italie

1870 : Rome est prise par les Piémontais. L'unification est achevée

1878-1900 : Humbert Ier

1878-1903 : Léon XIII

1887-1896 : Crispi président du Conseil

1892 : Filippo Turati fonde le parti socialiste italien

1893 : Révoltes en Sicile. Mouvement des *fasci*

1896 : Bataille d'Adoua

1900 : Assassinat d'Humbert Ier ; Victor-Emmanuel III roi d'Italie

1901-1915 : Giolitti président du Conseil

1911-1912 : Conquête de la Libye

1915 : L'Italie entre en guerre

1918 : Victoire de Vittorio-Veneto. Armistice de Villa Giusti

1919 : Expédition de Fiume ; Mussolini organise les premiers groupes fascistes (Piazza San Sepolcro). *Biennio rosso*

1921 : Création du parti national fasciste et du PCI

1922 : Pie X. Grève générale. Marche sur Rome. Mussolini appelé à la tête du gouvernement. Création du Grand Conseil du fascisme et de la Milice

1924 : Assassinat de Matteotti

1925-1927 : Mise en place de l'État fasciste ; lois « fascistissimes »

1929 : Accords du Latran

1935-1936 : Guerre d'Éthiopie

1936-1939 : Intervention dans la guerre d'Espagne

1936 : Axe Rome-Berlin

1940 : Entrée de l'Italie en guerre aux côtés de l'Allemagne

1943 : Gouvernement Badoglio ; République de Salò

1944 : Débarquement allié à Anzio ; libération de Rome

1946 : Abdication de Victor-Emmanuel III ; référendum rejetant la monarchie ; établissement de la République italienne
1946-1953 : De Gasperi président du Conseil
1948 : Einaudi premier président de la République
1956 : L'Italie rejoint la Communauté européenne
1959-1963 : Le « miracle » économique
1966 : Inondations catastrophiques à Florence et à Venise
1968-1969 : Grèves des étudiants et ouvriers
1969 : Attentat fasciste à Piazza Fontana, Milan ; « automne chaud ». Fondation des brigades rouges à Milan
1972 : Enrico Berlinguer devient leader du PCI
1974 : Référendum sur le divorce
1975 : *Cassa Integrazione Guadagni, Scala Mobile*
1975-1977 : Lois de décentralisation
1976-1979 : Le PCI entre dans des gouvernements DC : « compromis historique »
1978 : Enlèvement et assassinat d'Aldo Moro par les B. R.
Sandro Pertini élu président, Karol Wojtyla élu pape. Loi sur l'avortement
1979-1981 : Della Chiesa démantèle des B. R.
1980 : Explosion d'une bombe fasciste à la gare de Bologne
1982 : L'Italie gagne la Coupe du monde de football
1983 : Della Chiesa assassiné à Palerme par la Mafia
1983-1987 : Bettino Craxi, Premier ministre socialiste
1985 : Francesco Cossiga président
1992 : Démission du président Cossiga, remplacé par Oscar Scalfaro. Assassinat des juges Falcone et Borsellino par la Mafia
1992 : Démission de Cossiga remplacé par L. O. Scalfaro. Assassinat des juges Falcone et Borsellino par la Mafia. Traité de Maastricht. Début de *Mani Pulite*
1994 : Élections législatives. Forza Italia et la Ligue du Nord (*il Polo delle Libertà*) l'emportent. Gouvernement Berlusconi. Effondrement de Démocratie chrétienne et du PSI
1995 : Fondation de l'*Ulivo* (partis de centre-gauche) sous la direction de Romano Prodi
1996 : Prodi président du Conseil. Mesures de redressement des finances publiques
1997 : Projet de réforme de la Constitution par la Commission bicamérale
1998 : Échec de la Bicamérale. Chute du gouvernement Prodi provoqué par *Rifondazione Comunista*. Gouvernement Mas-

simo D'Alema (PDS). L'Italie entre dans l'Union monétaire européenne

2000 : Démission de Massimo D'Alema. Giuliano Amato président du Conseil. Jubilé du pontificat de Jean Paul II à Rome. Francesco Rutelli, maire de Rome, prend la tête de l'Ulivo

2001 : Élections législatives en mai. Victoire de *La Casa delle Libertà*. Silvio Berlusconi président du Conseil

2002 : Mesures du gouvernement Berlusconi sur l'immigration et les impôts. Mouvements sociaux

Éléments bibliographiques

R. BLOCH, *les Étrusques*, PUF, 1968, 5e éd.
A. HUS, *les Étrusques et leur destin*, Picard, Paris, 1980.
J.-R. JANNOT, *A la rencontre des Étrusques*, Ouest-France, 1987.
M. PALLOTINO, *The Etruscans*, Londres, 1955.
M. TORELLI, *Storia degli Etruschi*, Rome-Bari, 1981.
M. CRISTOFANI, M. GRAS, M. TORELLI, *les Étrusques*, Nathan, 1988.

M. GRANT, *History of Rome*, New York, 1978.
P. GRIMAL, *la Civilisation romaine*, Arthaud, 1960.
P. GRIMAL, *le Siècle des Scipions, Rome et l'hellénisme au temps des guerres puniques*, Aubier, 1975.
J. HEURGON, *Rome et la Méditerranée occidentale jusqu'aux guerres puniques*, PUF, 1969.
M. LE GLAY, *Rome. Grandeur et déclin de la République*, Librairie académique Perrin, 1988.
Cl. NICOLET, *le Métier de citoyen dans la Rome républicaine*, Gallimard, 1976.

P. BROWN, *Genèse de l'Antiquité tardive*, Gallimard, 1983.
A. CHASTAGNOL, *le Bas Empire*, Armand Colin, 1968.
H.-I. MARROU, *Décadence romaine ou Antiquité tardive, IIIe-IVe siècles,* Seuil, 1977.

O. CAPITANI, *Storia dell'Italia medievale, 410-1216*, Rome-Bari, 1986.

J. K. HYDE, *Society and Politics in Medieval Italy, the evolution of civil life, 1000-1550*, Londres, 1975.
G. PROCACCI, *Storia degli Italiani*, Laterza ; Rome-Bari, 1948 (Fayard, 1970).
D. WALEY, *The Italian City-Republics*, Londres, 1978.
C. WICKHAM, *Early Medieval Italy. Central Power and Local Society, 400-1000*, Londres, 1981.

C. G. ARGAN, *L'Europe des capitales*, Skira, Paris, 1967.
M. BAXANDALL, *l'Œil du Quattrocento*, Gallimard, 1987.
P. BRAUNSTEIN et R. DELORS, *Venise, portrait historique d'une cité*, Seuil, 1971.
A. CHASTEL, *le Grand Atelier d'Italie (1460-1500)*, Gallimard, 1965.
A. CHASTEL, *la Renaissance méridionale (1460-1500)*, Gallimard, 1965.
J. DELUMEAU, *l'Italie de Botticelli à Bonaparte*, Armand Colin, 1974.
J. DELUMEAU, *la Civilisation de la Renaissance*, Paris, 2e éd. 1973.
J. DELUMEAU, *Vie économique et sociale de Rome dans la seconde moitié du XVIe siècle*, De Boccard, Paris, 1957, 2 tomes.
D. HAY, J. LAW, *Italy in the Age of the Renaissance, 1380-1530*, Londres, 1989.
B. PULLAN, *A History of the Early-Renaissance Italy*, Londres, 1972.

Y.-M. BERCE, G. DELILLE, J.-M. SALLMAN, J.-C. WAQUET, *l'Italie au XVIIe siècle*, SEDES, 1989.
A. CHASTEL, *la Crise de la Renaissance (1520-1600)*, Genève, Skira, 1968.
E. COCHRANE, *Italy 1530-1630*,1988.
P. PORTOGHESI, *Roma Barocca*, Bari-Rome, 1978.

S. BERSTEIN, P. MILZA, *l'Italie contemporaine*, Armand Colin, 1973.
D. MACK SMITH, *The Making of Italy, 1796-1870*, Londres, 1970.
S. ROMANO, *Histoire de l'Italie du Risorgimento à nos jours*, Paris, 1977.
R. ROMEO, *Dal Piemonte sabaudo all'Italia liberale*, Bari-Rome, 1960.

S. WOOLF, *Il Risorgimento italiano (1700-1860)*, Turin, 1981, 2 tomes. Storia d'Italia, 3, *Dal primo Settecento all'Unità*, Einaudi, Turin, 1977.

S. BERNSTEIN, P. MILZA, *le Fascisme italien, 1919-1945*, Paris, 1980.
R. DE FELICE, *Un totalitarisme à l'italienne*, Paris, 1989.
D. MACK SMITH, *Storia d'Italia, 1861-1969*, Bari-Rome, 1979, 3 tomes.
R. ROMEO, *L'Italia liberale, sviluppo e contraddizioni*, Milan, 1987.
C. SETON-WATSON, *Italy from liberalism to fascism*, Londres, 1967.

P. GINSBORG, *Storia d'Italia dal dopoguerra a oggi. Società e politica 1943-1988*, Turin, 1989.
N. KOGAN, *A political history of post-war Italy*, New York, 1981.
D. SASSOON, *Contemporary Italy. Politics, economy and society since 1945*, Londres, 1986.

Compléments bibliographiques
La revue *Politix* livre régulièrement des analyses de la politique italienne, ainsi que la revue *Politique internationale*.
P. MCCARTHY, *L'Italie dans la tourmente*, Paris, Presses de la FNSP, 1995.
F. MAIELLO, *Révolution à l'italienne*, La Tour-d'Aigues, Éditions de l'Aube, 1993.
I. DIAMANTI et M. LAZAR (dir.), *Politiques à l'italienne*, Paris, PUF, 1997.
S. CASSESE (dir.), *Portrait de l'Italie actuelle*, Notes et études documentaires, Paris, 2001.
J. GEORGEL, *L'Italie au XXe siècle (1919-1999)*, Notes et études documentaires, Paris, 1999.
« Regards sur l'Italie », dans *Revue des Deux Mondes*, mai 1999.

C. MOATTI, M. et M. SANFILIPPO, C. BRICE, *Rome*, Citadelles & Mazenod, Paris, 2000.
A. VAUCHEZ, A. GIARDINA, *Rome, l'idée et le mythe du Moyen Age à nos jours*, Fayard, Paris, 2000.
G. PÉCOUT, *Naissance de l'Italie contemporaine (1770-1922),* Nathan, Paris, 1997.
P. MILZA, *Mussolini*, Fayard, Paris, 1999.

P. MILZA, *Verdi et son temps*, Perrin, Paris, 2001.
E. GENTILE, *La Religion fasciste*, Perrin, Paris, 2002.
G. SABBATUCCI et V. VIDOTTO (dir.), *Storia d'Italie*, Laterza, Rome-Bari, 6 vol.
N. DOUMANIS, *Italy*, Arnold, Londres, 2001.

Index

Table

collection tempus
Perrin

DÉJÀ PARU

100. *Marie Curie* – Laurent Lemire.
101. *Histoire des Espagnols,* tome I – Bartolomé Bennassar.
102. *Pie XII et la Seconde Guerre mondiale* – Pierre Blet.
103. *Histoire de Rome,* tome I – Marcel Le Glay.
104. *Histoire de Rome,* tome II – Marcel Le Glay.
105. *L'État bourguignon 1363-1477* – Bertrand Schnerb.
106. *L'Impératrice Joséphine* – Françoise Wagener.
107. *Histoire des Habsbourg* – Henry Bogdan.
108. *La Première Guerre mondiale* – John Keegan.
109. *Marguerite de Valois* – Éliane Viennot.
110. *La Bible arrachée aux sables* – Werner Keller.
111. *Le grand gaspillage* – Jacques Marseille.
112. *« Si je reviens comme je l'espère » : lettres du front et de l'Arrière, 1914-1918* – Marthe, Joseph, Lucien et Marcel Papillon.
113. *Le communisme* – Marc Lazar.
114. *La guerre et le vin* – Donald et Petie Kladstrup.
115. *Les chrétiens d'Allah* – Lucile et Bartolomé Bennassar.
116. *L'Égypte de Bonaparte* – Jean-Joël Brégeon.
117. *Les empires nomades* – Gérard Chaliand.
118. *La guerre de Trente Ans* – Henry Bogdan.
119. *La bataille de la Somme* – Alain Denizot.
120. *L'Église des premiers siècles* – Maurice Vallery-Radot.
121. *L'épopée cathare,* tome I, *L'invasion* – Michel Roquebert.
122. *L'homme européen* – Jorge Semprún, Dominique de Villepin.
123. *Mozart* – Pierre-Petit.
124. *La guerre de Crimée* – Alain Gouttman.
125. *Jésus et Marie-Madeleine* – Roland Hureaux.
126. *L'épopée cathare,* tome II, *Muret ou la dépossession* – Michel Roquebert.
127. *De la guerre* – Carl von Clausewitz.
128. *La fabrique d'une nation* – Claude Nicolet.
129. *Quand les catholiques étaient hors la loi* – Jean Sévillia.
130. *Dans le bunker de Hitler* – Bernd Freytag von Loringhoven et François d'Alançon.
131. *Marthe Robin* – Jean-Jacques Antier.
132. *Les empires normands d'Orient* – Pierre Aubé.
133. *La guerre d'Espagne* – Bartolomé Bennassar.
134. *Richelieu* – Philippe Erlanger.

135. *Les Mérovingiennes* – Roger-Xavier Lantéri.
136. *De Gaulle et Roosevelt* – François Kersaudy.
137. *Historiquement correct* – Jean Sévillia.
138. *L'actualité expliquée par l'Histoire.*
139. *Tuez-les tous! La guerre de religion à travers l'histoire* – Élie Barnavi, Anthony Rowley.
140. *Jean Moulin* – Jean-Pierre Azéma.
141. *Nouveau monde, vieille France* – Nicolas Baverez.
142. *L'Islam et la Raison* – Malek Chebel.
143. *La gauche en France* – Michel Winock.
144. *Malraux* – Curtis Cate.
145. *Une vie pour les autres. L'aventure du père Ceyrac* – Jérôme Cordelier.
146. *Albert Speer* – Joachim Fest.
147. *Du bon usage de la guerre civile en France* – Jacques Marseille.
148. *Raymond Aron* – Nicolas Baverez.
149. *Joyeux Noël* – Christian Carion.
150. *Frères de tranchées* – Marc Ferro.
151. *Histoire des croisades et du royaume franc de Jérusalem*, tome I, *1095-1130, L'anarchie musulmane* – René Grousset.
152. *Histoire des croisades et du royaume franc de Jérusalem*, tome II, *1131-1187, L'équilibre* – René Grousset.
153. *Histoire des croisades et du royaume franc de Jérusalem*, tome III, *1188-1291, L'anarchie franque* – René Grousset.
154. *Napoléon* – Luigi Mascilli Migliorini.
155. *Versailles, le chantier de Louis XIV* – Frédéric Tiberghien.
156. *Le siècle de saint Bernard et Abélard* – Jacques Verger, Jean Jolivet.
157. *Juifs et Arabes au XXe siècle* – Michel Abitbol.
158. *Par le sang versé. La Légion étrangère en Indochine* – Paul Bonnecarrère.
159. *Napoléon III* – Pierre Milza.
160. *Staline et son système* – Nicolas Werth.
161. *Que faire?* – Nicolas Baverez.
162. *Stratégie* – B. H. Liddell Hart.
163. *Les populismes* (dir. Jean-Pierre Rioux).
164. *De Gaulle, 1890-1945,* tome I – Éric Roussel.
165. *De Gaulle, 1946-1970,* tome II – Éric Roussel.
166. *La Vendée et la Révolution* – Jean-Clément Martin.
167. *Aristocrates et grands bourgeois* – Éric Mension-Rigau.
168. *La campagne d'Italie* – Jean-Christophe Notin.
169. *Lawrence d'Arabie* – Jacques Benoist-Méchin.
170. *Les douze Césars* – Régis F. Martin.
171. *L'épopée cathare,* tome III, *Le lys et la croix* – Michel Roquebert.
172. *L'épopée cathare,* tome IV, *Mourir à Montségur* – Michel Roquebert.
173. *Henri III* – Jean-François Solnon.

174. *Histoires des Antilles françaises* – Paul Butel.
175. *Rodolphe et les secrets de Mayerling* – Jean des Cars.
176. *Oradour, 10 juin 1944* – Sarah Farmer.
177. *Volontaires français sous l'uniforme allemand* – Pierre Giolitto.
178. *Chute et mort de Constantinople* – Jacques Heers.
179. *Nouvelle histoire de l'Homme* – Pascal Picq.
180. *L'écriture. Des hiéroglyphes au numérique.*
181. *C'était Versailles* – Alain Decaux.
182. *De Raspoutine à Poutine* – Vladimir Fedorovski.
183. *Histoire de l'esclavage aux États-Unis* – Claude Fohlen.
184. *Ces papes qui ont fait l'histoire* – Henri Tincq.
185. *Classes laborieuses et classes dangereuses* – Louis Chevalier.
186. *Les enfants soldats* – Alain Louyot.
187. *Premiers ministres et présidents du Conseil* – Benoît Yvert.
188. *Le massacre de Katyn* – Victor Zaslavsky.
189. *Enquête sur les apparitions de la Vierge* – Yves Chiron.
190. *L'épopée cathare*, tome V, *La fin des Amis de Dieu* – Michel Roquebert.
191. *Histoire de la diplomatie française*, tome I.
192. *Histoire de la diplomatie française*, tome II.
193. *Histoire de l'émigration* – Ghislain de Diesbach.
194. *Le monde des Ramsès* – Claire Lalouette.
195. *Bernadette Soubirous* – Anne Bernet.
196. *Cosa Nostra. La mafia sicilienne de 1860 à nos jours* – John Dickie.
197. *Les mensonges de l'Histoire* – Pierre Miquel.
198. *Les négriers en terres d'islam* – Jacques Heers.
199. *Nelson Mandela* – Jack Lang.
200. *Un monde de ressources rares* – Le Cercle des économistes et Érik Orsenna.
201. *L'histoire de l'univers et le sens de la création* – Claude Tresmontant.
202. *Ils étaient sept hommes en guerre* – Marc Ferro.
203. *Précis de l'art de la guerre* – Antoine-Henri Jomini.
204. *Comprendre les États-unis d'aujourd'hui* – André Kaspi.
205. *Tsahal* – Pierre Razoux.
206. *Pop philosophie* – Mehdi Belahj Kacem, Philippe Nassif.
207. *Le roman de Vienne* – Jean des Cars.
208. *Hélie de Saint Marc* – Laurent Beccaria.
209. *La dénazification* (dir. Marie-Bénédicte Vincent).
210. *La vie mondaine sous le nazisme* – Fabrice d'Almeida.
211. *Comment naissent les révolutions.*
212. *Comprendre la Chine d'aujourd'hui* – Jean-Luc Domenach.
213. *Le second Empire* – Pierre Miquel.
214. *Les papes en Avignon* – Dominique Paladilhe.
215. *Jean Jaurès* – Jean-Pierre Rioux.

216. *La Rome des Flaviens* – Catherine Salles.
217. *6 juin 44* – Jean-Pierre Azéma, Philippe Burrin, Robert O. Paxton.
218. *Eugénie, la dernière impératrice* – Jean des Cars.
219. *L'homme Robespierre* – Max Gallo.
220. *Les Barbaresques* – Jacques Heers.
221. *L'élection présidentielle en France, 1958-2007* – Michel Winock.
222. *Histoire de la Légion étrangère* – Georges Blond.
223. *1 000 ans de jeux Olympiques* – Moses I. Finley, H. W. Pleket.
224. *Quand les Alliés bombardaient la France* – Eddy Florentin.
225. *La crise des années 30 est devant nous* – François Lenglet.
226. *Le royaume wisigoth d'Occitanie* – Joël Schmidt.
227. *L'épuration sauvage* – Philippe Bourdrel.
228. *La révolution de la Croix* – Alain Decaux.
229. *Frédéric de Hohenstaufen* – Jacques Benoist-Méchin.
230. *Savants sous l'Occupation* – Nicolas Chevassus-au-Louis.
231. *Moralement correct* – Jean Sévillia.
232. *Claude Lévi-Strauss, le passeur de sens* – Marcel Hénaff.
233. *Le voyage d'automne* – François Dufay.
234. *Erbo, pilote de chasse* – August von Kageneck.
235. *L'éducation des filles en France au XIXe siècle* – Françoise Mayeur.
236. *Histoire des pays de l'Est* – Henry Bogdan.
237. *Les Capétiens* – François Menant, Hervé Martin, Bernard Merdrignac, Monique Chauvin.
238. *Le roi, l'empereur et le tsar* – Catrine Clay.
239. *Neanderthal* – Marylène Patou-Mathis.
240. *Judas, de l'Évangile à l'Holocauste* – Pierre-Emmanuel Dauzat.
241. *Le roman vrai de la crise financière* – Olivier Pastré, Jean-Marc Sylvestre.
242. *Comment l'Algérie devint française* – Georges Fleury.
243. *Le Moyen Âge, une imposture* – Jacques Heers.
244. *L'île aux cannibales* – Nicolas Werth.
245. *Policiers français sous l'Occupation* – Jean-Marc Berlière.
246. *Histoire secrète de l'Inquisition* – Peter Godman.
247. *La guerre des capitalismes aura lieu* – Le Cercle des économistes (dir. Jean-Hervé Lorenzi).
248. *Les guerres bâtardes* – Arnaud de La Grange, Jean-Marc Balencie.
249. *De la croix de fer à la potence* – August von Kageneck.
250. *Nous voulions tuer Hitler* – Philipp Freiherr von Boeselager.
251. *Le soleil noir de la puissance, 1796-1807* – Dominique de Villepin.
252. *L'aventure des Normands, VIIIe- XIIIe siècle* – François Neveux.
253. *La spectaculaire histoire des rois des Belges* – Patrick Roegiers.
254. *L'islam expliqué par* – Malek Chebel.
255. *Pour en finir avec Dieu* – Richard Dawkins.
256. *La troisième révolution américaine* – Jacques Mistral.

257. *Les dernières heures du libéralisme* – Christian Chavagneux.
258. *La Chine m'inquiète* – Jean-Luc Domenach.
259. *La religion cathare* – Michel Roquebert.
260. *Histoire de la France,* tome I, *1900-1930* – Serge Berstein, Pierre Milza.
261. *Histoire de la France,* tome II, *1930-1958* – Serge Berstein, Pierre Milza.
262. *Histoire de la France,* tome III, *1958 à nos jours* – Serge Berstein, Pierre Milza.
263. *Les Grecs et nous* – Marcel Detienne.
264. *Deleuze* – Alberto Gualandi.
265. *Le réenchantement du monde* – Michel Maffesoli.
266. *Spinoza* – André Scala.
267. *Les Français au quotidien, 1939-1949* – Éric Alary, Bénédicte Vergez-Chaignon, Gilles Gauvin.
268. *Teilhard de Chardin* – Jacques Arnould.
269. *Jeanne d'Arc* – Colette Beaune.
270. *Crises, chaos et fins de monde.*
271. *Auguste* – Pierre Cosme.
272. *Histoire de l'Irlande* – Pierre Joannon.
273. *Les inconnus de Versailles* – Jacques Levron.
274. *Ils ont vécu sous le nazisme* – Laurence Rees.
275. *La nuit au Moyen Age* – Jean Verdon.
276. *Ce que savaient les Alliés* – Christian Destremau.
277. *François Ier* – Jack Lang.
278. *Alexandre le Grand* – Jacques Benoist-Méchin.
279. *L'Égypte des Mamelouks* – André Clot.
280. *Les valets de chambre de Louis XIV* – Mathieu Da Vinha.
281. *Les grands sages de l'Égypte ancienne* – Christian Jacq.

À PARAÎTRE

Armagnacs et Bourguignons – Bertrand Schnerb.
Fin de monde ou sortie de crise ? – Le Cercle des économistes (dir. Jean-Hervé Lorenzi et Jean Dockès).
La révolution des Templiers – Simonetta Cerrini.
Les crises du capitalisme.
Communisme et totalitarisme – Stéphane Courtois.

Composition Nord Compo
Villeneuve-d'Ascq

Impression réalisée par

CPI
BRODARD & TAUPIN

La Flèche (Sarthe), le 10-05-2011
pour le compte des Éditions Perrin
76, rue Bonaparte
75006 Paris

N° d'édition : 1763 – N° d'impression : 64651
Dépôt légal : janvier 2003
Imprimé en France